Wissenschaftliche Untersuchungen
zum Neuen Testament

Herausgegeben von
Martin Hengel und Otfried Hofius

78

Jesu Gleichnisse als Poesie und Therapie

Versuch eines integrativen Zugangs zum kommunikativen Aspekt von Gleichnissen Jesu

von

Christoph Kähler

J. C. B. Mohr (Paul Siebeck) Tübingen

Die Deutsche Bibliothek – CIP-Einheitsaufnahme

Kähler, Christoph:
Jesu Gleichnisse als Poesie und Therapie ; Versuch eines integrativen Zugangs zum kommunikativen Aspekt von Gleichnissen Jesu / von Christoph Kähler. – Tübingen : Mohr, 1995
(Wissenschaftliche Untersuchungen zum Neuen Testament ; 78)
Gleichnisse Jesu als Poesie und Therapie
ISBN 3-16-146233-5
NE: GT

Das Buch wurde von Gulde-Druck in Tübingen aus der Times Antiqua belichtet, auf alterungsbeständiges Werkdruckpapier der Papierfabrik Weissenstein in Pforzheim gedruckt und von der Großbuchbinderei Heinr. Koch in Tübingen gebunden.

ISSN 0512-1604

Vorwort

Seit Adolf Jülicher vor etwa hundert Jahren den epochalen Versuch unternahm, die Gleichnisauslegung auf ein gesichertes neues Fundament zu stellen, haben wir uns daran gewöhnt, den Gleichnissen einen einfachen Sinn zuzuschreiben. Wenn nun aber neuere Sprach- und Kommunikationstheorien lehren, daß nahezu jede menschliche Äußerung eine mehrdimensionale Bedeutung hat, dann stellt sich die unabweisliche Frage, was das für die Gleichnisauslegung bedeuten mag. Müßten wir nicht zum vierfachen Schriftsinn zurückkehren, mindestens zu der in ihm implizierten Hermeneutik und der ihr zugrundeliegenden Sprachphilosophie? Zwar kann das nicht die Geschichte der willkürlichen Auslegungen und Mißdeutungen der Gleichnisse in toto rechtfertigen. Aber ist Jülicher, der leider heute viel zu oft nur als Negativfolie zitiert und genutzt wird, methodisch nicht dann erst überwunden, wenn der einfache durch den mehrfachen Gleichnissinn ersetzt wird und dennoch die schlichte Willkür nicht wieder in die Auslegung einkehrt, sondern diese methodisch kontrolliert bleibt?

So stellt sich die vorliegende Arbeit die Aufgabe, vor allem unter dem Aspekt der Sprecher-Hörer-Beziehung im ersten Kapitel eine Überprüfung und Reformulierung bisheriger Auslegungsmethoden zu versuchen. Die Gültigkeit des neuen Ansatzes wird im zweiten Abschnitt an einzelnen Exegesen überprüft. Die Auswahl der Texte soll den gesamten Bereich von den Gleichnissen im engeren Sinn, über die Parabeln bis zu den Beispielgeschichten umfassen, exkursweise auch einige Bildworte. Die Bestimmung der konkreten Texte ergab sich aus der Zufälligkeit kleinerer und größerer Entdeckungen an einzelnen Gleichnissen. Darum habe ich im Sinne eines kommunikationswissenschaftlichen Ansatzes bereits gut untersuchte Texte, wie z.B. Lk 15,11ff und Mt 20,1ff, umgangen, weil ihre Exegese vermutlich nur eine Wiederholung des schon Bekannten hätte bieten können. Eine Zusammenfassung im systematisierenden Interesse und vorläufige Überlegungen zur Predigt der Gleichnisse sollen die konkreten Ergebnisse bündeln und den Anschluß an die theologischen Nachbardisziplinen suchen.

Seit einem gemeinsamen Seminar mit Harald Wagner, inzwischen an der Evangelischen Fachhochschule in Dresden, über „Kommunikatives Handeln in den Gleichnissen Jesu" im Herbst 1988 beschäftigt mich die Frage, was eigentlich geschah, als Jesus seine Gleichnisse nicht nur erfand, sondern im Gespräch verwendet, ja als eine Art therapeutische Mittel einsetzte. Erste Ergebnisse dieses Fragens durfte ich im Frühjahrssemester 1989 als Gastdozent der Berner Fakultät und in einer Zusammenfassung vor der Arbeitsgemeinschaft Schweizer Neutestamentler in Zürich vortragen. Ulrich Luz hat mich damals in langen Gesprächen angeregt und ermutigt, diese Thesen auszuarbeiten und als Versuch an die Öffentlichkeit zu bringen.

Kollegium und Kuratorium der Kirchlichen Hochschule Leipzig räumten mir nach Zeiten administrativer Belastungen und Ablenkungen ein Sabbatsemester ein, um diese Studie auszuarbeiten, die im Mai 1992 Grundlage für das Habilitationsverfahren an der Theologischen Fakultät der Friedrich-Schiller-Universität Jena war. Da mich die Überlegungen in verschiedenste Richtungen geführt haben und sich Türen nach vielen Seiten hin auftaten, wären sie wohl nicht ohne viele Gespräche mit Freunden, Studenten und Kollegen zu einem vorläufigen Ergebnis gekommen. Stellvertretend für manche andere nenne ich mit Dank Dr. Christfried Böttrich und Jörg Heinrich von der Kirchlichen Hochschule Leipzig, Martina Böhm und Konrad Taut von der Theologischen Fakultät Leipzig. Die Gutachter Nikolaus Walter, Ulrich Luz und Hans-Friedrich Weiß haben wie Martin Hengel als Herausgeber durch Fragen und Hinweise dem Manuskript zu größerer Präzision verholfen. Martina Böhm und Kersten Storch danke ich für zuverlässiges und mühsames Korrekturlesen wie für die Erarbeitung der Register.

Den Kollegen Martin Hengel und Otfried Hofius habe ich für die Aufnahme der Arbeit in die „Wissenschaftlichen Untersuchungen zum Neuen Testament", Herrn Georg Siebeck und den Mitarbeitern seines Verlages für die sorgfältige Betreuung des Buches zu danken.

Leipzig, im Juli 1994 Christoph Kähler

Inhaltsverzeichnis

Abkürzungsverzeichnis

Die Abkürzungen richten sich nach Siegfried Schwertner:

Theologische Realenzyklopädie. Abkürzungsverzeichnis 2. überarbeitete und erweiterte Auflage, Berlin/New York 1994 (=TRE) bzw. nach Gerhard Friedrich (Hg.): Theologisches Wörterbuch zum Neuen Testament Bd. X/1, Stuttgart 1978, 53–85 (=ThWNT)

Für die Traktatnamen richte ich mich ebenfalls nach der

Schreibweise der TRE, füge allerdings nach Lehnardt, Thomas: Einheitssachtitel zur rabbinischen Literatur, Tübingen 1987, jeweils m, t, b, y hinzu, um Mischna, Tosefta und die Talmudim zu kennzeichnen.

Abkürzungen über TRE/ThWNT hinaus:

Bl-Debr-R	Friedrich Blaß/Alfred Debrunner/Friedrich Rehkopf: Grammatik des neutestamentlichen Griechisch. Göttingen ^{14}1975
BoGo	Botschaft Gottes, Leipzig
EG	Die Einheit der Gesellschaftswissenschaften. Studien in den Grenzbereichen der Wirtschafts- und Sozialwissenschaften. Hg. von Erik Boettcher, Tübingen
NTD.TNT	Neues Testament Deutsch. Texte zum NT
PapMur	Papyrus Muraba'at (Zählung nach Beyer, Texte)

In den Übersetzungen werden folgende Kennzeichen zur Unterscheidung der postulierten Überlieferungsschichten genutzt:

Die *kursiven Typen* werden für die hypothetische Urstufe des Textes verwendet.

KAPITÄLCHEN und Normaltypen stehen für spätere Bearbeitungen des Grundtextes. Notfalls (wie in Lk 16,1–13) wechseln kursive und weitere Typen erneut, um jüngere Schichten des Textes optisch voneinander abzuheben.

Ein Stern (*) besagt bei einer Versangabe, daß nur ein Teil des Wortlautes für diese Stufe in Anspruch genommen wird.

Kapitel I

Poesie und Therapie – der Ansatz

1. Was bewirkten die Gleichnisse?

Pragmatische Modelle der Gleichnisauslegung

Die Gleichnisse Jesu sind nicht als Schrifttexte entstanden. Als solche sind sie uns zwar überliefert und unserer Interpretation ausgeliefert, doch ihre Existenz verdanken sie dem Gespräch, zu dem sie ein Beitrag waren. Die Zuhörer hielten diesen für wichtig und bewahrten ihn, wodurch die Überlieferung im Lauf der Zeit für uns, d.h. die Kirche, sich zu Texten verdichtete, auf Papyrus fixiert wurde und relativ unabhängig von demjenigen zu lesen ist, der sie uns jeweils übergab[1]. Ihre Interpretation vollzieht sich in der Auseinandersetzung mit einem schweigenden Gegenüber, dessen Lebendigkeit sich zumeist erst nach längerer hermeneutischer Bemühung erschließt.

Sinn dieses Versuchs ist es, nach dem Dialog zu fragen, dem die Gleichnisse entstammen. Ich will untersuchen, inwiefern die Beziehungen zwischen dem Sprecher und seinen Zuhörern zu den Bedingungen des Verstehens der Gleichnisse gehören, inwiefern also zu unserer Interpretation das Wissen gehört, daß diese ursprünglich nicht als isolierte Texte existiert haben. Die Beispiele für die so bestimmten Interpretationsregeln sollen als methodische Probe auf's Exempel dienen. Ob sich das konkrete Modell der Therapie als Modell des Verhältnisses der Gesprächsteilnehmer damals bewährt, ist eine Frage, die über den Grundansatz hinaus der kritischen Prüfung vorgelegt werden soll.

Allerdings besteht für die Erfassung dieses Gesprächs die Schwierigkeit, daß die ursprüngliche Situation nicht dokumentiert ist. Uns liegt als Anhaltspunkt lediglich der einzelne Text vor, so daß eine Rekonstruktion des Sprecher-Hörer-Verhältnisses im Grunde nur von dem gegebenen Punkt ausgehen kann, um den mit mehr oder weniger Wahrscheinlichkeit der Zirkel der Situationsbestimmung geschlagen werden kann. Wenn nun die zentrale Frage dieses Versuchs dem Verhältnis zwischen dem Erzähler der Gleichnisse und seinem

---

[1] Die damit vorausgesetzte Freiheit des Interpreten hat selbstverständlich ihre geschichtlichen Bedingungen und beruht, vereinfacht gesagt, auf der in der Reformation erreichten Emanzipation des Bibellesers von der unkritisierbaren Lehrautorität.

Publikum gilt sowie dem, was zwischen ihnen geschehen ist, lohnt es sich wohl, zunächst die Modelle zu beschreiben, durch die diese Relation bisher erfaßt werden sollte bzw. abgewiesen wurde[2].

1.1 Gleichnisse nur als Lehrstücke?

Am Anfang der modernen Gleichnisauslegung, bei Adolf Jülicher[3], finden sich ausführliche Überlegungen zum Wesen und zum Zweck der Gleichnisse[4]. Von diesen ist vor allem die Bestimmung ins allgemeine Bewußtsein gedrungen, daß ein Gleichnis dadurch definiert sei, daß „die Wirkung eines Satzes (Gedankens) gesichert werden soll durch Nebenstellung eines ähnlichen, einem andern Gebiet angehörigen, seiner Wirkung gewissen Satzes“[5]. Es entspricht dem nachgerade landläufigen Klischee[6], wenn von Jülicher deshalb vor allem die Reduktion der Texte auf „eine allgemeine Wahrheit“ auf dem „Gebiet des religiös-sittlichen Lebens“[7] und die Relation zwischen Sprecher und Hörer als Verhältnis der „Belehrung“[8] referiert wird. Jülicher mußte sich noch vehement gegen eine von Mk 4,11 ff. her bestimmte Gleichnisauffassung wehren, die in den Texten geheime Offenbarungen sah, zu denen der Schlüssel in der einen oder andern Weise erst gewonnen werden sollte und die dann Zug für Zug aufgeschlossen, d. h. allegorisch gedeutet werden mußten. Trotz dieser Front aber wäre es unrecht, ihn begrifflich nur auf diesen pädagogischen, vernunftgemäßen Zweck der Gleichnisse[9] und die Reduktion der Gleichnisse auf einen Lehrsatz festlegen zu wollen. Das genaue Gegenteil ist richtig. Soweit ich sehen kann, hat seit hundert Jahren niemand unter denen, die sich um eine Theorie der Gleichnisauslegung bemühten, eine solche Fülle von Situationen und Relationen für möglich gehalten und aus den Texten heraus beschrieben wie Jüli-

---

[2] Die Geschichte der Gleichnisforschung ist in den letzten Jahrzehnten wieder und wieder beschrieben worden. Vgl. etwa WEDER, Gleichnisse 11–57; ARENS, Handlungen 21–47.111–169 und die Sammelbände von HARNISCH, Gleichnisse, bzw. Gleichnisforschung. Das kann und soll hier nicht repetiert werden. Stattdessen soll hier allein der textpragmatische, d.h. der kommunikative Aspekt der Gleichnisauslegung in Modellen beschrieben werden.

[3] Zu den Vorläufern JÜLICHERscher Gleichnisauslegung vgl. KLEMM, Gleichnisauslegung 157ff., zu STORR, SEMLER und SYBEL, vor allem aber zum Einfluß LESSINGS auf JÜLICHER.

[4] JÜLICHER, Gleichnisreden I 25ff. und 118ff.

[5] JÜLICHER, Gleichnisreden I 80, im Original gesperrt.

[6] Vgl. dagegen auch KLEMM, Gleichnisauslegung 156ff.; RAU, Reden 12ff.35ff. u. ö.

[7] JÜLICHER, Gleichnisreden I 105, in Aufnahme einer Formulierung von BERNHARD WEISS.

[8] JÜLICHER, Gleichnisreden I 105. Vgl. I 41: „Lehrform“; 114: „allgemeine(r) Satz religiös-sittlichen Charakters“ (zu den Beispielerzählungen); 118f.: „Veranschaulichungs- und Überführungsmittel“; 73: „Bereicherung des Erkenntnisschatzes“; 155: „Lehrer der Kleinen (Mt 18,6ff.), der Ungelehrten, der weiter nichts wollte als verständigen (sic), als das Gewissen schärfen, als ins Himmelreich locken...“; 191:„liebevoll zur Fassungskraft der Geistesärmsten herabsteigende Kinderlehre“.

[9] JÜLICHER, Gleichnisreden I 144f.

cher. Er kennt neben dem „didaktischen, und das ist tief sittlichen, Wert“[10] auch die polemische Situation, in der „bei bestimmten Veranlassungen zu Angriffs- oder Verteidigungszwecken gesprochen“ wurde[11]. Neben dem „argumentativen Charakter des Gleichnisses“[12] kann Jülicher in wünschenswerter Deutlichkeit von dem performativen Akt, d.h. von dem sprechen, was die Gleichnisse *bewirken*: „... denn in seinen Parabeln ist die neue Zeit schon da, ist schon alles bereit, werden einem jeden, der kindlich bittet, seine Sünden schon vergeben ...“[13]. Auch die appellative Funktion ist ihm nicht fremd, weil „alle Rede ..., wie gewiß stets bei Jesus, durch den Verstand *auf den Willen zu wirken* beabsichtigt.“[14] Zugleich aber markiert er die Freiheit, die der Erzähler dem Zuhörer läßt, da er „beim Hörer auf den guten Willen, zu lernen“[15] angewiesen ist. Ja, die Einbindung in eine bestimmte kommunikative Situation wie die Ereignishaftigkeit der Gleichnisverkündigung ist bei ihm klar beschrieben: „Jesu Parabeln waren auf sofortige Wirkung berechnet, Kinder des Augenblicks, tief eingetaucht in die Eigenheit der Gegenwart, der Zauber der Unmittelbarkeit liess sich bei ihnen durch keinen Buchstaben fortpflanzen.“[16] Wie offen die eher umschreibende Bemühung Jülichers war, ergibt sich aus einer höchst überraschenden Passage: „Nicht gesungen oder geschrieben worden sind die ältesten Fabeln, sondern gesprochen, erfunden im Augenblick und für den Augenblick und *nicht um eine Weisheitsregel oder einen ethischen Lehrsatz anschaulich vorzutragen,* sondern um eine *schwierige Situation,* in der sich der Redner befand, zu klären, um ihr die Auffassung und Beurteilung, die er wünschte, zu sichern.“[17] Hier geht Jülicher in der Beschreibung eingreifenden Handelns durch die Gleichnisverkündigung offensichtlich weit über die ihm zur Last gelegten Einseitigkeiten hinaus.

Ob diese Weite in der Bestimmung den „glücklichen Inkonsequenzen Jülichers“[18] zuzurechnen ist, sei dahingestellt. Wahrscheinlicher gehört sie auf das Konto seiner entschlossenen Konzentration auf den Text auch der einzelnen Parabel und zu dem festen Willen, nicht beliebige Willkürlichkeiten, sondern den springenden Punkt des jeweiligen Gleichnisses zu finden. Das Motiv dafür hat er deutlich benannt: In einer Zeit, in der die Zwei-Quellen-Theorie in ihrem ursprünglichen Impetus, die Quellen für ein Charakterbild Jesu zu

---

[10] JÜLICHER, Gleichnisreden I 111.

[11] JÜLICHER, Gleichnisreden I 91. Vgl. 89.145 u.ö.

[12] JÜLICHER, Gleichnisreden I 90.

[13] JÜLICHER, Gleichnisreden I 152; vgl. 91.

[14] JÜLICHER, Gleichnisreden I 144, mit Verweis auf Mt 11,28f. Hervorhebung C.K.

[15] JÜLICHER, Gleichnisreden I 115, mit Bezug auf die κοιναὶ πίστεις, zu denen die Gleichnisrede gehört.

[16] JÜLICHER, Gleichnisreden I 91.

[17] JÜLICHER, Gleichnisreden I 98f., Hervorhebung C.K. Vgl. dazu auch KLEMM, Gleichnisauslegung 164f.

[18] JÜNGEL, Paulus 102.

liefern[19], zu scheitern drohte, boten sich ihm die Gleichnisse als unmittelbarer Zugang an, „weil wir die Parabeln als das Echteste in der Tradition von Jesu und zugleich als das Durchsichtigste und Klarste von allem zu erkennen glauben“[20]. Selbst wenn im Abstand manche Szene, die mit den Farben der liberalen Leben-Jesu-Forschung gemalt[21] und durch die Verachtung aller Christologie und Theologie[22] grundiert ist[23], auf uns heute wie religiöser Kitsch wirkt, bleibt Jülichers konsequentes Bemühen um den einen Sinn jedes einzelnen Textes zugleich mit der Offenheit für sehr verschiedene Situationen und damit für sehr verschiedene Hörer beispielhaft. Methoden, Definitionen und Klassifikationen waren ihm nur „Mittel zum Zweck“[24], damit aber hinterfragbar, revidierbar und, wenn notwendig, rasch aufzugeben[25]. Nur zum Schaden der Forschung kann das Klischee weiter tradiert werden, das seinem Ansatz gilt[26].

1.2 Gleichnisse als Streitwaffe

Während die literaturwissenschaftliche Einteilung der Gleichnisse durch Jülicher in ihrem eingängigen Schematismus außerordentlich wirkungsvoll war[27],

---

19 Zu dieser ursprünglichen Bedeutung und Motivation der Zwei-Quellen-Theorie vgl. DEMKE, Leben-Jesu-Forschung 44.

20 JÜLICHER, Gleichnisreden I 150.

21 JÜLICHER, Gleichnisreden I 144: „... sonnige Tage mit begeisterter Aussicht von hohen Bergen“; 145: „Stille nur, die Nebel stiegen, die Nacht nahte, Kämpfe, Enttäuschungen, letzte gewaltige Anstrengungen, letzte Wehetage: aber die Rede Jesu ist deshalb keine andre geworden, so wenig wie sein Herz.“

22 Zu diesem Aspekt der Leben-Jesu-Forschung vgl. DEMKE, Leben-Jesu-Forschung 37–39.

23 JÜLICHER, Gleichnisreden I 152: „... was er predigend zeigt, ist das Heil nicht der Heiland; ... von Gottheit dieses Sohnes Gottes klingt in keiner Parabel das Leiseste an, von Gottheit im metaphysischen, im athanasianischen Sinne nämlich; all die Prädikate, welche spätere Reflexion über das notwendig zum Begriff des Heilands, des Erlösers Gehörende auf ihn zusammengehäuft hat, fehlen diesen bescheidenen Schöpfungen seines nur von der tiefsten Menschenliebe und grenzenlosem Gottvertrauen erfüllten Herzens.“ Die Beziehungen zu HARNACKS berühmten Formulierungen über den Inhalt der Predigt Christi „Gott der Vater und der unendliche Wert der Menschenseele“ liegen auf der Hand.

24 JÜLICHER, Gleichnisreden I [IX] V.

25 Vgl. dazu KLEMM, Jülicher 164.

26 Ein besonders deutliches Beispiel bei BUCHER, Gleichnisse 21.90, der JÜLICHER zu einem Repräsentanten des wilhelminischen Deutschlands stempelt und Zensuren verteilt, ob der einzelne Exeget in seiner Auslegung die höchsten Stufen der PIAGETschen Moralentwicklung erreicht habe (die mich im Munde BUCHERS merkwürdig an Klischees über die paulinische Rechtfertigungslehre erinnern). Wenn dann bei BUCHER, Gleichnisse 90, JÜLICHER für seine Auslegung von Mt 25,14ff. die Negativnote 2 erhält (do-ut-des-Theologie), dann ist der kommunikationstheoretische Ansatz bei Bucher endgültig zugunsten vorgefaßter bzw. übernommener psychologischer (Höchst-)Werte verlassen. Dieser Mißbrauch sollte den Brauch kommunikationswissenschaftlichen Fragens nicht aufheben.

27 Immerhin markierte BULTMANN den Hilfscharakter dieser Einteilung deutlich, vgl. Geschichte 188f.

setzte sich seine differenzierte Sicht der Relation zwischen Sprecher und Hörer nicht durch. Geradezu klassisch scheint die Reduktion der Intentionen durch Joachim Jeremias[28], der zwar die Gleichnisse ebenfalls aus ihrer konkreten historischen Situation heraus verstehen will: „Jesus sprach zu Menschen von Fleisch und Blut, aus der Stunde für die Stunde."[29] Aber die überwiegende Zahl der Gleichnisse ist nach Jeremias an eine einzige Gruppe gerichtet, an die Gegner[30]: „... die Gleichnisse sind nicht ausschließlich, aber zum großen Teil Streitwaffe"[31]; „sie sind nicht primär Darbietung des Evangeliums, sondern Verteidigung, Rechtfertigung, Waffe im Kampf gegen die Kritiker und Feinde der Frohbotschaft ..."[32]. Neben dieser apologetischen Intention läßt sich eine ebenfalls bestimmende zweite erkennen: Viele Gleichnisse kündigen die Krise an, die Katastrophe, die unabweislich auf die Pharisäer und Schriftgelehrten[33], die verstockten Führer des jüdischen Volkes[34], bzw. über das verblendete Volk[35] hereinbricht. Damit meint Jeremias die Erkenntnisse aufzunehmen, die nach und gegen Jülicher über die eschatologische Dimension der Reich-Gottes-Verkündigung Jesu erarbeitet wurden[36].

Nur an wenigen Texten diagnostiziert Jeremias eine andere Adressatengruppe, nämlich die zweifelnden und verzagten Jünger, die durch die Gleichnisse aber ebenfalls eher angegriffen bzw. zur Beharrlichkeit gemahnt, auf die Forderungen der Nachfolge eingestimmt[37], aber nicht eigentlich getröstet[38], gelockt oder gestützt werden[39].

---

[28] Dabei folgt JEREMIAS bekanntlich dem Entwurf von CHARLES H. DODD von 1935, der die Gleichnisse konsequent als Teil der eschatologischen Verkündigung Jesu (nach seinem Konzept der realized eschatology) auffaßte, damit weithin als Krisisgleichnisse, und zugleich fragte, was damalige Hörer assoziiert haben könnten.

[29] JEREMIAS, Gleichnisse 18.

[30] Die enumerativen Beschreibungen wechseln, vgl. JEREMIAS, Gleichnisse 35.39.124f.131f.144f. Dabei kann diese von JEREMIAS als relative Einheit angesehene Hörerschaft als ein Spektrum von den Führern, über die Pharisäer und Schriftgelehrten bis hin zur Menge, bzw. dem verblendeten Volk (160), beschrieben werden.

[31] JEREMIAS, Gleichnisse 18.

[32] JEREMIAS, Gleichnisse 124f.

[33] JEREMIAS, Gleichnisse 33f.

[34] JEREMIAS, Gleichnisse 60. 169 u.ö.

[35] JEREMIAS, Gleichnisse 160 u.ö.

[36] JEREMIAS, Gleichnisse 17 u.ö. Zum Effekt, den JEREMIAS unter Predigern erzielte, vgl. DUTZMANN, Gleichniserzählungen 131. Er meint feststellen zu können, daß JEREMIAS de facto die Erkenntnisse JÜLICHERS unter die Prediger gebracht hat, aber seine eigenen Thesen kaum homiletisch fruchtbar geworden sind. Eine erkennbare Wiederaufnahme solcher Thesen bei JÜCHEN, Kampfgleichnisse 36.40f., der zwar deutlich vorsichtiger mit dem Klischee der pharisäischen Kontrahenten umgeht, dennoch aber Priester und Schriftgelehrte einerseits und Pharisäer andererseits zu den Adressaten der „Kampfgleichnisse" macht, die „in der ganzen literarischen Umwelt des Neuen Testaments eine Ausnahmeerscheinung" bilden!?

[37] JEREMIAS, Gleichnisse 200–217. Ähnlich hatte schon DIBELIUS, Formgeschichte 247–258, die Gleichnisse Jesu wie ihre späteren Erweiterungen unter die pragmatische Kategorie ‚Paränese' subsumiert.

[38] Die Ansage der „Gegenwart des Heils" hört JEREMIAS, Gleichnisse 115–124, vor allem in

Problematisch an diesem Modell ist zum einen die massive Reduktion möglicher Anlässe, die sich z.T. dem Umstand verdankt, daß Jeremias die polemisch-apologetische Note mancher späterer Tradenten der Gleichnisüberlieferung in die Ursprungssituation überträgt. Zum anderen erscheint das ganze Modell deswegen fraglich, weil es den Inhalt und die Tendenz der Gleichnisse von der Verkündigung Jesu gegenüber den Armen und den Sündern trennt, ja, sie als Apologie zu einem Sekundärphänomen macht, was sie selbst in der von Jeremias benannten Intention nicht sein sollten[40]. Schließlich aber ist es auch historisch unwahrscheinlich, daß die Gleichnisse als der – aufs Ganze gesehen *gescheiterte* – Versuch der außengerichteten Mahnung und Warnung an *die* jüdischen Führer in der Gemeinde ein uneigentliches Nachleben als interne Überlieferung geführt haben sollten[41]. Es dürfte in toto plausibler sein, daß diese eindringliche Rede von denen bewahrt wurde, die von ihr betroffen waren[42], als von denen, die nur als Zeugen am Rande gestanden hätten[43].

Schließlich ist ein literaturwissenschaftlicher Einwand zu erheben: Wenn die

---

den Bildworten, den „Zuspruch der Vergebung" und den Ruf in die Nachfolge stellt er sich offensichtlich als direkte persönliche Zusage vor (144f.), die sich in den Gleichnishandlungen (224ff.) konkretisiert.

[39] Noch weithin in den Bahnen dieser Thesen, wenn auch mit vorsichtigen Korrekturen, bewegt sich LINNEMANN, Gleichnisse 30, wenn sie konstatiert: „Jesu Gleichnisse dienen nicht der Belehrung, noch weniger der gelehrten Beweisführung. Nur in seltenen Ausnahmefällen geben sie eine Ermahnung oder legen es darauf an, den Hörer zu überführen. Überwiegend zu Gegnern gesprochen, wollen sie den Gegner jedoch nicht ad absurdum führen, sondern trachten danach, sein Einverständnis zu gewinnen."

[40] Die wesentliche Leistung der Auslegung bei ERNST FUCHS und JÜNGEL liegt wohl auch darin, daß sie die Gleichnisverkündigung wieder mit der Mitte der Botschaft Jesu verbanden.

[41] Vgl. dazu auch NIEBUHR, Kommunikationsebenen 489. Sein eigener Versuch allerdings bestimmt die Gleichnisse immer noch so: „Die Identität der Gruppe angesichts von Konflikten mit ihrer Umwelt durch Verweis auf das sie konstituierende Grundgeschehen, die in Jesu Wirken nahekommende Gottesherrschaft zu stärken, dies ist die Intention des Gleichniserzählers." Dagegen spricht vor allem, daß keine expliziten Bezüge auf eine „Gruppe" in den Gleichnissen nachweisbar ist. Auch eine „implizite Ekklesiologie" läßt sich in der hier untersuchten Textgruppe nicht nachweisen, auch nicht in dem Nachfolgegleichnis Mt 25,14ff. (s.u. II.7.).

[42] In dieser Richtung verändert RAU, Reden 152f.162, die Bestimmung der Hörer: Für Mk 4,26–29; Lk 13,18f.; 13,20f.; Mt 13,44.45f.52 rekonstruiert er Anhänger und Sympathisanten als Hörer, deren Zweifel, Zaudern bzw. eschatologische Sehnsucht ihre Antwort finden. Mt 13,52 spiegelt das Selbstbewußtsein des historischen Jesus angesichts eines in die Nachfolge berufenen Schriftgelehrten (!?). Aber Mt 7,9–11 und Lk 15,11–32 werden als Auseinandersetzung mit Pharisäern (wie als Zuspruch an die Sünder) verstanden. Damit wird der Ansatz von JEREMIAS wohl nicht aufgehoben, sondern nur der Akzent anders gesetzt.

[43] Im Vorübergehen sei notiert, daß EICHHOLZ, Gleichnisse 31–38, – trotz des nicht unerheblichen Einflusses von JEREMIAS sowohl in der Theorie wie in der konkreten Auslegung – sehr viel unbefangener und weniger festgelegt mit verschiedenartigen Hörern rechnet und konstatiert, „wie sehr das Gleichnis den Hörer ‚bedenkt', wie sehr es gerade ihm gilt, wie sehr es für ihn ‚inszeniert' ist... Die Sprache der Gleichnisse verstehen bedeutet deshalb auch: sie als Sprache für den Hörer zu verstehen." (38)

Gleichnisse Jesu „etwas völlig Neues“[44] sein sollten, dann erfordern sie nicht nur die kreative Potenz beim Sprecher, sondern auch die kooperationsbereite Kreativität beim Hörer, um interpretierend verstanden zu werden. Polemik bedient sich dagegen regelmäßig der eingeschliffenen Metaphorik, die eindeutig verstanden werden kann und muß, jedoch bei den Adressaten keine Interpretationsleistung erfordert[45]. So wird auch von dieser sprachwissenschaftlichen Seite her die Beschreibung der Gleichnisse als Streitwaffe fraglich.

1.3 Gleichnisse ohne Hörer? Versuche über die Absolutheit der Gleichnisse

Sehr anders als Jeremias haben von verschiedenen Ansätzen her Exegeten grundsätzlich auf eine Bestimmung der möglichen Hörer verzichtet, offensichtlich, um eine Präjudizierung der Auslegung zu verhindern.

1.3.1 Eberhard Jüngel hat innerhalb der „hermeneutischen Schule“ in seiner bis heute faszinierenden Dissertation die Frage nach den Hörern der Gleichnisse als unangemessen abgewiesen. Insofern als ihn vor allem interessierte, was der Sprecher der Gleichnisse zu bedenken bzw. was er über Gott, Mensch und Welt zu verstehen gab, verzichtete er kategorisch auf eine Zuordnung der Texte zu einem möglichen historischen Auditorium[46]. Denn „bei Jeremias (wird) jetzt der bestimmte historische Ort im Leben Jesu, in den ein Gleichnis gehört, zur Bedingung der Möglichkeit der Frage nach dem eschatologischen Sinn des Gleichnisses“[47]. Jüngels Bedenken ist, daß sich die Zuweisung der Texte zu bestimmten Situationen als Prokrustesbett der Interpretation erweisen könnte und damit die Souveränität des Sprechers wie die seines Gegenstandes, der Basileia, angetastet werden würde. Dagegen fragt er: „Sprechen nicht alle Gleichnisse Jesu von selbst? Tut man ihnen nicht mit einer Einweisung in einen bestimmten historischen Ort Gewalt an, da sie doch einem anderen Ort entspringen.“[48] Das aber führt ihn zur emphatischen Zustimmung zu einer These von Vincent: Die Gleichnisse seien „not instruction or apologetics or controversy, but self-revelation. That is to say, their main aim is to describe the activity of God in Jesus ...“[49]. Wenn diese Vorsicht lediglich

---

44 JEREMIAS, Gleichnisse 8.

45 Vgl. dazu unten den Exkurs unter 2.4.1.

46 Vgl. JÜNGEL, Paulus 118f. Ähnlich auch 96: „Ich glaube auch nicht, daß die Gleichnisse Jesu gegen den Zweifel entworfen sind, und kann nicht erkennen, daß Jesus mit seinen Gleichnissen von der Basileia primär den Erkenntnisschatz seiner Hörer bereichern wollte.“

47 JÜNGEL, Paulus 119. Damit ist die notwendige systematisch-theologische Kritik an JEREMIAS nicht in Frage gestellt, da der Versuch, die eschatologische Autorität Jesu vorwiegend aus den Gleichnissen zu gewinnen und damit zu konstituieren, das Bekenntnis der frühen Gemeinde angesichts des Handelns Gottes am Gekreuzigten vernachlässigt.

48 JÜNGEL, Paulus 118f.

49 JÜNGEL, Paulus 119, nach dem Aufsatz von J.J. VINCENT, The Parables of Jesus as Self-Revelation: StEv I (TU 73), Berlin 1959, 79ff., hier 82.

gegenüber vorgefaßten Situationsbeschreibungen gilt, ist ihr zuzustimmen[50], wo sie aber die – zur Selbstkontrolle des Exegeten dienende – Frage nach einem möglichen Auditorium verhindert[51], beendet sie die Arbeit der Auslegung vorzeitig[52].

1.3.2 Ähnlich rigoros verzichtet ein anderer Ansatz auf die Einbeziehung möglicher historischer Hörer in das Ensemble exegetischer Methoden, den Dan Otto Via und Wolfgang Harnisch besonders ausgearbeitet haben. Sie gehen von dem Axiom aus, daß die Gleichnisse als kleine Kunstwerke eine relative ästhetische Autonomie besitzen[53]. Daher sind sie – wie andere Kunstwerke auch – nur zu würdigen, wenn die Interpretation *nicht* durch die Rücksicht auf den Autor[54] (sc. intentional fallacy)[55] bzw. durch die Wirkung auf den Leser/Hörer[56] (sc. affective fallacy)[57] geleitet wird. Denn: „Kunst ist wesent-

[50] Methodisch richtig bleibt es, die Frage nach den möglichen Hörern erst zu stellen, wenn der Text soweit als irgend möglich erschlossen ist (um nicht eine apologetische Situation Jesu zum Maßstab der Exegese zu erklären). Daß dennoch ein heuristischer Zirkel unvermeidlich bleibt, in dem Ideen von Problemkonstellationen auch die Auslegung leiten, gehört zur unvermeidlichen Zirkelstruktur des Erkennens.

[51] Schon die Auslegung einzelner Texte in „Paulus und Jesus" vermag dann auch nicht mehr so vom Hörer zu abstrahieren, vgl. 158f. zu Lk 16,1–8 oder die – damals erstaunliche, ja scheinbar inkonsequente – Frage im Anschluß an die schöne Auslegung von Mk 4,30–32: „Was hatten seine *Hörer* nötig? Die Gebete seiner Hörer scheinen mir ein angemessenerer ‚Sitz im Leben' für die Gleichnisse Jesu zu sein." (154, Hervorhebung E.J.). Wie dann die Beobachtungen und Thesen zum Gegensatz zwischen Apokalyptik und Botschaft von der Basileia (179f.195) zeigen, kann JÜNGEL auch damals nicht umhin, die Botschaft Jesu wenigstens andeutungsweise in einem historischen Horizont zu situieren. Wesentlich offener wirken inzwischen aber JÜNGELS Bemerkungen, Gott als Geheimnis der Welt 396f., zum Hörerbezug von glückenden Metaphern und gelingenden Gleichnissen, die auf den sprachschöpferischen Akt abheben und den (nun wohl auch grundsätzlich historisch zu beschreibenden) Hörer in das Konzept einbeziehen.

[52] Sie war auch insofern vorzeitig – für die Gleichnisauslegung – beendet, als die Notwendigkeit der veränderten Interpretation durch die nachösterliche Gemeinde bei JÜNGEL dann durch die Theologie des Paulus repräsentiert wird (zur eschatologischen Differenz vgl. Paulus 282f.). Dieses Desiderat, das sich bei JÜNGEL nur praktisch ergibt, wird von WEDER, Gleichnisse, in beispielhafter Weise methodologisch und exegetisch aufgearbeitet. Aber WEDER bleibt JÜNGELS Ansatz auch dort noch verhaftet, weil er zwar gelegentlich in der Auslegung (Gleichnisse 132f. u.ö.) und ansatzweise in der Theorie (84) die Kategorie des Hörers einführt. Wie aber die „Methodologischen Konsequenzen" (97f.) und viele Auslegungen zeigen, bleibt diese Dimension des Textes ohne ausreichende Würdigung, WEDER selbst damit aber noch im Bann der JÜNGELschen Verdikte.

[53] VIA, Gleichnisse 9f.

[54] Vgl. die berühmt-berüchtigte Schulfrage: Was wollte NN damit sagen?

[55] Dahinter steht natürlich das Konzept, daß der konkrete Text mehr sagt, als der Autor weiß: „Wenn die Natur die Mutter eines Kunstwerkes ist, dann ist der Autor nicht der Vater, sondern vielmehr der Mutterschoß oder die Hebamme, während der Vater die Formen und Konventionen sind, die der Autor von der literarischen Konvention übernommen hat." (79)

[56] Gemäß der ebenso obsoleten Schulfrage: Was will uns der Text lehren?

[57] Allerdings folgt VIA dem Programm des „New criticism", dem er wesentliche Anstöße verdankt, insofern nicht völlig, als er gegen die *absolute* ästhetische Autonomie des Kunstwerkes die *relative* setzt, die nach der Würdigung des Textes an und für sich eine existentiale Interpretation der Texte für möglich und geboten hält.

lich Selbstzweck, nicht Mittel zum Zweck, sondern Endstation."[58] Daraus folgt für die Gleichnisse, daß sie „nicht so zeitbedingt sind wie andere biblische Texte, und die Notwendigkeit einer Übersetzung ist deshalb nicht so zwingend."[59] Als relativ autonome ästhetische Objekte ließen sie sich auch nicht vollständig in andere Termini übersetzen. Sie verlören notwendigerweise etwas, wenn sie um der Klarheit bzw. Kontrolle willen ‚übersetzt' würden, der Notbehelf solcher Übertragung in prosaische Sprache sollte immer bewußt bleiben. Im Grunde aber schüfen die Gleichnisse als reale ästhetische Objekte eine je eigene fiktionale Welt einer in sich stimmigen inneren Ordnung, die zunächst für sich und in sich zu betrachten wäre. Die Gleichnisse illustrierten keine Idee, sondern schüfen eine erzählte Welt, deren Abläufe die Grundformen des Dramas wiederzufinden erlaubten[60]. Zumindest die tragische Bewegung in die Katastrophe[61] bzw. das happy end der Komödie[62] ließen sich in den dramatischen Inszenierungen bzw. im Erzählgerüst gut beobachten[63].

Da die Gleichnisse aber keine *absolute* Autonomie besäßen, sondern nur eine relative, und keine sinnfreien Schöpfungen darstellten, gäbe es jedoch einen „übersetzbare(n) Inhalt der Gleichnisse", der sachgemäß durch existentiale Interpretation nach Bultmann erfaßbar sei[64]. Wie sich seines Erachtens die relative ästhetische Autonomie und hermeneutische Verweisung auf außerästhetische Inhalte zueinander verhalten, verdeutlicht Via in dem schönen Gleichnis von Murray Krieger, daß Kunstwerke „nacheinander als Fenster, Spiegel und Fenster" wirken[65]:

Zunächst erscheint die vertraute Welt durch die Verweisungen des Textes auf Sachverhalte der bekannten Wirklichkeit wie durch ein Fenster. Das Kunstwerk scheint von Dingen zu reden, die uns vertraut sind. Dann aber entfaltet sich eine eigene fiktionale Welt der Erzählung, in der die Verweisun-

---

58 VIA, Gleichnisse 79.

59 VIA, Gleichnisse 40. Vgl. 33: „Die streng historische Auslegung ignoriert den ästhetischen Charakter der Gleichnisse und annulliert ihre ästhetische Funktion. Auf allgemeinste Weise ausgedrückt, konzentriert sich die historische Auslegung auf den *historischen Kontext als den Schlüssel* zum Sinn der Gleichnisse, während die Erkenntnis ihrer ästhetischen Qualität sich auf die Gleichnisse selbst konzentrieren würde." Hervorhebung C.K.

60 Vgl. dazu auch die erhellenden Typisierungen der Figurenkonstellationen (dramatisches Dreieck), die SELLIN, Lukas 180ff., anregt und die HARNISCH, Gleichniserzählungen 71–84, aufnimmt und durch Beobachtungen R. W. FUNKS erweitert.

61 Mt 25,1ff.14ff. u. a.

62 Mt 20,1ff.; Lk 15,11ff. u. a.

63 Aus diesem dramatischen Aufbau der Gleichnisse heraus gelangt VIA, Gleichnisse 18–20, auch zu einer schlagenden Definition der Allegorie (nach EDWIN HONIG), die als Metaphernreihung nur schlecht beschrieben und in ihrem Zusammenhang nicht gut erfaßbar ist. Nach ihm stellt sich der Sinn der Allegorie erst her, wenn es aus der Erzählung heraus des Verweises auf eine „alte Geschichte" bedarf, die man kennen muß, um die – eben nicht autonome – „neue Geschichte" zu verstehen.

64 VIA, Gleichnisse 44ff. Eine Kritik der dabei gewonnenen schlichten Existenzdialektik zwischen „Leben gewinnen" und „Leben verlieren" kann hier unterbleiben. Sie entspräche der Anfrage an die angebliche Situationsgelöstheit der Gleichnisse Jesu.

65 VIA, Gleichnisse 85, nach M. KRIEGER: A Window to Criticism. Princeton 1964, 30ff.

gen nur mehr innerhalb der erzählten Welt verbleiben (sich spiegeln) und ihre innere Ordnung als eigene (und neue) aufbauen[66]. Das verfremdet potentiell das dem Hörer bisher Vertraute. Diese Verfremdung ermöglicht aber in einem dritten Schritt „eine neue Sicht der Welt"[67]. Zwar geht der Blick nunmehr wieder nach außen (Fenster), aber eine durch die Fiktion veränderte Perspektive läßt an der bekannten Wirklichkeit neue Aspekte entdecken.

Die Grenze dieses Modells ergibt sich zunächst aus der nur teilweise brauchbaren Übertragung des Begriffs der ästhetischen Autonomie. So hilfreich diese Kategorie angesichts der Instrumentalisierung der Kunst sein kann[68], so sehr trifft es nur ein Moment der Gleichnisse Jesu: ihre poetische Qualität. Letztere ist jedoch nicht ohne Bezug auf die provozierten Hörer zu bestimmen. So sind die Gleichnisse zwar nicht nur als „Kinder des Augenblicks"[69], aber doch wohl eher in die Kategorie der Gebrauchs- und – horribile dictu – *Ver*brauchstexte einzuordnen, die einen bestimmten und – in den Grenzen des historisch Eruierbaren – bestimmbaren Zweck hatten. Sie dürften in einer kritischen Umbruchssituation eine vielfach als ungewohnt empfundene Relation von Gott, Mensch und Welt zu verstehen geben, also – von vornherein auf bestimmte Hörer konstruiert – eine zwingende Kraft entfalten wollen und entfaltet haben, die Jülicher durch den Terminus „Argument" bezeichnen wollte. D.h. aus der Not der isolierten Überlieferung der Gleichnistexte darf keine Tugend der Autonomie gemacht werden. Zumal moderne Kunst als expressive Selbstverständigung des Autors[70], der sich weithin den Blick auf potentielle Leser und ihre pädagogische Beeinflussung untersagt[71], anderen Gesetzen unterliegt als die Texte, die bewußt in rhetorisch beschreibbarer Absicht angesichts der Nöte bestimmter Adressaten formuliert werden[72].

Darüber hinaus ergibt sich das Problem, daß in dieser ästhetischen Betrachtung, wie die bei Via und Harnisch vorliegenden Exegesen zeigen, nur erzäh-

---

66 Von VIA, Gleichnisse 76.87, wird dieser Vorgang als die zentripetale Struktur eines Kunstwerks bzw. als seine Art, „intransitiv oder nicht-verweisend (non-referentially) Aufmerksamkeit zu erregen", bezeichnet.

67 Diese Form der Lesart des Kunstwerks ordnet VIA deutlich als sekundär (less focal attention) der ästhetischen Dimension unter. Zur Kritik an dieser „Inkonsequenz" vgl. HARNISCH, Gleichniserzählungen 65 f.

68 FRIEDRICH WOLFS Diktum von 1928 „Kunst ist Waffe" hat in der DDR lange einen angemessenen Umgang vor allem mit der Literatur, aber auch der bildenden Kunst erschwert.

69 JÜLICHER, Gleichnisreden I 91.

70 Die Teilnahme von Lesern an diesen eher als Kundgabe des Autors zu interpretierenden Werken, die auf offene oder verdeckte Weise Selbstzeugnis des Autors sind, ergibt sich aus der Frage, ob der Rezipient diese Literatur (o. a.) auf sich beziehen und sich so aneignen kann, daß er sich als Leser im impliziten Autor des Textes wiederentdecken kann.

71 Das gilt natürlich nur cum grano salis und nur in bezug auf ‚ernsthafte' Kunst, die noch nicht mit dem Blick auf den möglichen ‚Markt' produziert wird. Vgl. dazu Belege bei THAMM, Poesie 269–271.281, aus der neueren Frauenliteratur, von PETER HÄRTLING und MAX FRISCH.

72 Dieser Ansatz von RAU, Reden 44–52, gilt natürlich mit der Vermutung, „daß weder der Hörer noch der Sprecher die Gesetze ihrer Bildung und Rezeption (sc. der Gleichnisse) theoretisch reflektiert haben". (52)

lende Texte[73] erfaßt, aber nicht die sogenannten Naturgleichnisse, also zumeist besprechende Texte, und die Metaphern selbst erreicht werden[74]. Aber gerade auch für diese muß die Möglichkeit der Wertung als provozierend-poetische (obwohl nicht-dramatische) Bildungen offengehalten werden.

Weiter kommen die Hörer in diesem Modell lediglich als dunkle Schattenrisse vor der hellen Bühne vor, auf der sich die Figuren des erzählten Dramas tummeln[75]. Dies macht sie zu einer neutralen Empfängergröße, die sie keineswegs gewesen sein dürften. So aber wird die konkrete Erfassung der einzelnen Texte in ihrer Ausrichtung auf reale Probleme verhindert, die offensichtlich keineswegs alle dasselbe sagen und denselben abstrakten Hörer treffen wollen. Die von Via (und Harnisch wenigstens z. T.) bevorzugte existentiale Interpretation steht eher in der Gefahr, die poetische und theologische Substanz zu nivellieren, als daß sie sie auch für den einzelnen Text herauszuarbeiten hilft.

So erlaubt dieses Modell schließlich auch nicht, die Auslegungsgeschichte in der neutestamentlichen Textüberlieferung umfassend zu rekonstruieren[76]. Denn die Lebendigkeit und Variation der Überlieferung ist nicht allein der geschichtlichen Wende durch Karfreitag und Ostern zu verdanken, sondern auch dem Umstand, daß sich die Situation der Verkündiger und der Hörer vor und nach Ostern in vielfacher Hinsicht veränderte und des jeweils verschiedenen Zuspruchs und Anspruchs bedurfte.

1.4 Gleichnisse als Argumentation im praktischen Diskurs

Das Modell der polemischen Auseinandersetzung durch die Gleichnisse ist in einem erstaunlichen Maß immer wieder aufgenommen worden und hat die Gleichnisauslegung seit Jeremias geprägt. Selbst die Versuche, mit neuerer Sprachphilosophie und Kommunikationstheorie zu rekonstruieren, was in, mit und unter der Gleichnisverkündigung Jesu geschah, haben sich an diese Situationsbeschreibung in erstaunlichem Maß gehalten.

[73] Daß diese Unterscheidung zwischen erzählter und besprochener Welt nach Weinrich, Tempus, (etwa bei Rau, Reden 26–35) auch wieder nur Hilfskategorien zur Verfügung stellt, kann ein Blick auf Lk 11,5–7(8) lehren, wo Dramatik in besprechenden Tempora vorgeführt wird. Vgl. dazu in dieser Arbeit II.2.

[74] Vgl. Rau, Reden 34f.

[75] Das gilt leider auch von der „Hörerperspektive", die Rau, Reden 35–44, als Ersatz für die Linnemannsche „Verschränkung" einführt. So nützlich sie als Fokus für die Erzählanalyse ist, so sehr bedarf sie in der Auslegung der methodisch kontrollierten Zuordnung zu den historischen Hörern, damit Exegese der Gleichnisse leisten kann, was Rau von ihr fordert, nämlich „primär den Sinnhorizont zur Zeit ihrer Entstehung zu rekostruieren"(395).

[76] Dabei soll nicht übersehen werden, daß Harnisch, Gleichniserzählungen 312–314, wie Weder die kerygmatische Kehre in die Reflexion einbeziehen möchte, die aus dem Erzähler den Verkündigten und aus seinen Texten Exempel mit illustrativer Funktion macht.

1.4.1 Anders als Via und Harnisch beginnt Tullio Aurelio fast gleichzeitig mit Weder eine Phase der Gleichnisauslegung, in der mit der Aufnahme der Sprechakttheorie von J. L. Austin nach der kommunikativen Leistung der Gleichnisrede gefragt wurde, also nach dem, was sich zwischen Sprecher und Hörer vollzieht. Nach Tullio Aurelio vermittelt in den Gleichnissen der Sprecher dem Hörer ein „Aha-Erlebnis", eine disclosure[77], man könnte fast sagen, eine Erleuchtung. Allerdings behandelt Aurelio die Hörerdimension in seiner Gleichnisauslegung – gegen die Möglichkeiten seines theoretischen Ansatzes – ausgesprochen formal und ungleichmäßig[78] und vorwiegend dort, wo das polemische Gegenüber konstatiert werden kann. Das ergibt sich jedoch nicht aus der von ihm rezipierten Sprechakttheorie, mit der man sehr wohl nach der spezifischen kommunikativen Leistung eines konkreten Gleichnisses fragen dürfte, sondern aus dem theologisch-apologetischen Interesse Aurelios. Er meint, die Polysemie der Gleichnisse durch ihren Bezug auf den Sprecher Jesus so einschränken zu können, daß sie im Sinne der Evangelisten nur dazu dienen, die christologisch vermittelte Begegnung mit dem Vatergott zu ermöglichen.[79] So möchte Aurelio von der einzelnen disclosure, dem einzelnen Aha-Erlebnis, das ein Gleichnis vermittelte, unmittelbar durchstoßen zu der „Urdisclosure", die Jesus gehabt habe und die über „die Gleichnisse als Selbstprädikationen Jesu"[80] zur „letzten disclosure"[81] für die Gemeinde führen soll: „... die Gleichnisse, wie die ganze Botschaft Jesu, (stellen) den Hörer vor die Wahl: sich für Gott und für Jesus zu entscheiden, oder aber die Gleichnisse und mit ihnen Gott und Jesus abzulehnen."[82] Damit aber geraten die einzelnen Gleichnisse und ihre möglicherweise auch verschiedenen Intentionen in einen letztlich auf explizite Christologie ausgerichteten Argumentations- bzw. Forderungszusammenhang, der sich auf die schlichte Formel „Glaube versus Unglaube" reduzieren läßt. So nimmt es nicht wunder, daß aus der Vielfalt der Sprechakte[83], die Aurelio kennt, lediglich die Einfalt des Entscheidungsrufs[84] zum Glauben (oder Unglauben) wird, was die Differenzierung konkreter Hörer zu vernachlässigen

[77] AURELIO bezieht sich hier auf die Sprachphilosophie I.T. RAMSEYS, der die disclosure als Erschließung von Totalität bzw. Sinn mit ihrem ‚Mehr' dem deskriptiven Sprachspiel entgegenstellt, das einzelne Sachverhalte falsifizierbar beschreibt. Vgl. AURELIO, Disclosures 26–41.

[78] AURELIO, Disclosures 176.196, übernimmt die Kennzeichnung der Gegner als Hörer der Gleichnisse, an anderen Stellen verzichtet AURELIO ganz auf eine geschichtliche Hörerbestimmung bzw. legt die „Jünger" als Adressaten nahe: 152f. Für Lk 18,10–14a rechnet er offensichtlich (164) mit einer doppelten Identifikationsmöglichkeit des Hörers entweder mit dem Pharisäer oder mit dem Zöllner. (Für das erste Hören wenig wahrscheinlich.)

[79] AURELIO, Disclosures 246f. Dort der nicht untypische Verweis auf Joh 14,9 „Wer mich gesehen hat, hat den Vater gesehen" als Quintessenz der Gleichnisse.

[80] AURELIO, Disclosures 230ff.

[81] A. a. O. 245.

[82] A. a. O. 124.

[83] A. a. O. 118f.: Ansage und Angebot; Ermutigung und Verheißung; Aufforderung zur Entscheidung; Rechtfertigung; Warnung und Mahnung; Drohung. Über die Zuordnung der einzelnen Gleichnisse zu den Sprechakten kann man streiten: Mt 25,14ff. gehört sicher zunächst *nicht* in die Sparte „Warnung und Mahnung", ebensowenig wie Lk 18,9–14 primär Rechtfertigung darstellt. Doch daß es sinnvoll ist, nach der Vielfalt der Sprechakte zu fragen, kann schwer bestritten werden.

[84] Damit befindet sich AURELIO in einer merkwürdigen Nähe zu VIAS ähnlich dualem Interpretationssystem, das Tragik oder Komik, gelingendes oder scheiterndes Leben in den Gleichnissen erkennt, aber kaum mehr die Vielfalt dessen beschreiben kann, was die Gleichnisse vom Wirken Gottes zu verstehen geben.

erlaubt[85]. Die Bemühung um die Erschließung des Umfeldes, in der das einzelne Gleichnis zur Sprache kam, unterbleibt.

1.4.2 Edmund Arens versucht nun seinerseits, diese noch sehr stark von der Literaturwissenschaft her gedachte Gleichnisauslegung[86] durch eine eher interdisziplinäre Arbeit auf ein neues kommunikationstheoretisches Konzept zu verpflichten, das die bisherige Gleichnisauslegung in sich integrieren soll[87] und das das kommunikative Handeln Jesu in und mit den Gleichnissen erfassen möchte.

In Übernahme der Anregungen seines Lehrers Helmut Peukert[88] prüft er dazu Karl-Otto Apels Transzendentalpragmatik und Jürgen Habermas' Universalpragmatik auf ihre Verwertbarkeit bzw. ihre Herausforderungen für die Gleichnisauslegung. Aber anders als Aurelio bringt er die Dimension der historischen Hörer konsequenter ein. Sein vor allem auf der systematischen und philosophischen Seite angesiedelter Versuch stützt sich weithin auf die historischen Ergebnisse bei Jeremias, d.h. die Dialogpartner Jesu sind ihm vorwiegend die „pharisäischen Opponenten"[89], wobei Arens diesem Konflikt aber eine neue positive Seite abgewinnt. Das gelingt ihm durch eine relecture dieser Auseinandersetzung im Lichte der Theorie des kommunikativen Handelns[90] nach Jürgen Habermas[91].

---

85 Dem entspricht die Reduktion der Klassen von Sprechakten, die an sich von AUSTIN und SEARLE her als unreduzierbare Kategorien gedacht sind, auf letztlich zwei Typen: Ermutigung/Verheißung bzw. Rechtfertigung/Warnung/Mahnung/Drohung. AURELIO, Disclosures 120. – Eine andere Reduzierung bei HABERMAS, Theorie I 435–437.

86 Vgl. die Einordnung AURELIOS bei ARENS, Handlungen 31–36, in den metapherntheoretischen Ansatz, dem er – wohl zu Recht – eine Enthistorisierung und – wohl zu Unrecht – eine Poetisierung der Gleichnisse vorwirft.

87 ARENS, Handlungen 17.

88 Vgl. PEUKERT, Wissenschaftstheorie bes. 298f., zu den Gleichnissen (der Abschnitt liest sich wie ein Programm, das ARENS dann – allerdings nur z. T. – ausgeführt hat).

89 ARENS, Handlungen 14.106.371 u.ö. Das geschieht, obwohl ARENS sehr wohl um die Vielfalt des zeitgenössischen Judentums weiß (vgl. 77–89), einer Vielfalt, die der Monotonie der Zuweisungen durch JEREMIAS nicht eben günstig ist. Leider fehlt die Apokalyptik als historischer Hintergrund im Fächer der Gruppen und Ideologien des zeitgenössischen Judentums.

90 ARENS, Handlungen 265–276, setzt sich über weite Strecken mit der Transzendentalpragmatik KARL-OTTO APELS auseinander, dennoch reicht es für unseren Zweck aus, die HABERMASschen Grundkategorien zu schildern, mit denen er die kommunikative Leistung der Gleichnisse Jesu erfaßt. Für seine Dissertation stand ihm noch nicht HABERMAS, Theorie, zur Verfügung.

91 Eine direkte Auseinandersetzung mit HABERMAS kann und soll an dieser Stelle nicht erfolgen. Vgl. dazu die Frage nach den Metaphern als innovatorisch-kritischen Sprachhandlungen im Diskurs bei PEUKERT, Wissenschaftstheorie 269f., und den interessanten Einsatz bei der zeitlichen und todbedingten Endlichkeit des Menschen, die in eine theologische Theorie kommunikativen Handelns nach PEUKERT einzubringen ist. (283ff. besonders 320.) Der hier vertretene Ansatz, die kommunikative Leistung der Gleichnisse eher im Modell der Therapie zu verstehen, die Hörer also weniger als gleichrangige Teilnehmer einer Debatte, sondern eher in der Rolle von Patienten zu verstehen, berührt zumindest diese Frage, insofern damit

Exkurs: Arens unterscheidet mit Habermas zwei Typen menschlichen Handelns: ‚Arbeit' einerseits, d. h. instrumentelles bzw. nichtsoziales Handeln, das monologisch, auf Ziele ausgerichtet, zweckrational als Herrschaft des Subjekts über Objekte auf Manipulation zielt, die u. a. auch durch propositionale Aussagen über zukünftiges Verhalten (des Objektes) ermöglicht wird[92]. – Andererseits läßt sich dagegen idealtypisch das soziale bzw. ‚kommunikative Handeln' stellen, die Interaktion, die – symbolisch vermittelt – verständigungsorientiert, d. h. dialogisch, auf dem Boden der gegenseitig verpflichtenden Intersubjektivität stattfindet[93]. Beide Formen des Handelns lassen sich nicht aufeinander zurückführen[94]. ‚Kommunikatives Handeln' von mindestens zwei Subjekten setzt Konsens und Kompetenz der Sprecher voraus.

Da der Konsens über die gemeinsamen Normen aber keineswegs jederzeit gegeben, sondern erst von Fall zu Fall wieder herzustellen ist, macht sich immer wieder eine Verständigung über die gemeinsamen Grundlagen der Kommunikation nötig. Das führt zu einer weiteren Differenzierung: Vom kommunikativen Handeln hebt sich auf einer Metaebene die Bemühung ab, die dieses Handeln erst wieder ermöglichen will. Diejenige umgangssprachliche Kommunikation, die darauf zielt, den zerbrochenen Konsens bzw. Hintergrundkonsens herzustellen, wird als (theoretischer bzw. praktischer) ‚Diskurs' herausgehoben, der – idealtypisch erfaßt – nur *einen* Zwang duldet, den des besseren Arguments, und *ein* Motiv, das der kooperativen Wahrheitssuche[95]. Insofern ist die Beschreibung des Diskurses natürlich ein kontrafaktischer Entwurf, der die ideale Sprechsituation antizipiert. Immerhin lassen sich seine Bedingungen angeben, die bereits in den gegenwärtigen Vollzügen de facto normativ wirken: Er erträgt keine Beschränkungen, weder der Teilnehmer noch der Themen, keinen Zwang, auch nicht den zum Handeln, d. h. nichts und niemand bleibt der kritischen Vernunft aller entzogen. Damit unterstellt das Konzept des Diskurses dessen Reziprozität, Egalität und Universalität und benennt damit zugleich Grundbedingungen der Menschlichkeit.

Aus dieser – hier nur grob skizzierten – Kategorie des (praktischen[96]) Diskurses ergeben sich die charakteristischen Elemente des kommunikativen Handelns Jesu in den Gleichnissen nach Arens:

- Jesus steht seinen pharisäischen Opponenten als Proponent gegenüber.
- Zwischen den Kontrahenten sind die religiösen Normen als Bestandteil des Hintergrundkonsens' strittig.

---

die Grenzen des Menschseins in Krankheit und/oder Sünde als notwendig zu bedenkende Randbedingungen des Diskurses thematisiert werden.

92 Arens, Handlungen 281f., mit Verweisen auf die Verwurzelung der Unterscheidung schon in den frühen Schriften bei Habermas. Habermas, Theorie I 384f.

93 Arens, Handlungen 282–284. Habermas, Theorie I 385.

94 Arens, Handlungen 285f. Habermas, Theorie I 385, beschreibt mit dem ‚strategischen Handeln' die dritte Kategorie: den auf individuelle Interessen ausgerichteten, monologischen, erfolgsorientierten Umgang mit anderen Menschen als Kontrahenten im Verteilungskampf. Dieser sei als eine Verfallsform des kommunikativen Handelns und nicht als genuine Form menschlichen Handelns zu begreifen.

95 Arens, Handlungen 289–292, vgl. Habermas, Theorie I 39–45.

96 Habermas, Theorie I 40, trennt „praktische Diskurse, die durch einen internen Bezug zu interpretierten Bedürfnissen der jeweils *Betroffenen* charakterisiert sind", von den theoretischen Diskursen „mit ihrem Bezug zu interpretierten Erfahrungen eines *Beobachters*". In diesem Sinne könnte es sich bei den Diskursen zwischen dem Proponenten Jesus und den pharisäischen Opponenten nur um einen praktischen Diskurs handeln.

- Jesus geht diesen Konflikt in „quasi-diskursiver[97] Rede“[98] durch die Gleichnisse an, indem er sich nicht nur verteidigt[99], sondern indem er sich bemüht, als kompetenter Sprecher diesen fehlenden Konsens herzustellen. Das will er dadurch erreichen, daß er die Opponenten „von der Richtigkeit seines Handelns bzw. der diesem zugrunde liegenden Normen zu überzeugen“ sucht[100].
- Dies geschieht ironisch-verfremdend in metaphorisch-fiktionalen Texten, in denen Jesus die Unsinnigkeit des an partikulare Interessen und Normen gebundenen Verhaltens aufzeigt.
- Positiv praktiziert der Sprecher der Gleichnisse mit Hilfe innovatorischer Sprachhandlungen die Universalität, Egalität und Reziprozität menschlicher Kommunikation als Bedingung und normatives Fundament des Menschseins. In dieser Weise des Umgangs Jesu mit seinen pharisäischen Opponenten in, mit und unter seiner Gleichnisverkündigung erweist diese sich als praktiziertes Modell der Gottesherrschaft bzw. der „Universalität des Heilswillens Gottes“[101].

Die Kritik an diesem Modell muß auf zwei Stufen erfolgen. Zum einen greifen die historischen Einwände, die gegen Jeremias vorgebracht wurden[102]. Die uniforme Opposition, die hier vorausgesetzt wird, trifft so wohl kaum die potentielle Vielfalt der Hörer Jesu.

Zum anderen aber macht dieser Versuch aus der Gleichnisverkündigung einen (Quasi-)Diskurs, stellt er das Modell der Akademie, an der jeder kompetente Sprecher teilnehmen und durch zutreffende Argumente in den Gang der Verhandlung eingreifen kann, als das Modell der Kommunikation zwischen Jesus und seinen Hörern heraus. Abgesehen von der – wohl notwendigen – Reduktion der Vielfalt menschlicher Kommunikation bei Habermas, abgesehen von der verständlichen Faszination, die den idealisierten Umgang von Wissenschaftlern untereinander zum Modell der Menschlichkeit als solcher macht, und abgesehen auch von der Frage, ob dieser Diskurs, den Habermas nicht einmal der griechischen Philosophie zugesteht[103], zu Zeiten Jesu im Sinne des (von Habermas reformulierten) historischen Materialismus so möglich

---

97 „*Quasi*-diskursiv nennen wir die Gleichnisrede Jesu, weil in ihr als einem Gesprächsbeitrag *kein* aus Rede, Gegenrede und konsensueller Einigung bestehender *vollständiger* Diskurs geführt wird.“ ARENS, Handlungen 358 Anm. 16, Hervorhebung C.K.

98 ARENS, Handlungen 359 u. ö.

99 Hier versucht ARENS, über die Fesseln der von JEREMIAS übernommenen Thesen hinauszugelangen.

100 ARENS, Handlungen 359.

101 ARENS, Handlungen 359.

102 Dabei darf eine Differenz nicht unberücksichtigt bleiben: Da die schlichte Apologie bzw. Polemik bei ARENS in die differenzierte Ebene des Diskurses versetzt wird, ließe sich für ARENS der oben bei JEREMIAS angemerkte Adressatenwechsel (die unbeteiligten Zeugen referieren über die letztlich vergebliche Gleichnisrede) dadurch umgehen, daß man bekehrte Pharisäer und Schriftgelehrte zu den Tradenten der Gleichnisse erklärt. Aber ist das für die Frühzeit exegetisch zu sichern? Mt 13,52 steht m. E. sehr vereinzelt da.

103 HABERMAS, Theorie II 290.

war, scheint das Modell auch den in den Texten zu beobachtenden Umgang Jesu mit seiner Umgebung nicht zu treffen. Gegen Arens wird man nicht zu Jülichers Qualifizierung der Gleichnisse als Argument zurückkehren, weil dies das starke poetische Moment, ja die rhetorische Kunstfertigkeit[104] in den Gleichnissen Jesu zu sehr abwertet. Denn dieses Moment hat auch einen kommunikativen Aspekt: Die Gleichnisse stammen eben nicht aus einer fortgesetzten und fortsetzbaren symmetrischen Kommunikation, in der Argument gegen Argument gesetzt wird[105], sondern verweisen auf eindrücklich einseitiges Reden. Sie ziehen eher das staunende Schweigen als ein weiteres Argument nach sich[106]. Sie lassen ähnlich wie die Sätze der Apophthegmata keine Gegenrede zu[107].

Daß Arens schließlich mit dieser Zuweisung faktisch einen philosophisch gefärbten Hoheitstitel an den historischen Jesus verleiht, wirft auch insofern Fragen auf, als Habermas den Diskurs gemäß seinem Geschichtsbild in dieser Form erst in der Neuzeit für möglich hält. Diese Fragen werden besonders dort unabweisbar, wo zumindest nicht der Eindruck verhindert wird, es gehe Arens um einen historischen Beweis für die Einzigartigkeit Jesu[108]. Denn historische Arbeit kann sich lediglich um die Nachzeichnung des besonderen Eindrucks mühen, den der historische Jesus offensichtlich auf seine galiläische Umgebung[109] gemacht hat, aber nicht Beweise für die Absolutheit Jesu bzw. des Christentums liefern.

So bleibt es bei der Aufgabe, ein angemessenes Modell, ein Bild bzw. Gleichnis zu finden, das die Frage beantwortet, was Jesus mit den Gleichnissen eigentlich „gemacht" bzw. bewirkt hat[110]. Dieses Modell muß der Komplexität der Texte wie des vermutlichen Hörerkreises und damit des pragmatischen

---

104 Damit ist selbstverständlich nicht gemeint, daß Jesus bei einem Rhetor in die Schule gegangen sei, sondern nur der Umstand, daß nachträglich mit Hilfe der Schulterminologie beschrieben werden kann, welche (unbewußte) Strategie zu Überzeugungszwecken im Text verwendet ist.

105 Das wäre eher in den rabbinischen Diskussionen zu beobachten, wo Position und Gegenposition zum Teil wiederholt und ausgeführt benannt werden, ehe es zu einer autoritativen Entscheidung kommt.

106 Dieses Phänomen hatten BULTMANN u. a. im Auge, wenn sie „Kerygma" nannten, was als unhinterfragbare Predigt Geltung beanspruchte.

107 Darum ist die Begriffsbildung „quasi-diskursiv" bei ARENS Ausdruck einer sachlichen Verlegenheit, der nachzugehen ist, und nicht nur Zugeständnis an die Unschärfe jeder Kategoriebildung, die die Phänomene sowieso nur idealtypisch zu erfassen vermag.

108 Allerdings scheint mir die Christologie, die mit ARENS so zu gewinnen ist, naturgemäß nicht über exemplarische Menschlichkeit hinauszuführen.

109 Ob in der Jerusalemer Krise noch von einem solchen Eindruck vollmächtigen Handelns gesprochen werden darf, möchte ich aus methodischer Vorsicht dahingestellt sein lassen.

110 Einen Versuch pragmatischer Gleichnisklassifizierung bei BERGER, Formgeschichte 40–62, der in der Zweiteilung in Gleichnisse mit „dikanischem Charakter" bzw. mit „symbuleutischem Charakter" (56) aus den drei antiken Genera der Rede die Gerichtsrede und die Ansprache in der Volksversammlung als Analogon heranzieht. Allerdings ist zu fragen, ob nicht alle Verkündigung näher bei dem symbuleutischen bzw. sogar dem epideiktischen Genus steht, wenn man sich überhaupt auf das Modell der Parteienrede einlassen will.

Aspekts der Kommunikation zwischen Sprecher und Hörern gerecht werden. Dazu bedarf es einer Klärung des Verständnisses von Sprache in kommunikativer Hinsicht sowie einer Beschreibung der Bildrede im weitesten Sinn unter pragmatischem Aspekt.

2. *Kommunikation durch Poesie in Gleichnissen und Metaphern*

Die Frage nach den Hörern Jesu drängt sich auch angesichts der neueren Arbeiten zur Metapher bzw. zu bildhaften Äußerungen auf, die das Phänomen der Metapher in Literaturwissenschaft und Theologie auch theoretisch nicht mehr ohne die Beachtung des kommunikativen Aspekts beschreiben und erfassen können. Falls Metaphern und Gleichnisse also prinzipiell nur im Rahmen der Pragmatik verstehbar sind, wenn wir den assoziativen Horizont damaliger Sprecher-Hörer rekonstruieren können, dann müssen die Adressaten Jesu bei der Interpretation der Gleichnispointen berücksichtigt werden.

Freilich kann hier weder eine vollständige Sprachtheorie noch eine komplexe Metaphorologie entwickelt werden[111]. Aus der Fülle der Theorien sollen hier nur die Voraussetzungen herausgegriffen und benannt werden, die m. E. helfen können, genauer nach den Gleichnissen Jesu zu fragen[112].

[111] Da in der sprach- und literaturwissenschaftlichen Debatte die Begriffe alles andere als eindeutig sind und der Terminus Metapher nicht ganz zufällig etwa dieselbe Verwendungsbreite hat wie παραβολή bzw. משל, also ein einzelnes Wort in übertragener Bedeutung, einen ganzen Satz, Beschreibungen, aber auch vollständige erzählende Texte meinen kann, bleibe ich nach Möglichkeit in der exegetischen Debatte bei den von JÜLICHER eingeführten und von BULTMANN, Geschichte 179–222, übernommenen Formaldefinitionen: Vergleich, Metapher, Bildwort, Gleichnis im engeren Sinn, Parabel, Allegorie. Damit sollen nicht JÜLICHERS Wertungen übernommen werden.

Der Versuch der begrifflichen Trennung stößt allerdings dort an seine Grenzen, wo die nun folgende Behandlung der Metapher zugleich Wesentliches zum Verständnis von Gleichnissen beiträgt, weil sie beide zum Phänomen figurativer Rede gehören. Vgl. dazu unten 2.5.

Als Oberbegriff erscheinen gleichnishafte Rede, metaphorische Sprache, bildhafte Texte o. ä. im Wechsel, um nicht einem zu puristischen und monotonen Stil zu verfallen. Wo in Fremdtexten und Referaten eine andere Begrifflichkeit erscheint, hoffe ich, durch den Kontext eine eindeutige Zuordnung zu ermöglichen.

[112] Dabei wird es unweigerlich zu Verkürzungen kommen, die Fachleute dem Exegeten hoffentlich nachsehen. Solange so verschiedene Wissenschaftszweige wie Linguistik bzw. Semiotik, Literaturwissenschaft und Hermeneutik in sich und untereinander keine gemeinsame Sprache entwickeln können, wird jedem Versuch in den Augen der wissenschaftlichen Nachbarn etwas Willkürliches anhaften. Wer andere Voraussetzungen einführen will, wird dies – wie hier versucht – unter Nennung seiner theoretischen Voraussetzungen und am Objekt zu bewähren haben.

2.1 Digitale und analoge Kommunikation nach Watzlawick

In der erfolgreichen Kommunikationstheorie von Paul Watzlawick, Janet H. Beavin und Don D. Jackson wird axiomatisch zwischen einem Inhalts- und einem Beziehungsaspekt von Kommunikation geschieden[113]. Die Beziehung zwischen zwei Gesprächspartnern ist danach stark von nonverbalen Signalen bestimmt (Tonfall, Gebärdensprache), aber auch die sprachliche Fassung einer Mitteilung verrät außer der Information einiges über das Verhältnis von Sprecher und Hörer. Wichtig an Watzlawicks Unterscheidung ist die Feststellung, daß der Beziehungsaspekt das Verständnis des Inhalts bestimmt, also als Metakommunikation der Inhaltsebene *über*geordnet ist[114]. Da die kommunikative Grundregel lautet: „Man kann nicht nicht kommunizieren"[115], ist auch noch in der nüchternsten Sachbeschreibung eine Beziehungsdefinition enthalten[116].

Ein weiteres Axiom dieser Theorie besagt, daß sich schematisch zwei verschiedene Weisen von Kommunikation unterscheiden lassen, die Watzlawick digitale und analoge Kommunikation nennt. Die digitale Verständigung ist am ehesten der Begriffssprache zuzuordnen, in der alle möglichen logischen Operationen erfolgen. Diese Form der Kommunikation dient vor allem der argumentativen Auseinandersetzung mit Sachverhalten. Analoge Kommunikation dagegen nutzt ein vielfältiges Repertoire von Gesten, Lauten, Körperhaltungen bis hin zum Tonfall. Zu den Mitteln dieser Verständigungsform gehört auch der sprachliche Schmuck der Rede. Diese Signale werden zumeist unwillkürlich gesendet und instinktiv aufgenommen, bestimmen aber entscheidend über die Aufnahme bzw. Ablehnung des auf der Inhaltsebene Gesagten.

Die Verbindung beider Axiome ergibt nun, daß Inhalte vorwiegend auf digitale Weise vermittelt werden, während die Beziehungen zwischen den Gesprächsteilnehmern überwiegend analog kommuniziert werden. „Eine Geste oder eine Miene sagt uns mehr darüber, wie ein anderer über uns denkt, als hundert Worte."[117]

Beide Formen der Kommunikation besitzen ihre eigenen Stärken und spezifischen Schwächen. Während die digitale Information grundsätzlich jeden Sachverhalt wiedergeben kann und alle logischen Operationen faßt, fehlt ihr das affektive, Beziehungen stiftende Moment. Analoge Kommunikation dage-

---

113 WATZLAWICK, Kommunikation 53–56.

114 Das prägnante Beispiel bei WATZLAWICK, Kommunikation 54: Frau A fragt Frau B: „Sind die Perlen echt?" – Jede Nuance im Tonfall verrät ein je anderes Verhältnis der beiden, von verächtlicher Ironie bis zur naiven Bewunderung. (Von STANISLAWSKI soll die Schauspieleraufgabe stammen, „Guten Morgen" in vierzig Variationen zu bieten.)

115 WATZLAWICK, Kommunikation 53.

116 Auch eine rein sachliche Erklärung kann etwa bei einer gewissen Überdeutlichkeit eine negative Beziehungsdeutung hervorrufen: Der hält mich ja für dumm! WATZLAWICK, Kommunikation 83. Umgekehrt kann auch eine völlig unverständliche, abstrakte Darstellung ähnlichen Unmut hervorrufen.

117 WATZLAWICK, Kommunikation 64.

gen vermag Gefühle und personale Relationen mit sonst unerreichbarer und allein angemessener Intensität zu übermitteln, entbehrt aber regelmäßig der Eindeutigkeit. Tränen und Lächeln sind – für sich genommen – zweideutig. Sie stehen für Freude *und* Schmerz, Hohn *und* Zuneigung[118]. Die Ambivalenz der analogen Kommunikation wird auch durch das Fehlen eindeutiger logischer Operatoren wie ‚wenn-dann', ‚nicht', ‚oder' u. a. verursacht. Auch eine „klare Unterscheidung zwischen Vergangenheit, Gegenwart und Zukunft" ist nicht möglich[119]. Um solche Unschärfe auszugleichen oder Mißverständnisse aufzuklären, bedarf es der Interpretation, d. h. der Übersetzung, die aber nie vollkommen gelingen kann, weil spezifische Leistungen der einen Kommunikationsweise nicht vollkommen im anderen System repräsentiert werden können. Daß sich daraus viele Mißverständnisse, ja Störungen ergeben bzw. erklären lassen, versteht sich.

Da die vorwiegend analog signalisierten Beziehungen aber durchweg von beiden Partnern definiert werden und ihre gegenseitige Vermutung über das, was der andere denkt und fühlt, in die Definition eingeht, stellt das Ganze einen komplizierten, mehrfach rückbezüglichen Prozeß dar.

2.2 Darstellung, Kundgabe und Appell als Grundfunktionen von Sprache nach Bühler (Organonmodell)

Die Unterscheidung von Inhalts- und Beziehungsaspekt einer sprachlichen Äußerung läßt sich nun nochmals differenzieren. Und zwar dürfte der Beziehungsaspekt seinerseits eine zusammengesetzte Größe darstellen. In die Relation zwischen Sprecher und Hörer gehen das Selbstverständnis des Sprechers und die Intention seines Redens gegenüber dem Adressaten ein.

Diese Unterscheidungen treffen nicht allein auf Gespräche zu, deren Teilnehmer und Beobachter sie in dieser Hinsicht umfassend aufnehmen und analysieren können – auch in ihren nonverbalen Bestandteilen. Mit Karl Bühlers häufig rezipiertem Organonmodell der Sprache[120] lassen sich auch in Texten[121] als dem

---

118 WATZLAWICK, Kommunikation 66.

119 WATZLAWICK, Kommunikation 67.

120 BÜHLER, Sprachtheorie 24–33. Da m. W. in der ntl. Exegese BÜHLERS Ansatz bisher nicht genutzt worden ist, seien die für uns elementaren Unterscheidungen hier vorgestellt. – Zur Rezeption BÜHLERS vgl. nur HÖRMANN, Psychologie 14–16, und HABERMAS, Theorie I 372f., dessen Drei-Welten-Modell sichtlich BÜHLERS Organonmodell aufnimmt. – In mancher Beziehung ergeben sich Berührungen zu SÖHNGEN, Analogie 44–57. Er rechnet zu den ästhetischen Funktionen der Sprache: „1. Die phatisch-mimetische Funktion im Ausdruck der Sachen selbst; 2. Die emphatische Funktion im Selbstausdruck der Person"(46), führt dann allerdings mit der (3.) metaphorischen und der (4.) weltanschaulichen Funktion ganz andere Ebenen der Betrachtung ein.

121 BÜHLER spricht diese Eigenschaften der Sprache zu, HÖRMANN, Psychologie 14, will sie auf Eigenschaften des Zeichens beschränken. Ich gehe davon aus, daß sie nicht einem einzelnen Zeichen zukommen können, sondern nur der kommunikativen Basiseinheit Text bzw. noch genauer dem Text-in-der-Situation.

Niederschlag bzw. Entwurf von Kommunikation drei Dimensionen unterscheiden[122]:

(1) Insofern sie sich auf einen Sachverhalt beziehen, ihn bezeichnen, beschreiben oder erklären, haben sie einen Darstellungsaspekt[123]. Das Zeichen bzw. der Text fungiert als Symbol für den Sachverhalt. Dies entspricht weitgehend der Inhaltsebene der menschlichen Kommunikation nach Watzlawick.

(2) Insofern Sprecher/Schreiber in Texten etwas von sich selbst preisgeben/ausdrükken, enthalten sie eine Kundgabe[124]. Sie dienen als Symptom für das, was den Sprecher bewegt[125]. In diese Kundgabe gehen mindestens zwei Beziehungen ein: Die Relation des Sprechers zur Sache und der Bezug des Sprechers auf den Hörer.

(3) Den Bezug auf den Hörer und das, was ein Text bei ihm erreichen will, bezeichnet Bühler als den Appellcharakter[126]. Er steht für die imperative Funktion von Sprache. In diese gehen analog zu (2) mindestens zwei Relationen ein: Der intendierte Bezug des Hörers zur Sache und der zum Sprecher.

Kundgabe und Appell konstituieren m. E. die Beziehungsebene der Kommunikation nach Watzlawick, da sie die Selbstdefinition und die Partnerdefinition implizieren[127].

Grundsätzlich sind alle drei Aspekte[128] in jedem Text enthalten, auch wenn nur auf einem der Ton liegen kann und sprachwissenschaftliche Untersuchun-

---

122 Soweit ich erkennen kann, hat WATZLAWICK einen Bezug seiner Kommunikationstheorie zu BÜHLERS Organonmodell nicht hergestellt.

123 BÜHLER, Sprachtheorie 31f. Der darstellende Aspekt bedient sich primär des Berichts bzw. der Beschreibung in der 3. Person.

124 BÜHLER, Sprachtheorie 32. Der Kundgabeaspekt überwiegt z. B. in lyrischen und Gebetstexten, die vorwiegend durch die 1. Person Sing. bzw. Plur. gekennzeichnet sind.

125 BÜHLER hat den bereits 1918 von ihm geprägten Terminus ‚Kundgabe' in seiner Sprachtheorie durch den Begriff ‚Ausdruck' ersetzt. Da dieser m. E. in einem sprachwissenschaftlichen Kontext mißverständlich ist, da der Terminus dann eine Mehrfachbedeutung hat, bleibe ich bei ‚Kundgabe'.

126 BÜHLER, Sprachtheorie 32. In seinem ersten Versuch von 1918 hieß dieses Phänomen ‚Auslösung'. Imperative, Kommandosprache bzw. die 2.Person stellen den hauptsächlichen Modus des Appells dar. Allerdings rechne ich zum Appell keineswegs nur die mehr oder weniger direkten Aufforderungen oder Bitten, sondern ebenfalls Lob und Tadel, Bekräftigung und Ermutigung. Zu dem damit eröffneten Feld der Sprechakte vgl. AUSTIN, Theorie, und die Weiterführung durch SEARLE, Sprechakte.

127 In seinem auf Verhaltenstraining ausgerichteten Modell unterscheidet SCHULZ VON THUN (neben der Inhaltsebene) die Beziehungsebene von der Kundgabe und dem Appell als vierte Dimension. Das mag seinen praktischen Nutzen haben, weil es eine Kontrolle erlaubt, ob die Interpretationen der Kundgabe und des Appells in ihren Sprecher-Hörer/Hörer-Sprecher-Beziehungen kohärent sind. Da in beide Aspekte aber jeweils die reflexive Definition der Rolle des Sprechers bzw. des Hörers eingeht, kann m. E. nicht begrifflich von einer selbständigen Größe „Beziehungsaspekt" gesprochen werden.

128 Die Berührungen mit dem Komplex der illokutionären Rollen in der Theorie der Sprechakte nach AUSTIN/SEARLE, die sich hier ergeben, können hier nur eben erwähnt, aber nicht ausgeführt und eingegrenzt werden. (AUSTIN, Theorie 116ff.). Eine Aufarbeitung bei HABERMAS, Theorie I 427ff., der seinerseits die Sprechhandlungen in konstative, expressive, regulative und imperative unterteilt (439), also das BÜHLERsche Modell in anderer Weise modifiziert als SCHULZ VON THUN.

gen dazu neigen, sich auf einen Aspekt, meist den deskriptiven der Darstellung, zu beschränken[129]. Wie ein Text wirklich gemeint ist, stellt sich erst durch eine Analyse der kommunikativen Situation heraus[130]. Sie wird durch eine Vielzahl von Faktoren bestimmt, erlaubt aber durch den dem Sprecher und dem Hörer gemeinsamen sprachlich-kulturellen Hintergrund und bei zureichender kommunikativer Kompetenz beider meist die sinnvolle Entschlüsselung, ein Verstehen.

Daraus ergibt sich für die Auslegung jedweden Textes ein Frageraster, das eine Verständigung fordert über:

- die Sachverhalte, die ein Text voraussetzt, bezeichnet bzw. darstellt (Was gibt der Text zu verstehen?),
- den Sprecher, der sich im Text in seinem Verhältnis zur Sache und zum Zuhörer zu erkennen gibt (Warum sagt er das zu ihm?),
- den Hörer, der im Text auf die Sache und sein Verhältnis zum Sprecher hin angesprochen werden soll (Wie soll sich der Hörer/Leser zur Sache und zum Sprecher verhalten?).

Zusätzlich mag, mehr zur Kontrolle, die Frage gestellt werden, welches Verhältnis zwischen Sprecher und Hörer erkennbar wird[131].

Mit diesem Ansatz lassen sich eine Reihe von exegetischen Debatten gerade auch in der Gleichnisauslegung auf falsche Alternativen zurückführen – z.B. von Paränese contra Evangeliumsverkündigung –, da sie den Zusammenhang dieser drei Dimensionen nicht ausreichend reflektieren[132].

2.3 Bausteine zu einer Theorie der Metapher

Nun ist zu klären, wie metaphorisches Reden in dieses allgemeine Modell einzuordnen ist und die Metaphorik selbst angemessen erfaßt werden kann.

Bis heute tobt der Kampf um eine sachgerechte Bestimmung dessen, was die Metapher bzw. das bildhafte Reden denn sei, mit ununterbrochener Heftigkeit[133]. Sicher scheint mir nur, daß die innertheologische Debatte heute wieder

---

[129] Bühler, Sprachtheorie 32f.

[130] Der Appell, im Zimmer für mehr Wärme zu sorgen, kann im Imperativ (Dreh' [bitte] die Heizung auf!), in einem informierenden Modus (Hier ist es kalt!) wie in der Form einer Kundgabe (Mich friert!) gehalten sein. Diese drei Varianten können noch nach der in ihnen enthaltenen und wahrscheinlich unterschiedlichen Definition der Sprecher-Hörer-Beziehung untersucht werden. Dem Imperativ entspräche je nach Tonlage eine überlegene Position des Sprechers, der Information eine gleichrangige und dem Ausdruck der Befindlichkeit eine unterlegene.

[131] Vgl. dazu auch Rau, Reden 35–44, und oben zu Schulz von Thun.

[132] Z.B. zu Lk 18,9ff., aber auch zu Mt 25,14ff.

[133] Vgl. Schöffel, Denken 1: „Jeder, der sich in der Hoffnung, etwas über Funktion und Struktur der Metapher herauszufinden, der Literatur zuwendet, sieht sich einem Chaos gegenüber." Der Umfang des Chaos wird beschrieben durch zwei Bibliographien, die mir nicht zugänglich waren: Shibles, Warren A.: Metaphor. An Annotated Bibliography and History. Whitewater 1971; Noppen, Jean Pierre van et al. (Hg.): Metaphor. A Bibliography

stärker die allgemeine sprachwissenschaftliche Diskussion zu berücksichtigen hat[134].

2.3.1 Modelle zur Bestimmung von Metaphern

Folgt man der neueren literaturwissenschaftlichen Debatte zur Metapher, dann ist schon auffällig, wie stark sie sich an ihrem Ursprung bei Aristoteles und Quintilian abarbeitet[135]. Nur mit Mühe gelingt es offenbar, ohne Mißverständnisse einerseits den Alten gerecht zu werden und andererseits einen Erkenntnisfortschritt zu verzeichnen[136].

Dennoch ergibt sich insofern eine einheitliche Tendenz, als mit Ricoeur u.a. eine zunehmende Erweiterung des Horizontes konstatiert werden kann, der zur Klärung des Phänomens in Anspruch genommen werden muß.

(1) Die antike Tradition und in ihrer Folge die Schulrhetorik haben die Metapher vorwiegend auf der Ebene des Nomens gesehen und gedeutet. Danach ersetzt die Metapher als uneigentliches Wort den eigentlichen Terminus, der dasselbe auch wörtlich bezeichnen könnte. Diese Substitutionstheorie[137] rechnet das bildhafte Sprechen vor allem zum Redeschmuck. Daß es auch solche poetisierenden Schmuckelemente, die prinzipiell austauschbar bleiben, vor allem im Bereich der konventionellen Metaphern gibt, läßt sich schlecht bestreiten.

Wenn z.B. Lk 13,32 Herodes als ἀλώπηξ apostrophiert wird, dann ist die Paraphrase ‚gerissener Mensch' durch entsprechende Belege[138] als stehende Metapher zu sichern. Für γεννήματα ἐχιδνῶν in Mt 3,7 steht mit ἁμαρτωλός ein Sachterminus zur Verfügung. Aber auch das stehende Bild vom ‚endzeitlichen Mahl' ist – vorwiegend wiederum durch Metaphern wie die von ‚Abrahams Schoß' o.ä. – austauschbar. Die politische Sprache weist bis heute eine reiche Ersatzterminologie auf, die um der emotionalen Färbung und der parteilichen Wertung willen bewußt einzelne Stichworte durch Umschreibung vermei-

---

of Post-1970 Publications. Amsterdam 1985. Ein Überblick über wichtige Ansätze bei HAVERKAMP, Theorie.

134 Vgl. KLEMM, Jülicher 173f., KJÄRGAARDS Aufnahme der angelsächsischen Sprachphilosophie und die – etwas zufällige – Berufung auf die Arbeit von STOFFER-HEIBL bei WESTERMANN, Vergleiche 116ff. Auf einem hohen Niveau integrierender Methodik im praktisch-exegetischen Interesse arbeiten THOMA/LAUER.

135 Zur differenzierten Würdigung der aristotelischen Passagen vgl. RICOEUR, Metapher 13–55, und dazu SCHÖFFEL, Denken 15–31.

136 Beides ist in dieser Arbeit nicht vorgesehen. Weder kann es um die erstaunliche Offenheit aristotelischer Phänomenbeschreibungen gehen (vgl. Aristot Poët 1458a.b), noch um ihre Verbindungen zur philosophischen Ontologie, noch um eine neue Metapherntheorie. Beabsichtigt ist lediglich eine Rekonstruktion im praktisch-exegetischen Interesse mittlerer Reichweite.

137 Der Begriff hat sich seit BLACK, Metapher 61, eingebürgert.

138 Vgl. BAUER WB s.v. 81.

det[139]. Daß die Umschreibung durch wörtliche Formulierung an Prägnanz und Emotion verliert, muß noch nicht gegen diese Theorie sprechen, weil man das noch unter dem Thema der passenden Wortwahl verbuchen könnte[140].

In diesem Zusammenhang[141] ist es dann auch nur logisch, wenn Quintilian und viele nach ihm die Metapher als verkürzten Vergleich bzw. als kürzeres Gleichnis bezeichnen[142], da der Vergleich ja nur explizit mache, was angeblich konstitutiv zur Metapher gehört: das tertium comparationis[143]. Mt 10,16b φρόνιμοι ὡς οἱ ὄφεις führt die interpretationsoffene Metapher ‚Schlange' auf den traditionellen Vergleichspunkt (Gen 3,1) und schneidet alle weiteren Assoziationen ab. Mt 10,16a ὡς πρόβατα ἐν μέσῳ λύκων dagegen benennt den Vergleichspunkt aus gutem Grunde nicht[144]. Denn das sprachlich evozierte Bild ist stärker und beziehungsreicher, als es ein bloßes Prädikat wie ‚schutzlos' sein könnte[145]. Ein Vergleich dürfte somit vielfach eher eine – auf einen ausdrücklich genannten Punkt – verkürzte Metapher darstellen[146].

(2) Es war ein deutlicher Fortschritt, als die Bezugsgröße für die Metapher zu einem Problem des Satzes bzw. sogar eines ganzen Textes erklärt wurde[147]. Danach kann eine Metapher dann als Metapher identifiziert werden, wenn ein Kontext dagegen spricht, ein Wort bzw. eine Wendung[148] in ihrem wörtlichen Sinn aufzufassen[149]. „Jede Metapher enthält einen Widerspruch zwischen ihren beiden Gliedern und enthüllt ihn, wenn wir sie beim Wort nehmen."[150]

---

139 Der Sprachgebrauch für Töten und für Feinde ist dafür seit der Zeit der NS-Herrschaft besonders ergiebig. Beispiele u. a. bei KLEMPERER, LTI 183–185.

140 Vgl. zu den Anforderungen an metaphorische Sprache LAUSBERG, Handbuch § 561.

141 KJÄRGAARD, Metaphor 65ff., unterscheidet mit BLACK, Metapher 66, als zweiten Typ der Metaphernlehre von der Substitutionstheorie die „comparison theory", die einen Sonderfall der Substitutionstheorie bildet.

142 Quintilian 8,6,4: LAUSBERG, Handbuch § 558. So auch etwa BULTMANN, Geschichte 183.

143 Aristoteles ist hier, wie an anderen Punkten, offener und dem Phänomen näher, wenn er den Vergleich unter die Metapher subsumiert: „Es ist aber das Gleichnis (sc. Vergleich) eine Metapher ..." Rhet 1406b–1407a. 1410b Übers. SIEVEKE.

144 Gegen BULTMANN, Geschichte 183. Es empfiehlt sich mit KURZ, Metapher, im Deutschen ‚als', ‚als ob' und ‚wie' als Metaphernanzeiger anzusehen, was im Griechischen mit ὡς, ὥσπερ bzw. dem Stamm ὁμοι- erreicht wird.

145 Selbst Mt 9,36 als ausgeführter Vergleich setzt den Akzent durch die Endposition des Bildes auf die metaphorische Assoziation.

146 Allerdings ist der Streit um die Priorität von Vergleich oder Metapher ebenso erfolgversprechend und fruchtbar wie der um Henne und Ei.

147 Ich gehe an dieser Stelle nicht expressis verbis auf die der Interaktionstheorie verwandte Prädikationstheorie ein, wie sie vor allem RICOEUR entwickelt hat. Vgl. dazu WEDER, Gleichnisse 59–62, und KJÄRGAARD, Metaphor 77–84.

148 Zu den verschiedenen Formen von Metaphern vgl. LAUSBERG, Handbuch § 563, und im Deutschen KURZ, Metapher 22.

149 Als wörtlicher Sinn soll hier die gebräuchlichste Verwendung gelten. Vgl. KELLERBAUER, Verstehen 36. Zu den damit aufgeworfenen Problemen der Zuordnung des Wortes bzw. des Zeichens zum Referent bzw. zum Gegenstand s. u. Daß diese Relation keinesfalls eine eindeutige und vorgegebene, sondern eine hergestellte und konventionalisierte Beziehung darstellt, versteht sich.

150 WEINRICH, Sprache 303.

Diese Bestimmung der Metapher „als ein Wort in einem konterdeterminierenden Kontext" hat vor allem Weinrich ein- und ausgeführt[151].

So ruft z. B. in Mk 12,40 das verbum proprium οἰκία das übertragene Verständnis von κατεσθίειν auf, während dieselbe Vokabel in Mk 4,4 zwar in einem Gleichnis auftaucht, aber proprie gebraucht wird.

Diese noch stark vom Wort her gedachte Bestimmung muß präzisiert werden. Dabei läßt sich mit Black beobachten[152], daß das im konventionellen Sinn gebrauchte und das figurativ eingesetzte Wort[153] durch die in der Metapher gesetzte Beziehung semantisch nicht unverändert bleiben, sondern sich gegenseitig interpretieren[154]. Dies wird seitdem mit dem etwas mißverständlichen Ausdruck ‚Interaktionstheorie' bezeichnet, die nicht das Handeln von Menschen aneinander, sondern die Relation zwischen Worten meint[155]. Demnach wird das Gesamtverständnis des Satzes, in dem die Metapher als Wort erscheint, durch die gegenseitige Überlagerung der Bedeutungen von wörtlich gemeintem Terminus und figurativem Ausdruck bestimmt[156]. Die treffendste und witzigste Wiedergabe dieses Sachverhalts sei um ihrer Prägnanz willen hier zitiert: „... eine Metapher ist eine Affaire zwischen einem Prädikat mit einer Vergangenheit und einem Gegenstand, der sich protestierend hingibt."[157]

Auf das Beispiel Mk 12,40 angewandt: Es wird wohl nicht allein die frevlerische Aneignung fremden Gutes besonders drastisch ausgedrückt, sondern die Häuser der Witwen gelangen in eine Beleuchtung, in der der Spruch sie als verzehrbares Lebensmittel sehen läßt. Damit ist der ganze Vorgang der Enteignung im Sinne der bereits eingeführten konventionalisierten Metapher κατεσθίειν zugleich als Vernichtung von Leben gedeutet[158].

Diese Bestimmung der Metapher und damit aller Bildrede durch den konter-

---

[151] Weinrich, Sprache 317ff.

[152] Vgl. Black, Metapher, und: Mehr.

[153] In seinem letzten Text benennt Black beide mit Primär- bzw. Sekundärgegenstand, wobei der Primärgegenstand als „wörtlicher Rahmen" den Fokus des Sekundärgegenstandes als metaphorischer Prädikation bestimmt.

[154] Black, Metapher 68–79 bes. 75f., Mehr 391–393.

[155] Zur Kritik an Black vgl. Ricoeur, Metapher 144–153 u.ö., und zusammenfassend Schöffel, Denken 163: Er meint, daß die Interaktionstheorie, die Black an dem Satz demonstriert ‚Der Mensch ist ein Wolf', dann an ihre Grenze gelangt, wenn die Metapher ein Modell für eine unbekannte, erst zu erschließende Größe wird. Ebenso läßt sie sich kaum für die Situationsmetapher brauchen. „Man muß schon wissen, worüber die Metapher ist, um von Interaktion oder Projektion reden zu können."

[156] Hier erscheint in anderer Terminologie und nicht auf die Gleichnisse Jesu beschränkt, was Jüngel mit seinem Stichwort „primum comparationis" treffen wollte. Gute Gleichnisse und Metaphern können offenbar nicht willkürlich vom Bildspender auf den Bildempfänger übertragen werden, sondern setzen ein intuitives Gefühl dafür voraus, was zueinander paßt.

[157] Goodman, Sprachen 79.

[158] Vgl. das bei Lausberg, Handbuch §§ 559.563, aufgeführte Schulbeispiel aus Liv. 38, 54 „Cato allatrare Scipionis magnitudinem solitus erat": „So erscheint ... nicht nur das Reden Catos als Bellen, sondern entsprechend auch die Person Catos als Hund, die Person Scipios als über Hunde erhabener Mensch. Die Metapher hat also allegorie-evozierende Kraft" (§ 563).

determinierenden Kontext[159] scheint literaturwissenschaftlich besonders fruchtbar zu sein, weil sie metaphorisches Reden auch als Eigenschaft von ganzen Texten zu beobachten lehrt[160].

Ähnlich wie bei Wortbedeutungen semantische Felder beschrieben werden können, innerhalb derer das Verständnis eines Wortes durch seine Oppositionen und funktionalen Äquivalente festgelegt ist, lassen sich auch für gleichnishafte Texte Bildfelder entdecken[161], denen einzelne – zumeist gebräuchliche – Metaphern zugehören und die ein assoziatives Spiel auf diesem Feld erlauben[162]. Metaphern eines Bildfeldes tragen sich gegenseitig, erlauben, neue zu produzieren, und erleichtern ein kohärentes Verständnis des fraglichen Textes[163]. Dabei kann von Schicht zu Schicht bzw. Gruppe zu Gruppe der Neuigkeitswert und die Treffsicherheit der einst mehr oder weniger poetischen Prägung variieren[164].

Dennoch ist damit nicht der weiteste Horizont zur Erklärung dieses Phänomens erreicht.

(3) Bereits Weinrich selbst hatte zusätzlich zur Ebene des Satzes bzw. des Textes auf eine nächste Ebene hingewiesen. Es gibt in sich wohlgeformte und sinnvolle Sätze, ja Texte, die an und für sich keine Anzeichen von Konterdetermination aufweisen, dennoch aber als Satz- bzw. Textmetaphern aufgefaßt werden können. Gelegentlich wird das Phänomen als Situationsmetapher bezeichnet[165].

Der Satz ‚Peter ist ein Schauspieler' z.B. mag in seinem wörtlichen Sinne über eine Profession berichten[166]. Ähnlich beschreibt der Satz Mk 7,28 „Die

---

[159] Ich behalte den Ausdruck bei, weil er die Erwartungshaltung des Hörers gut trifft, der in bezug auf Häuser die Vokabel ‚fressen' nicht erwartet und daher nahezu automatisch metaphorisch dekodiert.

[160] Schöffel, Denken 184f., begründet seine Kritik am rein semantisch-linguistischen Versuch der Erfassung von Metaphern damit, daß die Unterscheidung zwischen Wörtlichkeit und Metaphorizität in einem gegebenen Text erst das Resultat einer Interpretation des ganzen Textes sein kann. – Das stellt m.E. einen Versuch der Präzisierung dar, kann aber die Leistung dieser Theorie nicht schmälern.

[161] Der Begriff und das Konzept wurden von Weinrich 1958 eingeführt; vgl. Weinrich, Sprache 276ff., die Sache unter dem Terminus ‚Metaphernnetz' bei Ricoeur, Metapher 234.

[162] Vgl. etwa die Erweiterungen, die sich an das Senfkorngleichnis Mk 4,30–32a anheften. Sie enthalten dann die allegorischen Elemente Baum, Schatten, Vögel des Himmels. – Als literarisches Beispiel mögen die 13 Thesen über Bücher und Dirnen bei Benjamin dienen („I. Bücher und Dirnen kann man ins Bett nehmen... VII. Bücher und Dirnen – selten sieht einer ihr Ende, der sie besaß. Sie pflegen zu verschwinden, bevor sie vergehen.")

[163] Klassische Felder sind Pflanzen-, Tier- und Körpergleichnisse; Reisemetaphern (bis hin zum Staatsschiff); Geldbilder (goldene Worte) vgl. dazu Weinrich, Sprache 276ff. (Münze und Wort. Untersuchungen an einem Bildfeld).

[164] Ein besonders drastisches Beispiel erlebte ich in den 60er Jahren in Jena. Afrikanische Medizinstudenten empfanden die Bezeichnung „Feierabendheim" als makaber, ja inhuman. Der Grund: Sie hatten im klinischen Alltag den Ausdruck „Feierabend" als – einzig gebrauchtes – deutsches Äquivalent von exitus erlebt.

[165] Nieraad, Bildgesegnet 75.

[166] Das Beispiel bei Kurz, Metapher 14.

Hunde unter dem Tisch fressen von den Brosamen der Kinder" in sich einen unverfänglichen, im Wortsinn korrekten Sachverhalt. Ob und wie solche Sätze aber übertragen zu verstehen sind, kann letztlich erst die Situation erhellen, in der sie geäußert werden[167]. Ob ‚Peter' sein Geld im Theater verdient oder außerhalb der Bühne ‚Theater spielt' oder beides in sich vereinigt[168], wird erst durch den Zusammenhang erkennbar. Daß die Syrophönizierin keine häusliche Szene schildern will, wenn sie über die Hunde spricht, die von den Brosamen der Kinder fressen, gibt der Kontext der Erzählung unzweideutig zu wissen[169].

Insofern hat Weinrich Metaphern auch als „Text in einer konterdeterminierenden Situation" definiert[170]. Daher kann Kurz feststellen: „... wörtlich ist wie metaphorisch keine Eigenschaft eines Wortes oder Satzes an sich, sondern eine Eigenschaft von *Äußerungen*. Eine Äußerung ist das in einer bestimmten Situation Gesagte. Wir *meinen* oder *verstehen* einen gesprochenen Satz wörtlich oder metaphorisch."[171] Damit ist aber die Semantik als theoretischer Rahmen verlassen und die Pragmatik als die Ebene der Theorie erreicht, die die Erzeugung und Identifizierung von Metaphern klären helfen kann.

2.3.2 Metapherntheorie als Domäne der Pragmatik

Als kleinster gemeinsamer Nenner dessen, was eine metaphorische Äußerung ausmacht, dürfte entsprechend der bis jetzt erreichten Ebene (der Äußerung) nicht mehr allein die Verletzung semantischer Zuordnungsregeln bestimmt werden, wie sie vielfach in der klassischen Rhetorik für die Definition von Metaphern genutzt wurde. Diese versagen zur Bestimmung von metaphorischem Reden immer dann, wenn die Äußerung in sich korrekt und im logischen Sinne wahr ist, aber durch ihre Trivialität und/oder ihren Kontext darauf

---

[167] Dieses Phänomen hat dazu geführt, daß Janos Petöfi die Unterscheidung zwischen Kotext und Kontext in die Linguistik/Literaturwissenschaft eingeführt hat. Vgl. dazu Nieraad, Bildgesegnet 70f. Während der Kontext nunmehr für die Situation bzw. den „Sitz im Leben" reserviert wird, bezeichnet der Kotext die texthafte Umgebung eines Wortes, Satzes oder Einzeltextes. Thoma/Lauer folgen dieser Terminologie. Ich verzichte darauf und bemühe mich, mit dem Terminus ‚Situation' o. ä. das Gemeinte zu treffen.

[168] Zu dieser besonders eleganten Form von Syllepse, in der wörtliche Bedeutung und übertragener Sinn zusammenfallen, vgl. Lausberg, Handbuch § 708. Schöne Beispiele dafür in den Schlußsätzen Fontanescher Romane, z. B. in Irrungen, Wirrungen, wo der aristokratische Held Botho einen scheinbar fremden Namen gegenüber seiner nichtsahnenden Frau durch Vergleich mit seinem eigenen verteidigt: „Was hast du nur gegen Gideon, Käthe? Gideon ist besser als Botho". Für die Ohren des Autors/Lesers aber (und wohl auch vor sich selbst) spricht er sich und seiner Lebensart das Urteil – als letzten Satz.

[169] Allerdings ist ein eigenes Metaphorizitätssignal in Mk 7,28 bereits enthalten. Das adverbiale καί (*auch* die Hunde) weist auf andere Figuren als die Hunde, somit auf die Bildempfängerseite hin.

[170] Sprache 341. Vgl. seine Einführung 11ff. mit der Formulierung des Gegenstandsbereichs von Exegese als „Text-in-der-Situation".

[171] Kurz, Metapher 13. Hervorhebung Kurz.

verweist, daß hier ‚mehr' gemeint sein dürfte. Der Aphorismus „Analphabeten müssen diktieren" (S. J. Lec), läßt sich sehr wohl als ‚wahre Aussage' ansehen. Daß er figurativ gemeint ist, müssen dann andere Regeln erklären.

Mit Kurz kann man festlegen: „Eine Äußerung ist metaphorisch, wenn sie metaphorisch gemeint ist, d. h. wenn der Sprecher will, daß sie metaphorisch verstanden wird."[172] Dabei gehört zum Gelingen einer Kommunikation, die Metaphern nutzt, nicht allein die Intention des Redenden, sondern eine Relation zwischen Hörer und Sprecher, die für beide Gesprächspartner die Metapher als bewußten Verstoß gegen die Regeln des richtigen, d. h. konventionalisierten Sprachgebrauchs einzuordnen erlaubt[173]. Eine metaphorische Äußerung fordert vom Hörer eine Interpretation, oder er weist sie mehr oder weniger deutlich als Unsinn zurück.

Nun läßt sich fragen, wie denn der Hörer/Leser dessen gewahr wird, daß der Sprecher eine Äußerung als figürliche Rede interpretiert haben will. Dazu scheinen mir zwei Gruppen von Hinweisen zu gehören, äußere und innere interpretationsheischende Signale:

(1) Zu den äußeren Kriterien rechne ich die ausdrücklichen Angaben, daß die nun folgende Passage figurative Rede darstellt, d. h. die von Kurz sogenannten Metaphernanzeiger wie das berühmte ‚sit venia verbo' oder ‚ut ita dicam' bzw. im Deutschen ‚sozusagen', ‚wie', ‚gleichsam', ‚bildlich gesprochen' bzw. griechisch ὡς, ὥσπερ, ὅμοιος bzw. ὁμοιοῦν u. a.[174]. Sie enthalten die Anweisung an den Leser/Hörer nach dem figurativen Sinn der folgenden Äußerung zu suchen.

Ähnlich wie die Metaphernanzeiger dürften weitere formale Hervorhebungen, wie Kurzzeilen, Reime, Alliteration, Zitation und andere Merkmale gebundener Rede wirken[175]. Deren Reihe läßt sich sicher um weitere poetische Merkmale erweitern. Ihr gemeinsames Kennzeichen dürfte darin bestehen, daß sie den so ausgezeichneten Text als Ergebnis besonderer Sprachbemühung aus der Alltagsprosa herausheben und damit die Erwartung wecken, daß der Äußerung intendierter Sinn zukommt, den der Adressat – u. U. mit einiger Mühe – zu finden hat.

(2) Explizite Metaphernanzeiger sind aber für figurative Rede keineswegs obligatorisch. Im Gegenteil wirken sie meist etwas betulich[176]. Sehr häufig treten Metaphern ohne jede ‚Vorwarnung' und häufig auch ohne interne

---

[172] Kurz, Metapher 51. – Der Intentionalismus ist in neuerer Sprachphilosophie obsolet. Vgl. Savigny, Begriff 245–272. Die logischen Abgründe sind hier nicht zu erörtern. Dennoch scheinen mir die unten zu besprechenden Metaphorizitätsanzeiger das Argument gegen die totale Ausblendung der Sprecher-Intentionen aus der Metapherntheorie zu sein.

[173] Ein ausführlicher Syllogismus von Bedingungen für metaphorische Kommunikation bei Kurz, Metapher 52f.

[174] Als Metaphernanzeiger kann aber auch ein schlichtes καί wie in dem bereits benannten Logion Mk 7,28 dienen.

[175] Das reicht bis dahin, daß der gedruckte Text schon durch das Schriftbild zu signalisieren scheint, daß dem Ganzen wie seinen Teilen Sinn zuzuschreiben ist.

[176] Vgl. dazu Weinrich, Semantik der kühnen Metapher: Sprache 295.

semantische Spannung auf, so daß der Hörer aus anderen Anzeichen auf die metaphorische Intention des Sprechers schließen muß.

Zum Beispiel gibt im Fall des Aphorismus: „Wegweiser stehen auf der Stelle" (S. J. Lec) nur die vorgebliche Banalität des Selbstverständlichen die Pointe frei, die Erfahrungen eines polnischen Juden aus dem 20. Jahrhundert zwischen Ghetto und Partei, KZ und Widerstand, polnischen Cafés und Eretz Israel in dem scheinbar schlichten Satz zusammenfaßt.

Zur Entdeckung solcher Metaphern führt die sprachpsychologische Regel, daß Menschen offenbar im allgemeinen nach einem – möglicherweise verborgenen – Sinn von Äußerungen suchen, bevor sie sie als sinnlos qualifizieren[177]. Diese Regel läßt sich auch in eine implizite Maxime aller Kommunikation umformulieren[178], wie sie etwa Paul Grice rekonstruiert hat[179]. Als allen weiteren Regeln vorgeordnet gilt für ihn das „Cooperative Principle": „Make your conversational contribution such as is required, at the stage at which it occurs, by the accepted purpose or direction of the talk exchange in which you are engaged"[180].

Unterhalb dieses Prinzips entdeckt er vier Maximen:

- die der Quantität: „Make your contribution as informative as is required (for the current purpose)"[181],
- die der Qualität : „Try to make your contribution one that is true"[182],
- die der Relation: „Be relevant"
- sowie die des Modus, bzw. der Art und Weise: „Be perspicuous"[183].

---

177 Hörmann, Psychologie 35: „Sinn ist also das vorgegebene Ziel, auf das hin die Äußerung analysiert wird; Sinn soll auf jeden Fall erreicht oder erhalten werden ...". Vgl. auch die Erläuterung der metaphorischen Spannung und ihrer notwendigen Interpretation an Hand eines Eliot-Gedichtes bei Iser, Akt Vf: „Diese Sachlage (sc.: die Entgrenzung der Lexikon-Semantik durch die metaphorische Kombination) trifft jedoch im Rezipienten auf eine *zentrale Erwartung*: die der Sinnkonstanz der Sprache; denn wo immer Sprache gesprochen und verwendet wird, erwarten wir Sinn." (Hervorhebung C.K.)

178 Für die folgenden Überlegungen verdanke ich wichtige Hinweise Matthias Proft, Leipzig, der in seiner Dissertation den Nachweis der Identifizierung von Metaphern aufgrund der Verletzung Grice'scher Kommunikationsmaximen im Rahmen der Annahmen analytischer Sprachphilosophie durchführte.

179 Grice, Logic and Conversation, Studies 22–40 dort 26f. Der Aufsatz ist bekannt und diskutiert worden in der früheren Fassung bei Peter Cole/John L. Morgan (Hgg.): Syntax and Semantics, III: Speech Acts. New York 1975, 41–58.

180 Grice, Logic and Conversation, Studies 26.

181 ebd. Dazu gehört als Gegenstück die weitere Maxime: „Do not make your contribution more informative than is required." (26)

182 Grice, Logic and Conversation, Studies 27. Diese untergliedert er wiederum zweifach: „1. Do not say what you believe to be false. 2. Do not say that for which you lack adequate evidence." Vor allem an dieser letzten Formulierung wird deutlich, daß sie im einzelnen gewiß der Überprüfung und Präzisierung bedarf. Dennoch scheint mir die Richtung seiner Annahmen fruchtbar zu sein.

183 Grice, Logic and Conversation, Studies 27. Dazu rechnet er vier Unterpunkte: „1. Avoid obscurity of expression. 2. Avoid ambiguity. 3. Be brief (avoid unnecessary prolixity). 4. Be orderly."

Falls eine oder mehrere dieser Kommunikationsregeln verletzt werden, löst das beim Adressaten die Suche nach einem verborgenen Sinn, bzw. einer möglichen Interpretation in figurativer Hinsicht aus. Im negativen Fall wird die Äußerung als semantische Anomalie bzw. als mißglücktes Element der Kommunikation gewertet. Im positiven Fall aber, wenn nämlich mindestens eine Interpretation bzw. ein Interpretationshorizont als denkbar erscheint, wird der Hörer/Leser auch ohne explizite Metaphernsignale urteilen, eine sinnhafte Äußerung vor sich zu haben. Ihr Sinn erschließt sich allerdings erst durch die mehr oder weniger bewußt vorgenommene Dekodierung bzw. Interpretation, ist also nicht so durch den vorherrschenden Sprachgebrauch festgelegt wie in Äußerungen, die lediglich die konventionale Sprache gebrauchen.

Immerhin erlauben es die Griceschen Regeln der Kommunikation und die Beobachtung ihrer absichtlichen Verletzung, die vielen verschiedenen Fälle figurativer Rede auf ein Grundprinzip und seine Ausformungen zurückzuführen. Die Nötigung zur Interpretation eines Aphorismus wie die des S. 27 von Lec zitierten ergibt sich dann durch die Verletzung der Relevanzregel, da man von dem Autor keine pädagogischen Selbstverständlichkeiten über den Nutzen des Schreibenlernens erwartet. Als raffinierte Denunziation des politischen Analphabetismus von Diktatoren aber erlaubt der Satz den Verständigen die wohltuende Distanz von diesen Idioten.

So ergibt sich: Metaphern sind gezielte *Regelverstöße* gegen den vorherrschenden, gewöhnlichen Gebrauch eines Wortes oder einer Wendung und/ oder Regelverstöße gegen die guten Sitten der Kommunikation. Sie lassen sich nun selbst *nicht* wieder *mit Hilfe von Regeln* generieren, die von vornherein eine zweifelsfreie Unterscheidung von sprachlicher Anomalie und mehr oder weniger kunstvoller Formulierung erlauben[184]. „Es kann keine Regeln für die ‚kreative' Verletzung von Regeln geben."[185] Verstandene Metaphern schließen bereits in sich einen Vorgang gewagter und gelingender Kommunikation ein.

Exkurs: Daß und wie Grice grundlegende, gültige Konventionen sprachlicher Kommunikation lediglich expliziert hat, ergibt sich auch aus der auffallenden Ähnlichkeit seiner Postulate zu den Anweisungen der klassischen Rhetorik. Auch sie hat als eine pragmatisch orientierte und argumentierende Lehre (als die ars bene dicendi) die rhetorisch-poetischen Lizenzen als erlaubte Pflichtverletzungen der rednerischen virtutes[186] bzw. der ars recte dicendi (Grammatik) beschrieben[187]. Auch nach ihr ergibt sich, daß der gemeinsame Nenner figurativer Rede die nur im pragmatischen Zusammenhang umfassend erfaßbare und interpretierbare Abweichung vom korrekten (konventionalen) Sprachgebrauch ist.

184 Kjärgaard, Metaphor 41.

185 Black, Mehr 387 vgl. 401–404.

186 Lausberg, Handbuch § 8. Dort auch zu den fließenden Übergängen zwischen vitium und licentia, die unter Umständen bewirken, daß „die Eigenheit, die beim Schüler als *vitium* gerechnet wird, beim Meister als besondere *virtus* gelobt wird."

187 Lausberg, Elemente §§ 92–94.

Die Anordnung und Beschreibung der einzelnen Kommunikationsmaximen ist allerdings in der klassischen Rhetorik in verschiedenen Kapiteln traktiert worden. Das Cooperative Principle nach Grice stellt weithin eine Reformulierung des aptum bzw. πρέπον einer Rede dar[188]: Das aptum formuliert als Ziel der Redekunst die zweckmäßige Verfertigung des Textes unter Beachtung der „sozialen Umstände der Rede"[189].

Aptum und perspicuitas (versus obscuritas) rechnen gemeinsam mit dem ornatus unter die vier virtutes elocutiones (latinitas, perspicuitas, ornatus, aptum)[190]. Die Wahrheitsforderung jedoch ist an anderem Ort vor allem unter dem Gesichtspunkt der Glaubwürdigkeit einer Rede verhandelt worden[191]. Ebenso finden sich natürlich breitere Erörterungen zum Thema der Quantität, die sich als Mittelweg zwischen den beiden Fehlern zu stark abkürzender und zu ausführlicher Rede darstellt[192].

2.3.3 Werden und Wandel von Metaphern

Einige Mißverständnisse und Fehler resultieren in der Debatte daraus, daß in den Definitionsversuchen der geschichtliche Wandel, das ‚Leben' und ‚Sterben' von Vergleichen, Metaphern und Bildern nicht genügend berücksichtigt wird, obwohl solche Vorgänge gut zu beobachten sind[193]. Manche Widersprüche sind lösbar, wenn die diachrone Betrachtung die synchrone ergänzt.

Das Leben einer Metapher, bzw. ihre Geschichte von der Neuprägung bis zum Verschleiß, läßt einige Stadien erkennen[194]:

(1) Die Prägung *und* Rezeption einer Metapher bzw. eines Bildes oder eines Gleichnisses bildet eine erste Stufe. Für sie gilt uneingeschränkt die oben erarbeitete Definition, daß dann von einer (neugeprägten) Metapher gesprochen werden muß, wenn der Sprecher durch einen Metaphernanzeiger und/oder durch eine explizierbare Verletzung von Kommunikationsregeln dem Hörer/Leser zumutet, den Bereich der konventionalen Bedeutung des Textes

188 Vgl. Lausberg, Handbuch §§ 1055–1062 besonders 1056, zum inneren Bereich des πρέπον und 1057 zum äußeren (sozialen) Bereich des πρέπον.

189 Lausberg, Handbuch § 1056f.

190 Vgl. Lausberg, Handbuch §§ 458–1077.

191 Lausberg, Elemente §§ 34–38, die verschiedenen Stufen der Glaubwürdigkeit (Handbuch § 64 als Vertretbarkeitsstufen des Parteienstandpunktes aufgeführt). – Sie weisen insofern eine Beziehung zur Griceschen Qualitäts-Maxime auf, als diese die Erwartungen des Publikums einer Parteienrede ausspricht, aufgrund deren der Redner die Glaubwürdigkeitsstufe seines Gegenstandes bestimmen muß.

192 Lausberg, Handbuch § 1064 u. ö.

193 In der ehemaligen DDR hat nach meinem Eindruck etwa der Terminus „Seilschaft" zwischen Anfang 1990 und Ende 1991 eine rasante Karriere wie einen deutlichen Abstieg durch mehrere der unten genannten Stufen erlebt. Die anfänglichen Assoziationen an die Bezwingung gefährlich neuen Geländes in einer Gemeinschaft auf Leben und Tod durch Menschen, die durch (alte) Bande auf Tod und Leben miteinander verknüpft sind, dürften m. E. zunehmend verflachen und sich dem Sinne von ‚alten Beziehungen' annähern.

194 Vgl. Lausberg, Handbuch § 561, zu den Habitualisierungsgraden der Wort-Metapher; ähnlich Kubczak, Metapher 131f. Eine etwas andere Einteilung bei Kurz, Metapher 19f., bzw. ders., Theorie 63. Da es um die Einteilung eines Spektrums zwischen den Polen der neu geschaffenen Metapher und des definierten Begriffs geht, kann es dafür keine absoluten Kategorien geben.

zu überschreiten und einen figurativen Sinn zu suchen, obwohl dafür noch keine Präzedenzen bekannt sind. Dieser Vorgang setzt eine poetisch-intuitive Kraft beim Autor *und* assoziative Fähigkeiten beim Hörer voraus[195]. Beide *zusammen* entscheiden darüber, ob die schöpferische Intention in einer als Metapher verstandenen Wendung, einem Satz oder einem ganzen Text erfolgreich ist oder nicht, also als sprachliche Anomalie übersehen oder als unverständliche Rede abgelehnt wird[196]. Erfolgreiche metaphorische Prägungen scheinen regelmäßig traditionelle Sprach- und Denkmuster zu verletzen und zugleich neue zu stiften[197]. Wie nicht nur der Zugang zu modernen Gedichten zeigt, variiert dies von Hörer zu Hörer[198].

Der Zugang zur Deutung der sprachlichen Anomalie als kreativer Metapher[199] erfolgt über die (wörtliche) Bedeutung des Wortes, des Satzes oder der Erzählung, für die ein übertragener Sinn gesucht wird[200]. Ob seine rezeptiven Assoziationen identisch zur kreativen Intention verlaufen, ist unsicher, ja die Interpretationsoffenheit[201] scheint ein Merkmal vor allem des Anfangsstadiums zu sein. Es bleibt Sache des Hörers, durch seine positive und bewahrende Reaktion als Kollaborateur des Autors diese eine und einmalige sprachliche Anomalie aus dem Papierkorb des Vergessens zu retten.

Die Gemeinschaft derer, die sich eine solche Prägung zu eigen machen, kann von einer Zweierbeziehung (Sprache der Liebenden) bis zu großen Sprachgemeinschaften reichen (Völker, Kulturen, Religionen).

Der Ursprung von Metaphern und Bildern läßt sich vom Historiker meist nur ungefähr bestimmen. Ein solcher Versuch unterliegt immer der Gefahr, daß neue, frühere Belege die alte These falsifizieren. Zugleich aber stellt er einen reizvollen und unersetzbaren Zugang zu Ursprüngen des Denkens und Begreifens dar.

---

[195] LAUSBERG, Handbuch § 561: „... die semantische Urschöpfung einer Metapher zeigt das Maximum an Okkasionalität...".

[196] Vgl. KURZ, Metapher 53.

[197] Vgl. NIERAAD, Bildgesegnet 83: „Alle Formen der kreativen Überraschung beruhen letztlich auf kombinatorischen Aktivitäten... Es scheinen einige paradox anmutende Bedingungen solcher kombinatorischer Kreativität angebbar zu sein. Dazu gehört zunächst die Fähigkeit bzw. der Wille zur Distanzierung von traditionellen Konzepten und Wahrnehmungsgewohnheiten. Eine solche Distanzierung verbindet sich zugleich mit der Schaffung neuer Perspektiven, die, wenn sie erfolgreich sind, zu neuen Sehgewohnheiten und Einstellungen führen. Im Akt der Traditionszurückweisung wird Tradition gestiftet."

[198] Zur individuell unterschiedlichen Rezeption von Metaphern vgl. INGENDAHL, Metaphorik 269, der in einer Gruppe von Studenten Metaphern aus einem Zeitungskommentar über eine anstehende Landtagswahl identifizieren ließ. Die Unterschiede im Empfinden von Metaphorizität waren erheblich. Allerdings wurden die okkasionellen Metaphern ‚Guillotine' bzw. ‚Siechtum' fast durchweg und die höchst verblaßten ‚Stabilisierung' und ‚Verlust' kaum erkannt. Verwunderlich?

[199] Die Begriffe wechseln. Das Phänomen wird als echte, starke, kühne, lebendige, kreative, primäre, innovative oder aktive Metapher bezeichnet. Da auch diese Adjektive Metaphern sind, läßt sich über ihre Richtigkeit kaum streiten.

[200] Vgl. KELLER-BAUER, Verstehen 90–95.

[201] Zur Offenheit von Metaphern s. u.

Von Poesie im Sinne schaffender Kunst bzw. von einer poetischen Leistung ist somit dann zu sprechen, wenn Metaphern bzw. Gleichnisse in dem bisher beschriebenen Sinn neu gebildet werden. Zum Bereich der Neubildung gehört auch die Verfremdung gewohnter Metaphern, die zu einer neuen Interpretation zwingt[202].

(2) Aufgenommene Bilder, Gleichnisse und Metaphern leben in einer Gemeinschaft weiter, werden dort gebraucht, verändert, verschliffen[203] und – in unterschiedlichem Maß – verbraucht[204]. Dabei wird der assoziative Horizont, den Metaphern aufreißen, augenscheinlich zunehmend eingeengt, so daß die Interpretation „einspurig“[205] wird.

Dieser Verlust an Interpretationsoffenheit und die zunehmende Festlegung des Inhalts entsprechen einem anderen kognitiven Zugang zur stehenden Metapher als dem zur ursprünglichen. Sie ruft nicht mehr wie am Anfang die wörtliche Bedeutung der metaphorischen Äußerung auf, sondern die bereits etablierten Assoziationen. Die Präzedenzen regeln das Verständnis des Ausdrucks[206]. Achill – als ‚Löwe‘ bezeichnet – wird seit Homer mit dem Prädikat ‚mutig‘ geschmückt, weil man landläufig, vor allem in der Rhetorik, den Löwen für mutig hält. Verhaltensforscher darf man dazu nicht befragen. (Achill dagegen – von Christa Wolf in „Kassandra“ als „Vieh“ tituliert – läßt den Leser stolpern und initiiert Assoziationsketten wie die folgende: „Vieh = Nicht-Mensch = Unmensch = Untier“, was m.E. einen schönen Beleg für die ironische Variation alter Metaphern darstellt).

(3) Vor allem Wortkombinationen und der metaphorische Gebrauch von einzelnen Worten können z.B. in idiomatischen Wendungen so geläufig werden, daß der ursprüngliche Anstoß, die kognitive bzw. emotionale Leistung der ersten, ja selbst noch die späterer Anwender und Hörer, kaum noch oder nicht mehr realisiert wird. Die Metapher ist verblaßt[207], wie wir mit einer ebenfalls stark konventionalisierten Metapher sagen, d.h. ihre mögliche Interpretationsbreite ist radikal auf eine weithin konventionelle Bedeutung eingeschränkt.

---

202 Mit dieser Definition sind die Abgrenzungen von Poesie als zweckfreier, sich selbst genügender Beschäftigung, die zu einem autonomen Kunstwerk führt, für unsere Zwecke *nicht* übernommen. Vgl. auch oben 1.3.1.

203 Auch hier wechseln die Begriffe von ‚etabliert‘, ‚usuell‘, ‚konventionalisiert‘, ‚stehend‘ bis zu ‚geläufig‘.

204 Zu dichterischen Texten als Wiedergebrauchsrede vgl. LAUSBERG, Elemente §§ 14–19. Ungewöhnliche und starke Metaphern nutzen sich natürlich langsamer ab und haben eine Tendenz zu „komplettierender Ausschöpfung des in der semantischen Offenheit begründeten Sinnpotentials“ KÜGLER, Pragmatik 107. Aber auch häufig gebrauchte Dichtertexte verschleißen, wie sich an Schillers Balladen und Goethes Faust in seinen bekannteren Partien – im BÜCHMANN – leicht demonstrieren läßt.

205 KUBCZAK, Metapher 130.

206 Vgl. KELLER-BAUER, Verstehen 92.

207 Andere Metaphern für diesen Sachverhalt: schwache, tote, lexikalisierte oder Exmetaphern.

Aus dieser Agonie kann sie durch eine außerordentliche Anstrengung befreit und aktualisiert, kann das Bildpotential wieder aktiviert werden[208].

(4) Von den verblaßten Metaphern ist der Fall der Katachrese zu unterscheiden[209]: Ursprüngliche Metaphern werden zu Nomina bzw. Begriffen, an deren Ursprung der normale Benutzer sich nicht mehr oder nur mit Mühe erinnert[210]. Sie werden, wie die ‚Motorhaube' oder das ‚Raumschiff', ins allgemeine oder Fachlexikon aufgenommen, sowie sich die Notwendigkeit einer neuen Bezeichnung für ein unbeschriebenes Phänomen, eine Differenzierung im Wortfeld oder auch nur das Bedürfnis nach sprachlicher Abwechslung ergibt[211].

Es scheint, daß die Debatten dadurch entstanden und unübersichtlich geworden sind, daß diese historischen Ebenen vermischt wurden[212]. Z.B. haben rhetorische Theorien mit Berufung auf die antiken Vorgänger Metaphern als Redeschmuck bzw. uneigentliches Wort katalogisiert, das einer möglichen und realen eigentlichen Rede gegenübergestellt werden konnte. Damit waren offensichtlich aber vor allem stehende Metaphern aus den Stufen (3) und (4) gemeint, bzw. es wurde deren Gebrauch auf die Stufen (1) und (2) übertragen. Umgekehrt können Theorien, die bei den Leistungen vor allem der ersten Stufe ansetzen, die sich also für die kreative, aufdeckende Funktion metaphorischer Rede interessieren, kaum die begrenzte Richtigkeit der alten Rhetorik würdigen[213]. In jedem Fall aber scheint jede Definition einer Metapher unvollständig und damit unangemessen, die sie unabhängig vom assoziativen Horizont interpretiert, den Sprecher und Hörer mit individuellen Einschränkungen gemeinsam haben. Dieser aber ist geschichtlich bedingt.

---

208 Ich erinnere an die Revitalisierung der Staatsschiffmetapher in der eindrucksvollen Karikatur des Punch vom März 1890 „Der Lotse verläßt das Schiff" von Sir John Teniel auf die Entlassung Bismarcks aus dem Amt des Reichskanzlers.

209 Lausberg, Handbuch § 562.

210 Dieses Phänomen gibt es sowohl in der Umgangs- wie in der Wissenschaftssprache. Thomä/Kächele, I 31–35, erinnern an diesen Vorgang am Beispiel der psychoanalytischen Begriffsbildung in der Instanzenlehre (Ich – Es – Über-Ich), deren anthropomorphe Gestaltung den Bereich der Unähnlichkeit zu übersehen verleitet und deren unbewußte Objektivierung rasch zu einem wissenschaftlichen Mythos führen kann. Wissenschaftlicher Fortschritt (und seine Verkrustung) führt offenbar von Analogiebildungen mit häufig metaphorischem Anteil zu Begriffen, die ihrerseits erkenntnisleitend und – verhindernd werden können.

211 Dafür dürften die vielen metaphorischen Bezeichnungen für Geld wie die Variationen des Sexualwortschatzes stehen.

212 Vgl. Black, Mehr 380f.

213 Vgl. die richtigstellende Umkehrung der Substitutionstheorie bei Kügler, Pragmatik 107–114. Danach wird zwar nicht ein proprie gebrauchtes ursprüngliches Wort durch die Metapher ersetzt, aber die Substitution läßt sich umgekehrt dadurch erfragen, daß ein kompetenter Sprecher spontan ein proprium benennen könnte. Das ist offensichtlich nur bei trivialen Texten bzw. Metaphern der Fall. Aber auch sie sind in einer Metapherntheorie zu berücksichtigen.

2.4 Kommunikative Funktionen von metaphorischer Rede

2.4.1 Funktionen von Metaphern

Nach dieser Klärung, die Metaphern nur als synchrones und diachrones Phänomen *zugleich* zu erfassen erlaubt, das in das Schema von ,langue' und ,parole' nicht paßt, ist nun zu fragen, ob und wie die drei Dimensionen der Sprache nach Bühler (s. o.) in Gleichnissen und Metaphern repräsentiert werden und welche Funktionen Metaphern damit übernehmen.

Darauf läßt sich kaum eine allgemeingültige Antwort finden, weil es Grenzbereiche wie den des Kosewortes oder des Schimpfwortes gibt, in dem die Inhaltsebene nahezu verschwinden kann, weil das Pathos (auf der Beziehungsebene) die „Referenz" (auf der Inhaltsebene) verdrängt[214]. Umgekehrt gewinnt bildhafte Rede – in Technik und Naturwissenschaften eingesetzt – einen Modellcharakter, der vor allem auf den Darstellungsaspekt bezogen ist. Darum kann sie, wenn das Modell erfolgreich ist und Erkenntnisgewinn verspricht, rasch zur Katachrese werden. Über den Sprecher verrät sie wenig, und auch für die Beziehungsebene zwischen Sprecher und Hörer trägt sie kaum etwas bei.

Schließlich scheint es unangemessen, moderne Lyrik auf Mitteilungen über Sachverhalte abzuhören oder diese Texte von den Relationen zu vermuteten Hörern her zu interpretieren. Sie leben von ihrer subjektiven Authentizität und der sprachlichen Kraft, mit der sich das lyrische Ich Ausdruck verschafft.

Dennoch läßt sich ein breites Mittelfeld vermuten, für das gelten dürfte[215]: Gleichnisse wie Metaphern verdichten in unersetzlicher Weise Aussagen über das, was der Fall ist. Damit übernehmen sie kognitive Funktionen[216]. Das gilt auch gerade dann, wenn die schöpferische Metapher die bisherige Sicht, etwa von Gott, Welt und Mensch, zur Disposition stellt und eine neue etabliert. Dabei kann die Metapher das Feld der Sprache weiter in den Raum der bisherigen Sprachlosigkeit vorantreiben[217], mit alten Mitteln neue Wirklichkeit zeigen und somit die Leistungsfähigkeit der gegenwärtigen Sprache erweitern[218]. Dazu sind Metaphern offenbar deshalb in der Lage, weil sie anders als

---

214 Als Beleg dafür bietet sich die Wanderlegende an, die in manchen Universitätsstädten erzählt wird. Danach habe ein redegewandter Kommilitone eine Wette gegen ein Marktweib, wer mehr Schimpfworte kenne, durch das Umfunktionieren des Aleph-Beth-Gimel bzw. des Alpha-Beta usw. auf die Weise: „Du Aleph, du Beth ..." gewonnen. Die rhetorische Wahrscheinlichkeit dieser Anekdote basiert auf dem unterstellten Referenzverlust des Schimpfwortes. (Ob sich Intellekt und Lebenserfahrung wirklich so zuordnen lassen wie in dieser Legende, sei dahingestellt.)

215 Vgl. KÖLLER, Semiotik 73–75.

216 Vgl. dazu KÖLLER, Semiotik 259–276.

217 Vgl. KURZ, Metapher 89: „Brotverwandlungen des Geistes".

218 Vgl. KÖLLER, Semiotik 291. Dabei ist allerdings nach NIERAAD, Bildgesegnet 84, im einzelnen noch zu differenzieren zwischen der heuristischen Funktion von Metaphern bei der Ausarbeitung von Theorien und Erkenntnissen (auch bei Kindern), der didaktischen Funktion bei der Vermittlung von komplexen Sachverhalten und der Erkenntnisfunktion von Metaphern, die ganze Epochen in ihrem Weltbild bestimmen.

die wissenschaftliche Begriffssprache das breite Feld von Konnotationen nicht unterdrücken, sondern auf mehr oder weniger poetische Weise nutzen[219]. Darüber hinaus können sie augenscheinlich faßbar einfache Modelle komplexer Sachverhalte abgeben und erlauben analoge Zugänge zu sonst kaum erfaßbaren Bereichen[220]. Zugleich entsprechen sie offenbar dem Spieltrieb und dem ästhetischen Vergnügen, indem sie mit der in den Zwängen der Begriffssprache fixierten Welt in ungewohnter bis provokativer Weise umgehen[221].

Weiter spiegeln Metaphern Einstellungen und Wertungen des Sprechers zu dem, was der Fall ist, wie zum Zuhörer. Sie stellen damit offensichtlich eine kreative Form des Protestes gegen Sprachlosigkeit und zweideutiges Schweigen dar. Zugleich stiften sie für die Sprachgemeinschaft Identität in einer angstauslösenden, ungedeuteten bzw. undeutbaren Welt[222].

Regelmäßig enthalten sie schließlich einen doppelten Appell an den Zuhörer, sich einerseits auf ein kooperatives Verhältnis zum Sprecher als Voraussetzung für das Verständnis einzulassen. Sie setzen ihn – bei gelingender Verständigung – zur Sache und zum Sprecher ins Verhältnis und fordern ihn andererseits zu entsprechendem Tun auf[223]. Sie sagen damit, „was fällig ist". Das kann natürlich jeweils sehr verschieden sein, von der schlichten Übernahme der dargestellten Ansichten bis zur gemeinsamen Aktion. Durch Metaphern hergestellte bzw. angezeigte Sprache vermag ein Wir-Gefühl herzustellen, das naturnotwendig aus Metaphern rasch Jargon schaffen kann, in dem die Metapher zur Katachrese der Gruppensprache wird[224].

Das bedeutet, daß Metaphern offenbar alle drei grundlegenden Dimensionen von Sprache bündeln und in gleichwertiger Weise in einer Äußerung verbinden können. Darum fällt es so schwer, sie angemessen zu paraphrasieren, weil das zumeist nur auf der Inhaltsebene – also digital – versucht wird und dann notwendigerweise blaß wirkt.

Dabei entspricht bildhafte Rede offenbar wenigstens z.T. der analogen menschlichen Kommunikation, so daß die Beziehungsaspekte, die vorwiegend über analoge Kommunikation transportiert werden, in bildhafter Sprache besonders deutlich ausgedrückt werden können[225].

Exkurs: Eine gesonderte Überlegung erfordert noch der polemische Gebrauch von Metaphern und Gleichnissen, die im Munde von Demagogen eine gefährliche Waffe werden können[226]. Es ist kein Zufall, daß LTI, die Sprache des Dritten Reiches, durch

---

219 Vgl. SCHÖFFEL, Denken 167f.

220 Vgl. KÖLLER, Semiotik 260.

221 Vgl. KÖLLER, Semiotik 292–294.

222 Vgl. KÖLLER, Semiotik 295f.

223 Vgl. JÜNGEL, Paulus 136, zur Pointe des Gleichnisses, die „zur jeweiligen *Pointe seiner Existenz* werden soll" (Hervorhebung E.J.).

224 Es ist mindestens umstritten, wieweit die Szene ‚Bulle' noch als echtes Schimpfwort gebraucht bzw. eher als schlichte Bezeichnung nutzt und ein Jäger ‚Lichter' noch mit Helligkeitsspendern zusammenbringt.

225 Vgl. dazu oben 2.1

226 KELLER-BAUER, Verstehen 1, zitiert als das Paradigma, das seine ganze Dissertation

die Nutzung bestimmter Metaphernfelder charakterisiert werden kann[227]. Ja auch in „Mein Kampf" kann fündig werden, wer sich auf die Suche nach Gleichnissen und Bildworten macht[228].

Wie Untersuchungen gezeigt haben[229], bedienen sich politische Gruppierungen zu eher manipulativen Zwecken in aller Regel kaum origineller Metaphorik, sondern sie greifen gern auf usuelle Sprach- und Deutemuster zurück[230]. Sie personalisieren, simplifizieren, charakterisieren durch Drastik. Dabei stützen sich die Metaphern gegenseitig und bedienen vielfach geläufige Klischees[231]. Die Unschärfe der Metapher, ihre Deutungsoffenheit, wird als sprachliches Mittel zur Tarnung benutzt[232]. Typisch sind etwa die verschiedenen Ersatzbegriffe für Töten: Ausmerzen, Liquidieren, Ausschalten, Unschädlichmachen u. ä., die durch ihre biologistische oder technische Herkunft harmlosere Konnotationen abrufen. Auch dort, wo eher konventionalisierte Metaphern eingesetzt werden, vermögen sie noch, z.B. durch ihre Eigenschaft, Gegensinn zu unterdrücken, persuasiv zu wirken[233].

Allerdings ist eine solche demagogische Wirkung auch nicht unendlich fortzusetzen. Wie Käge einleuchtend am Gebrauch von Wortzusammensetzungen (etwa ‚Schwangerschaftsunterbrechung' versus ‚Schwangerschaftsbeendigung') vorgeführt hat, vermögen diese ihre persuasive Wirkung nur solange zu entfalten, wie sie noch nicht lexikalisiert und durch ihren Gebrauch so festgelegt sind, daß die u. U. anfänglich bewußt genutzten Effekte sich auch in ihr Gegenteil verkehren, wie etwa der Ausdruck ‚Hilfsschule' und sein heutiger pejorativer Gebrauch belegt[234]. Auch die ursprünglich sicher angestrebte Verharmlosung im Begriff ‚Konzentrationslager' vermögen wir heute nur noch mit Mühe zu rekonstruieren. Die Kenntnis des Phänomens, für das der Ausdruck steht, regiert das Verständnis und überlagert die Intentionen seiner ‚Erfinder'[235].

Die Polemik scheint in diesem Zusammenhang sich vor allem nach außen auf Dritte zu

---

bestimmt, eine Franz-Josef Strauß zugeschriebene Äußerung: „Mit Ratten und Schmeißfliegen führt man keine Prozesse."

227 KLEMPERER, LTI passim, nennt vor allem die Technikbegeisterung und zugleich gefühlige Gemeinschaftsbegriffe, die ungeheuer persuasiv wirkten, so sehr, daß er noch 1952 davor warnen mußte: KLEMPERER, Sprachsituation 18.22.

228 Vgl. die schrecklichen, aber offenbar wirksamen Beispiele bei KÖLLER, Semiotik 289.

229 Vgl. die bei KÖLLER, Semiotik 279–282, referierte Untersuchung von MITTELBERG über die Metaphorik der Bild-Zeitung bzw. die von SCHLOSSER vorgelegte Abhandlung über die DDR-Sprache.

230 Vgl. KÖLLER, Semiotik 279f., und SCHLOSSER, Sprache 34–40, zu den übernommenen NS-Sprachtraditionen in der DDR.

231 KÖLLER, Semiotik 282f., vermutet, revolutionäre Aufbrüche prägten neue Metaphern, während sich reaktionäre Bewegungen vorwiegend eines traditonellen Vokabulars bedienten. Diese These bedürfte wohl empirischer Belege, auch wenn die Deutung der Natur- und Pflanzenmetaphorik als Protest gegen den erstarrten Absolutismus einige Wahrscheinlichkeit für sich hat (287). Dennoch können wohl, wie es die revolutionäre Nutzung der Bibelsprache häufiger beweist, auch *Traditionen* subversiv wirken.

232 Vgl. SCHLOSSER, Sprache 37–39, zum pseudoreligiösen Sprachgebrauch.

233 GÖBEL, Erleben 184, führt als Beispiel dafür auf, daß der Terminus ‚reich' automatisch das Widerwort ‚arm' und die damit verbundenen Ängste aufruft. ‚Betucht' als umschreibende, stehende Metapher kennt kein direkt abrufbares Gegenwort, wird also als weniger belastend empfunden. (Erst längere, bewußte Bemühung vermag metaphorische Pendants zu entdecken.)

234 KÄGE, Motivation 62–80.

235 KÄGE, Motivation 73.

richten und zur Kohäsion der In-group beizutragen[236]. Polemische Metaphern – auf ein konkretes Gegenüber gerichtet – scheinen aufgrund ihrer emotional-negativen Tönung völlig ungeeignet, einen Gegner rational zu überwinden, sondern können lediglich polarisierend wirken. Das ist kein Wunder, wenn sich in der Metapher die Beziehungs- und die Sachebene verbinden, zu einer gemeinsamen Klärung von Konflikten regelmäßig aber die Differenzierung der Ebenen nötig ist[237]. Man wird nur eines mit Erfolg tun können, entweder – auch mit Hilfe von figurativer Rede – polemisieren, oder mit dem Ziel der Verständigung argumentieren[238].

So ergibt sich auch von dieser eher literaturwissenschaftlichen Überlegung her, daß eine Interpretation der Gleichnisse Jesu als Polemik behauptet, der Prediger aus Nazareth habe die ungeeigneten Mittel auf das ungeeignete ‚Objekt' angewandt. Schöpferische Metaphern setzen jedoch eine gemeinsame und abrufbare Basis von Grundüberzeugungen voraus, die zwar gewiß nichts Neues ausschließt, aber für das Neue an den guten Willen zur gemeinsamen Arbeit am Sinn der kreativen Metapher appelliert.

2.4.2 Wahrheitsansprüche von metaphorischem Reden

So läßt sich nun die Frage stellen, wie Metapher und Wirklichkeit, Gleichnis und Wahrheit aufeinander bezogen werden können, wenn bildhaftes Reden offensichtlich zu den Grundphänomenen von Sprache und Denken gehört, wie alle menschlichen Phänomene aber auch ambivalent sein kann. Daß die Frage nach der Wahrheit der Gleichnisse nicht ganz neu ist, ergibt sich aus einem pointierten rabbinischen Text, auf den Klaus Wengst hingewiesen hat[239]. In einem großen Disput über Ez 37 und die mit diesem Text verbundene Auferstehungshoffnung in b San 92b beginnt die Reihe der Auslegungen mit zwei Deutungen, die in der Vision des alttestamentlichen Propheten ein *Symbol* des eschatologischen Heils sehen. Dagegen stehen am Ende der Debatte zwei

[236] Die Undeutlichkeit in der Angabe von Gegnern und ihren Positionen gehört offenbar traditionell zur Polemik, die – nach innen gerichtet – die eigene Gruppe ausrichten will. Vgl. schon Gal 1,7.9; 2 Kor 3,1.

[237] Natürlich kann auch ein schwerer Konflikt mit dem Mittel der Metapher bearbeitet werden, wie die Anekdote bei WATZLAWICK, Lösungen 103, zeigt: Allerdings setzt das einen durch die Metapher kommunizierten good will voraus, der bereits eine Lösung vorschlägt, aber gerade nicht mehr polemisiert: „Während einer der im 19. Jahrhundert häufigen Unruhen in Paris erhielt der Kommandant einer Gardeabteilung den Befehl, einen Platz durch Gebrauch der Schußwaffe von der dort demonstrierenden canaille zu räumen. Er befahl seinen Leuten, durchzuladen und die Gewehre auf die Demonstranten anzuschlagen. Während die Menge vor Entsetzen erstarrte, zog er seinen Säbel und rief mit schallender Stimme: ‚Mesdames, m'sieurs, ich habe den Befehl auf die *canaille* zu schießen. Da ich vor mir aber eine große Anzahl *ehrenwerter Bürger* sehe, bitte ich sie, wegzugehen, damit ich auf die *canaille* feuern kann.' Der Platz war in wenigen Minuten leer." (Hervorhebung C.K.).

[238] Auch für diesen Fall läßt sich Metaphorik beobachten, allerdings dürfte sie eher auf den Stufen (2) bis (4) anzusiedeln sein, kaum aber im Bereich der kreativen Metapher.

[239] WENGST, Gleichnis 149ff., und: Ostern 12ff. Dort eine ausführliche Würdigung des Textes.

Gelehrte, die die *Faktizität* der Auferstehung nach Ez 37 mit ihrer eigenen Abstammung von den Auferweckten belegen möchten. Im Mittelpunkt der Auseinandersetzung aber findet sich folgende Passage:

Rabbi Jehuda sagte: Ein wirkliches Gleichnis ist es. (אמת משל היה).

Es sagte zu ihm Rabbi Nechemja: Wenn wirklich, wieso ein Gleichnis, und wenn ein Gleichnis, wieso wirklich? Vielmehr: in Wirklichkeit ist es (nur) ein Gleichnis. (באמת משל היה).

Das Zutrauen und die Skepsis gegenüber Gleichnissen und Metaphern als Sprachmittel lassen sich kaum prägnanter auf den Punkt bringen.

Die damit gestellte Frage nach der Wahrheit der Gleichnisse läßt sich mindestens von zwei Ansätzen her beantworten. Zum einen kann und soll die mittlere Reichweite sprach- und literaturwissenschaftlicher Theorie genutzt werden, die Bedingungen beschreiben kann, unter denen Metaphern glaubwürdige Rede sind. Zum anderen muß hermeneutisch nach den Möglichkeiten der Erfassung von Wahrheit durch Gleichnisse gesucht werden. Beide Aspekte schließen sich m. E. nicht aus, sondern lassen sich einander zuordnen.

2.4.2.1 Geltungsansprüche von Metaphern

Da Gleichnisse und Metaphern in aller Regel an den drei Aspekten von Texten teilhaben, also darstellen, kundgeben und appellieren, unterliegen sie den Geltungsansprüchen[240], die für diese drei Arten von Sprachverwendung herausgestellt wurden.

(1) Für den darstellenden Aspekt der Metapher, solange ihr noch keine konventionelle Bedeutung zugeordnet ist, kann zumeist nicht der Geltungsanspruch erhoben werden, daß sie im Sinne der formalen Logik wahr sein soll, vielfach ist die figurative Äußerung – wörtlich verstanden – falsch. Denn sie bezieht sich auf Sachverhalte, die sie im Bilde wiedergibt bzw. neu sehen lehrt. Da aber eine metaphorische Äußerung per definitionem weder zweiwertig (nur wahr oder falsch) noch widerspruchsfrei ist, sondern ihre Pointe ja gerade aus ihrem inneren Widerspruch oder dem Gegensatz zwischen Situation und Text und damit der Nötigung zur Interpretation bezieht, kann für die Metapher prinzipiell ein Wahrheitsanspruch in diesem – sehr eingeschränkten – logischen Sinn einer zwei- oder mehrstelligen Logik nicht erhoben werden[241].

Da aber metaphorische Kommunikation vielfach nicht ohne einen intuitiven Vergleich zwischen der ins Bild gebrachten Realität und dem Bild selbst ihr Ziel erreicht[242], diese Beziehung aber gelungen, undeutlich oder verfehlt sein kann, wird sich ein dem logischen Wahrheitsanspruch analoges Kriterium

---

240 Dazu vgl. HABERMAS, Theorie I 435ff. Zwar folge ich der Differenzierung in fünf Klassen von Sprechhandlungen nicht vollständig, halte aber die an seinen Überlegungen ausgerichtete Beschreibung der folgenden Geltungsansprüche für zwingend.

241 Vgl. KÖLLER, Semiotik 40–52.

242 Vgl. das spontane Lachen bzw. das ästhetische Vergnügen, wenn eine Metapher den neuralgischen Punkt trifft.

empfehlen. So scheint die Kategorie ‚Evidenz' dem Phänomen angemessen zu sein, da sich die Wahrheit der Metaphern nicht im logischen Kalkül erschließt, sondern intuitiv aufdrängt[243]. Denn es scheint zu den Bedingungen glückender metaphorischer Kommunikation zu gehören, daß der Sprecher vorhandene Prädispositionen beim Zuhörer aufruft. Polemisch gebrauchte Metaphern dürften bei Gegnern keinen Erkenntnisgewinn bewirken.

(2) Auch im Kundgabeaspekt von Sprache kann eine adaequatio rei et intellectus nicht durch logische Wahrheitskalküle festgestellt werden. Denn die Subjektivität des Sprechers ist niemandem als ihm selbst zugänglich[244]. Dennoch gibt es einen Geltungsanspruch, dem emotionale bzw. expressive Äußerungen unterliegen. Der Gesprächspartner erwartet um des Gelingens von Kommunikation willen, daß die Kundgabe wahrhaftig bzw. echt ist.

(3) Für den Appell gelten die Bedingungen, die sich überhaupt für den Imperativ feststellen lassen: Er sollte durchführbar und legitim sein.

Etwas zu fordern, was nicht in der Macht des Hörers steht, stellt einen Verstoß gegen die implizite Regel dar, die die Durchführbarkeit eines Imperativs verlangt. Der Hörer sollte frei sein, sich so zu verhalten, solches zu tun oder es zu verweigern[245]. – In der Befolgung oder Verweigerung der Aufforderung begegnet sich der Wille beider Partner. Eine weitere Regel läßt sich sowohl der Kundgabe wie diesem Bereich insofern zuordnen, als Imperative/Appelle ein soziales Verhältnis zwischen Sprecher und Hörer voraussetzen, das Aufforderungen legitimiert[246]. Das muß nicht in unserem Sinne moralisch sein, wie viele Befehlsverhältnisse zeigen, bedarf aber als Legitimation der Anerkennung mindestens der beiden Beteiligten[247].

So ergibt sich, daß der Geltungsanspruch von Metaphern und Gleichnissen in vielen Fällen sowohl die Evidenz, die Wahrhaftigkeit wie die Legitimität und Durchführbarkeit der implizierten Aufforderungen einschließt, somit komplexer nicht gedacht werden kann. Das gilt auch und gerade dann, wenn ein Gleichnis wie Lk 11,5–7 den Hörern zwar keine Aktionen zur Veränderung

---

243 Ähnlich KÖLLER, Semiotik 202, der die Metaphern zu den schöpferischen Hypothesen bzw. den generellen Sätzen zählt, denen axiomatische Plausibilität zukommen kann, die aber nicht stringent abgeleitet werden können.

Immerhin läßt sich der bewußte Gebrauch von Metaphern als wissenschaftlichem Modell insofern präzisieren, als der Bereich der Ähnlichkeit wie der der Unähnlichkeit vom Sprecher umschrieben werden kann – und soll.

244 Ich sehe ab von den Fällen eines pathologisch gestörten Selbstverhältnisses bzw. der Verfehlung des Menschseins, das – in der Sünde begründet – auch das Verhältnis des Menschen zu sich nachhaltig stört.

245 HABERMAS, Theorie I 435.

246 Bei HABERMAS, Theorie I 435f., sind die ‚regulativen Sprechhandlungen', die sich auf die gemeinsame soziale Welt beziehen, als eigener Typ ausgegliedert.

247 Wenn KÖLLER, Semiotik 257f.335f. und passim, recht hat, daß Metaphern außer Darstellung, Kundgabe, Appell auch noch metasprachliche Reflexion bieten können, die die Unangemessenheit bisheriger Sprachmuster denunziert, dann müßten auch die bisher außer acht gelassenen Klassen von Sprechhandlungen der ‚Kommunikative' und ‚Operative' (nach HABERMAS) in die Domäne der Metaphern fallen. Vgl. HABERMAS, Theorie I 435- 437.

der objektiven Welt zumutet, aber neben der Darstellung Gottes als nachbarlichem Freund auch die implizite Aufforderung enthält, sich auf diesen Freund zu verlassen. Beide Dimensionen setzen aber eine hohe Vertrauenswürdigkeit des Sprechers voraus, dem die unbedingte Wahrhaftigkeit seines eigenen Gottesverhältnisses geglaubt werden kann.

Diese Darstellung der Geltungsansprüche von Metaphern kann gerade in den durchaus ambivalenten Zusammenhängen etwa der nicht immer menschenfreundlichen Politik Metaphorik kritisierbar halten oder im Falle des mißlingenden Verstehens zur Aufklärung beitragen.

2.4.2.2 *Die Erschließung existentieller Wahrheit durch Metaphern*

Erst danach läßt sich nun in einem zweiten Anlauf die Frage nach der Wahrheit der bildlichen Rede auf einer anderen Ebene, in einem weiteren Verständnis von Wahrheit, weiterverfolgen.

Offenbar sind anspruchsvolle primäre Gleichnisse und Metaphern regelmäßig durch einen poetischen Regelverstoß gegen Konventionen der Wortbedeutung, aber u. U. auch gegen die eingeführte Sicht der Welt gekennzeichnet[248]. Da sie sich somit nicht wiederum über Regeln erfassen und definieren lassen, können sie ihrerseits wiederum nur durch Bilder, d. h. Metaphern, beschrieben werden. Schöffel hat die wichtigsten als Umschreibungen zusammengestellt und nennt – außer seiner eigenen – deren vier: Kreative Metaphern können als *Modell für* ein unbekanntes Terrain dienen (Black)[249]; sie müssen erfaßt und interpretiert werden als kleines Gedicht, d. h. als Beispiel für *Poesie* (Monroe Beardsley)[250]; ja, sie sind mehr als ein Gedicht, nämlich ein kleines *Kunstwerk* (Danto)[251]; die umfassendste Bestimmung aber dürfte die Auffassung Ricoeurs sein, der Metaphern als *Text* und damit als Entwurf von möglichen Welten faßt[252].

Schöpferische Bildrede kann somit erfaßt werden, wie Kunstwerke insgesamt aufgefaßt werden müssen: „Metaphern sind nach Danto interpreta-

[248] In diesem Zusammenhang wird abgesehen von dem durchaus üblichen Fall einfacher Metaphern zum didaktischen Gebrauch.

[249] Dazu SCHÖFFEL, Denken 193–198. Die Überlegungen zu Modellen und ihren Leistungen bewegen sich offenbar weithin parallel zur Metapherndiskussion. Allerdings gibt es nach SCHÖFFEL erkennbare Unterschiede zwischen Modell und Metapher:

(1) „Wer eine Metapher benutzt, sieht A als B, wer ein Modell konstruiert, spricht über A in einer Sprache, die B angemessen ist." (201)

(2) „Ein Modell präsentiert sein Sujet; eine Metapher präsentiert das Sujet und die Weise, in der es präsentiert wird. Das Medium der Darstellung verschwindet nicht im Dargestellten, sondern bleibt an ihm sichtbar." (203f.).

[250] SCHÖFFEL, Denken 167f.

[251] SCHÖFFEL, Denken 168–173.

[252] SCHÖFFEL, Denken 174ff. Dazu vgl. auch die Darstellung bei HARNISCH, Gleichniserzählungen 125–141. SCHÖFFELS eigener Versuch definiert die Metapher als „kleines Apriori", „das sich als Apriori zu erkennen gibt, denn eine Metapher präsentiert ihr Sujet und die Weise, in der sie es präsentiert" (203f.).

tionsbedürftige, daher auf Wissen angewiesene Gebilde, deren Definition es nicht erlaubt, sie von anderen Worten und Wortfügungen zu unterscheiden. Wir sollten aber beachten, daß Metaphern, obwohl sie auf komplexe Weise mit dem Wissen verflochten sind, nicht *Wissen* vermitteln, sondern *Einstellungen* beeinflussen und hervorrufen und dies, indem sie uns ein Weltstück zeigen, wie es mit den Augen eines anderen gesehen aussieht."[253] Wenn das so zutrifft und Metaphern im Sinne von Ricoeur „von möglichen Welten (sprechen) und von möglichen Weisen, sich in diesen Welten zurechtzufinden"[254], dann gehört die Wahrheit der Gleichnisse nicht zu den Wahrheiten über die vorhandenen Fakten, sondern muß als vérité à faire (Blumenberg) verstanden werden, d.h. als Wahrheit, die sich erst im Vollzug erschließt. Das aber erfüllt sich erst in der Existenz des Hörers[255]. Das bedeutet aber, daß solche Bildsprache zu ihrer Verifizierung auf die Ratifikation durch den Hörer angewiesen ist. „Metaphors ... not only yield new insights into reality, but also suggest new ways of orienting oneself in the world."[256] Werden nun die Gleichnisse Jesu so verstanden, dann läßt sich über diesen Vollzug von Wahrheit intratextuell nichts ausmachen. Auch historisch fehlt uns nahezu jede ‚Erfolgskontrolle' – abgesehen von dem indirekten Hinweis, den die Tatsache der Überlieferung als solche gibt. Sie wäre nicht geschehen, wenn sich die Gleichnisse nicht als wirksame und d.h. doch wohl eingreifende Texte erwiesen hätten.

2.5 Metapher, Bildwort, Gleichnis, Parabel und Allegorie. Zum Zusammenhang der Gattungen metaphorischen Redens.

Als letztes Problem muß nun die Beziehung zwischen der einzelnen (Wort-) Metapher, dem Bildwort und dem ausführlichen Gleichnis bzw. der Parabel gesichert und geklärt werden. Falls die Zugehörigkeit dieser Textsorten zu einer gemeinsamen Kategorie nicht behauptet werden darf, wäre das vor allem für die Wort-Metapher erarbeitete Verständnis für die größeren Texte möglicherweise irrelevant.

- Ein erstes Indiz dafür, daß hier keine grundsätzlich trennbaren Bereiche vorliegen, ergibt sich aus der in mehreren Sprachen beobachtbaren terminologischen Unschärfe. Der hebräische Ausdruck משל und der neutestamentliche Begriff παραβολή oszillieren offenbar genauso wie der Terminus Metapher in der neueren literaturwissenschaftlichen Diskussion von der figurativen Verwendung eines Wortes bis zur Bezeichnung vollständiger erzählender Texte, so daß zwar immer wieder Vorschläge zur Unterschei-

---

253 SCHÖFFEL, Denken 172f.

254 RICOEUR, Hauptproblem 370. Vgl. auch die Anknüpfung HARNISCHS an diesen Entwurf, Gleichniserzählungen 158ff.

255 Vgl. JÜNGEL, Paulus 136.

256 VANHOOZER, Narrative 66, in der Nachzeichnung der Gedankengänge RICOEURS.

dung vorgelegt werden, sie aber kaum Anspruch auf Allgemeingültigkeit erheben können[257].

- Auch stilistisch werden Metaphern und Gleichnisse in den Evangelien relativ einheitlich behandelt. Die Metaphernanzeiger ὡς, ὥσπερ, ὅμοιος bzw. ὁμοιοῦν[258] werden ähnlich wie im Deutschen ‚wie', ‚als ob' usw. unterschiedslos für Metaphern, ausgeführte Vergleiche und Gleichnisse (auch ohne Deutung[259]) eingesetzt oder auch weggelassen.
- Wenn nun die von Weinrich und Kurz übernommene umfassendste Ebene der literaturwissenschaftlichen Metapherntheorie nur die Äußerung, d.h. der Text in der Situation, sein kann, dann läßt sich Metaphorizität schlecht auf ein Wort bzw. einen Satzzusammenhang einschränken. Zur Verständigung bleibt es sicher nützlich, die Größe der Einheiten durch verschiedene Termini zu bezeichnen. Doch in bezug auf die poetische Kraft (und die mögliche therapeutische Leistung) erweist sich diese Differenz als graduell, aber nicht kategorial.

Wenn in Mk 1,17 die kreative Metapher ἁλιεῖς ἀνθρώπων überliefert wird, dann wird damit ein ähnliches Umfeld von ambivalenten Assoziationen aktiviert wie in dem paradoxen Nachfolgegleichnis Mt 25,14ff. Beide Texte erwarten von ihren Adressaten einen rücksichtslosen Einsatz im Dienste der Gottesherrschaft, der in der jeweiligen Umgebung Befremden bis Entsetzen auslösen kann[260].

Daraus ergibt sich die These, daß sich zwar Differenzen in bezug auf den Umfang zwischen Metapher[261], Bildwort[262] und Gleichnis[263] im weiteren Sinn ausmachen lassen, aber ob und wie ein metaphorischer Text als produktive Neuerung wirkt, ist mit solchen vom Umfang her gebildeten Unterscheidungen nicht bestimmbar. Erzählerische Extravaganz, ja Indezenz, kennzeichnet auch die beschreibenden Texte wie die Gleichnisse vom Senfkorn und Sauerteig, in denen ein gemeinhin eher als problematisch geltender Vorgang plötzlich zum Verstehen der Gottesherrschaft anleitet.

---

[257] Vgl. neben den bekannten Kategorien JÜLICHERS die Vorschläge bei NIERAAD, Bildgesegnet 75 (Kleinmetaphorik, Textmetaphorik, Situationsmetaphorik), und KURZ, Metapher, der zur Allegorie alles rechnet, was ein ganzer Text genannt zu werden verdient, also auch die ntl. Gleichnisse.

[258] Vgl. ὡς Mt 10,16a.b in Metapher und Vergleich, Mt 17,2 (Vergleich). 20 (Metapher); ὥσπερ Mt 24,37–40 in einem ausgeführten Vergleich, Mt 25,14 als Metaphorizitätssignal vor einem Gleichnis. ὁμοιοῦν in Mk 4,30; ὅμοιος Mt 11,16; 13,31 usw.

[259] Bekanntlich hatte JÜLICHER Mühe, Gleichnisse zu finden, die die real existierende Doppelung von Sach- und Bildhälfte aufweisen. Seine Beispiele Mk 13,28f. und Lk 12,39f. sind auch alles andere als überzeugend. JÜLICHER, Gleichnisreden I 82.84.

[260] Zu Mt 25,14ff. und zu Mk 4,17 vgl. in dieser Arbeit II. 7, besonders 1.4.

[261] Hier verstanden als das Wort, das bei der Interpretation eines Satzes bzw. eines Textes gegen die geltenden Konventionen gebraucht wird. Z.B. Mk 1,17.

[262] Hier verstanden als in sich sinnvoller und stimmiger Satz, der aber durch seinen Kontext oder die Situation ‚übertragen' verstanden werden muß. Z.B. Mk 2,17a.

[263] Hier verstanden als Gleichnis im weiteren Sinn, das das Gleichnis im engeren Sinn (Besprechung von Welt), die Parabel (erzählte Welt) und die Beispielgeschichte umfaßt.

– Selbst die von Harnisch versuchte Zuordnung des Bildwortes zur Argumentation[264] und des Gleichnisses zum von jeder Situation unabhängigen poetischen Entwurf der Möglichkeiten Gottes[265] läßt sich so nicht halten. Denn einerseits sind Bildworte wie Mk 2,21f. auch ohne Kontext erhalten – und verständlich[266]. Vielfach dürften die Streitgespräche für sie erst einen später geschaffenen Rahmen bieten. Andererseits kann auch das Gleichnis nicht so situationsunabhängig gemeint sein und heute interpretiert werden. Denn da die Extravaganz der Parabeln zumeist erst dann aufleuchtet, wenn sie auf dem Hintergrund kultureller Selbstverständlichkeiten verstanden werden können[267], ist schwer einzusehen, warum dann der Blick auf den theologischen bzw. existentiellen Hintergrund, auf dem die Pointen sichtbar zünden, verboten sein sollte. Gewiß können wir das Sprechereignis einer konkreten Gesprächssituation nicht mehr rekonstruieren, aber das Sprachereignis, d.h. die Prägung einflußreicher Bilder, läßt sich auf damals artikulierte Nöte und Vorstellungen sehr wohl beziehen[268].
– Einen Unterschied allerdings zwischen der Wort-Metapher einerseits und dem Bildwort, dem Gleichnis sowie der Parabel andererseits werden damalige wie heutige Hörer vermutlich leichter realisieren: Die Wort-Metapher einerseits wird wohl nicht in jedem Fall als ein ‚Zeigen auf' bzw. ein ‚A als B darstellen' im Bewußtsein gehalten. Metaphern fallen nur dem auf, der auf sie zu achten gelernt hat[269]. Die sachliche Provokation, die im Ausdruck ‚Menschenfischer' liegt, wird nur solange empfunden, wie die bestürzende Unangemessenheit dieser Kombination nicht durch Gewohnheit entschärft ist. Dagegen dürften Bildworte, Gleichnisse und Parabeln andererseits auch bei ungeschultem Auditorium immer wieder ein Gefühl für ihre Fiktionalität hervorrufen, denn Gott *ist* kein Nachbar oder Wucherer[270]. Insofern gehen die ausgeführten Gleichnisse als kleine Kunstwerke wohl auch für die Hörer nicht in ihrer Zeigefunktion auf, indem sie Gottes Wirken sehen lassen. Ähnlich wie es auch für andere Poesie gilt: „Das Medium der Darstellung verschwindet nicht im Dargestellten, sondern bleibt an ihm sichtbar."[271] Das

---

264 HARNISCH, Gleichniserzählungen 110ff.

265 HARNISCH, Gleichniserzählungen 62ff. und 167ff.

266 Auch die Umprägung des Habenspruches zur Deutung eines religiösen Sachverhalts in Mt 25,29 par., die anscheinend auf den historischen Jesus zurückgeht, kann völlig für sich stehen. Ihre jetzige Anbindung an einen größeren Text als Anwendung ist offensichtlich sekundär. Vgl. dazu in dieser Arbeit II.7 (2.1).

267 Darauf nimmt auch HARNISCH direkt oder indirekt in seinen Auslegungen Bezug.

268 Vgl. nur HARNISCH selbst zu Lk 10,30ff. und dem „Erwartungshorizont einer zeitgenössisch-jüdischen Hörerschaft" (Gleichniserzählungen 148).

269 Vgl. die bereits zitierte Untersuchung von INGENDAHL, Metaphorik 269.

270 Zu dieser metaphorischen Spannung zwischen Identität (ist wie) und Differenz (ist nicht – wörtlich aufgefaßt) vgl. die Aufnahme von RICOEUR bei WEDER, Gleichnisse 61.

271 SCHÖFFEL, Denken 203f. Das scheint der rationale Kern des berühmt-berüchtigten Interpretationsleitsatzes bei JÜNGEL, Paulus 135, zu sein: *„Die Basileia kommt im Gleichnis als Gleichnis zur Sprache."* (Hervorhebung E. J.) Er macht in einem Satz *mindestens eine Aussage* (die Gottesherrschaft ‚wird angesagt' und demzufolge auch wirksam, weil dieses Sprachereig-

verweist darauf, daß die Gleichnishörer möglicherweise in der Identifizierung mit den Figuren des Dramas, das die Parabeln erzählen, und den an ihnen vorgeführten Möglichkeiten immer auch noch ein Wissen um die Nicht-Identität behalten[272]. Die vermutliche Unmittelbarkeit der Metaphern erfährt in der ausgeführten Gleichniserzählung eine Brechung, die dem entspannten Hören von Geschichten entspricht[273]. Allerdings stellt sich eine Spannung auf doppeltem Wege wieder her, die nach einer Interpretation verlangt: Zum einen enthalten, wie häufig beobachtet wurde, viele Gleichnisse in sich eine unerwartete Wendung oder Sicht. Zum anderen dürfte die Situation, in der diese Texte gebraucht wurden, eine Auflösung geradezu erzwungen haben, weil das umfassendere Thema des Gesprächs nach der Relevanz der Story fragen ließ[274].

So scheint mir der Unterschied zwischen den Gleichnissen, die möglicherweise keine ausdrücklichen Deuteanweisungen, und sei es auch nur durch die Einleitungswendungen, aufweisen[275], und den Bildworten bzw. manchen Metaphern geringer und weniger grundsätzlich zu sein als z.B. Jülicher oder Harnisch ihn beschreiben[276]. Eine Trennung in illustrierende Rhetorik (der Bildworte) auf der einen und performative Kraft (der Gleichnisse) auf der anderen Seite wirkt künstlich[277].

---

nis etwas bewirkt) *und eine Aussage über diese Aussage* (die sprachliche Form ist von dieser tröstenden, heilenden Zusage nicht ablösbar). – Zur problematischen Identifizierung von Gleichnisform und Offenbarung als Ereignis vgl. SELLIN, Allegorie 408–417.

[272] Vgl. dazu SCHÖFFEL, Denken 206, der DANTO zitiert: „Die größten Metaphern der Kunst sind meines Erachtens die, bei denen der Betrachter sich mit den Attributen der dargestellten Figur identifiziert, sein oder ihr Leben im Rahmen des geschilderten Lebens sieht." „Bei solchem Vorgehen muß man jedoch stets wissen, daß man nicht ist, was man zu sein vorgibt." Sonst wäre die fruchtbare Spannung zu dem Erstrebenswerten oder Verabscheuungswürdigen ja bereits aufgehoben.

[273] Vgl. dazu auch RAU, Reden 29f., in Aufnahme der Thesen WEINRICHS zum Tempusbezug von Erzählen und Beschreiben.

[274] Die Notwendigkeit der „Auflösung" des metaphorischen Textes zu sehen, bedeutet nicht automatisch auch, die heutigen Anwendungen in der Einleitung oder im Schlußteil auch für gleichursprünglich zu halten. Ich vermute, daß die Geschichten in aller Regel so treffend waren, daß sich ursprünglich ein hilfreicher Kommentar erübrigte.

[275] HARNISCH, Gleichniserzählungen 174f. Vgl. LUZ, Mt II 367, mit dem Nachweis der redaktionellen Bildung der entsprechenden Wendungen vor allem durch den Mt-Redaktor.

[276] Literaturwissenschaftlich ist die von HARNISCH vermutete nachträgliche Identifizierung der Erzählung mit den Möglichkeiten der Gottesherrschaft, die im ursprünglichen Text (!) nicht enthalten war, als Metapher in absentia zu bezeichnen; d.h. die Situation dürfte gesichert haben, daß mehr als schlichte Anekdoten erzählt wurden.

[277] HARNISCH, Gleichniserzählungen 109. Die Auseinandersetzung HARNISCHS, Gleichniserzählungen 167–176, mit WEDERS These von den Gleichnissen als metaphorischer Prädikation stellt m.E. ein Musterbeispiel einer völlig verqueren Argumentation dar. Wie man einerseits epistemologische Strukturen (Wie kann man die Metaphorizität eines Gleichnisses erkennen und beschreiben?) und andererseits theologisch-ontologische Affirmationen (die Selbstauslegung Gottes im Worte Jesu) in einen sich gegenseitig bedingenden Zusammenhang bringen kann, ist auch für den schwer begreiflich, der HARNISCHS Intentionen nachvollziehen möchte. Dazu hatte allerdings auch WEDER durch theologisch motivierte, aber literaturwis-

Auch eine letzte Differenz scheint weniger scharf als gelegentlich behauptet[278]. Grundsätzlich läßt sich das Gleichnis im engeren Sinn von der Parabel trennen. Die Unterschiede zwischen den beiden Idealtypen beziehen sich auf den Geschichtencharakter[279] der Parabel, die sich vor allem an den Präteritumformen bzw. an Zeitgrenzen („und dann ...") festmachen läßt[280]. Dazu kommt der Anspruch, eine einmalige Begebenheit zu berichten, der gleichfalls bereits in der Erzählform seinen Ausdruck findet. Gegen diese „erzählte Welt" läßt sich mit Weinrich die „besprochene Welt" der Gleichnisse im engeren Sinn stellen, in der Vorgänge und Sachverhalte präsentisch referierend geboten werden. Dennoch zeigen mehrere Beobachtungen, daß und wie die Grenzen zwischen beiden Kategorien fließend bleiben. Zum einen läßt sich beobachten, wie der gleiche Stoff in der Überlieferungsgeschichte einmal als Erzählung geboten wird, zum anderen als Besprechung[281]. Zum anderen können Texte zwar in den typischen Präsens- bzw. Futurformen der besprechenden Beschreibung erscheinen, aber die Abfolge der verschiedenen Aktionen erzeugt doch zugleich eine Dramatik, die den Charakter einer Geschichte andeutet[282].

Somit dürfte sich der Unterschied der Textgröße zwischen Metapher, Bildwort und Gleichnis weder in der Funktion noch in dem auswirken, was sie theologisch zu bedenken geben und an Lebenshilfe vermitteln. Einem Deutungsvorschlag für den Vollzug aber, dem sich die Gleichnisse Jesu verdanken, ist nun gesondert nachzugehen.

---

senschaftlich angreifbare Sätze über das Verhältnis des metaphorischen Prädikats zu seinem Subjekt provoziert (68f.). Gleichnisse Jesu sind Offenbarung nicht qua Gleichnisform, sondern haben sich je einzeln als viva vox evangelii erwiesen. Wie weit sie diese Kraft in der Auslegung wieder gewinnen, ist schlechterdings nicht vorherzubestimmen. Vgl. dazu Teil IV in dieser Arbeit. Die theologische Sicherung davor, daß „nicht Gott zum metaphorischen Prädikat der Welt wird" ergibt sich wohl nicht aus der Prädikat-Subjekt-Logik im Gleichnis, sondern daraus, daß Gleichnisse auch im Munde Jesu ein menschliches Apriori bleiben, dem Gott sein Aposteriori folgen lassen kann, aber nicht muß. – Vgl. dazu auch Sellin, Allegorie 408–417.

278 So etwa Rau, Reden 33. Vgl. aber Jülicher, Gleichnisreden I 92–112, und Bultmann, Geschichte 188–192, die beide die fließenden Grenzen zwischen den beiden Kategorien ausdrücklich benennen.

279 Vgl. zu den Grundmustern volkstümlichen Erzählens Labov/Waletzky, Erzählanalyse 111–125, die als relativ obligatorische Abfolge erfolgreichen Erzählens Orientierung, Komplizierung, Evaluation (ein retardierendes Moment), Lösung und Coda unterscheiden.

280 Vgl. Rau, Reden 26–35, der die von Weinrich, Tempus, eingeführte Differenz von Besprechen und Erzählen (und die Unterscheidung der zu ihnen gehörenden Tempusformen) aufnimmt. Er verweist zu Recht darauf, daß auch die besprechenden Gleichnisse im engeren Sinn eine „fiktionale Welt" erschaffen.

281 Vgl. Lk 13,18f. mit Mk 4,30–32 (s.u. II.1.) bzw. die vermutliche Entwicklung von Lk 11,5–7 zu einer Form im Umfang von 11,5–8 (s.u.II.2.)

282 Vgl. Lk 15,8–9 (s.u. II.3. bes. s. Anm. 235).

3. Gleichnisse als Therapie – ein Vorschlag

Wenn ich nach einem zutreffenden Modell für die kommunikative Funktion der Gleichnisrede suche, dann liegt mir weniger das Sprachspiel der Professoren in der Akademie und auch nicht das des Lehrers in der Schule nahe, sondern vielmehr das des Arztes und Therapeuten im Umgang mit dem Patienten bzw. Klienten – allerdings im Sinne einer vorsichtigen Umschreibung eines Phänomens, das nicht mit *einem Begriff* zu deuten ist[283].

Die folgenden Ausführungen stellen den Versuch dar, die Debatte über das Phänomen heilender Rede aus dem eigenen Fachbereich heraus zu verknüpfen mit Überlegungen anderer Disziplinen, soweit sie einem Dilettanten bekannt geworden sind, der eine eigene Fachkompetenz nicht in Anspruch nehmen kann und will. Insofern verbietet sich hier auch eine Bewertung der einzelnen Therapieschulen in bezug auf ihre therapeutische Effizienz bzw. Sachgemäßheit und eine ausführliche Untersuchung auf die Verträglichkeit mit biblischen Anthropologien wie Heilserwartungen. Als Voraussetzung gilt, daß das verbindende Axiom vom wirksamen und wirkenden Wort eine ausreichende gemeinsame Basis darstellt.

Als Therapie verstehe ich hier ein methodisch kontrolliertes Verfahren, das auf die Herstellung oder Verbesserung der Lebensfähigkeit zielt. Da die individuelle (pathologische) Erlebensweise abhängt von den krankhaften und krankmachenden Störungen im Verhältnis des Menschen zu sich selbst, zu seinen Mitmenschen wie zum Ganzen der Wirklichkeit[284], muß Therapie diese Dimensionen der Menschlichkeit berücksichtigen, mindestens aber nicht ausdrücklich ausschließen[285].

3.1 Metaphorisches Reden in therapeutischen Zusammenhängen

Auch für gezielte (wie ungezielte) Therapie ist metaphorisches Sprechen anstelle begrifflicher Erfassung charakteristisch[286]. Welche Grundfunktionen lassen sich für die Metaphern und Gleichnisse im therapeutischen Dialog erkennen[287]?

---

283 Zu dieser Gemeinsamkeit zwischen Psychotherapie und Seelsorge vgl. EBELING, Lebensangst 380–387.

284 Vgl. dazu BLÜHM, Handbuch der Seelsorge 40, mit Verweis auf einschlägige Definitionen. Vgl. auch die von THIELEN, Modellierung 5f., gegebene Definition, die an Umfang kaum zu überbieten ist und „Weltbilder, Weltanschauungen" expressis verbis einbezieht.

285 Damit sind die von HABERMAS getrennten Kategorien des theoretischen und des praktischen Diskurses zumindest gestreift. Theorie I 39–45.

286 Vgl. dazu besonders WATZLAWICK, Möglichkeit 48–58, mit dem Hinweis auf die Macht der sprachlichen Bilder in der Therapie.

287 Die Aufzählung der drei Grundfunktionen summiert Beobachtungen aus verschiedenen Therapieformen.

3.1.1 Funktionen von Metaphern in der Psychotherapie

(1) In erster Linie sind Psychoanalytiker[288] auf Metaphern[289] (bzw. ihr pathologisches Fehlen[290]) in der Sprache der Patienten aufmerksam geworden, weil sie dort offensichtlich zum Verbergen und Andeuten zugleich dienen. Zunächst haben sie als Indikatoren für die *Diagnose* bzw. zur *Anamnese* der vor- und unbewußten Regungen und Abläufe neben und in den Träumen bzw. ihren Schilderungen eine unersetzliche Funktion. Sie symbolisieren Triebregungen, zeigen Widerstände an, geben Übertragungen ihre Gestalt oder offenbaren kompakte Muster persönlicher Befindlichkeit. Dabei reizen sie durch ihre manifesten und latenten Bedeutungen zur Klärung, d. h. sie stiften als solche (zumeist) nicht einen kohärenten Zusammenhang zwischen dem früheren und heutigen Erleben, sondern bedürfen zu diesem Zweck der vom Therapeuten angestoßenen, zumindest unterstützten Interpretation, in der die bildhaften, angedeuteten Relationen bewußt hergestellt und somit bearbeitbar werden. Sie haben also als „Teilelement von Deutungen"[291] eine zentrale, aber keine solitäre Rolle. „Psychoanalyse ist ihrem Wesen nach eine metaphorische Unternehmung"[292].

(2) Die klassische Analyse wie die klientzentrierte Gesprächstherapie haben aber festgestellt, wenn auch bisher nur in Ansätzen untersucht, daß metaphorisches Reden ein unvermeidliches und hilfreiches *Moment der Verständigung* zwischen Patient und Therapeut ist[293]. Denn Metaphern und andere bildhafte Rede erlauben die – anders gar nicht oder nur schwer erreichbare – Komprimierung von Äußerungen in allen drei grundlegenden Dimensionen der Sprache nach Bühler. Der Komplexität und der sich der Greifbarkeit entziehenden Unbestimmtheit von Lebensäußerungen der Patienten können in manchen Situationen allein Metaphern genügen[294]. Ähnliches gilt für die Äußerungen des einfühlenden Verstehens auf der Seite des Therapeuten.

(3) Von dem Mittel der Verständigung läßt sich idealtypisch metaphorisches

---

288 Vgl. zusammenfassend THOMÄ/KÄCHELE, Lehrbuch I 31–35, zur Metapher in der psychoanalytischen Theoriebildung. Diese erkenntnistheoretische Seite soll hier nicht gewürdigt werden, obwohl sie natürlich über die verwendeten mythischen Bilder Symbole für Anamnese und Heilungserwartung lieferte. Zur praktischen Relevanz der Metaphern im Prozeß zwischen Patienten und Therapeuten vgl. THOMÄ/KÄCHELE, Lehrbuch II 303–322. Zur Auseinandersetzung damit vgl. HAESLER, Metapher 101. Ein Überblick über Metaphern in der Psychonanalyse auch bei NIERAAD, Bildgesegnet 119–122.

289 Vgl. dazu THIELEN, Modellierung, für die klientzentrierte Gesprächstherapie nach ROGERS und TAUSCH.

290 Vgl. KÖLLER, Semiotik 206–209, und HAESLER, Metapher 92, die sich auf die Untersuchungen von ROMAN JACOBSON zur Aphasie beziehen.

291 THOMÄ/KÄCHELE, Lehrbuch II 317.

292 ARLOW zitiert bei HAESLER, Metapher 90.

293 HAESLER, Metapher 90f.

294 Vgl. dazu das Gesprächsprotokoll bei D. GORDON, Metaphern 20f., der zeigt, wie selbst die therapeutische Präzisierung der unklaren Befindlichkeiten des Patienten ein Fortschreiten von Metapher zu Metapher ist.

Reden als *therapeutisches Instrument* abheben. Auf der Seite der Patienten, von manchen Therapierichtungen wie z. B. von der Gestalttherapie bewußt gefördert, vermag es zu einer vertieften Selbstwahrnehmung zu führen[295]. Dabei kann es auch dazu kommen, daß ‚tote Metaphern' „im weiteren Deutungsprozeß eine Remetaphorisierung erfahren"[296], d. h. daß der Prozeß der sprachlichen Lockerung und Innovation Teil und Indikator des Heilungsprozesses ist.

Vor einigen Jahren begann die systematisierende Beachtung dessen, daß Ärzte Metaphern als Mittel gezielt im Heilungsprozeß einsetzen, mindestens aber, daß sie sich dessen bewußt werden, solche Instrumente schon immer benutzt zu haben[297]. Geglückte und wenigstens z. T. neugeprägte Metaphern, Bilder, Gleichnisse oder Märchen wirken als mehr oder weniger suggestive Lösungen[298] nachweislich desto intensiver, je genauer der Therapeut auf die Sprachspiele, Bildwelt und Denkfiguren des Adressaten bzw. Patienten eingeht[299] und es ihm dabei gelingt, Bilder neuer Möglichkeiten zu entwerfen[300]. Im besten Fall arbeiten Patient und Therapeut zusammen an gemeinsamen Metaphernerfindungen[301].

Die Beachtung, bewußte Bildung und Nutzung von Metaphern und Gleichnissen in diesen drei Bereichen scheint von Schule zu Schule unterschiedlich

---

295 Vgl. PETZOLD/ORTH, Poesie, die Poesie- und Bibliotherapie als eine Form neben Musik-, Mal- und Gestaltungstherapie installieren möchten, die im Lesen und Gestalten von Texten besteht. THAMM, Poesie 268, verweist u. a. auf den Einsatz von orientalischen Geschichten bei L. PESESCHKIAN, der in ihnen ein Element der Volkspsychotherapie sieht. Damit ist natürlich die Frage nach den Wirkungen der Literatur insgesamt gestellt und die Empfehlung ‚guter Literatur' durch erfahrene Bibliothekare auf eine andere Ebene transponiert.

296 HAESLER, Metapher 90.

297 Zu diesem Phänomen gibt es eine Fülle von Analogien. Ich beziehe mich hier u. a. auf Veröffentlichungen der Palo-Alto-Schule. Vgl. etwa WATZLAWICK u. a., Lösungen dort vor allem S. 116ff. (Die sanfte Kunst des Umdeutens); Möglichkeit 48f.

298 Schon auf der Bildspenderseite enthalten manche Gleichnisse überraschende Lösungen, die nach der Terminologie WATZLAWICKS als Lösungen zweiter Ordnung die Steigerung bisheriger Lösungen erster Ordnung durchbrechen. In Lk 16,2–7 z. B. geht der Verwalter auf die Seite der wirtschaftlichen Gegner über, statt die Schuldner zugunsten der Hauswirtschaft, die er vertritt, stärker auszubeuten bzw. statt sich ohne Ausssicht auf Erfolg zu verteidigen. Die hier beschriebenen Phänomene erfaßten SCHRAMM/LÖWENSTEIN, Unmoralische Helden, unter der Rubrik „anstößige bzw. pikareske Gleichnisse".

299 HAESLER, Metapher 98: „In der Regel ist die Metapher mehr oder weniger implizit im Material des Patienten enthalten."

300 Vgl. WATZLAWICK, Möglichkeit 105–108. MUSCHG, Literatur 177: „Allerdings, Kunst ist das stärkste bekannte Stimulans des ‚Möglichkeitssinns' – und nach allem, was ihre Urheber erzählen und träumen, wird sie eben dafür erschaffen. Auf der Ebene ihrer Rezeption gibt es keine notwendige Differenz zwischen Kunst und Lebenskunst. Denn eine Therapie, die ihren Namen verdient, führt zur Lebenskunst; und eine Kunst, die ihn verdient, steigert die Lebensfähigkeit. Das Kunstwerk ist ein Spielfeld, auf dem die Umgangsformen mit dem Erfüllbaren und dem Unerfüllbaren geübt werden können; das die Erfahrung von Grenzen ebenso mit Lust besetzt, wie es einlädt zu ihrer Überschreitung. Ja, in ‚dürftiger Zeit' kann das Kunstwerk das einzige Lebensmittel dieser Art sein."

301 HAESLER, Metapher 90f.

stark ausgeprägt[302]. Schematisierend läßt sich das Spektrum durch seine Extremwerte so kennzeichnen: Einerseits legen Psychoanalytiker erheblichen Wert auf die anamnetische Funktion, während andererseits verhaltenstrainierende Schulen wie die Milton H. Ericksons vorwiegend den orientierenden, innovativen Aspekt einsetzen und dabei auf die Frage nach den Ursachen und die Aufdeckung von frühen biographischen Störungen ganz verzichten können[303]. Daß hier die philosophisch-weltbildhaften Voraussetzungen unmittelbar auch in die therapeutische Praxis wirken, versteht sich von selbst[304].

3.1.2 Leistungen metaphorischer Rede in der Psychotherapie

Die Leistung metaphorischer Rede in der Therapie[305] läßt sich noch genauer umschreiben, als die drei Grundfunktionen der Anamnese, der Verständigung und der therapeutischen Initiative andeuten[306]:

- Bildhafte Rede erlaubt, offensichtlich Unklares, Unbegriffenes, Undurchschaubares für den Betroffenen zumeist erstmalig und zunächst noch „ohne bewußte Intention und Reflexion"[307] zu beschreiben. Dabei können routinehaft eingeschliffene, abstrakte Gedankengänge aufgebrochen, Gefühle zugelassen und neue Denkvorgänge initiiert werden[308]. Zugleich scheint die Distanzierung, die durch das Bild gegeben ist, im aktuellen Leidensdruck eine solche Äußerung erst möglich zu machen.
- Metaphern scheinen – ähnlich wie Träume – ein Moment der Mühelosigkeit und Spontaneität zu haben, das scheinbar frei mit den Gegebenheiten um-

---

302 Vgl. dazu unten 3.3.2.

303 Ein etwas unfreiwilliges Beispiel für diese Differenz referiert JOSUTTIS, Pfarrer 94–97, aus CLAUDE LÉVI-STRAUSS' Strukturaler Anthropologie: LEVI-STRAUSS berichtet von einem Beschwörungsgesang eines Schamanen, der bei einer schwierigen Geburt verwendet wurde. Die therapeutischen Wirkungen werden mit den Kategorien der klassischen Psychoanalyse gedeutet. Dabei wird der Unterschied zwischen den Eingeborenen und der Moderne so auf den Nenner gebracht: „Der Neurotiker überwindet einen individuellen Mythos, indem er sich mit einem wirklich vorhandenen Psychoanalytiker konfrontiert; die gebärende Eingeborene überwindet eine organische Störung, indem sie sich mit einem zum Mythos gewordenen Schamanen identifiziert." (LÉVI-STRAUSS 218 bei JOSUTTIS 96). Die Differenz zwischen der Analyse und der therapeutischen Intervention des Schamanen repräsentiert aber weniger den Unterschied der Kulturen als vielmehr den der aufdeckenden bzw. hypnotischen therapeutischen Techniken.

304 WATZLAWICK bezieht sich wie andere ‚systemische Therapeuten' zurück auf den philosophischen Konstruktivismus, nach dem die gesellschaftliche Wirklichkeit im Medium der Sprache konstruiert wird, so daß Veränderungen im Individuum und in der Gesellschaft also auch und vor allem der entsprechenden sprachlichen Konstruktionen bedürfen.

305 Vgl. zum Ganzen GÖBEL, Erleben 183f., THIELEN, Modellierung 239ff., HAESLER, Metapher 90ff., und WATZLAWICK, Möglichkeit 48–58.

306 SCHARFENBERG, Einführung 71–73, beschreibt diese Leistungen unter den Kategorien „Symbol" und „Geschichte". Die konstruktive (und kritische) Überführung der Kriterien ineinander kann hier nicht geleistet werden.

307 HAESLER, Metapher 90.

308 GÖBEL, Erleben 184, mit Rückverweis auf THIELEN.

geht, während die Begriffssprache immer etwas Mühsames, an Arbeit Erinnerndes, an sich hat[309].

- Metaphorisches Reden verdichtet die Vielfältigkeit und die Ambivalenz des Erlebens in unersetzlicher Weise, da illustrierende Darstellung und emotionale Kundgabe unauflöslich miteinander verquickt sind[310].
- Geht der Therapeut in bildlicher Weise auf Äußerungen des Patienten ein, kann das – neben dem ästhetischen Vergnügen des Wiedererkennens im Fremden – das Gespräch durch diese Form der Strukturierung erleichtern.
- Metaphern, Gleichnisse und Träume scheinen per se stärker als begriffliche Sprache an den Kommunikationspartner zu appellieren, die „gemeinsame kulturelle und lebenspraktische Erfahrung"[311] in einen Prozeß der Verständigung einzubringen. Das Maß der Erarbeitung einer gemeinsamen (Bild-) Sprache und gemeinsamer zentraler Gleichnisse[312] scheint zugleich ein Maß des Verständnisses zu sein, das zwischen dem Therapeuten und Klienten herrscht[313].
- Bewußt oder unbewußt vom Therapeuten aufgenommene oder neu entwickelte Bilder vermögen Spannungen, Widerstände und indirekte Vorschläge an die Adresse des Patienten in einer Weise aufzunehmen, daß sie, wie gesagt, im Medium der Sprache neue Perspektiven eröffnen[314]. Dabei ist das spielerische Weiterarbeiten an und mit der metaphorisch entworfenen Welt (als Sandkastenspiel[315]) Bestandteil gelingender Kommunikation[316]. Durch Bilder können damit Erkenntnisse inauguriert, Erklärungen begünstigt, Lösungen angeregt, entworfen und vertieft werden[317].

Natürlich bleiben Metaphern nur ein Bestandteil des therapeutischen Prozesses unter manchen anderen. Sie kommen ohne irgendwelche Deutungen offensichtlich nicht gut aus[318]. Diese systematische Interpretation der Bilder und Träume mit dem Ziel, Klarheit zu schaffen und verschüttete Zusammenhänge herzustellen, wird aber auch ihrerseits nicht rein begrifflich verlaufen, sondern erfordert vielfach wiederum metaphorische Rede als besondere

---

309 KÖLLER, Semiotik 291f., überlegt in diesem Zusammenhang, ob nicht die Metapher Beziehungen zum Lustprinzip aufweist.

310 HAESLER, Metapher 99–102, sieht sogar in der ‚*Übertragung*' und ‚*Gegenübertragung*' des analytischen Prozesses – mit I. A. RICHARDS – eine metaphorische Struktur und nicht nur eine zufällige Wortübereinstimmung. In diesem Prozeß werde unbewußt, aber wirksam ein archetypisches Bild zwanghaft auf eine neue Situation übertragen und bestimme diese in hohem Maß.

311 GÖBEL, Erleben 183.

312 THIELEN, Modellierung 247f.

313 THIELEN, Modellierung 239–243. 290.

314 HAESLER, Metapher 93.

315 THIELEN, Modellierung 244 („Gedanken- und Gefühlsexperiment").

316 THIELEN, Modellierung 291.

317 GÖBEL, Erleben 184; THIELEN, 291.

318 Am wenigsten deuten m. W. H. ERICKSON und seine Schüler, die Geschichten, Märchen, erfundene Gleichnisse als konstitutives Element der Therapie einsetzen und auf Deutungen weithin verzichten.

„Form psychoanalytischer Deutungstechnik“[319]. Geglückte Metaphern stellen vermutlich kein Allheilmittel dar, aber können als Indikator gelungener Kommunikation dienen; insofern scheint eine Schulung von Therapeuten an und mit diesem Instrument sinnvoll zu sein[320]. Metaphern transportieren nämlich in wenigen Worten so viel, daß sie im unreflektierten Gebrauch auch *gefährlich* werden können[321].

Schließlich besteht die Grenze zwischen Therapie und Poesie darin, daß Kunst dem Unheilbaren – und damit besonders Bedrückenden – Ausdruck verschaffen kann[322]. Eine therapeutische Instrumentalisierung, wie sie in manchen Versuchen vorzuliegen scheint[323], bleibt dann unangemessen, wenn individuelle und gesellschaftliche Katastrophen im Bild erscheinen, die für ärztliche Kunst unheilbar bleiben[324].

3.2 Der Gleichniserzähler Jesus als Therapeut

Wenn die Kommunikation zwischen dem Gleichniserzähler und seinen Hörern mit einem Modell umschrieben werden soll und kann, dann spricht vieles dafür, sie als Therapie zu beschreiben. Denn es handelt sich sowohl im therapeutischen Gespräch heute wie in der Gleichnisverkündigung damals um die Verwendung von bildhafter Rede als heilendem Wort[325].

---

319 HAESLER, Metapher 93.

320 Vgl. dazu die Ergebnisse des Trainings, von dem THIELEN, Modellierung , berichtet. In diesem Sinne versteht sich auch die Anleitung zur Gleichnisbildung von GORDON, Therapeutische Metaphern. Ob ihr nahezu ungebrochener Optimismus sich wirklich so durchhalten läßt, ist mir allerdings zweifelhaft.

321 HAESLER, Metapher 91–94. Vgl. aber auch die berühmten Passagen aus FREUDS die „Frage der Laienanalyse“ über die Macht der Worte, die JOSUTTIS, Pfarrer 91f., mit weiteren ähnlichen Zitaten FREUDS bietet.

322 Eine differenzierte und authentische Auseinandersetzung mit den Beziehungen zwischen Kunst und Therapie bei MUSCHG, Literatur, die er an sich selbst in schonungsloser Offenheit exemplifiziert. Ein Resümee sagt dazu (203): „Kunst und Therapie haben ein Ziel: Befähigung zum eigenen Leben. Aber sie haben nicht einen Weg. Kunst – oder Literatur – ist keine Therapie, aber sie macht Mut dazu, den Weg zur Therapie im Ganzen weiterzugehen. Die Therapie ist nicht Kunst, aber sie dient der Kunst als Bürgschaft für die Verbindlichkeit, für die Gangbarkeit der lebensverändernden Phantasie. Beide arbeiten am Gleichgewichtssinn einer sich selbst bedrohenden Menschheit. Aus beiden ist die Einsicht zu schöpfen, daß Überleben erst dann keine Sorge mehr sein wird, wenn wir Leben gelernt haben.“

323 Dieser Gefahr erliegt offenbar THAMM, die in ihrer Auseinandersetzung mit MUSCHG diese Grenze nicht beachtet.

324 Zur Auseinandersetzung mit der objektivierenden Schulmedizin (weiße Gottheit) und ihren kulturellen und anthropologischen Grenzen vgl. MUSCHG, Literatur 155f.

325 Vgl. dazu JOSUTTIS, Pfarrer 91–106, zum Ineinander von Heilswort und heilendem Wort. Die These „Jesu Geschichten – erzählte und erzählende Heilpraxis Gottes“ findet sich unter Rückgriff auf ARENS auch bei BAUMGARTNER, Pastoralpsychologie 570f., allerdings ohne ausgeführte Argumentation.

3.2.1 Gleichnisrede als Therapie

Als einzelne historische Momente der Ähnlichkeit lassen sich somit folgende Faktoren nennen:

- die Asymmetrie des Verhältnisses zwischen Therapeuten und Patienten bzw. Jesus und seinem ‚Publikum'[326];
- das mehr oder weniger gerichtete Hilfsverlangen bzw. die Hilfsbedürftigkeit (Leidensdruck) einerseits und das Hilfsangebot andererseits[327];
- eine erkennbare Empathie des Sprechers, die sich in der Aufnahme und Beschreibung der Situation der Hörer manifestiert und damit eine vorlaufende Verständigung[328] zwischen Sprecher und Hörern voraussetzt[329];
- die vermutlich auch Kategorien, Erfahrungen und Sprache der Hörer verwendenden Lösungsvorschläge[330];
- eine Verwendung offener Metaphern bzw. offener Gleichnisse, die eben nicht durch eine lehrhafte Deutung schulmäßig festgelegt werden, sondern das Mitdenken, ja ein Meditieren des Hörers erfordern[331], also auf seine Aktivität zum Gelingen des Prozesses der Neuorientierung abheben[332];
- die kreativen, für die Hörer überraschenden und aufdeckenden Momente im Sinne einer Intervention bzw. eines Lösungsvorschlages[333];

---

326 Die Evangelien stilisieren die Gleichnisse als abschließende Äußerungen. Das muß nicht dem Ursprung entsprechen. Dennoch bleibt die Rollenverteilung zwischen den Rezipienten und Tradenten einerseits und dem ‚Autor' andererseits eindeutig. Allerdings zeigt die Geschichte der Syrophönizierin in einem ungewöhnlichen Text, wie der Meister der Gleichnisse mit seinen eigenen Waffen geschlagen werden konnte. Somit ist die Asymmetrie auch nur graduell.

327 Daß jede therapeutische Hilfe nur relativ ist, letztlich Hilfe zur Selbsthilfe sein will und die menschlichen Begrenzungen des Therapeuten einkalkulieren muß, kann hier nicht eigens bedacht werden.

328 Schmidt konnte in einem Experiment an der FU Berlin nachweisen, daß eine Kommunikation, die sich – mehr oder weniger bewußt – metaphorischer Elemente bedient, eine Anfangskommunikation „neutraler Art" benötigt, d.h. eine Anlaufzeit mit „Warmlaufeffekt" (Schmidt, Einfluß 50f.). Das legt den Schluß nahe, daß Gleichnisse sowohl im historischen Kontext der Kommunikation Jesu wie in der heutigen Predigt bzw. Therapie kaum solitär stehen können.

329 Als Beispiele seien Lk 18,2 als erzählerische Formulierung des Theodizeeproblems und Mk 4,31 genannt, wo die Erwähnung des kleinsten Korns mit der Winzigkeit sicher auch die Ohnmachtserfahrung evoziert.

330 Als Beispiel sei auf Lk 15,8f. verwiesen, wo die Hoffnung auf göttliche Ordnung gegen alles irdische Chaos *nicht* denunziert, aber in eine andere Perspektive gerückt wird.

331 Hier tun sich Analogien zu den Apophthegmata Patrum wie zu den Meisterworten des Zen-Buddhismus auf, die zu verfolgen hier nicht der Ort ist. (Zu ihnen vgl. Wilhelm Gundert, Bi-Yän-Lu ..., Leipzig/Weimar 1980, 14 u.ö.).

332 Dabei ist nicht nur an die berühmten offenen Schlüsse in Lk 15,32 oder an die Fragen in Mt 18,33 und Mk 12,9a zu denken (die vielleicht einmal den ursprünglichen Abschluß der Gleichnisse bildeten), sondern an das Phänomen, daß wohl die meisten Bildreden ursprünglich ohne Auslegung überliefert (und geprägt) wurden.

333 Das scheint das vorherrschende Moment zu sein, das Wolff in der Verkündigung Jesu findet; daß dabei kräftige antijudaistische Klischees ihre Darlegungen überschatten (etwa zum Gleichnis vom Pharisäer und Zöllner, Psychotherapeut 57), ist bedauerlich.

– der erkennbare Versuch, in erster Linie für die Hörer neue Perspektiven in das Gespräch einzubringen, die Erlebensweisen verändern wollen und daraufhin (erst) Verhaltensweisen zu verändern erlauben[334];
– die Nachwirkung dieser hilfreichen Texte[335], auf die sich die Tradenten berufen, auch wenn sie sie später umdeuten und sekundär ausbeuten.

Das Bild vom Arzt bzw. Heiler hat dabei den Vorteil, daß es eine Rolle aufnimmt, die selbst in die Nähe eines biblischen christologischen Titels rückt (Mk 2,17 par.)[336], und eine gemeinhin mit den Gleichnissen nicht verbundene Praxis Jesu[337] aufgreift.

Immerhin läßt sich m.E. ohne Gewaltsamkeit an den Texten nachweisen, auf welche möglichen Gestalten der Angst (bzw. der Sünde) sie eingehen[338]: Während einige Gleichnisse sichtlich ein eher zwanghaftes, sich abgrenzendes Sprach- und Denkspiel aufzuheben suchen[339], scheinen andere einen realitäts- und d.h. leidensfremden Willen zum Engagement mit der ungeschminkten Wirklichkeit der Nachfolge zu konfrontieren[340]. In weiteren Texten scheint sich der Sprecher vor allem denen zuzuwenden, die an sich und aller Welt verzweifeln und nur noch nach jener kommenden Katastrophe Heil erwarten mögen[341], u.U. also schizoide Züge aufweisen. Endlich läßt sich wohl auch die

[334] Noch die beiden am stärksten auf Verhalten orientierten Gleichnisse, die hier untersucht werden (Lk 16,1ff. und Mt 25,14ff.), geben keinen Imperativ her, sondern versuchen, die Einstellung zu den eigenen Möglichkeiten zu verändern (Lk 16,1ff.) bzw. zu testen (Mt 25,14ff.), wie weit der Wille zum Engagement in der Jesusbewegung trägt.

[335] Vgl. die Nachwirkung von Metaphern im therapeutischen Prozeß aus den Fallbeispielen bei Thomä/Kächele, Lehrbuch II 305–312.

[336] Die beiden Pole der Diskussion bei Pesch, Mk I 168, einerseits („hat ... sich nicht als Arzt verkündigt, sondern seine Bemühung um besondere Menschengruppen gerechtfertigt") und Schweizer, Mk 34, andererseits („die griechisch sprechende Gemeinde [faßte] in diesem ihr bekannten Bild Jesu Wirken zusammen"). Keinen Zweifel aber leidet, daß das Wirken Jesu breit mit den Verben ἰάομαι/θεραπεύω belegt und gedeutet wird, wenn auch zunächst nur im Zusammenhang mit den Wundergeschichten.

[337] Zu den Wundern Jesu vgl. Theissen, Wundergeschichten 274–277.

[338] Dazu vgl. die populäre Darstellung bei Riemann, Grundformen 15 u.ö. Er geht von der Annahme aus, daß sich zwar die Objekte der Angst geschichtlich wandeln, nicht aber ihre Grundformen, von denen er zwei Paare unterscheidet: depressiv-schizoid und anankastisch-hysterisch. (Die eine *neue* Angst, die er (8) notiert, die vor den Hervorbringungen des Menschen und ihren Folgen, ist angesichts des atl. Tat-Folge-Zusammenhangs kaum umstürzend neu.) Zur Kritik an Riemann aus psychoanalytischer Sicht vgl. u. Anm. 344.

Daß eine solche Zuordnung therapeutischen Konstellationen entspricht, besagt noch nichts über den Wert oder den Unwert der Anwendung solcher Kategorien auf antike Texte. Sie erweisen ihren Wert m.E. dann und nur dann, wenn sie bisherige Auslegung ohne Negation der Fülle vorliegender Erkenntnisse zu *ergänzen* helfen. – Methoden, die bisherige Ergebnisse der Exegese nicht integrieren können, stehen unter dem starken Verdacht, nicht den Texten und ihrer Auslegung, sondern der Selbstdarstellung ihrer Autoren zu dienen.

Zur Integration psychologischer Theorien in die Hermeneutik biblischer Texte vgl. Theissen, Aspekte 11–14.

[339] Dazu rechnen, so weit ich erkennen kann, etwa die Gleichnisse in Lk 15; Mt 20,1–15; Lk 18,10–14a u.a.

[340] Dazu zähle ich Mt 25,14ff. in der Auslegung dieser Arbeit, vgl. II.7.

[341] Mk 4,30–32 par.; Mt 13,33 par. Vgl. dazu in dieser Arbeit II.1.

Hinwendung zu denen erkennen, die an sich und ihrer eigenen Erfolglosigkeit verzweifeln und zugleich dabei von Gott nicht hoch genug denken können, so daß dabei der isolierende Abstand zwischen Mensch und Gott eine heilvolle Beziehung faktisch nicht erlaubt. Mit aller Vorsicht könnten solche Gefühls- und Denkstrukturen depressiv genannt werden[342]. Schließlich könnte man die Aufforderung zum Durchhalten auf hysterische Charakterzüge beziehen[343].

Dabei ist die soeben geübte Beschränkung auf vier Grundformen der Angst nach Riemann weder als neuer Generalschlüssel für die Gleichnisauslegung noch als exklusive Zusammenfassung aller Menschen in jeweils eine bestimmte Gruppe gemeint[344], auch nicht als Beschreibung eines antiken Vorläufers moderner Medizin in dem bekannten reduktionistischen Sinne des ‚Nichts-weiter-als...‘[345].

Es soll vielmehr nur mit ihrer Hilfe aufgewiesen werden, daß die Reduzierung der Botschaft der Gleichnisse auf eine schlichte Alternative zwischen ‚Leben gewinnen oder Leben verlieren‘ den beschreibbaren Reichtum dieser Texte verschleudert und den anscheinend sehr differenzierten Umgang Jesu mit seinen Mitmenschen auf das Entweder-Oder gewisser Prediger reduziert. Die von Riemann beschriebenen Ängste oder andere ähnlich griffige (und ähnlich angreifbare) Schemata[346] könnten für uns ein nützliches Instrument sein, mit anderen Mitteln die *Verschiedenartigkeit* und *Wirksamkeit* der Gleichnisse zu rekonstruieren.

Allerdings lassen sich verschiedene Formen der Angst keineswegs kategorial auf jeweils eine Menschengruppe beschränken, sondern beschreiben wohl Grunderfahrungen der Unbehaustheit, die trotz ihrer Differenzierung keinem Menschen fremd sein müssen[347]. So müssen auf solche Weise befragte und gedeutete Gleichnisse keineswegs zu Spezialmedikamenten verküm-

---

342 Lk 11,5–7 ist depressiven Grundstrukturen zuzuordnen, wenn es dort nicht primär um das Bitten geht, sondern zunächst darum, daß Gott selbstverständlich wie ein Nachbar nahe ist. Vgl. dazu in dieser Arbeit II.2.

343 Vgl. Mt 21,28–31. Manche Züge von Mk 4,3–8 par. könnten auch auf solche Probleme weisen.

344 Eine Reformulierung des psychoanalytischen Angstbegriffs findet sich bei EAGLE, Entwicklungen 141ff., der als die *eine* Grundangst die vor der „Bedrohung der Integrität und Unversehrtheit des Individuums“ ansieht, d.h. die Verlust- bzw. Trennungsangst. Danach darf von vier *Grund*formen der Angst so nicht geredet werden, wie es RIEMANN in seinem didaktischen Schema tut.

345 Dieser Gefahr scheint WOLFF nicht immer zu entgehen, wenn sie die Psychoanalyse und Jesu Therapie faktisch identifiziert.

346 KRIZ, Grundkonzepte 188–190.257–265, bietet andere Viererschemata, die nur teilweise mit RIEMANNS didaktischem Modell übereinstimmen. Zur Anknüpfung und Kritik an RIEMANN vgl. KÖNIG, Charakterkunde 20–44, der neben dessen vier Typen noch die phobische und die narzistische sowie die Borderline-Struktur stellt.

347 Erst ihr überwiegendes Vorkommen bzw. ihre Grenzwerte beim einzelnen machen offenbar ihre pathologische, neurotische Qualität aus. Vgl. RIEMANN, Grundformen 16f.200.209f.

mern, die nur in besonders definierten Situationen gebraucht wurden und wirken dürften bzw. wirksam sind.

Es ist nicht auszuschließen, daß die Polyvalenz der Bildspendergeschichten bei verschiedenen Hörern auch verschiedene Effekte auslöst, da jeder seine eigene Geschichte in den Horizont des Gleichnisses einzeichnet[348]. Ich wäre aber vorsichtig damit, aus dieser Unschärfe ein therapeutisches oder theologisches Mehrzweckprinzip machen zu wollen. Wie biblische Gleichnisse heute wirken und verwendet werden können, bedarf einer eigenen Überlegung[349].

Für die Ursprungssituation ist mit einer für uns nicht immer zweifelsfrei rekonstruierbaren, aber grundsätzlich zu postulierenden einheitlichen und präzisen Sprecherintention zu rechnen. Damit setzt eine solche Gleichnisdeutung methodologisch voraus, daß sich für jeden Text – wenigstens hypothetisch – *mindestens ein* Problem erschließen läßt, auf das der Sprecher reagiert. Das bedeutet, daß in jedem einzelnen Text nicht nur nach dem implizierten Bild des Sprechers zu fragen wäre, sondern genauso nach dem implizierten Hörer[350]. Natürlich gilt, daß dieses Bild an den sonstigen Kenntnissen aus der Umwelt seine Bestätigung finden muß. Ob im wesentlichen mit nur einer Grundfrage oder mit verschiedenen, aber vergleichbaren Situationen gerechnet werden muß, kann nur die Auslegung der einzelnen Texte ergeben. (Daß es allerdings nur einen Hörerkreis mit gleichbleibenden Sorgen gab, scheint mir a priori weniger wahrscheinlich als ein Wechsel der Problemkonstellationen.)

Ob damit die gesamte metaphorische Rede Jesu erfaßt ist, läßt sich zur Zeit m.E. weder begründet behaupten noch ausschließen. Von einem therapeutischen Sprachgeschehen ist dann auszugehen, wenn es sich wahrscheinlich machen läßt, daß eine Parabel, ein Gleichnis im engeren Sinn oder eine Wortmetapher

- in kreativer Weise die konventionelle Sprache (samt deren eingeschliffenen Metaphern) übersteigt,
- damit des aktuellen interpretativen Nachvollzugs der Hörer bedarf
- und eine Situation beschreibbar ist, in die hinein die kreative Metapher eine Botschaft trägt, die in existentiellen Konflikten Lösungen anbietet.

3.2.2 Die Grenzen des Modells

Natürlich kann auch das Modell der Therapie seinerseits nicht mehr leisten, als auf eine zu deutende, unbekannte Größe hinzuweisen. Die Grenze des Modells ‚Therapie', der Bereich der Unähnlichkeit, wird wohl dort erreicht, wo heutige

---

348 Engemann, Exzeß 788, hatte dieses Phänomen im Gegenüber zum Manu-skript „Aure-dit" genannt. Zur Reichweite und Begrenzung der Polyvalenz der Gleichnisse vgl. in dieser Arbeit I.4.

349 Vgl. dazu in dieser Arbeit IV.

350 Dabei ist zu beachten, daß dieses implizierte Bild des Hörers nicht am Beginn der Auslegung steht, sondern sich erst nach der ausführlichen Beschäftigung mit der Bildspendergeschichte als solcher ergeben kann.

Therapeuten primär auf den einzelnen Patienten bzw. auf definierte Gruppen orientiert sind[351], während für die Gleichnis-Verkündigung Jesu eher an *offene Zuhörergruppen* zu denken ist[352].

In diesem Zusammenhang versteht sich, daß das Moment des methodisch kontrollierten Verfahrens im Verhalten Jesu genauso fehlt, wie in anderen intuitiv eingeleiteten Heilungsprozessen.

Eine weitere Unähnlichkeit folgt daraus, daß sich Therapie heute definitionsgemäß innerhalb des Kontinuums menschlicher Verhaltensweisen um die als pathologisch eingestuften Phänomene müht, während die Adressaten Jesu in dieser Weise nicht prinzipiell in Gesunde und Kranke aufgeteilt werden dürfen[353].

Eine nächste Differenz ergibt sich aus dem Ganzheitsanspruch Jesu, ein neues Verhältnis zu Gott zu stiften. Das unterscheidet Gleichnisse grundsätzlich von dem im Prinzip wohl begrenzbaren und begrenzten Anspruch heutiger Therapeuten[354]. Allerdings ist das auch auf Seiten Jesu nur eine graduelle und keine prinzipielle Differenz, da die Verbindung von Heilungen und eschatologischer Verkündigung zu den spezifischen Kennzeichen des Auftretens Jesu gehört[355]. Heil und Wohl lassen sich zwar theologisch-kategorial trennen, nicht aber ohne zugleich ihre Zusammengehörigkeit damals wie heute zu bedenken[356].

---

351 Auch Gruppentherapien zielen häufig noch in Gesprächsgruppen jeweils auf den einzelnen und seine individuelle Problemkonstellation wie auf seine selbstverantwortete Lösung. Dieses Paradigma gilt nicht mehr in der systemischen Psychotherapie oder in der Transaktionsanalyse, wo das Leiden des manifest Kranken auf falsche Interaktionsmuster im ‚System' der Familie oder Partnerbeziehung des Patienten zurückgeführt und deswegen vom ‚identifizierten' Patienten gesprochen wird.

352 Dieser Unterschied entspricht der Differenz, die EBELING, Lebensangst 382f., als den Öffentlichkeitscharakter des christlichen Wortes gegenüber der Intimität der Psychoanalyse bestimmt.

353 Daß dies von beiden Seiten nur eine relative Unähnlichkeit darstellt, ergibt sich aus der „Psychopathologie des Alltags" und aus der grundsätzlichen Erlösungsbedürftigkeit des Menschen, die der Verkündigung Jesu in der einen und anderen Weise zugrundeliegt, die aber durchaus handfeste pathologische Phänomene einschließt. – Auch die Zuwendung zu den Kranken nach Mk 2,17 par. meint ja nicht eine grundsätzliche Einschränkung der Hörerschaft Jesu.

354 Ähnlich für die Seelsorge EBELING, Lebensangst 385–387.

355 Vgl. THEISSEN, Wundergeschichten 274–277; VOLLENWEIDER, Ich 199.

356 Natürlich werden bei dieser Weise der Beschreibung der Phänomene die Grenzen zwischen Umkehr/Buße und Therapie fließend. Das ist sicher kein Zufall. Wenn ich dennoch zögere, die Gleichnisse der Umkehrpredigt Jesu zuzuordnen, dann hängt das zum einen an einem verbreiteten moralischen Nebensinn, den Buße/Umkehr zwar kaum biblisch, aber im heutigen Verständnis pietistisch eingefärbter Sprache hat. Zum anderen daran, daß das Modell der Therapie lehren könnte, genauer zu fragen, worin denn für den einzelnen seine spezifische Gefangenschaft und dementsprechend seine Umkehr besteht.

3.3 Psychotherapie und Exegese

Die Einführung psychologischer Vorstellungen in die Exegese zieht unweigerlich die Forderung nach sich zu klären, wie hier Psychologie und Exegese bzw. Theologie aufeinander bezogen werden. Dieser Anspruch läßt sich allerdings nur durch mehrere Antworten einlösen: Zum einen ist zu problematisieren, inwiefern historische Zeugnisse wie die unseren mit Aussicht auf Erfolg unter psychologischen Aspekten bearbeitet werden können, wobei Erfolg zunächst nur heißen kann, daß historische Prozesse in sich komplexer und damit besser verstehbar werden. Zum anderen erhebt sich die Frage, mit welchen heutigen psychotherapeutischen Ansätzen die hier vermutete kommunikative Strategie der Gleichnisse Jesu korrespondiert. Schließlich ist auch für den vorliegenden Versuch das Verhältnis von ‚Therapie‘ und ‚Seelsorge‘ zu bestimmen.

3.3.1 Psychologie in der Exegese

Die erste Frage bezieht sich auf die Reichweite und Relevanz, die psychologische Methoden in der Exegese haben können. Nach einer längeren Phase absoluter Ablehnung von „Psychologismen“, die vor allem zur strengen Textbindung führen und den Einbruch frei schweifender Phantasie in die Erläuterung abwehren sollte, mehren sich seit einiger Zeit die Versuche, psychologische Kategorien zum Verständnis biblischer Texte heranzuziehen[357]. Dabei kann es selbstverständlich nicht darum gehen, die Sorgfaltspflichten historisch-kritischer Auslegung durch willkürliche Eintragungen zu verletzen. Im Gegenteil kann es sich nur darum handeln, im offenen hermeneutischen Kanon die Einheit historischer *und* psychologischer Arbeit wiederzugewinnen, wie sie bereits einmal Iver K. Madsen exerziert und in erstaunlichem Maße für die Gleichnisauslegung fruchtbar gemacht hat[358].

Die Nutzung psychoanalytischer Kategorien in der Exegese gilt der Untersuchung des in den Texten feststellbaren Unbewußten. Das kann in zweierlei Hinsicht erfolgen: Ein erstes Interesse solcher Auslegung bezieht sich auf das kollektive Unbewußte, das sich aus den Texten erschließen läßt. Ein zweites sucht nach Anzeichen für die unbewußten Prozesse, die sich in den Texten eines einzelnen Autors (gegen dessen Intentionen) finden.

Die erste Fragestellung verbindet sich gegenwärtig vor allem mit dem Namen Eugen Drewermanns[359]. Seine Aufmerksamkeit richtet sich dabei überwie-

---

[357] Zur Integration psychologischer Theorien in die Hermeneutik biblischer Texte vgl. Theissen, Aspekte 11–65; Rebell, Grundwissen 222–236.

[358] Vgl. Madsen, Parabeln passim.

[359] Grundlegend scheint Drewermann seinen Ansatz in „Strukturen des Bösen“ entwickelt zu haben. In „Tiefenpsychologie und Exegese“ dominiert bereits ein polemischer Bezug auf historisch-kritische Exegese, der von ihr therapeutisch-erbauliche Leistungen abfordert, die sie prinzipiell nicht leisten kann. Zur Diskussion um Drewermann, die hier nicht erfolgen kann, vgl. u. a. Baumgartner, Pastoralpsychologie 578–588.

gend auf die konstanten Wirkungsmechanismen von Mythen und Bildern unabhängig von Raum und Zeit, „unabhängig von den Bedingungen einer bestimmten Kultur und den geschichtlichen Vermittlungen kultureller Tradition oder Migration"[360]. Statt sie wie Freud analytisch auf die zugrundeliegenden individuellen libidinösen Regungen zu *reduzieren*, ginge es im Sinne von C.G. Jung vor allem um eine *Amplifikation*, mit deren Hilfe ein Anschluß an die in Märchen, Mythen, Träumen und anderen Texten aufbewahrten Archetypen erreicht werden könne[361]. Erst die typologische Auslegung geschichtlicher Texte im Rahmen des kollektiven Unbewußten verschaffe ihnen Allgemeingültigkeit. Das Fundament solcher ewigen Symbole bilden biologische Konstanten, die in den individuell verschiedenen Träumen und Texten den überindividuellen und überzeitlichen Gehalt bedingen[362].

Drewermanns Entwurf und den vorliegenden Versuch der Gleichnisdeutung verbindet die Hochschätzung von Bildern, Gleichnissen und Metaphern. Sie sind nach beiden geeignet, individuelle und überindividuelle Problemkonstellationen faßlich zu machen. Dazu gehört, daß in ihnen mehr verdichtet wird als Darstellung von Sachverhalten. Auch daß Lösungen über die Symbolsprache angeboten und rezipiert werden, läßt sich noch gemeinsam sagen. Dann aber trennen sich die Wege insofern, als Drewermann nach dem Thema in den Variationen fragt, die zeitbedingt und darum zu vernachlässigen sind. Denn die ausreichende Sicherheit bei der Interpretation des einzelnen Mythos stellt sich erst im Bezug auf die ungeschichtliche Mythologie der Völker her[363]. Der Ansatz bei der kreativen Metapher dagegen ist gerade an den Variationen interessiert, die den Reiz des je besonderen Textes ausmachen. Damit wird – das sei Drewermann zuzugeben – jedes Gleichnis ‚historisiert', was eine Auslegung im aktuellen Interesse u. U. auch erschweren kann. Doch läßt sich bezweifeln, ob die bittere Medizin redlicher historisch-kritischer Arbeit mit der Krankheitsursache, d. h. der fehlenden Unmittelbarkeit moderner Leser/Hörer zu den biblischen Texten, verwechselt werden darf. – Ein weiterer Unterschied zwischen dem vorliegenden Entwurf und Drewermanns Entwurf hängt eng mit dem vorigen zusammen. Wenn die Gleichnisse Jesu das Bildmaterial kreativ und eher überraschend verwendeten, dann gaben sie auch zu denken. Somit aber kann es bei der Auslegung zunächst wohl nicht um die projektive Psychologie des (allgemeinmenschlichen) Mythos[364] gehen, sondern vor allem

360 DREWERMANN, Strukturen I, XXXV u. ö.

361 DREWERMANN, Tiefenpsychologie I 376.

362 DREWERMANN, Strukturen XXXIV u. ö.

363 Es kann hier nicht um eine umfassende Würdigung und Kritik dessen gehen, was DREWERMANN zur historisch-kritischen Exegese ausführt. Allerdings scheinen mir DREWERMANN wie z. T. seine Kritiker, die begrenzte Domäne wissenschaftlich kontrollierter Textinterpretation zwischen ihren intuitiven Ansätzen und der praktischen Auslegung in der Predigt mit der Gesamtaufgabe des Christuszeugnisses aufgrund der biblischen Texte zu verwechseln. Wo der unmittelbare und in der Gemeinde unstrittige Bezug des Lesers zum biblischen Text besteht, da hat jede exegetische Krücke ihr Recht verloren. Nur, wie oft ist das der Fall?

364 DREWERMANN, Tiefenpsychologie I 376.

um die konkrete Herausforderung des jeweiligen Textes auf dem Hintergrund seines Entstehens und seiner Wirkung.

Die zweite Hinsicht, unter der psychodynamische bzw. psychoanalytische Aspekte in das Instrumentarium der Exegese aufgenommen wurden, entspricht unserem letzten Gesichtspunkt. Wie Theißen es für die paulinischen Texte vorgeführt hat[365], kann man natürlich ebenso fragen, ob sich aus der Verkündigung Jesu und damit auch aus den Gleichnissen eine psychoanalytische Sicht auf den Prediger aus Nazareth ergibt. Mit Hanna Wolffs Veröffentlichungen liegen solche Thesen vor[366], die etwa lauten: „Jesus war ein extrem introvertierter Gefühlstyp ..."[367]; oder: „Selbst Jesus hat seinen Schatten anerkannt, was die Tatsache beweist, daß die Versuchungsgeschichte von ihm berichtet werden konnte ..."[368]. – Ein solches historisches Urteil können die Dogmatik oder die religiöse Ehrfurcht natürlich nicht verbieten, sondern allein der Umstand, daß gesicherte Selbstaussagen für Jesus so nicht zu erheben sind, verweist diese und andere vergleichbare Urteile in das Reich der psychoanalytischen Spekulation. Die Überlegungen, mit denen Wolff dann ihre These begründet[369], daß die Überlieferung Denkkraft und Poesie vermissen lasse, werden durch den Hinweis auf die ausgefeilten Erzählungen in den Gleichnissen mindestens für Letzteres widerlegt. Was das Denken Jesu angeht, ist wohl zuzugestehen, daß wir durch die Texte keinen Lehrer mit längerer wohlgeformter begrifflicher Rede erkennen können, aber ist das subjektiv oder nicht eher kulturell bedingt? – Eine sehr viel besser elaborierte Methodik, Autoren einer Analyse zu unterziehen, referiert Nieraad von dem französischen Analytiker Charles Mauron[370]. Seine „Psychokritik" fordert: (1) das Textkorpus eines Autors nach vorherrschenden assoziativen Netzen und Bildergruppierungen abzusuchen, (2) individuelle Varianten dieser Strukturen zum „persönlichen Mythos" zu verknüpfen, (3) erst dann diese als Ausdruck des Unbewußten dieses Autors versuchsweise zu interpretieren und (4) diese Hypothese an den biographischen Daten zu kontrollieren! – Ist das im Falle des historischen Jesus möglich? Die Frage zu stellen, heißt sie verneinen. Es dürfte kein Zufall sein, daß Theißen sein Experiment an dem sehr viel größeren, historisch sichereren Korpus echter paulinischer Briefe unternommen hat[371]. Den Gleichniserzähler Jesus

---

365 Zu den methodischen Problemen vgl. THEISSEN, Aspekte 54–58, der dort die Textelemente benennt, die möglicherweise erlauben, zwischen den dem Autor bewußten Absichten und den unbewußt ablaufenden Prozessen in der Person des Autors zu unterscheiden.

366 Zu WOLFF vgl. REBELL, Grundwissen 228f.

367 WOLFF, Mann 142.

368 WOLFF, Psychotherapeut 59.

369 WOLFF, Mann 142f.

370 NIERAAD, Bildgesegnet 122.

371 THEISSEN hält als erste Möglichkeit der Differenzierung von Bewußtem und Unbewußtem – ähnlich wie MAURON – die Metaphorik eines Autors fest (Aspekte 55), die durch implizite Assoziationen und Konnotationen den ‚Durchblick auf Unbewußtes' erlaube. Das

aber einer Psychoanalyse zu unterziehen, scheitert schlicht am unzureichenden Material[372].

3.3.2 Grundkonzepte der Psychotherapie und die Therapie in den Gleichnissen Jesu

Ob und inwieweit sich eine Korrespondenz der vorliegenden Deutung der Gleichnisse Jesu zu heutigen therapeutischen Schulen ergibt, ist abhängig von der gewählten Systematisierung heutiger Psychologie und der damit jeweils erkennbaren eigenen Orientierung. Dabei muß der Anachronismus vermieden werden, Jesus zum ersten Psychotherapeuten einer bestimmten Schule zu machen. Wenn eine solche Näherung Sinn hat, dann den, die Richtung dessen konkreter zu bestimmen, was wir meinen, erkennen zu können. Die Suche nach korrespondierenden Momenten gestaltet sich nicht nur wegen des beschriebenen Anachronismus als schwierig. Sie muß auch den gegenwärtigen Stand psychotherapeutischer Schulbildung und ihre offenkundige Tendenz zur theoretischen und praktischen Integration berücksichtigen, der ebenfalls keine einseitige Zuordnung erlaubt. Da hier keine eigene psychotherapeutische Kompetenz beansprucht werden kann, halte ich mich an die Überblicksdarstellung von Jürgen Kriz[373]:

Er teilt das nahezu unüberschaubare Feld der Psychotherapie in vier große Ansätze auf: die Psychoanalyse, die behavioristischen Schulen, die systemischen Therapien und die „humanistischen Ansätze“[374]. Innerhalb dieser vierfachen Unterteilung[375] ergeben sich die bereits beschriebenen Beziehungen zur Hochschätzung und zum mehr oder weniger reflektierten Einsatz von metaphorischer Sprache in allen Therapieformen, in denen das Gespräch einen ausgezeichneten Platz einnimmt. Das gilt m. W. von allen Therapieformen mit einer Ausnahme: Die behavioristischen Schulen setzen von ihrer Herkunft her stärker auf konditionierende Reize bzw. Sanktionen[376]. Darüber hinaus wird

---

scheint für Paulus mit seinen – ästhetisch oft unbefriedigenden – Bildern sinnvoll, dürfte aber um so schwieriger werden, je geglückter und in sich stimmiger Metaphern sind. Dann wird es schwieriger, Differenzen zwischen Intention und Material aufzuzeigen.

372 Zur berühmt-berüchtigten Pathographie Jesu in LANGE-EICHBAUM-KURTH, Genie, Irrsinn und Ruhm, vgl. REBELL, Grundwissen 225f.

373 KRIZ, Grundkonzepte.

374 Ein anderes Schema bei THEISSEN, Aspekte 14–49, der neben dem psychodynamischen/psychoanalytischen Ansatz die behavioristisch-lerntheoretische und die kognitive Richtung in der Psychotherapie unterscheidet und damit Zusammenfassungen von H. THOMAE aufnimmt. Die gleiche Einteilung bei REBELL, Grundwissen 25f.

375 Die beiden letzten Kategorien sind deswegen weniger klar und abgrenzbar als die beiden ersten, weil sie weder historisch-genetisch noch systematisch-theoretisch so eindeutig von ihren Ursprüngen her verfolgt und begrifflich abgegrenzt werden können wie die Psychoanalyse und der Behaviorismus. Sie stellen Sammelkategorien für benachbarte Ansätze dar, die nur z. T. der vorgeschlagenen Systematisierung entsprechen.

376 Allerdings vgl. BAUMGARTNER, Pastoralpsychologie 389, zur kognitiven Wende in der Verhaltenstherapie behavioristischer Herkunft.

man mit aller Vorsicht eine größere Nachbarschaft zwischen der vorgeschlagenen Gleichnisdeutung und den sprachlich-gezielten Interventionen behaupten können, die in der systemischen Therapie eine besonders große Rolle spielen[377]. Sie finden sich aber ebenso in der Logotherapie (Frankl)[378] und wohl auch in der Gestalttherapie (Perls)[379].

3.3.3 Therapie und Seelsorge

Bleibt die Frage, warum das kommunikationsorientierte Modell ‚Therapie' heißen muß und nicht schlichter als ‚Seelsorge' bezeichnet werden kann.

Abgesehen von dem Reiz, der solchen terminologischen Anleihen zukommt, handelt es sich bei der pastoralpsychologischen Kontroverse ‚Seelsorge versus Therapie', auch wenn sie auf das Gebiet der Exegese übertragen wird, z. T. um einen Streit über die Brauchbarkeit von Begriffen[380]. Er ist für die beiden Gebiete Psychotherapie und Seelsorge in Zuordnung und Abgrenzung bereits seit längerem heftig geführt worden und kann hier nur kurz gestreift werden[381]. Dabei kann es sich nach den einleuchtenden Überlegungen von Riess[382] letztlich nicht um ein Gegeneinander bzw. eine wechselnde Unterordnung handeln, sondern um komplementäre, sich überschneidende Bereiche[383].

Für das Phänomen der Wirksamkeit Jesu bleibt dennoch das Modell ‚Therapie' sinnvoll, weil:

- es die *moderne* Differenzierung von Psychotherapie und Seelsorge[384] und die damit landläufig verbundene Ausgrenzung pathologischer Prozesse und ihrer Bearbeitung aus der Seelsorge wie die problematische Trennung von Krankheit und Sünde zurücknimmt[385];
- es damit das – wohl zu Unrecht von der Verkündigung getrennte – Wunder-

---

[377] Kriz, Grundkonzepte 253, für die Palo-Alto-Schule; 270f.: „Reframing (Umdeuten)", für die Familientherapie als schulenübergreifendes Konzept.

[378] Kriz, Grundkonzepte 216–218.

[379] Vgl. dazu Kriz, Grundkonzepte 181–194. Besondere Aufmerksamkeit findet die therapeutische Nutzung von Poesie in der Arbeit des Gestalttherapeuten Hilarion Petzold; vgl. Petzold/Orth, Poesie.

[380] Vgl. dazu einführend Blühm, Handbuch 35–48.82–84; Baumgartner, Pastoralpsychologie 60–68.

[381] Vgl. eine systematische Bemühung bei Ebeling, Lebensangst, der die Übereinstimmungen und Überschneidungen ähnlich bestimmt, während er die Differenzen vor allem am Thema Schuld und Sünde (377–380) bzw. an der Öffentlichkeit des Evangeliums, der Quelle der Vollmacht des Verkündigers und damit an der Externität des Heils (382–385) festmacht.

[382] Vgl. Riess, Seelsorge 53–78.

[383] Zur Unterscheidung und Verbindung von Therapie und Theologie vgl. Ebeling, Lebensangst.

[384] Jesus hat nicht nur, aber eben auch auffällig viele manifest Leidende vor sich gehabt.

[385] Vgl. Ebeling, Lebensangst 373f. Dort auch erste Überlegungen zur Differenz und Zusammengehörigkeit von Sünde und Krankheit, die hier nicht weiter verfolgt werden können.

wirken Jesu zur Deutung seiner Predigt in Anspruch nimmt und das Verhältnis von Heil und Heilung zu bedenken aufgibt[386];

- es beschreibt, daß die Autorität des Sprechers nur in seinem aktuellen, eingreifenden Reden besteht und nicht durch einen sozialen Ort (die Gemeinde) oder durch eine verpflichtende gemeinsame Überlieferung gesichert wird[387]. Jesu Gleichnisverkündigung stiftete erst (wieder) Tradition.

Sicherlich kann und darf von Therapie hier nicht in einem modernen technischen Sinn geredet werden, sondern nur in der Weise, in der im Alltag auch sonst Zusammenhänge zu entdecken sind, die in der filigranen Differenzierung heutiger Wissenschaft untersucht, ausgearbeitet und professionalisiert werden.

Dennoch bleibt Vorsicht angebracht gegenüber jeder Euphorie, die ihrerseits die Gleichnisse zu therapeutischen Instrumenten machen will[388]. Wie sowohl die sprachwissenschaftlichen Erkenntnisse über Metaphern und Bildrede wie die konkreten Erfahrungen mit therapeutischen Sprachmustern, ja Sprachregelungen zeigen, verbraucht sich therapeutische Sprache womöglich noch rascher, als es metaphorischer Sprache in anderen Verwendungsbereichen ergeht[389]. Sobald nämlich ein Gesprächspartner im therapeutischen Dialog oder auch nur in kritischen Alltagssituationen Standardformulierungen neuerer Therapeuten einsetzt und diese dem Gegenüber als Jargon bekannt sind[390], signalisiert er auf der Beziehungsebene (Ausdruck und Appell) ein regelgeleitetes Verhalten, das Asymmetrie impliziert. Meist gegen den intendierten partnerschaftlichen Aspekt seiner Äußerung[391] okkupiert er ein Rollenverhältnis zwischen therapierendem Subjekt und dem therapierten Objekt, das jedes echte Gespräch zerstören kann[392].

Praktische Verwendung und Auslegung von Gleichnissen Jesu muß sich in diesem Zusammenhang dessen bewußt bleiben, daß die Texte keineswegs neu und unverbraucht sind. Jeder neue Gebrauch hat mit den hergebrachten Deu-

---

[386] EBELING, Lebensangst 386.

[387] Daß die atl. Texte für den Sprecher der Gleichnisse und seine Hörer Autorität haben, soll damit nicht geleugnet werden. Immerhin gibt es m. E. in der ursprünglichen Schicht der Gleichnisse keine Schriftzitate bzw. -anspielungen, wenn Mk 4,32 als sekundär gelten darf. Die Bezüge, die wir entdecken können, gehen eher auf Kosten der im Hintergrund präsenten biblischen Kultur.

[388] Vgl. dazu in dieser Arbeit IV.

[389] Ein satirisches Beispiel für den Verbrauch von Therapeutensprache findet sich bei SCHULZ VON THUN, Miteinander 256–260, der dazu gehörige Kommentar 260–265. Seine Hoffnung bezieht sich darauf, daß der Therapeut nach dem Verlust des Paradieses der ersten Naivität so etwas wie eine zweite Naivität, also eine neue Unmittelbarkeit gewinnen könne (die mit Notwendigkeit jeweils neuer Sprachschöpfungen bedarf, um echt zu bleiben).

[390] Ich verzichte auf Zitate der branchenüblichen, ja z. T. schon in die gehobene Unterhaltung eingewanderten Floskeln der Ich- bzw. Du-Botschaften aus der Transaktionsanalyse, der von ROGERS angeregten Psychotherapie usw.

[391] Sei es, daß er behauptet, Gefühle äußern zu wollen, sei es, daß er vorgibt, den Partner ‚spiegelnd' besser verstehen zu wollen.

[392] Darum die Grundregel bei SCHULZ VON THUN, Miteinander 262: „Stimmigkeit hat Vorrang".

tungen und mitgeschleppten Assoziationen zu kämpfen. Da diese starke Emotionen freisetzen können, die sich durch einfache Argumentationen kaum beeinflussen lassen, ist hermeneutische (und therapeutische!) Vorsicht angebracht[393].

Diese Warnungen zielen gewiß nicht auf ein Verbot bewußter therapeutischer Verwendung von Gleichnissen bzw. biblischen Symbolen überhaupt. Sie sollen aber anzeigen, daß auch dafür eine Kompetenz zur Erfassung der „therapeutischen Situation" analog zu der für die „homiletische Situation" (E. Lange) gebraucht wird. Ferner ist die Fähigkeit erforderlich, jeweils eine gemeinsame praktische Hermeneutik biblischer Bilder (als Hoffnungszeichen) bzw. des konkreten Textes zwischen Therapeut und Klient zu entwickeln. Schließlich bleibt ein Bewußtsein für die Kostbarkeit der Texte nötig. So kann ein therapeutischer Rückbezug auf die Gleichnisse dann wohl einen gemeinsamen Horizont, einen vertrauten oder neuen Sprachraum, öffnen, der Zugänge zu Heil *und* Heilung bietet.

4. *Methodische Klärungen und Anforderungen*

4.1 *Gleichnisse und die Rückfrage nach dem historischen Jesus*

Seit Jülichers Gleichnisauslegung ist die Untersuchung der Textgruppe häufig zugleich auch eine Rückfrage nach dem historischen Jesus[394]. Sie ist das jedenfalls dann, wenn die Dekomposition der schriftlich überlieferten Texte in Richtung auf einen ursprünglichen Text für möglich und sinnvoll gehalten wird[395]. Das belastet das exegetische Vorgehen mit allen Problemen dieser Rückfrage. Denn meist setzt man sich dem Verdacht aus, hier solle an der christologischen Entwicklung vorbei der liberale Zugriff auf das reine, unverfälschte Evangelium probiert werden.

Vor allem Joachim Jeremias hatte seine Suche nach den ursprünglichen Gleichnissen mit dem Ruf nach der ipsissima vox begründet: „Niemand als der Menschensohn selbst und Sein Wort kann unserer Verkündigung Vollmacht geben."[396] Das begrenzte in fast schon wieder bewundernswerter Einseitigkeit den Begriff der Offenbarung auf die Worte des historischen Jesus[397], erregte aber bei kritischen Geistern den Verdacht, hier sollte mit den Mitteln histori-

393 Vgl. dazu Teil IV.

394 Vgl. für unsere Fragestellung die Beiträge von HAHN, LENTZEN-DEIS und MUẞNER in KERTELGE, Rückfrage.

395 Zu den Faktoren der Veränderung, denen die Texte bis zu ihrer Kodifizierung unterlagen, vgl. HAHN, Überlegungen 14–26.

396 JEREMIAS, Gleichnisse 5 im Vorwort, vgl. 114.

397 Wobei die Zeit, in der JEREMIAS sein Konzept entwarf, die Konzentration auf das Zentrum christlichen Glaubens für die förderte, die sich einer bestimmten Überfremdung nicht beugen wollten. Zu ihnen gehörte JEREMIAS bekanntlich.

scher Arbeit Glauben begründet werden. Zugleich schien der Prozeß, wie aus dem Verkündiger der Verkündigte wurde, in seiner theologischen Folgerichtigkeit negiert.

Dennoch kann der abusus den usus nicht aufheben. Auch wenn die Notwendigkeit der christologischen Weiterführung der jesuanischen Verkündigung erkannt[398] und dabei die Offenbarung Gottes in Jesus Christus in den drei Dimensionen der Verkündigung, des Verhaltens und des Geschicks Jesu gesehen wird, ist die Legitimität der Rückfrage nach Jesus weder historisch noch theologisch bestreitbar. Denn zum einen darf zumindest die Frage gestellt werden, wie sich, soweit wir erkennen können, der Anfang dieser zunächst sehr kleinen geschichtlichen Bewegung darstellt, bzw. ob und worin Anhänger und Gegner ihre Neuartigkeit sahen. Zum anderen ist der Prozeß der Veränderung dieses Anfangs in der nachösterlichen Lehrbildung erst dann auf seine theologische Angemessenheit prüfbar, wenn das Verhältnis von Ausgangspunkt und jeweiligem Endpunkt beschrieben werden kann. M.a.W.: Die christologischen Hoheitstitel werden in ihrer Verschiedenheit und ihrer gebrochenen Anwendung auf den gekreuzigten Prediger aus Nazareth erst dann verständlich, wenn sie nicht nur unter sich, sondern auch mit ihrem Bezugspunkt korreliert werden.

So gelten bei den Gleichnissen Jesu zunächst dieselben Kriterien für die Suche nach authentischem Jesusgut wie gegenüber der sonstigen Überlieferung[399]. Sie teilen alle Stärken und Schwächen des Indizienbeweises, dem exegetische Argumentationen auch sonst weithin unterliegen. Allerdings modifizieren sich die einzelnen Punkte in bezug auf diese besondere Textgruppe und bedürfen daher der Bearbeitung und Ergänzung:

(1) Das Moment der Kontingenz bzw. ‚Unableitbarkeit' entspricht dem eingeführten Kriterienkatalog: Was sich so nicht als jüdische Tradition erkennen und nachweisen läßt sowie den sichtlichen Tendenzen der frühen christlichen Gemeinde nicht entspricht, hat Anspruch darauf, dem historischen Jesus zugeschrieben zu werden[400]. Dieser Punkt gründet sich als historische Frage darauf, daß die Zeitgenossen innerhalb wie außerhalb der Jesusbewegung den Eindruck hatten, mit einem *neuen* Phänomen zu tun zu haben.

Bei der Anwendung dieses Merkmals entsteht die Gefahr, daß die dogmatisch postulierte Einzigartigkeit Jesu bereits in die Anwendung des Kriteriums einwandert. Das kann sich in einer unhistorischen, ja z. T. antijüdischen Trennung Jesu von seiner Herkunft ausdrücken. Zugleich trennt es den Mann aus Nazareth auch von seinen Anhängern, die galiläische Juden waren. Deshalb muß die begrenzte Reichweite dieses Kriteriums deutlich markiert werden. Wir können lediglich versuchen, die Eigenart einer historischen Gestalt inner-

---

398 Vgl. dazu Demke, Leben-Jesu-Forschung 43–45.

399 Diese Kriterien als methodische Fragen eines Historikers müssen sich grundsätzlich genauso gegenüber anderen historischen Phänomenen und Quellen stellen lassen.

400 Vgl. dazu u.a. Hahn, Überlegungen 33f.; Lentzen-Deis, Kriterien 97–99; Mußner, Methodologie 132–134.

halb ihres Kontextes zu erfassen[401], aber nicht die Einzigartigkeit des Verkündigten und Geglaubten sichern helfen. Die Bedenken können allerdings nur zur Vorsicht mahnen, nicht aber die ganze Fragerichtung negieren[402], weil es sonst der Historie grundsätzlich nicht möglich sein dürfte, das Profil von neuen Bewegungen auf ihrem zeitgenössischen Hintergrund zu erfassen.

Das Gut, das unter dieser Fragestellung und mit diesem Kennzeichen destilliert wird, kann nur ein kritisches Minimum darstellen, das der Erweiterung und Ergänzung bedarf. Dieses kritische Minimum kann zugleich daran erinnern, daß das Ergebnis der historischen Arbeit jeweils nur ein Konstrukt zutage fördert. Ein umfassendes Bild des historischen Jesus (wie er ‚wirklich' war) stößt sowohl auf die allgemeinen und prinzipiellen Grenzen geschichtlichen Erkennens wie auf die besonderen, praktischen der komplizierten Quellenlage.

Allerdings verändert sich die Lage bei den Gleichnistexten insofern, als sich dieser Gesichtspunkt auf mehreren Ebenen verwenden läßt. Zum einen läßt er auf ungewöhnliche poetische Formen, also auf die Bildspenderseite, achten, wenn sie bzw. die konkrete poetische Gestaltung (bisher) nicht vor Jesus nachweisbar sind. Dazu zählen ungewöhnliche Bildkombinationen[403] ebenso wie die Verwendung frappierender sprachlicher Mittel, etwa der bis dato unüblichen Gebetsparodie[404]. Zum zweiten gilt dieser Gesichtspunkt für die theologisch qualifizierbaren Gedanken auf der Bildempfängerseite, wie z.B. die Vorstellung der Freundschaft zu Gott für jedermann[405]. Zum dritten ergibt sich eine gezielte poetische Regelverletzung an manchen Stellen, wo geläufige Metaphern als Bildspender auf ungewöhnliche Weise mit Sachverhalten so verbunden werden, wie sie üblicherweise – nach einer auch alttestamentlich-jüdisch erkennbaren Stiltrennungsregel[406] – nicht kombiniert werden (dürften). Dafür sind Senfkorn- und Sauerteiggleichnis gute Beispiele, weil sie zwar metaphorisch bereits verwendete Bildelemente nutzen, nun aber ausgerechnet die Gottesherrschaft mit Unkraut bzw. Sauerteig verbinden, d.h. mit eher negativ besetzten Bildfeldern.

Dabei läßt sich in vielen Fällen an der Veränderung der Texte nachweisen,

---

401 Berger, Gesetzesauslegung 3f. u.ö., hat unermüdlich darauf hingewiesen, daß die Kategorie „Unableitbarkeit" kaum zu den – einem Historiker möglichen – Urteilen gehört. Das ist sicher richtig. Aber das kann ja wohl nicht die Tilgung der Kategorie „Kontingenz" aus der historischen Betrachtung rechtfertigen. Die unter (6) zu beschreibende Einordnung einer Äußerung bzw. einer Gestalt in ihren historischen Kontext benennt die Komplementarität beider Fragen: der nach der Tradition und der nach der Neuschöpfung.

402 Immerhin läßt die Fragestellung auch die Antwort zu, daß sich *nichts* findet, was diesem Kriterium entspricht. Insofern bestimmt die Methode nicht zwangsläufig die Ergebnisse.

403 Mt 13,31f.33.

404 Vgl. Lk 18,10ff., dazu in dieser Arbeit II.8.

405 Lk 11,5–7. Vgl. dazu in dieser Arbeit II.2.

406 Auch in der atl.-jüdischen Bildwelt gibt es stehende Metaphern, die zeigen, welche Bildfelder üblicherweise bevorzugt auf die Gottesherrschaft bzw. Gott selbst verweisen. Diese sind weithin mit hierarchischen Metaphern besetzt (König, Vater, Richter, Hirt usw.). Vgl. dazu in dieser Arbeit II.2 zu Lk 11,5–7.

daß sowohl die kühne Metapher wie der (theologisch) kühne Gedanke sehr bald Kommentare, Erweiterungen, ja gegenläufige Veränderungen und Erleichterungen erfahren[407]. Die Gleichnisse Jesu sind in ihrer innerchristlichen Überlieferung ein überzeugendes Beispiel für das ‚Greifen' des Kontingenzkriteriums[408].

(2) Als weiteres Kriterium für jesuanisches Gut empfiehlt sich das Merkmal der Kohärenz, das dann gegeben ist, wenn sich gleiche oder ähnliche Vorstellungen in der sonstigen Jesustradition finden lassen[409]. Dieses Moment ist gerade für die Gleichnisauslegung deshalb von besonderer Bedeutung, weil die grundsätzliche Offenheit der Bildrede einerseits die inhaltliche Kontrolle der Auslegung des einzelnen Textes auf ihre historische Möglichkeit hin empfiehlt. Andererseits erlaubt der Vergleich mit der sonstigen Spruchüberlieferung die sachliche Einordnung der Gleichnisse in den Horizont der Botschaft Jesu[410].

(3) Selten positiv anwendbar ist das Kriterium der Mehrfachüberlieferung[411], da eine Vielzahl von Gleichnistexten solitär tradiert wird, vor allem im Lukasevangelium.

Dieser Umstand wirft eigentlich die Frage auf, ob hier nicht auch spätere Zeugen mehr sein könnten als nur getreue Tradenten. Eine ganze Reihe von Parabeln sind nämlich so hervorragend erzählt, daß die Rückführung der einzelnen, filigranen Züge, die aber das Ganze bestimmen, auf Jesus keine hohe Wahrscheinlichkeit beanspruchen kann. Mindestens muß zugestanden werden, daß die Überlieferungsprozesse im Dunkeln liegen. Wenn jedoch andere Indizien, wie das der Kontingenz bzw. das der Kohärenz, zur Verfügung stehen, kann die Zuweisung zum historischen Jesus gegen diese Zweifel möglich sein[412].

Immerhin greift das Kriterium dort, wo wir, wie in Mk 4,30–32, eine Mk-Tradition von der Q-Überlieferung abheben können oder, wie in Lk 14,16ff., eine erhebliche Entfernung zwischen diesem Text und seinem Mt-Pendant konstatieren müssen. Solche Phänomene lassen die Bearbeitung eines ursprünglichen Textes erst durch die beiden Endredaktoren unwahrscheinlich

---

[407] Das Kriterium der „störenden Überlieferung", das unerfindliche bzw. der redaktionellen Tendenz zuwiderlaufende Einzelheiten für jesuanisch erklärt, ist insofern nur eine Variante des Kontingenzkriteriums, als die Differenz zur christlichen Gemeinde hier getrennt beachtet werden soll. Lk 18,10ff. zeigt ein Verhältnis zu Zöllnern und Pharisäern, das sich so wohl nicht mehr in der christlichen Gemeinde nachweisen läßt.

[408] Literarisch müßte sich das auch in jüdischen Texten nachweisen lassen. Ich bin mir bei einer Reihe von Gleichnissen der PesK (ed. THOMA/LAUER) keineswegs sicher, daß „Maschal" und „Nimschal", also Gleichnis und beigegebene Auslegung, gleichermaßen ursprünglich sind. Im Gegenteil: Eine (kleine) Anzahl von ihnen macht durchaus den Eindruck, auch vor der Auslegung existiert zu haben.

[409] Vgl. dazu u. a. HAHN, Überlegungen 34; LENTZEN-DEIS, Kriterien 101.

[410] Vgl. dazu DSCHULNIGG, Gleichnisse 603ff.

[411] Vielfachbezeugung, Querschnittsbeweis, cross-section o. ä. Vgl. dazu u. a. HAHN, Überlegungen 35; MUSSNER, Methodologie 134f.

[412] Vgl. Lk 18,2–5 oder 15,11-32.

werden und führen auf mehrere Zwischenstationen der Überlieferung[413], die wiederum auf einen gemeinsamen frühen Ursprung als Ausgangspunkt so verschiedener Texte verweisen können. Denn der jeweils in Grundzügen erkennbare Duktus erlaubt nicht, von zwei verschiedenen Geschichten zu sprechen, da sie frappierend ähnliche Züge aufweisen[414].

(4) Nur in wenigen Fällen greift das philologische Argument semitischer Einfärbung. Abgesehen von dem wenig sinnvollen Versuch, einzelne Vokabeln und ihren ‚eigentlichen' Sinn zu bestimmen[415], läßt sich ein zugrundeliegendes semitisches Original am ehesten für die Gleichnisse vermuten, die in ihrer Satzkonstruktion Wendungen nachahmen, die aramäisch häufiger sind. Das gilt vor allem für die Gleichnisse, die mit der Frage τίς ἐστιν ἐξ ὑμῶν o. ä. beginnen[416]. Aber auch hier ist die formale Zuweisung zu einer Sprachform kein Echtheitszeichen für jeden Text.

(5) Geradezu gefährlich ist die vorlaufende Anwendung des Kriteriums der Koinzidenz zwischen den Taten und den Worten Jesu. Denn das würde die Erhebung der potentiellen Hörer präjudizieren. Seitdem Jeremias *und* Fuchs das apologetische Modell für die Gleichnisauslegung propagiert haben, sind die Gleichnisse häufig nach Lk 15,1 f. als Verteidigung angesichts der Angriffe von Gegnern Jesu aufgefaßt worden. Da Lk 15,1 f. jedoch zunächst nur eine redaktionelle Szenerie darstellt, muß das Hörer-Sprecher-Verhältnis zunächst *ohne* vorgefaßte Situationsbeschreibung aus den konkreten Texten heraus bestimmt werden, ehe dann in einem Kontrollgang nachträglich die Wahrscheinlichkeit der Koinzidenz mit redaktionellen Angaben einerseits und bekannten Konstellationen des Wirkens Jesu andererseits geprüft werden darf. So aber stellt dieses Kriterium lediglich einen Spezialfall des Kohärenzkriteriums dar.

(6) Eine pure Selbstverständlichkeit der historischen Arbeit[417] sollte hier nicht unerwähnt bleiben: Gerade weil die Gleichnisse dazu verleiten, sie auf abstrakte, allgemein menschliche Sätze zu reduzieren, bedarf es für die erhobene Pointe bzw. auch für einzelne, sachlich bedeutsame Züge der Kontrolle, ob (a) der Problemhorizont, die zum springenden Punkt zugehörige Frage, historisch verifizierbar ist bzw. (b) die Denkfigur oder das Sprachmuster in der jüdisch-christlichen Geistes- und Theologiegeschichte situiert werden kann. So muß etwa die These, daß in Lk 18,11 f. eine Gebetsparodie vorliegt, durch Nachweis von Gebetsparodien in der biblischen und bibelnahen Literatur als geschichtlich möglich erwiesen oder als Novum behauptet werden.

---

413 Vgl. auch Mt 25,14 ff. par. Lk 19,11 ff.

414 Die Forderung von Zinsen ist m. W. in dieser Form einmalig in der gesamten jüdisch-christlichen Überlieferung und erfüllt vom Poetischen her alle Forderungen an das Kontingenzkriterium. Vgl. dazu II.7.

415 Vgl. dazu etwa SCHWARZ, „... und lobte". Anders steht es etwa mit dem Versuch, die Metapher βατταλογέω auf einen aramäischen Grundtext zurückzuführen, da onomatopoetische Karikaturen zur Nachahmung reizen. Vgl. LUZ, Mt I 330, zu Mt 6,7.

416 Vgl. dazu BEYER, Syntax 287 ff.

417 Sie entspricht dem Prinzip der Korrelation in der historischen Arbeit bei TROELTSCH, Methode 733.

Natürlich kann man – gemäß einem gegenwärtig verbreiteten Verzicht auf Literar- und Formkritik sowie auf die ihnen entsprechende Dekomposition der überlieferten Textgestalt – die Suche nach authentischem Jesusgut aufgeben, das den genannten Kriterien entspricht. Eine solche Haltung, wie sie in der Gleichnisauslegung etwa bei Sellin und Erlemann begegnen, ist konsequent und achtenswert[418]. Sie muß aber dann eindeutig sagen, worauf sie sich bezieht, nämlich auf die redaktionelle Letztgestalt der Texte, die sich etwa den Methoden des literary criticism unterwirft. Ein solcher Verzicht auf literar- und formkritische Dekomposition aber bedeutet zugleich auch die grundsätzliche Preisgabe eines historisch vernünftigen und argumentativ sicherbaren Zugangs zum vermutlichen Autor der Gleichnisse, dessen Geschichte immerhin 40 bis 55 Jahre vor der Endfassung der Evangelien liegt[419]. Die dabei anzuwendenden Methoden der Dekomposition sind nicht unumstritten, jedenfalls dann, wenn bei der Suche nach dem ursprünglichen Kern eines Textes nicht auch das Phänomen sekundärer Reduzierung erwogen wird. Ein Blick in die Gleichnisüberlieferung des Thomasevangeliums lehrt[420], wie man sich das vorstellen muß. Dennoch könnten die Methoden der Dekomposition nur in einer Art konstruktiven Mißtrauensvotums durch erkennbar bessere Literar- bzw. Formkritik abgelöst werden.

Eines jedenfalls geht nicht: Die Verbindung der – methodisch kontrollierten – Suche nach der faszinierenden und erschreckenden Gestalt des Heros eponymos der christlichen Überlieferung *und* gleichzeitig die Konzentration auf die Endgestalt der Texte des Mk, Lk bzw. des Mt.

Mit Weder aber muß auf die historische Rückfrage nach dem authentischen Sprecher der Gleichnisse die Rekonstruktion der einzelnen Stadien des Interpretationsprozesses folgen[421]. Die Suche nach den ursprünglichen Gleichnissen und ihrem Sprecher darf das dabei sezierend abgehobene Material nicht, wie es Jeremias tat, als Schutt zur Seite räumen, sondern muß dieses als Ausdruck der lebendigen Predigt verstehen und deuten. Die nachzeichnende und würdigende Interpretation der späteren Textstufen sichert vor der Illusion, daß die notwendige Erkenntnis des ursprünglichen Sinnes bereits eine zureichende theologische Interpretation eines Gleichnisses sei. Erst die Beachtung des Adressatenwechsels und die sorgfältige Nachzeichnung der Auslegungsverschiebung in christologischer, ekklesiologischer und weiterer Hinsicht macht Ernst mit der Erkenntnis der Geschichtlichkeit der Offenbarung und der Erfahrung, daß sich die viva vox evangelii auf die konkrete Situation konkreter

---

418 Vgl. SELLIN, Allegorie 416f.; ERLEMANN, Bild 52–55.

419 Das ist auch der Haupteinwand gegen GERHARDSSON, Parables 321f.335, dessen Angriff auf die Dekomposition bzw. Herauslösung von Gleichnissen aus ihrem redaktionellen Kontext mit dem schlichten Vertrauen in die Zuverlässigkeit der Evangelisten nicht beantwortet, warum wir die gleichen Texte in so verschiedenen Kontexten bzw. stark veränderte Texte in gleichen Kontexten finden können.

420 Vgl. ThEv 20.57.63.65.

421 WEDER, Gleichnisse 97f.

Hörer bezieht, keinesfalls aber mit der Repristination geschehener Predigt zu verwechseln ist.

Für die Exegese der Gleichnisse Jesu, die im nächsten Kapitel vorgelegt werden soll, ergibt sich, daß das Kontingenzkriterium dann als erfüllt gilt, wenn entweder das Bildfeld allein oder die Bildempfängerseite oder die Relation von Bild und Sache ungewöhnliche, vorchristlich nicht nachweisbare Konstellationen aufweist. Solche Thesen sind insofern fragil, als sie nur bis zum Erweis des Gegenteils gelten. Auf der anderen Seite fragt sich aber, welchen wissenschaftlichen Wert Behauptungen haben, die dogmatisch gegen Falsifizierbarkeit abgeschirmt werden sollen.

Bei aller gebotenen historischen Vorsicht darf nun aber auch festgestellt werden, daß uns in den Gleichnissen die größten zusammenhängenden Texte aus der Tätigkeit des historischen Jesus zur Verfügung stehen. Wenn überhaupt, kann es vor allem an ihnen gelingen, den uns weithin unbekannten Prediger ‚bei der Arbeit' zu beobachten. Das behält, sofern es weder theologisch noch psychologisch überstrapaziert wird, seinen sehr eigenen Reiz.

In den folgenden Untersuchungen am Text wird diese Erfüllung des Kontingenzkriteriums nicht in jedem Fall ausdrücklich und nirgends in einem eigenen Untersuchungsgang festgestellt, sondern findet sich implizit in der jeweiligen Bearbeitung der Bildspender- bzw. Bildempfängerseite.

Anders ist es dagegen mit dem Kriterium der Kohärenz. Da es auch der Kontrolle der jeweiligen exegetischen Auffassung dient, scheint es sinnvoll zu sein, diese Fragerichtung jeweils gesondert in einem eigenen Arbeitsgang zu verfolgen.

Das Kriterium der Koinzidenz fällt in unserer Methodik zusammen mit dem der Kohärenz, wird also nicht gesondert behandelt. Ebenfalls wird die theologie- und sprachgeschichtliche Kontrolle der Thesen nur dann durchgeführt, wenn sie sich als Problem ausdrücklich aufdrängt.

4.2 Methodische Integration der Gleichnisinterpretationen in einem kommunikationstheoretischen Ansatz

Es ist m. E. nunmehr möglich und nötig, die verschiedenen Ansätze zur Gleichnisauslegung im Blick auf ihre Vereinbarkeit zusammenzuführen. Der Gewinn einer Theorie kommunikativen Handelns bzw. der Fragestellung nach den Vollzügen zwischen Sprecher und Hörer wird erst sichtbar, wenn es gelingt, die neueren Anregungen zu überführen in einen möglichst geschlossenen Algorithmus der Textanalyse.

So ergibt sich folgende methodische Reihenfolge :

(1) Unabdingbar bleibt die klassische text-, literar- und formkritische Analyse der Texte in überlieferungskritischer Hinsicht.

Dabei scheint die Frage von Harnisch nicht a limine abweisbar zu sein, ob wirklich die Reich-Gottes-Gleichnisse ihre Pointe am Anfang ‚verraten' haben oder ob nicht die entsprechenden Einleitungswendungen richtige, aber sekundäre Klassifizierungen darstellen, in denen die Pointe der ursprünglichen Geschichte zur Prämisse gerät[422].

Zudem läßt sich mindestens in der Suche nach dem unreduzierbaren Kern der Überlieferung nicht immer der heuristische Zirkel umgehen: So regiert das sachliche Verständnis von Lk 11,5–7.8 die Überlieferungskritik und bestimmt deren Ergebnis die sachliche Auslegung in hohem Maß. Natürlich wird man sich um möglichst viele Indizien bemühen, die sich außerhalb dieser Zirkelstruktur gewinnen lassen, wie z. B. in der Frage des Verständnisses des Terminus κύριος in Lk 16,8a. Dennoch wird sich der heuristische Zirkel nicht immer vermeiden lassen.

(2) Mit Via, Harnisch u. a. hat dann eine sorgfältige poetische Nachzeichnung des vermutlich primären Gleichnistextes zu folgen, um die Pointe auf der Bildspenderseite zu erfassen.

Dabei erhebt sich der Verdacht, daß nicht nur die sogenannten Parabeln, also die erzählte Welt, sondern auch die Gleichnisse im eigentlichen Sinne (wie die Metaphern und Vergleiche), d. h. die besprochene Welt[423], eine Pointe[424] enthalten, die für die ersten Hörer überraschend wirken mußte. Sie bewegt sich in dem Spielraum zwischen kühnen Metaphern und merkwürdigen Geschichten, der als gezielte poetische Verletzung geltender Konventionen zu beobachten ist. Die wahrscheinlich relativ unbeschadete Überlieferung von größeren Textkomplexen wie Lk 15,11–32 wäre wohl nicht erklärbar, wenn dabei nicht der starke Eindruck auf die Ersthörer in Anschlag gebracht werden dürfte. Diese Überraschung ist für uns nicht aufzuspüren und zu sichern, wenn nicht Realien, sozialgeschichtliche Daten und Vorstellungen der damaligen Zeit so genau wie möglich erhoben werden[425]. Zu einem reflektierten Vorgehen könnte das Fenster-Spiegel-Fenster-Gleichnis von Murray Krieger hilfreich sein[426]:

a) Zunächst müssen moderne Leser mit z. T. erheblicher Mühe die Verweisungen „aus dem Fenster in die Wirklichkeit" damaliger Hörer rekonstruieren. Die Personen und Sachverhalte sollen soweit erfaßt werden können, daß die kulturellen Standards des historischen Publikums einigermaßen sicher bestimmt werden dürfen. Denn sie allein lassen mit mehr oder weniger großer Sicherheit das mit der Bildspenderseite gegebene „System der assoziierten

---

422 Vgl. Harnisch, Gleichniserzählungen 174–176. Vgl. Luz, Mt II 367, der vorführt, wie zwei Gottesreich-Gleichnissen bei Lk (13,18.20) zehn so gekennzeichnete bei Mt gegenüberstehen, die wahrscheinlich in der Mehrzahl erst vom Redaktor dazu gemacht wurden.

423 Vgl. dazu Rau, Reden 26–35, der damit die Unterscheidung von erzählter und besprochener Welt aufnimmt, die Weinrich in die Literaturwissenschaft einführte.

424 Thoma/Lauer, Gleichnisse 21, wählen für dieses Moment den Begriff ‚חִדּוּשׁ' ‚Neues', ‚Neuheit'; Funk den des „Unexpected turn".

425 An dieser Stelle läßt sich Harnischs eindringliche poetische Nachzeichnung präzisieren.

426 Faktisch ist die hieraus abgeleitete Bearbeitung der Bildhälfte in ausgezeichneter Weise von Madsen methodisch gefordert und sachlich geleistet worden. Er wird m. E. zu Unrecht kaum genutzt.

Gemeinplätze" (Black) erschließen. Ohne diese kann eine Vermutung über das Verständnis damaliger Hörer nicht erfolgreich sein. Daß hier viel Gelehrsamkeit aufzubringen ist, darf nicht gescholten werden, sie reicht mit Sicherheit bestenfalls zu Annäherungen an das, was den Gesprächspartnern als soziokultureller Hintergrund sprachlich vertraut und damit Teil der kommunikativen Situation war. Beispiele für die Sorgfalt, die hier aufzubringen ist, bietet in starkem Maße die ältere Exegese bis Jeremias[427]. Daß sich dabei sozial- und mentalitätsgeschichtliche Fragestellungen anbieten, versteht sich. In der vorliegenden Studie stellt etwa der Exkurs zur Wertung des Zinses in neutestamentlicher Zeit[428] ein Beispiel für diese unverzichtbare Vorklärung dar, ohne die die gesamte Auslegung in die Irre geführt werden kann.

b) Erst nach der sorgfältigen Abklärung der Sachverhalte, die z. T. bereits seltsame und ungewöhnliche Züge diagnostizieren wird, kann im Sinne der Kriegerschen Spiegelmetapher nach der fiktionalen Welt gefragt werden, die sich selten durch eine einzelne Metapher, sicher aber im Gleichnis, in der Parabel und in der Beispielgeschichte durch die Verknüpfung der einzelnen Elemente herstellt. Dabei ist mit Via und Harnisch davon auszugehen, daß die einzelne Geschichte in sich vollständig ist und keiner Fremdergänzung durch eine weitere bedarf. Die Erklärung von Lk 14, 16ff. durch den Rückbezug auf die Geschichte vom desavouierten Zöllner Bar Ma'jan zerstört bei Jeremias[429] die Eigenart und Geschlossenheit der ursprünglichen Story.

Die vielfach zu beobachtende Extravaganz der Fabel und die jeweils eigene Logik der Geschichte erlauben dem Erzähler, ein Gefälle herzustellen, das die Rezeption des Hörers in persuasiver Absicht leitet. So wird das Ansinnen, Zinsen zu erwirtschaften, in Mt 25,14ff. erst dadurch zu einem normalen Vorgang, daß zwei andere Knechte vorher ‚es ja auch geschafft haben'. Die Pflicht zur Vergebung ist für den, der vom Schalksknecht hört, auch erst dadurch zwingend, daß vorher die ungeheure Summe erlassen wurde[430].

c) Doch das Gleichnis kommt erst dann zum Ziel, wenn es aus der verrückten Welt des Gleichnisses die Welt des Hörers in neuer Perspektive zu sehen lehrt. Soweit ist das Konzept von Harnisch und Via zwingend.

Wenn es möglich war, den soziokulturellen Hintergrund für die Sachverhaltsklärung in Anspruch zu nehmen, wird eine ähnliche Frage nach dem Problemhorizont damaliger Hörer und der entsprechenden (therapeutischen) Zumutung zumindest als Kontrollfrage für die Exegese zu stellen und – nach Möglichkeit – zu beantworten sein. Vor allem geht es darum, mit Jeremias und Arens nach dem impliziten Hörer und dem verhandelten Problem bzw. nach den strittigen Normen zu fragen, über die kein Konsens besteht[431], wobei diese

---

427 Vgl. aus neuerer Zeit Hengel, Gleichnis, bzw. Pöhlmann, Abschichtung.

428 Vgl. II.7.

429 Gleichnisse, 178; dazu vgl. unten II.4.

430 Vgl. dazu Harnisch, Gleichniserzählungen 257f.

431 Wobei natürlich die übereinstimmende Fragerichtung nicht bedeutet, daß die Ergebnisse dieser Autoren schlicht übernommen werden könnten.

Suche nicht allein vom Modell des praktischen Diskurses (Arens) bestimmt werden darf. Damit kehren wir zu Ansätzen der frühen Formgeschichte zurück. Die Suche nach dem „Sitz im Leben" hatte zwar insofern ein negatives Ergebnis, als sich literarische Formen des NT in aller Regel nicht einer bestimmten Situation zuordnen ließen. Wo überall kann z. B. eine Bekenntnisformulierung gebraucht werden? Auch die Suche nach dem „Sitz im Leben Jesu", zu der Jeremias auszog, dürfte methodisch und sachlich fehlgeschlagen sein. Dennoch verbinden sich in unserer Frage nach dem impliziten Hörer und dem damit beschreibbaren Verhältnis zwischen Sprecher und Angeredeten zwei genuine Fragestellungen der alten Formgeschichte: Zum einen wird mit der Frage nach der Beziehung zwischen dem Prediger und seinem Publikum, soweit es die Texte erkennen lassen, die Suche nach dem „Sitz im Leben" in neuer Weise wieder aufgenommen[432]. Zum anderen drängt sich das vor allem von Bultmann artikulierte traditionsgeschichtliche Problem auf, wer denn wann die in den Texten vertretenen theologischen Ideen und Konzepte äußern konnte.

Mit der Frage ist natürlich nicht die Antwort als solche vorherbestimmt, aber auch für die Gleichnisauslegung von z. B. Harnisch und Jüngel läßt sich nachträglich gut die Konfrontation mit einer – historisch situierbaren – Gegenthese bzw. einem Problemhorizont durchführen, sei es, wie für Mk 4,30ff., das Gegenüber zur endzeitlich-apokalyptischen Hoffnung[433] oder für Mt 20,1–15 der Gegensatz zum Verdienst- und Leistungsdenken[434], das natürlich keineswegs allein bei Pharisäern zu finden ist[435]. Dabei stehen Problemerfassung und Bestimmung der Intention in einem heuristischen Zirkel, der unauflösbar und nicht mit einem Schwertstreich wie der gordische Knoten zu durchschlagen ist.

Die relative Autonomie darf im dritten Schritt den Text nicht zu einem Spiegel verwandeln, in dem sich nur noch der moderne Leser zu sehen vermag[436]. Allerdings ist dieser dritte Schritt der eingreifenden, überraschenden Deutung der Welt, der mit der Bestimmung der Sachhälfte bzw. der Bildempfängergeschichte versucht wird, wiederum in die möglichen Dimensionen von sprachlichen Äußerungen nach Bühler auseinanderzulegen:

---

432 Der soziologische Ansatz der Suche nach dem „Sitz im Leben", der auf eine Standardsituation abhebt, und die Frage nach der Innovation in den Gleichnissen Jesu scheinen sich zu widersprechen. Ich meine aber, daß dieser Gegensatz aufzulösen ist. Denn die untersuchten Gleichnisse weisen von Text zu Text keine dramatischen Veränderungen des Verhältnisses zwischen Sprecher und Hörer auf, sondern zeigen eine relativ regelmäßige, einheitliche Haltung, die an eine Standardsituation heranreicht. Vgl. in dieser Arbeit III.6.

433 Vgl. Jüngels Auslegung, Paulus 151–154, die eine vermutlich richtige und zugleich deutliche Korrektur apokalyptischer Erwartungen formuliert.

434 Vgl. Harnisch, Gleichniserzählungen 194–197, zur Intention des Gleichnisses. Allerdings widerstreitet die historische Zuordnung nicht der existentialen Interpretation, sondern zeigt allererst deren Recht auf.

435 Gegen Jeremias, Gleichnisse 34f. u. ö. Es wäre im Gegenteil, wenn denn schon konkrete zeitgenössische Strömungen benannt werden sollen, eher mit Josephus an die Sadduzäer zu denken (Bell II 164).

436 Dort, wo Harnisch als Beleg für seine Thesen auf andere Jesusüberlieferung verweist, geht er faktisch auch so vor, daß er nach den historischen Hörern fragt. Vgl. Ironie 434.

(3) So schließt sich mit unaufgebbarem Recht die Frage Jüngels an, was die Gleichnisse über Gott, Welt und Mensch zu verstehen geben.

Dieser Aspekt, der untersuchen will, was nach dem einzelnen Gleichnis die Beziehung zwischen Gott und Mensch charakterisiert, entspricht dem Darstellungsaspekt von Sprache[437].

(4) Mit Arens, aber auch Rau,[438] die hier nur aufnehmen, was Jüngel und Weder bereits geleistet haben[439], wird der Sprecher der Gleichnisse zu fragen sein: Warum sagst du das?

Mit diesem Kundgabeaspekt kommt die expressive Funktion von Sprache in den Blick, durch die das explizite bzw. in den Gleichnissen rein implizite Sprecher-Ich Hoffnungen, Ängste, Selbstsicherheit und Befindlichkeiten auszudrücken vermag[440]. Diese Funktion ist besonders deutlich in Ich-Sätzen und der Lyrik, bzw. der Gebetssprache, zu fassen. Danach wird aber auch sinnvoll in Gleichnistexten zu fragen sein.

(5) Schließlich aber ist die Hörerperspektive insofern erneut zu berücksichtigen, als nun zu fragen ist, was der Sprecher dem Hörer zumutet, wozu er ihn bewegen will.

Diese Appellfunktion von Sprache bedeutet natürlich nicht nur den konkreten Appell, die Aufforderung, sondern auch die Einladung, die Werbung um Vertrauen und vieles, was an Sprechakten seit Austin herausgestellt wurde.

(6) Nicht in jedem Fall erreichbar, dennoch aber prinzipiell zu fordern ist die Suche nach vergleichbaren Texten aus der sonstigen Verkündigung Jesu, die sich wohl vor allem in der Spruchüberlieferung finden lassen. Sie muß gewiß nicht in jedem Fall mit Erfolg gekrönt sein[441].

Darin scheint mir das bleibende Recht der Reduktion der Gleichnisse auf eine Sentenz bei Jülicher zu liegen[442]. Natürlich haben die Gleichnisse ihren poetischen Eigenwert wie ihre Unschärfe und dürfen nicht reduziert werden auf den einen moralisch-erbaulichen Satz, aber die historische Wahrscheinlichkeit der modernen Interpretation bedarf solcher Hilfsmittel zur eigenen Kontrolle. Sie muß sich dabei bewußt bleiben, daß solche Zusammenfassungen bestenfalls Umschreibungen sind, aber das Gleichnis als Gleichnis nicht ersetzen können. Zumal dann aber, wenn biblische Sprüche zur Verfügung stehen, ist die Kontrolle an Sentenzen unverzichtbar[443].

---

437 Vgl. dazu oben I.2.2.

438 Vgl. RAU, Reden 35ff.

439 Vgl. JÜNGEL, Paulus 139: „Wenn aber die Gottesherrschaft als Wort in *Jesu* Gleichnissen kommt, dann werden wir auf das Verhältnis dieses Wortes zu dem Redenden, also zu Jesus selbst, zu achten haben." vgl. 173 u.ö., WEDER, Gleichnisse 98.

440 Es ist nicht einsehbar, daß diese Funktion von JÜNGEL, WEDER und auch HARNISCH gesehen und beachtet wird, die andere Seite des Sprecher-Hörer-Verhältnisses aber unbeleuchtet bleibt.

441 Diese Suche entspricht dem Kriterium der Kohärenz s.o.

442 JÜLICHER, Gleichnisreden I 80.114 u.ö.: „allgemeiner Satz religiös-sittlichen Charakters".

443 Vgl. auch FUCHS, Hermeneutik 224f., und die ihm folgenden sentenzhaften Pointen bei

Dieser Ansatz ergibt für den dreifachen Sinnhorizont der Gleichnisauslegung, wie er unter oben (3) bis (5) aufgelistet wurde, einschließlich der vorausgehenden sorgfältigen Nachzeichnung der poetischen Leistung, eine unbeabsichtigte, aber merkwürdige Nähe zu der Hermeneutik[444], die im vierfachen Schriftsinn aufgehoben ist[445]. Er hat seinen Niederschlag gefunden in dem bekannten Merkvers: Littera gesta docet, quid credas allegoria, moralis quid agas, quid speres anagogia[446]. Er spiegelt wider, wie dem Literalsinn ein dreifach gegliederter allegorischer Aufschluß gegenüberstehen konnte, der mit Augustin nach Glaube, Liebe und Hoffnung des jeweiligen Textes suchte[447]. Wie Bacher aufgezeigt hat, findet sich in der jüdischen Exegese des 13. Jahrhunderts n. Chr. eine ähnliche hermeneutische Regel, die über das Merkwort פרדס einen Literalsinn (פשט), einen allegorischen (רמז), einen moralischen (דרוש) und einen mystischen Sinn (סוד) unterscheidet[448].

Die soeben aufgelisteten (und offenbar nicht ganz so neuen) Fragen sind immer wieder auf jeder überlieferungsgeschichtlichen Stufe zu stellen, da sich mit neuen Kontexten natürlich der Sinn der Gleichnisse wandelt.

Dabei hat die methodisch reflektierte Auslegung der Gleichnisse neben dem Interesse am Ausgangspunkt der Überlieferung auch das Spiel mit den Erzählelementen des Textes und den ‚Verbrauch' der Texte zu bedenken. Denn der Prozeß der Überlieferung ist mit seinen notwendigen Veränderungen als ‚Predigt über Predigt' ins Auge zu fassen[449]. (Wobei ‚Predigt' als jegliche Rede über das Verhältnis von Gott, Welt und Mensch verstanden ist.) Die eschatologische Differenz der Hörer Jesu und der nachösterlichen Gemeinde[450] ist in diesem Zusammenhang ein, aber auch nur ein Moment der Variation[451].

Eine weitere Differenz läßt sich wohl so bestimmen: Wenn sich für die meisten Gleichnisse eine Pointe, eine disclosure, eine neue Einsicht festmachen läßt, die durch die kühne Metapher bzw. das geglückte Gleichnis erschlossen wurde, dann muß sich diese wie jede andere Pointe auch im wiederholten Gebrauch abnutzen, ja verbrauchen[452]. Die schlichte Wiederholung erfordert

---

Jüngel, Paulus passim, die eine ungewollte, aber unumgängliche Nähe zu Jülichers tertium-comparationis-Formulierungen aufweisen.

444 Vgl. zur Entwicklung der außerbiblischen Allegorese als Auslegungsmethode im ersten Jahrhundert n. Chr. Klauck, Allegorie 45–66.

445 Eine vergleichbare moderne Nutzung des vierfachen Schriftsinnes für die Exegese bei Egger, Methodenlehre 218f. Er nutzt ihn allerdings nur als Modell der Vergegenwärtigung, nicht aber als Analyseinstrument.

446 Thomas, S.th.I 10. Herkunft und Gebrauch dieser Formel können hier nicht verfolgt werden. Vgl. dazu Dobschütz, Schriftsinn, und das monumentale Werk von Lubac, Exégèse.

447 Vgl. Karpp, Art. Bibel IV, TRE VI 48–93, hier 61; Dobschütz, Schriftsinn 7f.

448 Bacher, Merkwort.

449 Vgl. dazu das Nachwort in Kapitel IV dieser Arbeit.

450 Vgl. etwa Jüngel, Paulus 279–284.

451 Dieses Moment hat besonders intensiv Weder herausgearbeitet. Hinter seine Vorgaben sollte keine Auslegung mehr zurückfallen.

452 Zu dem Problemhorizont, der sich damit auftut, vgl. oben I.2.3.3 und die demnächst im Druck erscheinende Arbeit von Engemann, Kritik 208ff.

keine neue Einsicht des Hörers, sondern bestätigt ihn in dem, was er bereits begriffen, akzeptiert, geglaubt hat. Das im ursprünglichen Text neu eröffnete Verständnis erfordert nunmehr nur noch die beständige Anerkennung, das treue Festhalten am Überlieferten. Der ursprüngliche Glanz stellt sich erst wieder vor fremden Hörern mit ähnlichen Problemen ein.

Das aber bedeutet, daß das allegorisierende Spiel mit der vorgegebenen Bildwelt einen nahezu zwangsläufigen Prozeß darstellt[453], der nicht puristisch zensiert werden kann[454].

Die Gleichnisse haben damit Teil an der Geschichtlichkeit und der unumgänglichen Veränderung von Sprache. Sie zeigen ein weiteres Mal, wie Offenbarung, die in der und durch die Gleichnisverkündigung geschehen ist, in inkarnatorischer Weise eingeht in die Geschichte Gottes mit dem Menschen.

Schließlich bestünde eine weitere Aufgabe der Exegese darin, die Auslegungsgeschichte der Gleichnisse zu sammeln, um sie – anders als Jülicher – nicht nur an der Nähe zur je eigenbestimmten Pointe und ihrer Ferne zur Allegorese zu messen, sondern um den ästhetisch angemessenen (oder unangemessenen) Gebrauch der Metaphern und Bilder sowie deren theologisch sachgemäße (oder unsachgemäße) Intention zu beschreiben. Eine Geschichte des vierfachen Schriftsinns, die die hermeneutische Leistung dieses Entwurfs würdigt, steht m. E. noch aus.

4.3 Die Offenheit der Gleichnisse Jesu: Stärke und Schwäche einer Textsorte

Welche Momente führen zur Viel- oder Mehrdeutigkeit der Gleichnisse Jesu? Die landläufige Kritik an Jülichers Reduzierung der Gleichnisse auf einen Punkt bzw. einen Satz trifft einerseits Richtiges, weil die Gleichnisse auch in den schönsten Versuchen, Pointen zu beschreiben, sichtlich etwas verlieren. Andererseits behält Jülicher insofern recht, als Gleichnisse nicht alles und jedes und ganz gewiß nichts Konträres bedeuten können und wollen. Angesichts mancher Unklarheiten scheint es daher nötig zu sein, genauer zu beschreiben, warum zum einen Gleichnisse eine letzte Unschärfe behalten, zum anderen aber nicht der Auslegungs-Willkür überlassen werden dürfen. So ist nun die Unsicherheit historischer Auslegung und die Polyvalenz der Gleichnisse[455] so zu beschreiben, daß sie sowohl ihr offensichtliches ‚Eigenleben' gegenüber jeder auf eindeutige Festlegung bedachten Auslegung behalten, zugleich aber auch nicht der Beliebigkeit ausgesetzt werden, die ihren Wert ebenfalls der Gleichgültigkeit anheimgibt.

(1) Da jede historische Arbeit nur Wahrscheinlichkeitswert gewinnen und die Rückfrage nach dem historischen Jesus angesichts der Quellenlage nur zu

---

453 Vgl. dazu KLAUCK, Allegorie 358f.

454 Die ihm gegenüber möglichen Prüfungsfragen richten sich auf theologische Angemessenheit und ästhetisches Glücken.

455 Zum Problem der Polyvalenz von Metaphern vgl. KUBCZAK, Metapher 97–104.

hypothetischen Schlüssen von minderer Sicherheit führen kann, ist die Streubreite der Auslegungen von dem text-[456], literar[457]- oder formkritischen[458] Ermessen des Exegeten abhängig. Die methodisch kontrollierbare Wahrscheinlichkeit nimmt von der redaktionellen Stufe in den Evangelien rückwärts bis zum Ursprung von Stufe zu Stufe ab, so daß für die früheste Schicht redlicherweise nur von begründeten Vermutungen gesprochen werden darf.

(2) Dieses Schicksal, das die Gleichnisse mit allen synoptischen Texten teilen, die für den historischen Jesus in Anspruch genommen werden, verschärft sich in unserer Textgruppe nochmals durch den fehlenden (Gesprächs-) Kontext, der das Verständnis damaliger Hörer regierte. Gerade wenn Metaphern und Gleichnisse zureichend erst als intendierte Verletzung von Konversationsregeln identifizierbar werden[459], folgt daraus für die Jesustradition, daß wir hier in besonderer Weise mit Sinnruinen (Lausberg) zu tun haben[460], die der behutsamen Rekonstruktion bedürfen, die immer nur relative Gültigkeit besitzt. Dennoch läßt sich in Umrissen der religiöse und soziokulturelle Kontext damaliger Hörer so weit bestimmen, daß stehende Metaphern bzw. Bilder von ungewohnten und störenden wenigstens versuchsweise unterschieden werden können.

(3) Ähnliches gilt, wenn auch auf einer neuen Ebene, weil wir weder den sprachlich-rhetorischen Kontext der Gleichnisverkündigung kennen, d. h. den Zusammenhang innerhalb der Verkündigung Jesu, noch die kommunikative Situation zwischen Sprecher und Hörer(n), d. h. den Zusammenhang, in dem die Verkündigung Jesu selber steht. Zwar läßt sich m. E. der vorsichtige Versuch wagen, von den im Gleichnis implizierten Hörern nachträglich auf die vermutlich wirklichen zurückzuschließen; dennoch ist gerade das ein Experiment mit ungewissem Ausgang, da konkrete Anhaltspunkte außerhalb der Gleichnistexte fehlen.

Der Verzicht darauf wäre allerdings auch ein Absehen von einer ganzen Dimension der Interpretation. Wie stark die Bestimmung des implizierten Hörers die Auslegung regiert, lehrt der Blick auf die Auslegungsgeschichte (selbst dort, wo sie auf die Frage nach den Hörern Jesu explizit verzichtete), da der ausdrückliche Verzicht ja meist nur bedeutet, daß man – mehr oder weniger bewußt – ein Bild vom impliziten Hörer *hat*.

---

[456] Vgl. die Unsicherheit in der Wortstellung von Lk 18,10, die das Verständnis des ganzen Textes berührt.

[457] Wie eine mögliche gemeinsame, aber doch sehr hypothetische Vorlage von Lk 14,16ff. par. bestimmt wird, stellt Weichen für den potentiellen jesuanischen Sinn.

[458] Die Auslegung von Lk 16,1–8 hängt in entscheidendem Maße von der Deutung des Terminus κύριος (Gutsbesitzer oder Jesus?) in Lk 16,8a und der daraus resultierenden Begrenzung der Erzählung ab.

[459] Vgl. dazu oben 2.3.2.

[460] Damit ist nicht gesagt, daß die Gleichnisse Jesu ähnlich wie die rabbinischen durch ausgedrückte Bestimmungen der Bildempfängerseite begleitet waren. Gerade das Phänomen sich gegenseitig aufhebender späterer Kommentare zeigt doch, daß im Gedächtnis der Tradenten die Story, der Plot, in sich eindrücklich war (und wirkte).

(4) Ein weiteres Moment, das als historisches Phänomen festgestellt werden muß, erschwert die verbindliche Deutung der Gleichnisse Jesu: Vermutlich müssen sie wie die „offenen Metaphern“[461] als „offene Bildrede“ im Unterschied etwa zu den geschlossenen exegetischen Gleichnissen der Rabbinen aufgefaßt werden, die eine explizite „Sachhälfte“ (Thoma/Lauer: Nimschal) aufweisen. Da die Jesus-Texte anscheinend anfangs keine explizierende Deutung kennen, sondern als kompakter poetischer Text für sich bestanden, sind sie bereits vom Autor auf die Interpretation durch die Hörer angelegt. So fehlt ihnen die vorgegebene ‚Geschlossenheit‘ bzw. das eindeutige (und einlinige) Verständnis, vermutlich auch insofern, als es keine verläßlichen Hinweise darauf gibt, daß im Umkreis der Erzählung eines Gleichnisses eine paraphrasierende Explikation des tertium comparationis auffindbar gewesen wäre[462]. – Alle sentenzhaften Anhänge an die Gleichnisse scheinen späterer Interpretationsbemühung zu entstammen.

Die hier geschilderte Differenz zwischen rabbinischen und Jesusgleichnissen steht allerdings unter einem Vorbehalt: Da die in bezug auf die Gleichnisse besprochenen Kriterien der Rückfrage nach dem historischen Jesus grundsätzlich wertneutral sein dürften, können sie auch auf andere Texte – wie z. B. die rabbinischen Gleichnisse – angewendet werden. Dabei müßten sie vom Prinzip her zu ähnlichen Ergebnissen führen. Die Debatte, ob und in welcher Weise rabbinische Texte dekomponiert werden dürfen, hat erst begonnen und bisher unter den Beteiligten zu keinem methodischen Konsens geführt[463]. Sie kann hier nicht ausführlich referiert und schon gar nicht entschieden werden. Immerhin läßt die mehrfach beobachtbare Differenz zwischen dem Maschal und dem Nimschal, der Bildspender- und der Bildempfängergeschichte, in rabbinischen Gleichnissen der Vermutung Raum[464], daß die eigentlichen Gleichnisse bzw. Parabeln wenigstens z. T. erst sekundär für den jetzigen literarischen Kontext verwendet wurden und vorher ein Eigenleben führten bzw. mit anderer Inten-

---

[461] Der Vorschlag für diesen Begriff bei KUBCZAK, Metapher 98f. Er unterscheidet die „offene Metapher“ („wenn sich in der Umgebung einer Metapher nicht explizit das oder die tertium(a) comparationis finde(t)(n) ...“ 99) von der geschlossenen, deren Sinn vom Autor unbildlich beschrieben wird.

[462] Unsere Suche nach Kohärenz zur sonstigen Verkündigung Jesu ist davon zu unterscheiden. Auch wenn wir den Inhalt oder die Tendenz eines Gleichnisses in vergleichbarer Logienüberlieferung nachzuweisen suchen, ist die These regelmäßiger, gleichzeitiger Entstehung bzw. Erstverkündigung von Gleichnis und Sentenz(en) nahezu ausgeschlossen, weil die Überlieferung ein solches Schema trotz ihrer eigenen Bedürfnisse dann getilgt bzw. weithin gestört haben müßte.

[463] Vgl. dazu das Referat der Debatte bei HESZER, Lohnmetaphorik 164–192.

[464] Zum teilweise sehr differenzierten Verhältnis von Bildspender- und Bildempfängerseite in rabbinischen Gleichnissen vgl. die sehr vorsichtigen Bemerkungen von THOMA/LAUER, Gleichnisse 23f. (Kritisch dazu HESZER, Lohnmetaphorik 180f.) Wie eine Reihe von Beispielen lehren, können Meschalim ohne explizierte Sachhälfte (Nimschal) überliefert werden (vgl. Nr. 22,72 u. ö. bei THOMA/LAUER), oder sie weisen einen sekundären Nimschal auf (Nr. 21 u. ö.), oder sie sagen für sich betrachtet mehr, als der Nimschal auswertet (z. B. Nr. 29).

tion erfunden worden waren[465]. Das bedeutet, daß grundsätzlich auch in rabbinischen Texten nach relativ autonomen Gleichnissen gefragt werden darf, die in ihrer poetischen Kraft überzeugen – ohne die geborgte Autorität des Tora-Textes (was nicht heißen muß, Tora und rabbinische Gleichniserzähler gegeneinander auszuspielen). Da die Untersuchung ganzer rabbinischer Werke mit Gleichnisüberlieferungen auf ihre redaktionellen Interessen wie die möglichen Vorstufen erst am Anfang steht, läßt sich über die Fruchtbarkeit solcher Fragestellung noch nichts ausmachen. Es könnte sich erweisen, daß weder die Art der Quellen noch das theologische Interesse ihrer genuinen jüdischen Interpreten der Rückfrage – z.B. nach dem „historischen Hillel" – besonders günstig ist[466].

So erfordert jegliches bildliche Reden ohne mitgelieferte Deutung vom damaligen wie vom heutigen Hörer eine Bemühung, die Intention des Sprechers zu verstehen, auf diese Weise die Zahl der möglichen Interpretationen einzugrenzen und damit einen ihm gemäßen Sinn zu finden. Dabei bleibt die eine jeweils gewagte Deutung immer nur eine Hypothese, die in einem komplexen Muster eine bestimmte Ordnung zu entdecken meint, aber durch eine plausible andere entweder ersetzbar oder ergänzbar bleibt.

(5) Was sich im Kontrast zwischen der vorherrschenden Funktion der Meschalim bei den Rabbinen und der Gleichnisverkündigung Jesu als historisches Phänomen feststellen läßt, hat ein Pendant in der systematischen Betrachtung: Wie alle freien symbolischen und erzählenden[467], also die nicht begrifflich argumentierenden Texte laden die Gleichnisse ausdrücklich ein, die eigene Phantasie spielen, Assoziationen freien Lauf zu lassen und persönliche Erfahrungen einzubringen in das, was man in Analogie zum Manuskript des Autors das Aure-dit, die Interpretation des Hörers, nennen könnte[468]. Diese Eigenheit der bildhaften Rede[469] ist mit Begriffen nur zu umschreiben, nicht aber im strengen Sinne zu erfassen bzw. ersetzen. Das bedeutet: Die nachträgliche und

---

[465] Vgl. Heszer, Lohnmetaphorik 170.179.181 u.ö.

[466] Vgl. dazu Neusner, Die Suche nach dem historischen Hillel: Judentum 52–73, der diese beiden Gründe dafür nennt, daß die Rückfrage nach einer historischen Gestalt im Judentum und Christentum unterschiedlich intensiv ausfallen muß, was natürlich die Frage selbst nicht diskreditiert, ohne die auch Neusner nicht ganz auskommt.

[467] Als „freie Texte" sollen die (symbolischen bzw. erzählenden) Texte bezeichnet werden, die nicht innerhalb eines Argumentationsganges funktionalisiert werden und darum lediglich zum Ornat einer Rede gehören.

[468] Ich übernehme diesen Begriff von Engemann, Exzeß 788. Vgl. Iser, Akt 38: „... das literarische Werk besitzt zwei Pole, die man den künstlerischen und den ästhetischen Pol nennen könnte, wobei der künstlerische den vom Autor geschaffenen Text und der ästhetische die vom Leser geschaffene Konkretisation bezeichnet."

[469] Selbst Jülicher, Gleichnisreden I 80f. u.ö., scheint mit dem Terminus „Gedanke" ausdrücken zu wollen, daß die Reduktion auf Begriffe bzw. einen Satz den Gleichnissen etwas nimmt.

moderne Formulierung von Pointen, die Jüngel[470] und Fuchs[471] z.B. ebensogut wie Jülicher üben, kann im Einzelfall eine eindrucksvolle Prägung anbieten. Sie hat dann meist sprichwortartigen bzw. aphoristischen Charakter, wie Jüngels „Der Anfang hat es in sich". Sie kann aber nur dienende Funktion haben, d.h. die Verständigung über das, ‚was wir gehört haben', fördern und zusammenfassen. Dabei werden in aller Regel auch darum mehrere Versuche zugelassen werden müssen, da der Reichtum des *Bildes*, die Komplexität des Gleichnisses, ohne Zweifel mit einem noch so guten *Satz* nicht zu erschöpfen ist, sondern nur paraphrasiert werden kann. Hier gilt der Satz vom ausgeschlossenen Widerspruch nur bedingt, weil der Komplexitätsgrad der Gleichnisse u.U. verschiedene, aber komplementäre, umschreibende Deutungen erfordert[472].

Der Spielraum möglicher Skopoi ist aber insofern nicht beliebig, sondern prinzipiell begrenzbar, als die Gleichnisse ja nicht alles Mögliche, sondern Bestimmtes und damit im Grundsatz Bestimmbares verstehen bzw. anschauen lassen wollen. Ziel und Leistung der historisch-kritischen Exegese läßt sich damit bildlich so erfassen, daß für die Gleichnisse ein Korridor möglicher Paraphrasen anzugeben ist.

(6) Ein weiterer Faktor, der die Unterschiede in der Interpretation bedingt, ist in der hermeneutischen Debatte ausführlich bedacht worden: Der vom Subjekt des Auslegers, auch des historisch orientierten, prinzipiell nicht zu trennende Zugang zum Text-Objekt. Dies erweist zur Genüge schon ein Blick in die Geschichte der modernen Gleichnisauslegung seit Jülicher, in der die subjektive Willkür durch einen relativ klaren Methoden-Kanon und das vereinbarte wissenschaftliche Ziel beschränkt war, die Gleichnisintention *Jesu* zu erfassen. Trotz der – innerhalb einer gewissen Toleranz – gleichen Vorgehensweise erweisen sich die einzelnen Auslegungen als disparat, wohl aber auf merkwürdige Weise ihrer jeweiligen theologischen und kirchlichen Lage vergleichbar[473]. Hier kommt natürlich einmal mehr die Zirkel- bzw. Spiralstruktur

---

470 Vgl. etwa JÜNGELS Formulierungen: „Der Anfang hat es in sich" oder „Gott läßt sich bitten, aber er läßt sich nicht blamieren." (Paulus 153.156f.).

471 FUCHS, Hermeneutik 224f.: „... das Bitten hat Bundesgenossen, ... Gewohnheit macht undankbar, ... Reue schafft Erkenntnis".

472 Vgl. dazu auch HARNISCH, Gleichniserzählungen 158.

473 Die Verwurzelung JÜLICHERS in der liberalen Theologie ist oft beobachtet (und gescholten) worden. Seine Apostrophierung Jesu als „Apostel des Fortschritts" (Gleichnisreden II 483) ist ein charakteristischer Ausdruck dessen. – Daß JEREMIAS die Gleichnisse als Ausdruck der Krisis ansah, traf sich in merkwürdiger Weise mit der Krisis von Theologie und Kirche in der Zeit und an dem Ort, als sein Gleichnisbuch entstand. – Auch die Betonung der Unabhängigkeit der Gleichnisse von vorauszusetzenden Hörern und die Entdeckung des kleinen, aber relevanten Anfangs durch den in der DDR lehrenden und lebenden EBERHARD JÜNGEL scheint nicht der pure Zufall zu sein. Entsprechendes ließe sich auch für neueste Modelle zeigen. Das kann natürlich auch für den je eigenen Entwurf nur die selbstkritische Rückfrage ergeben, wie weit gegenwärtige Konstellationen eine Eintragung in die Texte nahelegen oder doch die Texte selbst durch die neue Perspektive in ein schärferes Licht geraten und dadurch neue Seiten sehen lassen.

des Verstehens zum Vorschein, die eine voraussetzungslose, neutrale und damit prinzipiell abschließbare Interpretation der Texte nicht erlaubt[474].

(7) Im strengen Sinn gehört ein weiteres Phänomen weder zur Polyvalenz der Gleichnisse noch zu den historischen Fehlerquellen, die die Vielfalt der Auslegung bedingen, sollte aber als Quelle von Mißverständnissen und exegetischen Debatten genannt werden: Die verschiedenen Funktionen, die ein einziger Text übernehmen kann, also die Darstellungs-, Ausdrucks- und Appellfunktion, werden nicht selten in der Diskussion gegeneinander ausgespielt, etwa als paränetische versus darstellende(-tröstende) Deutung. Solche Kontroversen haben ihr relatives Recht bei der Bestimmung des Hauptakzents, dürfen aber keine Ausschließlichkeit zwischen den Funktionen postulieren.

(8) Die hier aufgelisteten Faktoren, die die Differenzen zwischen den Auslegungen verursachen, beziehen sich zunächst nur auf einen eingeschränkten Bereich und eine beschränkte Kommunikation, derjenigen nämlich, die grundsätzlich argumentativ und d.h. kritisierbar nach dem Verständnis der Gleichnisse in neutestamentlicher Zeit fragen. Darin sind nicht unmittelbar die groben Irrtümer und Fehldeutungen enthalten, die mangelnder Kenntnis antiker soziokultureller Bedingungen[475] oder etwa sprachlicher Voraussetzungen[476] geschuldet sind. Gleichfalls nicht berücksichtigt sind damit die Ursachen der Auslegungsdifferenzen in Predigt, Unterricht und sonstiger Anwendung der Texte bis hin in künstlerische und sonstige profane Adaptionen[477].

Sind aber diese Faktoren zugestanden, die die Auslegungsvariationen bedingen, dann muß zugleich festgehalten werden, daß die eher latent als manifest, eher außerhalb der Zunft als in der Fachliteratur anzutreffende Skepsis bzw. ihr Geschwisterkind, die willkürlich schweifende Phantasie der ‚wilden Exegese', im Prinzip unberechtigt sind. Eine sorgfältig die Argumente sammelnde, Auslegungsmodelle prüfende Analyse vermag auch noch bei den Gleichnissen Jesu zu unterscheiden zwischen Deutungen, die jedenfalls noch nicht falsifiziert sind[478], und solchen, die angesichts ernsthafter Gegengründe als unwahrscheinlich gelten müssen. Der Versuch einer nachprüfbaren und insofern verbindlichen Auslegung der Gleichnisse Jesu, die ihre Polyvalenz bestimmt *und begrenzt*, darf mithin weiter unternommen werden.

---

474 Vgl. dazu Bultmann, Problem 217–219; Exegese, 145ff.

475 Vor ihnen sind auch Exegeten nicht gefeit. Ich rechne die in dieser Arbeit vorgeschlagene Deutung von Mt 25,14ff. zu den – nicht beliebig steigerbaren – Ergebnissen der Bemühung um eine bessere Erfassung der Gleichnisse mit Hilfe der Sozialgeschichte. Vgl. II.7.

476 Dabei können auch moderne Entwicklungen den Sinn ehemals korrekter Termini plötzlich so verschieben, daß Fehlverständnisse sich erst in der Neuzeit entwickeln, wie Herrenbrück das am Beispiel des Begriffs „Zöllner" nachgewiesen hat. Ähnliches gilt für manche Auslegung von Lk 15,8–10, die aus dem Silbergroschen Luthers einen heutigen Groschen machte, was das Verständnis der Geschichte erheblich erschwert.

477 Vgl. dazu IV.

478 So muß es wohl heißen, wenn man die strengen Maßstäbe etwa der Popperschen Logik der Sozialwissenschaften anlegt.

Kapitel II

Poesie und Therapie in den Gleichnissen Jesu – die Texte

A. Gleichnisse

1. Unkraut setzt sich durch, oder: von der Kraft der Ansteckung. Mk 4,30–32 und Lk 13,20f.

1. Zur Analyse

Zu einem klassischen Beispiel verschiedener Methoden und Auslegungen ist das Gleichnis vom Senfkorn geworden[1]. Die neuere Interpretationsgeschichte ist an ihm fast vollständig ablesbar[2].

Die verschiedenen Fassungen des Gleichnisses erweisen das Recht der Literarkritik und der formgeschichtlichen Rekonstruktion. Zwischen der scheinbar einfachen Lukasform, die Jülicher bekanntlich vorzog[3], und der komplizierten Mk-Fassung liegen Welten. Dennoch muß die mühsame Rekonstruktion der gemeinsamen Grundlage vom Mk-Text aus erfolgen, weil in Lk zwar die Q-Fassung erhalten blieb[4], in ihr aber vermutlich ein Beispiel späterer Reduzierung auf einen einfacheren Text vorliegt[5]. Mt bietet dagegen eine erkennbare

---

[1] Eine genaue Auslegung bei KLAUCK, Allegorie 210–218.

[2] Die Arbeit von KOGLER, Doppelgleichnis, referiert die Diskussion ausführlich. VIA, HARNISCH und andere, die vor allem die Parabeln bzw. Erzählungen traktieren, bieten *keine* Deutung dieses Natur-Gleichnisses.

[3] JÜLICHER, Gleichnisreden II 571. Sie ist eines der deutlichsten Beispiele dafür, daß er nach der Devise „simplex sigillum veri" verfuhr und – an dieser Stelle – irrte.

[4] Lk wird so, wie er auch sonst Doppelüberlieferungen entweder als Dubletten bringt oder streicht, aber nicht wie Mt in einem Text vereint, die Mk-Vorlage getilgt haben.

[5] Als Gründe sind dafür anzuführen:
– Im Lk-Text wird ein Naturvorgang im Aorist erzählt – als einmaliger (!) Vorgang.
– Im Zusammenhang mit dieser Stilisierung als Parabel gewinnt der Handlungssouverän (ἄνθρωπος) ein solches Eigengewicht, daß der Hörer fragen *muß*, wer denn das sei, der da einmal ein Senfkorn säte. D.h. die allegorische Leseanweisung steckt bereits in diesem Zug. (Die ‚backende Frau' ist vor solchen Nachfragen geschützt.)
– Das Säen eines Senfkornes in einem Garten ist soweit weg von aller durchschnittlichen Erfahrung damaliger Hörer, daß dieser Zug eine ad-hoc-Erfindung in einem bestimmten theologischen Interesse sein wird. Dazu s. u. den Exkurs zum „Senfanbau in Palästina". – Eine

Mischform zwischen der Mk-Vorlage und Q[6]. Daß in Lk 13,18–21 par. ursprünglich ein Doppelgleichnis vorliegt, ist zweifelhaft[7]. In der wahrscheinlichen Rekonstruktion zeichnet sich ein relativer Konsens der Forschung ab, der in der Synoptikerexegese nicht eben häufig ist[8]. Danach wird am Beginn der Q und Mk gemeinsamen Überlieferung die Doppelfrage nach einer Analogie zur Basileia gestanden haben[9]. Der daran anschließende Satz ist deutlich gestört und stellt in seiner gegenwärtigen Form ein Anakoluth dar[10]. Da die Wendung ὅταν σπαρῇ doppelt erscheint, ist anzunehmen, daß die Passage zwischen diesen beiden Wendungen eingesetzt[11] und der Anschluß durch die Wiederholung geschaffen wurde[12]. Verdacht erweckt schließlich auch die alttestamentliche Anspielung[13], die zwar noch beiden Fassungen gemeinsam ist[14], die aber so deutlich geprägte Metaphern des fremden Bildfeldes „Baum"[15] aufnimmt[16], daß sie sich der schriftgelehrten, späteren Auslegung verdanken dürfte. Wie der Abschluß ursprünglich gelautet hat, bleibt unsicher, da alle Möglichkeiten

---

Diskussion der exegetischen Positionen bei DUPONT, Le Couple 331–345, die hier nicht ausführlich aufgenommen werden kann.

6 Die Mt-Fassung zeigt eine Reihe charakteristischer Merkmale der Lk-Fassung: ὃν λαβὼν ἄνθρωπος, ἐν τῷ ἀγρῷ α ὐ τ ο ῦ, αὐξηθῇ, γίνεται δένδρον, ἐν τοῖς κλάδοις αὐτοῦ, obwohl sie ab V32 im Duktus Mk folgt.

7 Lk 13,18 ist parallel zu V20 formuliert. Wenn dem Ursprünglichkeit zukäme, müßte die Parabelform für das Senfkorngleichnis primär sein. Dagegen sprechen die oben aufgeführten Gründe. So ergibt sich der Schluß, daß die Angleichung (ἄνθρωπος: γυνή) sekundär sein wird, mithin das Doppelgleichnis erst auf der Q-Stufe gebildet wurde. Vgl. dazu auch KLAUCK, Allegorie 210f. – Parallele Erscheinungen lassen sich an Lk 15,3–10 beobachten: Die Drachmenparabel hat ganz eindeutig in V6 auf das vorstehende Gleichnis eingewirkt.

8 Vgl. etwa die Rekonstruktionen bei KLAUCK, Allegorie 210–217, und bei WEDER, Gleichnisse 104f. 128–131.

9 Während ich mit HARNISCH die entsprechenden Einleitungswendungen bei Parabeln für spätere Zufügungen halte, da sich die Spannung des Textes erst aus der Story aufbaut und die Einleitung sonst die Pointe vorwegnähme, dürfte sich hier und in anderen Gleichnissen im engeren Sinn die Spannung aus dem kühnen Vergleich zwischen der Basileia und dem Stoff des Gleichnisses ergeben.

10 Das maskuline Relativpronomen ὅς, das sich auf κόκκος σινάπεως bezieht, stößt sich in Mk 4,31 mit der Wendung μικρότερον ὂν..., die sich wahrscheinlich auf σπέρμα bezieht.

11 Zur Unterrichtung nichtpalästinischer bzw. städtischer Leser? SCHWEIZER, Markus 58.

12 Mit KLAUCK, Allegorie 211, und WEDER, Gleichnisse 104f.

13 Dazu s. u. S. 94f.

14 Unterschiede betreffen die Ausbildung der Anspielung, aber nicht die konstitutiven Elemente: Zweige, sich niederlassen, Vögel des Himmels. Unterschiedlich ist die Erwähnung der Elemente ὑπὸ τὴν σκιάν (Mk), bzw. δένδρον (Q), wobei beide dem Bildfeld der jeweils anderen Überlieferung nicht fremd sind.

15 Die alte Debatte über den persischen Senfbaum wird bei JÜLICHER, Gleichnisreden II 575f., entschieden: „... die Salvadora persica kann also den Kuriositätenliebhabern überlassen werden"; das wohl abschließende Urteil in dieser Frage bei HUNZINGER, Art. σίναπι, ThWNT VII 288.

16 Vgl. dazu ausführlich KLAUCK, Allegorie 212f.

verdächtigt werden können[17]. Am weitesten von der Allegorie[18] entfernt und im anfänglich gewählten Bildfeld verbleibt noch die Wendung ἀναβαίνει καὶ γίνεται μεῖζον πάντων τῶν λαχάνων[19]. So ergibt sich eine – notwendigerweise hypothetische – Grundform:

(Mk 4,30) Wie sollen wir das Reich Gottes vergleichen oder in welches Gleichnis es setzen? (31) [Es verhält sich damit] Wie mit einem Senfkorn, das, wenn es auf die Erde[20] ausgesät ist, (32*) aufgeht und größer wird als alle Kräuter.*

Vermutlich noch vor der Spaltung der Überlieferung in die Mk-Vorlage und die Q-Tradition ist das alttestamentliche Zitat zugewachsen:

(Mk 4,30) Wie sollen wir das Reich Gottes vergleichen oder in welches Gleichnis es setzen? (31) [Es verhält sich damit] Wie mit einem Senfkorn, das, wenn es auf die Erde ausgesät ist, (32*) aufgeht und größer wird als alle Kräuter.* UND ES TREIBT GROSSE ZWEIGE, SO DASS UNTER SEINEM SCHATTEN DIE VÖGEL DES HIMMELS ZU WOHNEN VERMÖGEN.

Auf Markus wird wohl der Einschub in V31f. zurückgehen, der zur heutigen Form führt:

(Mk 4,30) Wie sollen wir das Reich Gottes vergleichen oder in welches Gleichnis es setzen? (31) [Es verhält sich damit] Wie mit einem Senfkorn, das, wenn es auf die Erde ausgesät ist, kleiner ist als alle Samen auf der Erde (32) und wenn es gesät wird, *geht es auf und wird größer als alle*

---

[17] Die Wendung καὶ γίνεται μεῖζον πάντων τῶν λαχάνων korrespondiert der sekundären Passage μικρότερον ὂν ... Mk 4,31.

Der Abschluß ποιεῖ κλάδους μεγάλους erinnert an Ez 31,5ff. (LXX); Dan 4,12ff. (LXX; Theodotion).

Eine Passage wie Lk 13,19/Mt 13,32 ἐγένετο εἰς δένδρον verweist aus der botanischen Realität heraus auf Wendungen aus Dan 4,10ff. (LXX; Theodotion). Vgl. dazu genauer KLAUCK, Allegorie 212.

[18] Wie die Fassung des Thomasevangeliums (Logion 20 u.ö.) belegt, gibt es auch die Erscheinung der sekundären Rückführung komplexer Texte auf eine scheinbar ursprüngliche einfache Form (worin sich nur wiederholt, was die Ausgangsvermutung der alten Formgeschichte war, daß sich nämlich allzu unlogische komplizierte Texte im Gebrauch so nicht halten, sondern wieder abschleifen). Dennoch gibt es keine Allegorie in den synoptischen Evv., die Anspruch auf zeitliche Priorität hat. Die methodische Schlußfolgerung JÜLICHERS scheint deswegen unbezweifelbar, daß Gleichnisse mit allegorischen Elementen aus mehreren Bildfeldern eher sekundär sein werden als Texte, die nur ein Bildfeld nutzen (vorausgesetzt, die rekonstruierte einfache Form enthält einen historisch möglichen und wahrscheinlichen Sinn).

[19] Anders WEDER, Gleichnisse 104f.131, der den Anknüpfungspunkt für die spätere Allegorie bereits in der frühesten Stufe erkennt.

[20] Mit KLAUCK, Allegorie 211, wird der neutralere Ausdruck des Mk vorgezogen, da Lk mit κῆπος nicht nur einen ntl. sehr seltenen, sondern schwer möglichen Ausdruck wählt. Ähnliches gilt für Mt, der mit ἀγρός auch ein real schwieriges Stichwort wählt und damit Bezüge zu Mt 13,24.27.36 herstellt. (Allerdings gibt es solche Rückverweise auch bei Mk: 4,8.20.26). Zu den Realien vgl. unten den Exkurs zum Senfanbau in Palästina.

Kräuter. UND ES TREIBT GROSSE ZWEIGE, SO DASS UNTER SEINEM SCHATTEN DIE VÖGEL DES HIMMELS ZU WOHNEN VERMÖGEN.

Zusammenfassend läßt sich literar- und formkritisch feststellen, daß das ursprüngliche Gleichnis eine längere Auslegungsgeschichte erlebt hat, die sich an verschiedenen Textteilen bzw. dem jeweiligen Kontext festmachen läßt: Der postulierten Urform[21] (1) folgt eine weitere Stufe der Textüberlieferung (2), die bereits die alttestamentliche Anspielung in sich aufnimmt und damit den Text weiterführt und deutet. Sie dürfte zeitlich noch vor der Mk-Fassung und der Q-Fassung liegen. Ziemlich sicher läßt die Kombination Lk 13,18f. und 20f. par. Mt 13,31–33 ein Doppelgleichnis in Q erkennen (3), das parallel zur Mk-Fassung (4) in Mt (5) bzw. Lk (6) aufgehoben ist[22]. Ihre Bedeutungen gilt es zu verfolgen.

2. *Zur Bildspenderseite*

Die Pointe muß zunächst in bezug auf das genutzte Bildfeld bestimmt werden, was ohne möglichst präzise Erfassung der Realien nicht gelingen kann. Das Senfkorn[23] ist sprichwörtlich für die kleinstmögliche relevante Größe[24]. Für eine einjährige Pflanze[25] soll der Senf[26] in Galiläa eine bemerkenswerte Höhe

---

[21] Die erschlossene Grundform hat eine erhebliche Nähe zum ThEv 20. Das besagt zunächst nur, daß ein so geformter Text nicht nur eine Ausgeburt der Schreibtischphantasie darstellt. Für die ursprüngliche Stufe dürfte der Text nicht nur wegen der Wendung „Reich der Himmel" kaum in Anspruch zu nehmen sein, da dafür eine insgesamt wahrscheinliche Unabhängigkeit des ThEv von der synoptischen Überlieferung gegeben sein müßte. Das aber ist im Streit. Vgl. die zusammenfassenden vorsichtigen Bemerkungen bei KÖHLER, Rezeption 385–394.

[22] In dieser komplizierten, aber m. E. nicht reduzierbaren Traditionsgeschichte des Textes ist eine mögliche vormarkinische Fassung nicht gesondert berücksichtigt, obwohl sie existiert haben muß.

[23] Die Sammlung der rabbinischen Belege, auf der heute alle diesbezüglichen Kommentare fußen, bei Löw, Flora I 516–527; vgl. BILL I 668f. Diese Belege können selbstverständlich nicht durch ihr jüngeres Alter desavouiert werden, das müßte sonst erst recht für DALMANS und SCHWEINFURTHS Beobachtungen zu Beginn des 20. Jh.s gelten. Es ist aber nicht damit zu rechnen, daß sich landwirtschaftliche Gepflogenheiten (und Botanik) vor der wissenschaftlich-technischen Revolution so stark geändert haben.

[24] Vgl. Mt 17,20 par. Lk 17,6. – Senfkorngröße als Maß für Unreinheit BILL I 669: bBer 31a; yBer 5 (8d); mNid 5,2 (offenbar ähnlich WaR 31 (129b), dazu aber MICHEL, Art. κόκκος, ThWNT III 811 Anm. 1). Als Bild einer unendlichen Quantität: ein Korb voller Senfkörner: mNaz 1,5 und mToh 8,8; vgl. KLAUCK, Allegorie 214.

[25] Die vielfach eingebürgerte Rede von der „Senfstaude" JÜLICHER, Gleichnisreden II 575, ist botanisch inkorrekt, da es sich um ein Krautgewächs handelt.

[26] Um der Kleinheit des Samens willen plädieren z. B. HUNZINGER, Art. σίναπι, ThWNT VII 288 und KOGLER, Doppelgleichnis 50f., mit vielen anderen für die Identifizierung mit dem schwarzen Senf (Sinapis nigra L). Gegen diese Überdetermination ist zu halten, daß der Wortlaut des Textes sich botanisch eben nicht festlegt, sondern in volkstümlicher Sprache formuliert. Dazu KLAUCK, Allegorie 214: „Daß es in Wirklichkeit noch kleinere Samenkörner gibt, spielt keine Rolle. Im Zweifelsfall zieht volkstümliches Erzählen die sprichwörtliche Wahrheit der botanischen vor."

erreichen (*bis* zu 2,5–3 m[27]). – Zwar sind die Pole Same und Pflanze ein in der Antike bekanntes Bild für Ursache und Wirkung, bzw. bemerkenswerte Zusammenhänge[28], dennoch lassen sich Meschalim mit Senfkorn *und* Pflanze – also beide Elemente des Bildfeldes kombiniert – zeitlich bisher nicht vor dem synoptischen Text nachweisen[29].

Noch vollständiger sind die Konnotationen damaliger Hörer erfaßt, wenn gewürdigt wird, daß Senf *keine* Kulturpflanze im engeren Sinn darstellt[30]. Er ist vielmehr eine unkrautähnliche, meist wildwachsende, aber nutzbare Pflanze vergleichbar unserem Beifuß, die statt auf Beet oder Feld auf den nicht genutzten Flächen, dem Ackerrain oder der Brache, vorkommt[31].

Exkurs zum Senfanbau in Palästina: Gegen die Behauptung, Senf sei ein Unkraut und würde von den Hörern Jesu als solches angesehen, scheinen die rabbinischen Belege zu sprechen, die seit langer Zeit für den *Anbau von Senf* in Palästina zur Zeit Jesu in Anspruch genommen werden.

Als Ausgangspunkt einer Nachprüfung stehen Zeugnisse von Dalman und Schweinfurth zur Verfügung. Sie haben beim Lokaltermin am Anfang des Jahrhunderts ihre Beobachtungen gegen alle literarischen Vor-Urteile festgehalten: Einerseits haben sie nirgendwo Senfkulturen ausmachen können[32], andererseits aber feststellen müssen, daß „beide Arten (sc. weißer und schwarzer Senf) als lästiges Unkraut vorkommen"[33]. Das Vorkommen von Senf als außerordentlich zähes Ackerunkraut läßt sich auch in Mittel-

---

[27] Dalman, Arbeit II 293. Er dürfte aber auch in diesem Fall eher die Ausnahme als die Regel bieten. Zur Höhe von Sinapis arvensis (über 1 m) und Brassica nigra (2 m) a. a. O. 294. Auch diese Höhen sind beachtlich. Vgl. Zohary, Pflanzen 93: „... die oft 2 m und höher werden".

[28] Vgl. Berger/Colpe, Textbuch 43, die auf Seneca, Lucilius 4. ep. 38 § 2 und auf Philo, Aet 100 verweisen.

[29] Bis zum Erweis des Gegenteils kann also dieses Gleichnis als Schöpfung Jesu in Anspruch genommen werden.

[30] Dalman, Arbeit I,1 369: „Auf unbebauten Feldern steht auch gern der gelbe und der weiße wilde Senf... der über 1 m hoch werden kann und dadurch an Jesu Wort von den Vögeln, die in den Zweigen der Senfstaude nisten..., erinnert, obwohl Jesus an angebauten Senf denkt, den ich nirgends gesehen habe." (!) AuS II 293f. „... wohl nirgends angebaut, aber wildwachsend." Ähnlich der Botaniker Schweinfurth unter dem 23. XI. 1922 bei Löw, Flora I 521: „Es bleibt nun eine Frage, die Zweifel zuläßt. Wir haben keine Angaben, daß B.n. (sc. Brassica nigra Koch = schwarzer Senf – C.K.) in Syrien oder in Egypten in Kultur vorkommt. Das gleiche gilt für S.alba (sc. Sinapis alba = weißer Senf – C.K.) in Egypten, wo beide Arten als lästiges Unkraut vorkommen. Wie ist nun die Mt.-Stelle zu verstehen, da dort ausdrücklich gesagt ist, daß der Mann das Korn ausgesät hat auf seinem Acker. Die genannten Arten braucht man heute nicht auszusäen, die kommen von selbst."

Löw selbst führt dagegen die im folgenden diskutierten talmudischen Belege auf, die von Anbau sprechen.

[31] Theophrast, HistPlant VII,1,1f., und Plinius, HistNat 20,236, rechnen den Senf zu den kultivierten Gewächsen. Allerdings bemerkt Plinius ebd. 19,170, der Senf „bedarf aber eigtl nulla cultura, quoniam semen cadens protinus viret (*sofort sprießt*)". (Hunzinger, Art. σίναπι, ThWNT VII 287, Hervorhebung Hunzinger).

[32] Dalman, Arbeit II 293: Zu Sinapis alba: „... wohl nirgends angebaut, aber wildwachsend"; zu Brassica nigra bzw. Sinapis arvensis: „... häufiges Feldunkraut".

[33] Schweinfurth in einem ratlos fragenden Brief an Löw vom 23. 11. 1922, dessen Thesen Löw, Flora I 521, zwar zurückweist, immerhin aber abdruckt.

europa beobachten[34]. Das vertieft die Frage, ob es sinnvoll war, Senf anzubauen, wenn er als Unkraut reichlich wuchs.

Mustert man nun angesichts dieses Widerspruchs die häufig zitierten Belege, die für den „Senfanbau in Palästina" angegeben werden[35], dann sind zunächst alle Stellen auszuschließen, die von der Ernte[36], dem Zehnten[37] und dem Gebrauch[38] des Senfs berichten, denn die *Nutzung* besagt noch nichts über die *Kultur* der Pflanze. Auch die Diskussion über den Eckenlass[39] und über die Schädlichkeit des Senfs für benachbarte Bienenvölker[40] beweisen für den *Anbau* wenig oder nichts, weil es in ihnen auch um die Duldung und Nutzung von wildgewachsenem Senf gehen kann. So verbleiben als Belege einige Stellen, deren Interpretation darunter leidet, daß die Ausleger, in der Alternative zwischen Garten(beet) und Acker befangen[41], nicht die Halden, Raine und andere unkultivierte Zonen in Betracht ziehen[42]. Genau darauf aber bezieht sich die rabbini-

34 Für Sinapis Arvensis L., also unseren Ackersenf, führt Rauh, Unkräuter 53, aus: „Wo Hederich und Senf einmal aufgetreten sind, breiten sie sich infolge ungeheurer Samenproduktion (1 Pflanze soll bis zu 25000 [sic!] Samen erzeugen) sehr rasch aus und schädigen die Kulturpflanzen durch hohen Verbrauch an Bodenwasser und Nährstoffen. Ihre Samen, die zwar in Tiefen unterhalb 5 cm nicht zu keimen vermögen, behalten ihre Keimfähigkeit im Boden jedoch jahrelang (25–50 Jahre) bei und lassen sich auch durch mehrfaches Pflügen nicht entfernen, da die in tiefere Bodenschichten gebrachten Samen hier so lange ruhen können, bis sie bei einer späteren Bodenbearbeitung wieder nach oben gelangen und jetzt zu keimen beginnen. Ist deshalb ein Feld erst einmal von beiden Unkräutern verseucht, so ist es sehr schwer, diese wieder zu entfernen." Für den Kultursenf rechnen befragte Landwirtschaftsexperten mit 120–150 Schoten zu je 4 Samen, also 500–600 Samen. Auch wenn das Zitat vermutlich also um eine Zehnerpotenz zu hoch formuliert, bleiben die Zusammenhänge eindeutig.

35 Löw, Flora I 518; Bill I 668f.

36 Die Fundorte: mMaas 4,6; tMaas 3,7 (84) (Bill I 668f.).

37 mMaas 4,6; tMaas 3,7 (84): Dabei ist an die Regel in mMaas 1,1 zu erinnern: „Alles, was eine Speise ist, aufbewahrt wird und seine Nahrung aus der Erde zieht, ist zehntpflichtig..." (Übers. Goldschmidt).

38 tShab 8,9 (120); tMSh 1,13 (87); BemR 13 (169b); BerR 11 (8c); bBM 86b; bHul 133a; tShab 14,8 (131) u.ö.

39 mPea 3,2 mit der charakteristischen Eingangswendung המנמר את שדהו: „Wer sein Feld fleckig macht" (wörtl. Übers. Goldschmidt), was wohl eher auf *stellenweise* auftretenden Senf geht (die Fortsetzung rechnet mit mehreren Stellen, an denen Dill oder Senf in einem größeren Feld stehen können) als auf Korn für Korn gesäten Senf. Zwar formuliert 2b: זורע חרדל: „Wer [Dill oder] Senf *sät*", aber das mag auch uneigentlich gemeint sein für den, der den Senf *stehenläßt*, um ihn dann zu ernten. Ähnlich bNaz 56b.

40 mBB 2,10; bBB 18a; bBB 25a. Für die Auseinandersetzung zwischen dem Bienenzüchter und dem „Senfbauern" reicht die Duldung des Wildkrautes auf dem Ackerrain des Beklagten völlig aus.

41 Z.B. Bill I 669 kommentiert: „Der Senf wird auch von der Mischna zu den Feldfrüchten u. nicht zu den Gartenfrüchten gerechnet; sein Anbau auf Gartenbeeten war geradezu untersagt." Es folgen aber Stellen (mKil 3,2 und tKil 2,8[75]), die vor allem die Negation (nicht im Garten bzw. Gemüsebeet) enthalten, aber keine echte Positivbeschreibung darstellen.

42 Der einzige, der m.W. in der neueren Diskussion dichter am Sachverhalt bleibt, auch wenn er damit nur die lukanische Fassung erklären will, ist Madsen, Parabeln 159, der das Phänomen der „Flecken" sieht, die weder Garten noch Feld sind: „Die Anbaustelle für Senf waren demnach weder das Getreidefeld selbst, noch der eigentliche Garten, sondern eine

sche Diskussion in mKil 2,8–10[43], die, um die verbotenen Mischsaaten zu vermeiden, erörtert, wie mit Fehlstellen bzw. Restflächen im Felde umzugehen ist[44]. Dort ist Senf (als nutzbares Kraut) zugelassen, ohne daß er als „Mischsaat" gewertet wird und damit zur Verunreinigung führt[45]. – Die zutreffende Einordnung des Senfs wird schließlich dadurch möglich, daß an den Stellen, die für den Anbau sprechen sollen[46], neben Senf als Randpflanze Saflor, die Färberdistel (חריע), erscheint[47], die ebenfalls eher genutzt als angebaut wird.

Nimmt man nun noch hinzu, daß für die Zeit Jesu mit Überbevölkerung in Palästina gerechnet werden muß, wird es noch unwahrscheinlicher, daß landwirtschaftliche Nutzfläche verbraucht wurde für eine Pflanze, die allenthalben am Weg(rain) stand. Gezielter Senfanbau in Palästina zur Zeit Jesu scheint also mehr eine moderne Fabel als die alltägliche Wirklichkeit der Hörer Jesu zu sein[48]. Deren Anschauung war von dem genutzten Kraut auf Rand-, Brache- und bestenfalls Restflächen geprägt[49]. Ein Gleichnis in der Parabelform des Lk hätte bei ihnen vermutlich eher Kopfschütteln[50] als Nachdenken ausgelöst[51].

Damit wird das Gleichnis durch die Gegenüberstellung von „kleinstem" Samen und beachtlicher Pflanze eine Erfahrung abrufen, die sich auf der Bildspenderseite so formulieren läßt: Wohin sich Senf einmal versamt hat, dort ist er kaum wieder auszurotten. Eine mühevolle Kultur, die aufwendiger Pflege

---

Stelle, die sozusagen beides war: kleine Ackerstücke mit Küchenkräutern, welche vielleicht nach Gutdünken als ‚Acker' (Mt) oder als ‚Garten' (Lk) bezeichnet werden konnten."

43 Ähnlich yKil 2,8(28a), wo mit dem Terminus מקיפין zunächst die Umgebung der eigentlichen Kulturfläche benannt wird.

44 Z.B. eine Baumscheibe (bzw. der von einem Weinstock beanspruchte Platz: אכלת הגפן), ein Grab oder ein Felsblock.

45 Eine *einzige* Bemerkung in yKil 2,8(28a) berichtet von einer kurzen Zeile (10 Ellen = ca. 3m) innerhalb eines Feldes, in die Senf gesät wurde. Allerdings endet die Passage mit der Bemerkung: „Es sagt Rabbi La'asar: Sie lehrten nur von einem kleinen Feld. Das (gilt) von einem großen nicht." (Übers. T. Arndt).

46 mKil 2,8–10; yKil 2,8(28a).

47 Zu Saflor vgl. Dalman, Arbeit II 300: „In Palästina wird Crocus sativus nicht, Carthamus tinctorius nur in geringem Umfang angebaut..."

48 Die Rückbildung, die in ThEv 20 vorliegt, „hat es möglicherweise bewußt vermieden, ausdrücklich von der Aussaat des Senfkorns zu sprechen": Lindemann, Gleichnisinterpretation 225. Angesichts von ThEv 96 u.a. wird man primär nach den sachlich-theologischen Motiven dafür fragen müssen, doch legt sich solche Rückbildung um so näher, je deutlicher sie Anhalt an den Realitäten hat.

49 Vgl. Zohary, Pflanzen 94 gegen 93; er behilft sich bei diesem Problem mit dem etwas unscharfen Hinweis, daß auch wildwachsende Senfarten zu den Memorim, den Bitterkräutern, gerechnet werden müßten.

50 Gewiß sind solche psychologischen Erwägungen gefährlich und sollten in der Exegese möglichst vermieden werden. Andererseits ist Geschichten, Gleichnissen bzw. Metaphern nichts so gefährlich wie Lächerlichkeit. – Unser Gleichnis aber war vor seiner sukzessiven Allegorisierung wirksam, weil einleuchtend.

51 Im Grunde sehe ich darin das stärkste überlieferungskritische Argument für die Priorität des Mk-Gleichnisses, dessen Provokation auf die Sache gerichtet bleibt. – Daß diese Argumentations-Figur (Botanik gegen Texte) methodisch bedenklich bleibt, soll hier nicht verschwiegen werden. Sie stellt nach Ausschöpfen aller textimmanenten Argumente eine ultima ratio dar.

bedarf, stellt er nicht dar. Oder noch drastischer mit dem Sprichwort: Unkraut (vergeht nicht[52], sondern) setzt sich durch, wo es einmal Fuß gefaßt hat[53]. Die Folgerichtigkeit des Prozesses und die Durchsetzungsfähigkeit eines Samens, die das Gleichnis von der Insemination an gegeben sieht[54], beruhen auf Vorstellungen, die wir in unserer Kultur wohl eher mit einer Infektion verbinden.

3. *Zur Bildempfängerseite*

Wenn es zutrifft, daß die früheste Stufe den Vergleich mit der Gottesherrschaft thematisierte[55], dann läßt sich die Situation der Hörer wohl auch mit Hilfe dieses Stichwortes erfassen. Wie die systematische Aufnahme und Beschreibung der Belege[56] ergibt, wechselt das mit dem Terminus Gottesherrschaft verbundene Verständnis von Gruppe zu Gruppe. Das folgt daraus, daß es sich bei dieser Vorstellung wohl eher um ein Symbol mit vielfältig assoziierbaren Aspekten handelt als um einen definierbaren Begriff[57]. Dennoch läßt sich für einige „Religionsparteien" im zeitgenössischen Judentum[58] die Frage nach der Beziehung zwischen Gegenwart und Zukunft des Königtums Gottes nachweisen[59]. Genauer gesagt: Es war damals fraglich, ob und wie diese heillose Welt, die krisenhafte Gegenwart, noch irgendetwas mit der Zukunft zu tun hat, die in allen Farben der Verheißung erwartet, ja ersehnt wird[60]. Die Bilder, die sich

[52] Das ist das genaue Gegenteil zu den Vermutungen bei JEREMIAS, Gleichnisse 148, der den biblischen Zeugen jede biologische Einsicht abspricht. Doch zum „Auferstehungswunder" vgl. Philos biologische Allgemeinbildung in Aet 100, die man ja wohl auch bei palästinischen Bauern voraussetzen darf. Vgl. ausführliche Textangaben dazu bei KUSS, Senfkornparabel 78–84; Singehalt 85–97. Dort auch die Anfrage an die etwas schwierige Diskussion: Kontrastgleichnis versus Wachstumsgleichnis. Zur Erneuerung der These durch STUHLMANN vgl. KLAUCK, Allegorie 221, mit Verweis auf KRAUß, Archäologie II 183.

[53] Die klassische Warnung JÜLICHERS, Gleichnisreden II 576, bleibt richtig: „Was den Grundgedanken der Senfparabel betrifft, so gehen uns natürlich allerlei Eigenschaften des Senfes, Farbe, Geschmack, medizinische Wirkung nichts an; das Himmelreich ist ihm nicht wegen dieser Eigenschaften ähnlich ...". Dennoch muß sie durch das Prinzip begrenzt werden, daß – nach KLAUCK, Allegorie 213, – der „soziokulturelle Kontext" zu rekonstruieren ist, in dem dieses Gleichnis wirksam wird.

[54] Vgl. dagegen Mk 4,3–8.

[55] Für die Parabeln ist mir die Einleitung mit dem Hinweis auf die Basileia mit HARNISCH unwahrscheinlich, weil sie die Pointe vorwegnimmt. Hier ergibt sich die poetische Spannung des kühnen Gleichnisses aus der unvermuteten Konfrontation der verschiedenen Horizonte.

[56] Vgl. die bei CAMPONOVO, Königtum 441–443, zusammengefaßten Konzepte.

[57] CAMPONOVO, Königtum 437–439.

[58] Zu denken ist an Zeloten, Qumran-Essener, Apokalyptiker, die Täufergruppe und wohl auch Pharisäer, nicht aber z. B. an die Sadduzäer.

[59] Vgl. THOMA, Herrschaft Gottes, und die Übersichten bei CAMPONOVO, Königtum 447–452.

[60] 4 Esr 7,15f.: „Was betrübst du dich also, daß du vergänglich bist? Warum erregst du dich, daß du sterblich bist? Warum nimmst du dir nicht die Zukunft zu Herzen, sondern nur die Gegenwart?" Vgl. auch WALTER, Relevanz 51–55.

z. B. in den Apokalypsen[61] finden, sind vielfach Metaphern des Abbruchs[62], der Diskontinuität und des totaliter aliter[63]. Dies aber heißt auch für das Verständnis des Gleichnisses, daß nicht die Zukunft Gottes, sondern das Verhältnis dieser Zukunft zum Jetzt und Hier das Problem darstellte[64]. Zugleich war wohl auch mit einigen Gruppen des Judentums die Rolle der Frommen bei der Verwirklichung der Gottesherrschaft strittig[65].

Auf diesem Hintergrund dürfte sich nun die Pointe bestimmen lassen, die zunächst im Bereich der Darstellung zu suchen ist: So wie der unübersehbare (und unausrottbare) Senf einen unscheinbaren Anfang hat, so „(bestimmt) die Macht der kommenden Gottesherrschaft schon die Gegenwart... Der Anfang hat es in sich..."[66].

Die Kraft[67], mit der sich eine unkrautähnliche Pflanze von selbst durchsetzt, gerät zum ungewöhnlichen, ja Konventionen sprengenden Bild für die Kraft, mit der die Gottesherrschaft bereits hier und heute beginnt. Die poetisch-theologische Provokation dieser Pointe wird wahrscheinlich in drei Richtungen wirksam: Zum einen wird die Gottesherrschaft mit einem wenig passenden Bildfeld zusammengebracht. Die Majestät der Basileia dürfte – wie die Rückwendung der späteren Überlieferung zur Genüge beweist[68] – eigentlich nur mit dem Bild des Baumes[69] angemessen ausgedrückt werden. Der Vergleich mit einem randständigen Küchen-, ja Unkraut ist schon in sich höchst irdisch-despektierlich. Zum anderen stellt das Gleichnis mit einem – ins Gegenteil verkehrten – Bild[70], das zur Urgewalt des Bösen paßt[71] (Unkraut vergeht

---

61 Zum Weltbild der Apokalyptik vgl. zusammenfassend Walter, Relevanz 51–55, und Lebram: Art. Apokalyptik II: TRE III 192–202.

62 Vgl. etwa 4Esr 4,48–50: Gegenwart als Rauch nach dem Feuer, als Resttropfen nach einem Gewitterguß – mehr bleibt nicht mehr bis zum Eschaton; 5,55: „die Schöpfung ist schon alt".

63 Vgl. die Bildfelder in 4Esr 7,3–14. Zur Sache 4Esr 4,11.

64 Der erste, der in der neueren Auslegung diesen Aspekt ins Spiel brachte, war m. W. Fuchs, Exegese 287–291.

65 Vgl. den Aktivismus der Widerstandsgruppen Jos Ant 18,5; Bell 2,117. Dazu Hengel, Zeloten 93–98, und Baumbach, Jesus 11–31.

66 Jüngel, Paulus 153.

67 Daß μέγας κτλ. nicht nur die optische Größe, sondern auch Macht und Kraft in seinem semantischen Feld einschließt, dazu vgl. Grundmann, Art. μέγας κτλ., ThWNT IV 535–550.

68 Für den, der die literarkritischen Voraussetzungen dieser Auslegung nicht teilt, beweist die Kombination von Senfkorn und Baum in einem Bild sicher nichts. – Aber er muß erklären, warum der erste Erzähler seiner Anschauung nicht getraut, sondern zwei traditionelle (?) Metaphern in schriftgelehrter Weise gegen alle Alltagserfahrung kombiniert hat, was bei den Hörern allemal Überzeugungen voraussetzt, die die Gleichnisse doch erst bewirken sollen.

69 Natürlich ist vor allem an die Zeder bzw. den Weltenbaum zu denken.

70 Auch unser Sprichwort: „Kleine Ursachen, große Wirkungen" will wohl eher warnen als ermutigen. Vgl. eine ähnliche rhetorische Figur Jos Ant 4, 229.

71 Die Kraft des Bösen wird nicht gerade häufig, aber doch nachweisbar mit dem Unkraut zusammengebracht:

– Am nächsten liegen natürlich immer noch Mk 4,7.19 sowie Mt 13,24–30. Vgl. dazu Luz, Taumellolch 156–163, dort 157 Anm. 19 zu Weizen und Taumellolch als Bild für Israel und die Völker; ds., Mt II 324–325.

nicht)[72], die Gottesherrschaft als Inbegriff der Güte Gottes dar[73]. Schließlich aber wird an einer eher lästigen Pflanze deutlich, daß die Gottesherrschaft der menschlichen Unterstützung nicht bedarf. Sie setzt sich selbst durch.

Eine solche Pointe verrät gewiß auch einiges über ihren Autor, seine Souveränität im Umgang mit Erfahrungen und Sprachgewohnheiten seiner Umwelt und zugleich über seinen eigenen Wurzelgrund. Jedenfalls ohne Vertrauen auf die Zuverlässigkeit gegenwärtigen Heils trotz aller gottloser Gegenwart ließe sich solche Zuversicht kaum glaubhaft verkünden[74]. Mehr noch! Wie die vergleichbaren Logien in Lk 11,20 par., Lk 17,20f. und wohl auch Lk 12,8[75] sichern, verbindet der historische Jesus sein eigenes (irdisches) Tun mit der

– Etwas weiter führt das Bild vom Ineinander von Todesbaum und Lebensbaum in PesK Anh. IB (THOMA/LAUER, Gleichnisse 321ff., Nr. 76), weil dort die Kraft des Todesbaumes den Lebensbaum paralysieren kann. Unsicher bin ich, ob die vorliegende rabbinische Deutung gleichursprünglich mit diesem starken Bild ist.

– Vom Poetischen her schwach, aber der Sache nach besonders deutlich belegt 4 Esr 4,28–32 die Metapher vom Bösen als unaufhaltsam wachsendem Unkraut, dessen zentraler Satz V30 lautet: „Denn ein Korn des bösen Samens wurde am Anfang in das Herz Adams gesät. Doch wieviel Sündenfrucht hat es bisher hervorgebracht und wird es hervorbringen, bis die Ernte kommt." (Übers. SCHREINER). Erst nach der Ausrottung des Unkrauts (sc. nach dem Endgericht) ist wieder auf gute Saat und reichliche Ernte zu hoffen, VV31f.

– Entfernter ist die Metapher von der Wurzel des Bösen, die aber ebenfalls das Bildfeld der lästigen bzw. schädlichen Pflanzen nutzt, in 4 Esr 3,22 u. ö.: „... das Gute schwand, das Böse blieb." Vgl. dazu auch die Bilder von der Pflanze der Rechtschaffenheit bzw. der Wurzel/dem Wachstum der Ungerechtigkeit in aethHen 93,2–9; 91,11; 91,8. Ihnen entspricht das Gegeneinander der „Bäume" in 1QH VI,15f. bzw. VIII,4–11. Vgl. dazu aber BRAUN, Qumran I 28f.

– Weit entfernt, aber dennoch ein Beleg für Pflanzen als Mittel und Symbol des Bösen grBar 4. Dort wird in der ursprünglich jüdischen Fassung der Wein (!) zum „Baum, der Adam verführt hat". Mehr noch – der Weinstock überlebt sogar die Flut und bringt Noah zu Fall. Das Böse überlebt! – Ursache dafür ist seine Pflanzung durch „Samael", weshalb Gott den Wein verflucht und vom menschlichen Gebrauch ausschließt. – Verständlich, daß ein späterer christlicher Interpolator das nicht so stehen lassen kann und eine eucharistische Umwertung des Weines in den Text einbringt.

[72] Mit ähnlichen Beobachtungen hatte bereits JEREMIAS, Gleichnisse 149, die Exegese für das Sauerteiggleichnis und – auf Grund von Zuordnungen, die hier nicht vertreten werden (Baum = widergöttliche Weltmacht, vgl. dagegen Ez 17,23) – auch für unseren Text abgeschlossen: „So ist's – nicht mit der Macht des Bösen, sondern mit der königlichen Macht Gottes!" Vgl. auch GRUNDMANN, Lk 283.

[73] Soweit ich auf der Suche nach botanischen Gleichnissen in der apokalyptischen Literatur erkennen konnte, sind diese dort höchst selten. Hängt die Auswahl der Analogien auch am Weltbild, das die Apokalyptiker an der Kontinuität des Wachstums nicht interessiert sein läßt?

[74] Die Differenz zu DODD, Parables 191, liegt darin, daß sein Skopos („... Jesus is asserting that the time has come when the blessings of the Reign of God are available for all men") nur noch den Endpunkt, nicht aber die Spannung zwischen dem winzigen Anfang und dem Ende realisiert.

[75] Ich gehe zum einen von der Echtheit dieser Menschensohn-Sprüche und zum anderen davon aus, daß sich mit der βασιλεία τοῦ θεοῦ die Vorstellung von „Funktionären der Basileia" wohl vereinbaren läßt.

künftigen Basileia in herausfordernder Weise[76], die die Hörer vermutlich anzog – oder abstieß, in keinem Fall aber kalt ließ[77].

Die Zumutung an die Hörer erstreckt sich insofern noch weiter, als das Senfkorngleichnis zum genauen Hinsehen auffordert. Wenn der unscheinbare Anfang als Beginn dessen gelten darf, worauf jeder Fromme hofft[78], dann liegt der Anspruch des Textes darin, daß dieses Geheimnis entdeckt und wahrgenommen werden will, daß also die Betrachtung dieser Welt als gänzlich heil- und gottlos obsolet ist. So aber besetzt der Sprecher in einem Sprachspiel ein Bildfeld, das für die Hörer zunächst eher ihre Befürchtungen ausdrücken konnte, um die unheimlich-subversive Macht der Gottesherrschaft einzuprägen[79].

Die Suche nach möglichen Analogien[80] in der Verkündigung des historischen Jesus führt – nach der vorliegenden Interpretation – zum Gleichnis von der selbstwachsenden Saat Mk 4,26–29, das in ähnlich absichtsvoller Weise das Stichwort αὐτομάτη heraushebt[81]. Ohne weiteres Zutun des Menschen bringt die Erde Frucht, d.h. die Gottesherrschaft bedarf zu ihrer Vollendung keiner menschlichen Pflege, auch wenn sie mit ihrem Nutzen auf den Menschen bezogen ist[82]. Beide Gleichnisse geben die greifbare Nähe Gottes zu verstehen und wehren einer Distanzierung der Gottesherrschaft, ohne sie damit zum Gegenstand menschlicher Aktivität zu machen. – Ähnliche Tendenzen weist wohl auch die primäre Fassung von Mk 13,28 auf[83], die an den ersten Anzeichen die Gegenwart des Gottesreiches abliest. – Die darin nicht ganz aufgehende Entsprechung in der Pointierung des Anfangs bieten die Logien, die die

[76] Eine Zusammenfassung der Diskussion über die ungewöhnliche Kombination von Wunderwirken und apokalyptisch geprägter Predigt beim historischen Jesus bei VOLLENWEIDER, Ich 199.

[77] Die pure Identität zwischen Jesu Wort und Tat einerseits und der Basileia andererseits, wie sie WEDER, Gleichnisse 132, nahezulegen scheint, möchte ich damit nicht behaupten. Die Basileia schließt seine Tätigkeit ein, läßt sich aber nicht auf sie beschränken.

[78] Unabhängig davon, ob er seine Hoffnung mit dem Terminus „Gottesherrschaft" beschreibt.

[79] Auch für das Senfkorngleichnis ist zu überlegen, ob es nicht die Pole umspannt, die LÜHRMANN, Glauben 28, im spezifischen Konzept ‚Glauben' ausgemacht hat: „...Glauben (bezeichnet) die Fähigkeit..., eine Veränderung der Gegebenheiten herbeizuführen in solchen Grenzfällen, in denen eine Veränderung gänzlich unmöglich erscheinen muß."

[80] Vgl. die Auslegung von Lk 14,15–24 unter II.4.

[81] Vgl. zur Auslegung KLAUCK, Allegorie 218–227.

[82] Vgl. LAMBRECHT, Treasure 166f., zu Mt 13,31f.33: „One may compare the coming of God's reign to the irresistible force of that small grain or that little bit of yeast." Ähnlich KLAUCK, Allegorie 224: „Es gibt nichts, was den machtvollen Einbruch der Basileia hindern kann." Diese Formulierung der Pointe trifft den Darstellungsaspekt. Für die Hörerdimension heißt es bei ihm: „Jesus räumt die Bedenken seiner Hörer aus dem Weg. Mögliche Widerstände werden einfach ausgeblendet." Mir scheint es nicht nur um Bedenken zu gehen. Der Hörer wird auch aus der falschen Sorge um die aktive Verwirklichung der Gottesherrschaft entlassen.

[83] Nach KLAUCK, Allegorie 316–325, bes. 322: „Die Basileia ist zeichenhaft, vorausgreifend schon am Werk."

Nähe des Reiches bzw. des Heiles mit der Wirksamkeit Jesu verknüpfen, wie Lk 10,18[84] oder Lk 11,20 par.[85]

Schließlich erlaubt aber die Neubestimmung des Bildfeldes auch eine Präzisierung der bisherigen Auslegung des Wortes vom Senfkornglauben Mt 17,20 par. Lk 17,6[86]. Die Metapher meint offenbar doch nicht nur die kleinste denkbare Größe[87], die, wenn sie den Glauben (und nur den Glauben) als Maß betrifft, die Sprengkraft hat, eine Sykamine bzw. einen Berg zu verpflanzen. Die Metapher des Senfkornglaubens evoziert offenbar doch die Assoziation des Vorgangs massenhafter, unglaublicher und unwiderstehlicher Verbreitung. Glaube, der einem *Senfkorn* entspricht, wird allein dadurch bereits mit seinen unaufhaltsamen Wirkungen in Beziehung gesetzt[88]. Gleichnis und Metapher nutzen in ähnlicher Weise ein so offenbar noch nicht vorher genutztes Bildfeld zu einer kühnen Verbindung, deren auch poetische Provokation offensichtlich ist. Ginge es nämlich allein um einen stehenden bildlichen Ausdruck für eine quantité négligeable, dann täten es auch der Wassertropfen[89], das Sandkorn[90] oder das Staubkorn[91]. So aber wird Glaube zu einem unwiderstehlichen ‚Naturereignis', dessen elementare Kraft sich in dem von ihm inaugurierten Prozeß erweisen wird[92].

4. *Die Unaufhaltsamkeit der Infektion. Lk 13,20f. par.*

Die nächste Sachparallele ergibt sich in dem Gleichnis[93], das schon immer als die andere Hälfte eines Doppelgleichnisses angesehen wurde: Mt 13,33 par. Lk

---

84 Vgl. dazu VOLLENWEIDER, Ich 200-202.

85 VOLLENWEIDER, a. a. O. 198f.

86 Zur verbreiteten Unklarheit in der Auslegung vgl. LUZ, Mt II 524.

87 Vgl. HUNZINGER Art. σίναπι, ThWNT VII 286–290 (hier 289); WIEFEL, Lk 303; SAND, Mt 360; SCHNEIDER, Lk 347; u. a. Anders m. W. nur LOHMEYER, Mt 273, der den Zusammenhang mit Mk 4,30–32 ahnt.

88 So ist ins Bild gesetzt, was nach Mk 10,27 *(Alle Dinge sind möglich bei Gott)* und 9,23 (*Alle Dinge sind möglich, dem der da glaubt*) im Glauben repräsentiert wird, die rettende Macht Gottes.

89 Jes 40,15; Sir 1,2; 18,10 u. ö.

90 Jes 40,15; 48,19; Sir 18,10 usw.

91 Gen 13,16; 28,14 usw.

92 Zum Zusammenhang der verschiedenen Logien über die Kraft des Glaubens vgl. LÜHRMANN, Glaube 18–22.

93 Man mag schwanken, ob es sich bei Lk 13,21 um ein Gleichnis oder eine Parabel handelt. Für eine Parabel sprechen die Maßangabe, die über den Alltag hinausgeht, und das Präteritum; für ein Gleichnis, daß der Vorgang der unaufhaltsamen Durchsäuerung eine allgemein gültige Regel abruft. – Entsprechend verschieden wird in der Literatur die formkritische Zuordnung vorgenommen: JÜLICHER, Gleichnisreden II 577–581, und LUZ, Mt II 328, rechnen z. B. den Text zu den Parabeln; BULTMANN, Geschichte 186, und viele andere zu den Gleichnissen. Daß diese Kategorien lediglich Hilfsmittel darstellen und keine absolute Geltung beanspruchen dürfen, zeigt sich hier wie umgekehrt in Lk 11,5–8, wo der Parabelstoff in den Tempora der Besprechung gehalten ist.

13,20f[94]. Es soll hier kurz zur Kontrolle der bisherigen Ergebnisse behandelt werden. Der Text gibt keinen Anlaß zu einer Dekomposition, was nicht sehr verwunderlich ist, denn auch das Gleichnis von der verlorenen Drachme Lk 15,8–9 wurde nicht wesentlich übermalt[95]. Die Frauengestalten beider Gleichnisse eigneten sich offenbar schlecht für christologische oder theologische Allegorien[96]:

Mit der Gottesherrschaft verhält es sich wie mit Sauerteig, den eine Frau nahm und in drei Maß Mehl verbarg, bis es ganz und gar durchsäuert war.

Auch die Realien sind rasch geklärt. Bekanntlich ist die Menge Mehl erstaunlich hoch (33–40 Liter)[97]. Eine Hausfrau verbäckt solche Mengen nicht alle Tage – höchstens zu einer festlichen Gelegenheit[98]. Jedenfalls wird an dieser Menge die ansteckungsähnliche Kraft des Sauerteigs demonstriert. Ist der Sauerteig einmal untergemengt, kann das Ergebnis nicht mehr rückgängig gemacht werden.

Eine Besonderheit zeichnet das Gleichnis insofern aus, als in diesem Fall wohl mit Sicherheit ein Spiel mit der stehenden Metapher ‚Sauerteig' vorliegt. Durch das Gebot, alle Jahre wieder ‚ungesäuerte Brote' zu backen, und durch das Verbot, gesäuerte Brote zu opfern[99], war Sauerteig als Bild für ansteckende Unreinheit[100], ja für den bösen Trieb[101], im Bewußtsein der Hörer Jesu befestigt.

---

94 DUPONT, Le couple, referiert die Debatte, wobei er von der Lk-Fassung her die Zusammengehörigkeit bejaht. Ein Register der vertretenen Positionen bei KOGLER, Doppelgleichnis passim.

95 Zugleich geben sie damit aber auch ein mögliches Maß und Ziel von Dekompositionen an.

96 Charakteristischerweise wird die Frau zum Vorbild in der Fassung ThEv 96, insofern sie aus wenig Sauerteig große Brote macht. Vgl. dazu LINDEMANN, Gleichnisinterpretation 227. – Zur späteren Allegorisierung vgl. LUZ, Mt II 328–331.

97 Vgl. die verschiedenen Maßsysteme bei BEN-DAVID, Ökonomie 341.

98 Daß schon im Maß die „Realitäten Gottes" erkennbar werden, wie JEREMIAS, Gleichnisse 146, meint, ist mir fraglich, weil grundlose Verschwendung den stillen Protest der Hörer hervorrufen muß – in einer Zeit, wo Lebensmittel außerordentlich knapp waren. – Die entscheidenden Angaben wieder einmal bei MADSEN, Parabeln 161, der auf Gen 18,6 (Jdc 6,19) und bShab 119a (drei Sea Kuchen für den Sabbat) verweist. Vgl. auch die Angaben von 1 Sam 1,24; 25,18 (Opfer der Hanna bzw. Gaben aus dem Haushalt des Nabal und der Abigail.) Zu den drei Maß in Gen 18,6 vgl. WESTERMANN, Genesis II 337f.: „... es soll dabei das Reichliche zum Ausdruck bringen; man soll es nicht genau nachmessen."

99 Ex 12,15–20; Lev 2,11 u. ö. Vgl. LUZ, Mt II 334 und 448.

100 Die paulinischen (1Kor 5,6–8; Gal 5,9) und synoptischen Belege (Mt 16,6–12 par.) haben ihre Entsprechung in rabbinischen Stellen (bBer 17a vgl. BILL IV 474; BerR 34 (21a) vgl. BILL IV 469). Allerdings gibt es sowohl bei Philo, Spec Leg 2,184f. wie bei den Rabbinen (yHag 1,7[76c]: BILL I 728) auch den positiven Gebrauch. LUZ, Mt II 334 und 448.

101 BerR 34 (21a) (BILL IV 469) yBer 4(7d) (BILL IV 478) wird das Bild vom Sauerteig im Teig als Bild für den יצר הרע, den bösen Trieb, gebraucht!

Das heißt, daß die poetische Regelverletzung in dem der Basileia unangepaßten Milieu (Haushalt/Küche) und dem schwierigen, mindestens ambivalenten Bildfeld vom Sauerteig zu finden ist[102].

Damit aber wird die Gottesherrschaft dargestellt als ein Prozeß, der erst am Ende sichtbar und zu ‚schmecken' ist. In der Zeit dazwischen aber wirkt er wie eine Ansteckung: unsichtbar, unbeeinflußbar und unaufhaltsam.

Die Hörer scheinen hier, – mindestens ebenso stark, wie für das Senfkorngleichnis bereits beschrieben – auf ihren Aktivismus bzw. ihre Verzweiflung über die fehlende Durchsetzung der Gottesherrschaft angesprochen zu werden. Beides liegt ja häufig dicht nebeneinander.

Der Sprecher beweist mit einem solchen Gleichnis nicht nur eine poetische Kraft[103], sondern verrät auch etwas von einer tiefen Überzeugung, aus der heraus ein solches Bild wirksam werden kann.

Den Adressaten wird wie im Senfkorngleichnis ein ‚blindes Vertrauen' zugemutet, d.h. eine Überzeugung, die den unauffälligen Anfang mit dem unaufhaltsamen Ende zusammenhält. Es scheint, als ob mit diesem Gleichnis ein Beispiel für die Ermutigung zum Glauben vorliegt, der „in auswegloser Situation Unmögliches für möglich hält"[104].

Die Überlieferungsgeschichte des Gleichnisses dürfte dadurch bestimmt worden sein, daß die Metapher ‚Sauerteig' plastisch genug war, um auch die *Verkündigung* von der Gottesherrschaft abzudecken. Durch diese Interpretation verbinden sich beide Gleichnisse in Q, und auf diese Weise sichert der christologisch offene Text am Beginn der Kombination die Tradierung des zweiten, der sich für eine solche Allegorisierung zunächst nicht eignete[105].

5. *Zur Auslegungsgeschichte*

Die Überlieferungsgeschichte des Senfkorngleichnisses ist natürlich auch eine Geschichte der Auseinandersetzung mit der Intention wie des Verbrauchs dieser Pointe:

Wenn die zeitliche Sonderung der beiden Bildfelder ‚Senf(korn/kraut)' als primär und ‚Baum'[106] als sekundär richtig war, dann ist unbestreitbar, daß es

---

[102] Bill I 728 und Flusser, Gleichnisse 206, verweisen auf yHag 2,76c,37 (sic! wohl: 1,7 [76c]); PesK 121a, wonach die Tora im Gebrauch wie Sauerteig (heimlich und automatisch) wirkt, auch wenn Israel Gott verließe. Dieser deutlich spätere Beleg verwendet die provozierende Metapher in ähnlicher Weise.

[103] Die anderen antiken Autoren, wie den Rabbinen, damit nicht abgesprochen sein soll.

[104] Lührmann, Glaube 85.

[105] Eine ähnliche Kombination findet sich in Lk 15,3–10, wo der christologisch nutzbare Text über den guten Hirten die Einleitung für den zweiten bildet.

[106] Auch wenn das Stichwort δένδρον nur in Q auftaucht, muß aus den Elementen κλάδοι und κατασκηνοῦν auf das „Bildfeld" zurückgeschlossen werden, da für den Senf als Krautgewächs bei bestem Willen nicht von Zweigen die Rede sein kann.

eine Q[107] und Mk[108] gemeinsame Grundlage[109] gab, die mit den Elementen τὰ πετεινὰ τοῦ οὐρανοῦ, κατασκηνοῦν und κλάδοι bzw. ihren Äquivalenten arbeitete. Der Schluß des Gleichnisses wird damit durch eine Anspielung angereichert, für die eine Reihe alttestamentlicher Stellen[110], vor allem aber Ez 17,23[111], Vorbild sein wird[112]. Danach gewinnt die Bildebene ihre Spannung nunmehr aus der Gegenüberstellung eines unscheinbaren Senfkorns und eines ‚Baumes', des Symbols für das wiederhergestellte Israel[113]. Die Vögel können wohl bildlich für die Heiden stehen; die Vorstellungen bewegen sich aber noch im Rahmen der Völkerwallfahrt nach Sach 2,15 LXX[114] – und nicht dem der allgemeinen Heidenmission[115].

Die nachösterliche Gemeinde, die mit diesem Text auch ihre neuen Erfahrungen ausspricht, beginnt damit eine Allegorisierung, die die Deutung einzelner Textelemente erfordert. Dabei ist eine sichere Dekodierung für die Zufügungen möglich: Die Bewegung, bzw. das Wachstum im Gleichnis, führt zur Erlösung Israels, die offen ist für den Zutritt der Heiden. Vermutlich ist in diesem Kontext auch der Komparativ μεῖζον πάντων sinnträchtig, insofern er alle konkurrierenden Heilsangebote ausschließt. Fraglich erscheint die allegorische Bedeutung des Ausgangspunktes ‚Senfkorn'. Denkbar bleibt einerseits eine christologische Deutung[116] auf die scheinbare Ohnmacht Jesu, dessen provinzielle Wirksamkeit mit seiner Auferstehung bzw. der Rolle als künftiger Menschensohn-Richter zusammengehalten wird. Andererseits scheint auch ein Bezug auf die Botschaft der Zeugen[117] möglich, wie ihn der Q-Text aufweist, dann ist das Korn Metapher für das anvertraute Wort. Schließlich

---

107 Nach KLAUCK, Allegorie 213, näher bei Dan 4,18.

108 Nach KLAUCK, Allegorie 213, näher bei Ez 17,23.

109 Oder eine auffällig gleiche Entwicklung?

110 Zu nennen sind Ez 17,23; 31,6; Dan 4,9(12).11(14).18(21), die offenbar schon atl. in einer Tradition stehen. Zum Bildfeld vgl. auch Ps 103,12.16f. (LXX).

111 Ez 17,23 (bzw. 17,22–24) ist die einzige Stelle, in der das so geschilderte Bild vom Baum Heilserwartungen symbolisiert. In Ps 103,12 (LXX) dient die eigentlich gemeinte Naturschilderung zum hymnischen Lob des Schöpfers.

112 KLAUCK, Allegorie 212 A.131, hat mit guten Gründen auf Differenzen zwischen MT und LXX in Ez 17,23e aufmerksam gemacht, die eine (hypothetische) andere Übersetzung von כל־כנף בצל דליותיו תשכנה in ὑπὸ τὴν σκιὰν τῶν κλάδων αὐτοῦ τὰ πετεινὰ (τοῦ οὐρανοῦ) κατασκήνωσεν ermöglichte, die „beiden synoptischen Fassungen erheblich näher" steht.

113 Dem entsprechen LXX-Belege für das sichere endzeitliche Wohnen Israels, auf die KLAUCK, Allegorie 216, aufmerksam macht: Jer 23,6 LXX und Sach 8,8 LXX vgl. Dtn 33,28.

114 καὶ καταφεύξονται ἔθνη πολλὰ ἐπὶ τὸν κύριον ἐν τῇ ἡμέρᾳ ἐκείνῃ καὶ ἔσονται αὐτῷ εἰς λαὸν καὶ κατασκηνώσουσιν (!) ἐν μέσῳ σου...

115 Die Belege, die JEREMIAS, Gleichnisse 146, nach T.W. MANSON gibt, sind aethHen 90,30–37 und MTch 104,12. Inwieweit für κατασκηνοῦν JosAs 15,7(6) herangezogen werden darf, ist umstritten. Dafür JEREMIAS, Gleichnisse 146, dagegen BURCHARD, Untersuchungen 57.65.118f.; SCHULZ, Q 305 Anm. 316.

116 So WEDER, Gleichnisse 134.

117 Dafür sprächen die Analogien in der Allegorisierung von Mk 4,14. Wenn WEDER mit seiner Vermutung recht hat, daß ἀναβαίνει in Mk 4,32 offen ist für die Zwischenzeit der Kirche, dann wäre damit die Logosmetapher κόκκος gesichert.

dürften auch die Boten, deren Verkündigung sich in Q niedergeschlagen hat, mit ihrer Verkündigung keineswegs einen unaufhaltsamen Siegeszug erlebt haben[118].

Sprecher und Hörer einer solchen Allegorie begreifen sich innerhalb einer derartigen Darstellung als Teilnehmer einer Geschichte, deren kümmerliche Anfänge trotz alledem ihren eschatologischen Anspruch nicht entwerten können. Der Text stimuliert ein Einverständnis der Eingeweihten, indem er die eigene Existenz unter Verwendung des alten Bildmaterials auf das kommende Gottesreich bezieht. Doch den Außenstehenden, die die alttestamentlichen Anspielungen verstehen, vermag er höchstens den Anspruch dieser Gemeinschaft zu verdeutlichen. Eine Plausibilität dieser Lesart entfaltet er ohne christliches Vorverständnis nicht mehr.

Ein Appell ergibt sich insofern, als ein so verstandener Geschichtshorizont eine Entscheidung des Hörers erwartet bzw. bestätigt, die eigentlich nur in einer Richtung möglich ist und im Anschluß an christliche Gruppen ihren sozialen Ausdruck findet.

Ebenfalls allegorisierend geht der Q-Text vor, der aus dem Naturgleichnis die Historie Christi als erzählte Geschichte gestaltet[119]. Der Beginn stellt einen eindeutigen Code dar (ἄνϑρωπος), der zum „Sämann" keine andere als eine christologische Auflösung erlaubt. – Durch die Reihung von drei koordinierten Verben (ἔβαλεν ... καὶ ηὔξησεν ... καὶ ἐγένετο) werden drei Akte des „Dramas" gleichgewichtig nebeneinandergestellt, so daß neben dem Anfang und dem Schluß auch die Zwischenzeit ein eigenes Gewicht bekommt, denn αὐξάνειν – hier anders als bei Mt aktiv gebraucht – ist häufig als Terminus der Missionssprache nachweisbar[120]. Daß hier die Zeit der Kirche bzw. der Gemeinde[121] gemeint ist, auch wenn sie natürlich nicht mit der Gottesherrschaft identifiziert wird, liegt auf der Hand. Die Boten (und ihre lokalen Adressaten) sind beteiligt an der Bewegung, mit der sich die Gottesherrschaft als die Heimat aller erweisen wird. – Das Bildfeld des Baumes gewinnt an Deutlichkeit[122]. Es ersetzt nun den ursprünglichen Vergleich zwischen kleinem Samen und größtem Kraut. Die Deutung auf die Heidenmission bleibt jedoch noch genauso

[118] Die logische Differenz zwischen der christologischen und der ekklesiologischen Deutung läßt sich zwar begrifflich beschreiben. Ich sehe aber keinen Anhaltspunkt, der die Interpretation in der einen oder anderen Richtung festlegt, und rechne daher mit einer Mehrfachnutzung.

[119] Eine andere Sicht der Überlieferungsgeschichte bei LUZ, Mt II 327f.: „Beweisbar ist hier nichts. Mir scheint das Argument für das höhere Alter der Parabelform in Q gewichtiger."

[120] WEDER, Gleichnisse 101f., verweist auf Act 6,7; 12,24; 19,20; Kol 1,6.10; 2Kor 10,15. Die eigentliche bzw. wörtliche Bedeutung liegt nur Mk 4,8 vor, wo tieferer Sinn nicht auszuschließen ist, und Mt 13,32 par. Lk 13,19, also im vorliegenden Text.

[121] Muß u. U. auch κῆπος ἑαυτοῦ ekklesiologisch verstanden werden?

[122] Mindestens gilt das für unsere analytische Optik. Ob das Stichwort δένδρον hier zugesetzt wurde oder bereits auf der Vorstufe vorhanden war, läßt sich nicht mit Sicherheit klären. Es bringt zum Bildfeld nichts völlig Neues hinzu. Aber das Nisten *in* den Zweigen nutzt nun die Baummetaphorik eindeutig.

offen wie auf der vorigen Stufe. Das Verständnis nach dem Modell der Völkerwallfahrt zum Zion läßt sich zumindest nicht ausschließen[123].

Eine gewisse Sicherung des Verständnisses liegt in der in Q vorliegenden Kombination mit der Parabel vom Sauerteig[124], die offenbar in der Parabelform auf diese Textstufe des Senfkorngleichnisses eingewirkt hat[125] und den Prozeßcharakter (ἕως οὗ) der Vorgänge unterstreicht.

Die Sachpointe dürfte von Weder richtig bestimmt sein: „Der Anfang ist gemacht, die große Zukunft ist gewiß, also ist auch die Gegenwart in Bewegung."[126] Der Appell, der in dieser Geschichtsdeutung liegt, versteht sich von selbst. Er geht auf das Problem ein, wie sich die Zeit nach dem normativen Anfang und vor dem erwarteten Ende definieren läßt. Die Autorität dieses Textes – und damit der Sprecher – liegt in der Entdeckung der doppelten Qualifizierung der Gegenwart durch die Herkunft der Boten samt ihrer Botschaft und durch die Zukunft der Gemeinde.

Auf die hypothetische gemeinsame Grundlage folgt parallel zur Q-Fassung die Mk-Version[127], die sich vor allem durch die deutliche Betonung des Größengegensatzes auszeichnet. Sicher trägt der Redaktor (Mk?) damit einen Zug nach, der den Kontrast zwischen Anfang und Schluß besonders betont[128]. Da aber das Ende deutlich allegorisierende Züge aufweist[129], dürfte die Auslegung in einzelnen Metaphern auch für den Beginn zwingend sein; es fragt sich nur, welche Teile davon betroffen sind[130].

Gewiß meint im Rahmen markinischer Ekklesiologie und Eschatologie das Bildfeld des Baumes wie selbstverständlich die Mission unter den Heiden[131], auf deren Verlauf vielleicht die Wendung καὶ ποιεῖ κλάδους μεγάλους in allegorisierender Form hinweist, deren schützende Aufnahme in der Basileia mit ὑπὸ τὴν σκιὰν αὐτοῦ herausgehoben wird. Ebenso faßt die Heraushebung der Kleinheit die Schwierigkeiten, die Kümmerlichkeit, die Ohnmacht des Beginns

123 Eine Entscheidung darüber läßt sich nur aufgrund einer Gesamtdeutung der Q-Konzeption(en) unter Einbeziehung aller Texte fällen.

124 Dazu vgl. oben S. 81f.

125 Allerdings fehlt Lk 13,21 charakteristischerweise ein allegorisierender Zusatz. Wäre der angesichts der exorbitanten Menge Mehl für 100 Personen nicht zu finden gewesen? Wann versammeln sich 100 Personen zu einer Mahlzeit?

126 Weder, Gleichnisse 136.

127 Ob Zwischenstufen zu sichern sind, sei dahingestellt. Weder, Gleichnisse 135, rechnet mit einer vormarkinischen Fassung, die der Evangelist „ganz übernehmen (konnte)".

128 Ob Leser außerhalb Palästinas wirklich über die sprichwörtliche Kleinheit der Senfkörner informiert werden mußten? Wie Theophrast und Plinius belegen, kannte man Senf im gesamten mediterranen Raum.

129 Zusätzlich zu den Zügen, die Mk und Q gemeinsam waren, sind nun zu berücksichtigen: die Wendung ὑπὸ τὴν σκιὰν αὐτοῦ und die Verstärkung ποιεῖ κλάδους μ ε γ ά λ ο υ ς, die gemessen am Ausgangspunkt (Senf ist ein *Kraut*gewächs) besonders übertrieben wirkt.

130 Unter diesem Blickwinkel steht auch die Wendung μικρότερον ὂν πάντων τῶν σπερμάτων τῶν ἐ π ὶ τ ῆ ς γ ῆ ς unter Allegorisierungsverdacht. Ob sich an dieser Stelle nicht doch schon markinische Niedrigkeitschristologie niederschlägt? Beweisen allerdings läßt sich hier nichts.

131 Vgl. Mk 13,10; 14,9.

ins Auge. Unklar bzw. offen bleibt aber, ob diese Auslegung des Textes den Samen eher auf ‚das Wort' oder auf ‚den Christus' bezieht[132]. Wie dem auch sei, die Situation der Gemeinde spiegelt sich insofern deutlich, als sie – unter der Herausforderung der universalen Mission – den für den Nazarener von seinen Bekennern erhobenen Anspruch vor dem Zweifel angesichts der kümmerlichen Anfänge rechtfertigen muß.

So stellt das Gleichnis auf dieser Stufe den Kontrast[133] zwischen dem kläglichen Anfang und dem überaus herrlichen Ende dar[134]. Die Mk-Redaktion dürfte damit der Erwartung Ausdruck verleihen, daß die Adressaten, Hörer und Leser, die Dialektik der Offenbarung zusammenhalten und Niedrigkeit und Hoheit des Offenbarers nicht auseinanderreißen. Ihre Autorität beruht dann auf der Einsicht in diesen Zusammenhang, die den Adressaten zugemutet und zugetraut wird.

Auffällig nahe bei der Mk-Fassung[135] steht die Überlieferung des Gleichnisses in ThEv 20[136]. Es wirkt auf den ersten Blick kaum allegorisch überformt[137] und könnte dasselbe meinen wie unsere erste Fassung. Aber im Zusammenhang mit anderen Gleichnissen dieser Sammlung[138] scheint die betonte Größe des Zweiges[139] und seine Schutzfunktion für die Vögel des Himmels[140] transparent für den wahren Gnostiker und seine Bedeutung für die missionsbedürftige Umgebung. Nimmt man nun noch hinzu, daß die Aktivität der Erde besonders gewürdigt wird („läßt sie aufgehen einen großen Zweig"[141]), so scheint diese Fassung die „Tat des Gnostikers"[142] darzustellen, der vom Himmelreich dazu

---

132 In dieser Alternative hilft m. E. auch nicht der Blick auf Mk 4,3–9 und seine Deutung, weil das Stichwort σπέρμα im MkEv zum ersten Mal hier und dann nur noch in Mk 12 in der Sadduzäerfrage erscheint. – Eine leichte Prävalenz der christologischen Deutung ergibt sich mir aus dem Gesamteindruck der mk Theologie, die die Dialektik zwischen Ohnmacht und Herrlichkeit wohl doch eher christologisch denkt, während die entsprechende Ambivalenz der Ekklesiologie in den Nachfolgetexten bedacht wird.

133 Vgl. JEREMIAS, Gleichnisse 147, dessen Auslegung hier zu ihrem (begrenzten) Recht kommt.

134 Immerhin verbleibt die mk Formulierung mit δύνασθαι noch im Potentialis. Anders Mt!

135 Die Nähe wird vor allem erkennbar an den zwei Elementen: Präsentische Schilderung ohne Erzählung; der „Baum" wird nicht direkt erwähnt.

136 Vgl. LINDEMANN, Gleichnisinterpretation 224–226, und das Referat der Diskussion bei KOGLER, Doppelgleichnis 23–26, der aber leider die Gelegenheit zur auslegungsgeschichtlichen Auswertung verpaßt und stattdessen nur an der literarkritischen Abwertung des Logions interessiert ist.

137 Vgl. zu dieser offensichtlich redaktionellen Tendenz des ThEv LINDEMANN, Gleichnisinterpretation 242f.

138 ThEv 8 (großer Fisch); 96 (große Brote aus dem Sauerteig); 107 (verlorenes Schaf als das größte).

139 Zum Sprachlichen vgl. LINDEMANN, Gleichnisinterpretation 224.

140 σκέπη: auch das nicht eben sehr realistisch!

141 Übersetzung LINDEMANN, Gleichnisinterpretation 224.

142 LINDEMANN, Gleichnisinterpretation 225.

befähigt ist. Die appellierende Komponente liegt nach Lindemann in der „impliziten Mahnung zur Selbstprüfung: ‚Bin ich wirklich der ...?‘“[143]

Im Kontext des MtEv wird das Verständnis[144] des Doppelgleichnisses durch die Klammer von Mt 13,24–30 und seiner allegorischen Deutung (ὁ δὲ ἀγρός ἐστιν ὁ κόσμος) in VV36–43 bestimmt. Die Metapher Sämann (ἄνθρωπος ἔσπειρεν s. 13,24) steht ebenso für Christus, wie der Acker die Welt (V38) sein dürfte. Der Same allerdings wird anders als in 13,38 mit dem Logos (= 13,18ff.) zu identifizieren sein. Die Zukunft der Basileia ist sicher (ὥστε ἐλθεῖν)[145] und bringt Juden und Heiden zusammen, so daß die eigentliche Herausforderung für die Hörer/Leser darin besteht, dieser Perspektive im eigenen Verhalten zu entsprechen[146]. Die Autorität des Redaktors ergibt sich dann daraus, daß er die Koordinaten sichtbar macht, in denen sich die individuelle und gemeindliche Verantwortung des Christen realisiert[147].

Die lukanische Interpretation ergibt sich wahrscheinlich nur durch die Abfolge der Einzeltexte. Lk beginnt mit einer Bußpredigt angesichts des Unglücks der ermordeten Galiläapilger und der vom Siloaturm Erschlagenen in 13,1–3.4–5 und verstärkt sie mit Hilfe des Feigenbaumgleichnisses. Diese Tendenz wird durch die anschließende Heilungsgeschichte[148] illustriert, die in dem Gerichtsruf ὑποκριταί, der Beschämung „aller“ Umstehenden (17a) und der Freude der Massen über das Wunder endet. Da sich an das nun folgende Doppelgleichnis von Senfkorn und Sauerteig eine Belehrung über die eschatologische Perspektive und die Heilsgeschichte anschließt, stellt der Redaktor mit Hilfe der beiden Gleichnisse vermutlich den Zusammenhang zwischen der Vergangenheit Jesu, seinem Ruf wie seiner Tätigkeit, und der Zukunft her, in der die Heiden aus Ost und West, Nord und Süd in der Basileia zu Tische liegen werden (28f.). Die Gegenwart ist demnach die Zeit der Umkehr, die es noch ermöglicht, an dieser Bewegung teilzuhaben. Ἀγωνίζεσθε! (13,24).

---

143 A. a. O. 227.

144 Hier sollen nur kurze Ausblicke für eine ausführliche redaktionsgeschichtliche Würdigung stehen.

145 Anders Mk, s. o.

146 13,41ff. – und im Anschluß 13,44ff.

147 Vgl. die Auslegung von Mt 10 bei LUZ, Mt II 74ff., als dem zentralen ekklesiologischen Text und die systematische Verbindung von individueller und institutioneller Pflicht in Mt bei KÄHLER, Kirchenleitung.

148 Ob die Korrespondenz zwischen der Heilung der Frau, die eine Tochter Abrahams ist, und der Frau, die als Bild für die Tätigkeit Gottes dient, von Lk beabsichtigt ist, vermag ich zumindest nicht auszuschließen.

2. *Freundschaft mit Gott. Lk 11,5–8*

1. *Zur Analyse*

Zu den nicht regelmäßig traktierten[149], aber besonders aufschlußreichen Gleichnissen gehört dieser Lk-Sonderguttext[150]. Er ist von hohem Interesse gerade auch für das Gottesbild, das die Gleichnisse vermitteln.

So kurz er sich liest, so wenig selbstverständlich ist – auf den zweiten Blick – seine Einheit. Zwar hat Lukas durch die Einbettung in die Gebetsunterweisung Lk 11,1–4.9–13 einen klaren redaktionellen Rahmen gesetzt, der die ihm vorliegende Überlieferung umschloß[151], aber die Frage erhebt sich, ob V8 von allem Anfang an zum Gleichnis gehört hat[152]. Da eine Reihe von Gründen[153] dafür spricht, daß V8 später angefügt worden ist, gehen wir von drei Stadien der Textentwicklung aus: einer dem Ursprung nahen Fassung, die die VV5–7 umfaßte; einer zweiten, in der V8 zugesetzt wurde; und schließlich dem Stadium der durch Lukas erfolgten Interpretation durch die Komposition der Szene 11,1–13[154]:

---

149 Vgl. WEDER, Gleichnisse, ERLEMANN, Bild, und PETZOLDT, Gleichnisse, die Lk 11,5ff. übergehen.

150 Vgl. dazu jetzt HEININGER, Metaphorik 98–107.

151 JEREMIAS, Sprache 196f., rechnet mit einigen lukanischen Übermalungen, die aber vor allem stilistischer Natur sind. Gleichzeitig aber gibt es eine Reihe von Hinweisen, die VV5–8 als generell vorlukanisch sichern, wie das sechsfache καί am Satzbeginn und die semitische Konditionalkonstruktion (BEYER, Syntax 287ff.307: Im Griechischen nur sehr selten = S3!).

152 Dazu vgl. OTT, Gebet 27; HARNISCH, Analogie 398; HEININGER, Metaphorik 100f.

153 Als wichtigste Argumente für die Trennung ergeben sich:

– V8 ist vom Korpus durch λέγω ὑμῖν abgesetzt; das muß nicht, aber kann ein Hinweis auf einen Nachtrag sein. Vgl. Lk 15,7.10; 16,9; 17,10 u.ö.

– Der Vers reicht eine Lösung nach, die das Gleichnis als selbstverständliche Antwort auf die rhetorische Frage voraussetzt, und begründet sie mit einem anderen, nachgeschobenen Argument: διὰ τὴν ἀναίδειαν. Dieser literarkritischen Konsequenz versuchen JEREMIAS, Gleichnisse 157f., und JÜNGEL, Paulus 155f., durch die Übersetzung zu entgehen: „um sich nicht schämen zu müssen". Sie folgen FRIDRICHSEN, Exegetisches 42: „Er (der Gebetene) wird die Bitte erfüllen wegen *seiner (eigenen)* Schamlosigkeit, die nämlich durch seine Ablehnung zutage treten würde." (Hervorhebung C.K.). Zum Philologischen s.u. S. 101f. zum Sachlichen weist OTT, Gebet 28f., mit Recht darauf hin, daß auch so ein Argument nachgeschoben wird, das den motivierenden Anfang ἕξει φίλον entwertet.

– VV5–7 erzählen ein Gleichnis vom bittenden Freund, V8 das vom gebetenen und überwundenen „Freund".

– Aus dem regelmäßigen Vorgang in der Form der Besprechung: („So ist es") wird durch den Nachsatz V8 eine Parabel („Das kann man aber nicht alle Tage machen").

– Die Analogie zwischen der Freundschaft unter Menschen und dem Verhältnis zwischen Gott und Mensch in VV5–7 (dazu s.u. S. 104f.) wird empfindlich durch V8 gestört.

154 Es ist häufig überlegt worden, ob Lk 11,5–8 und Lk 18,2ff. ein Doppelgleichnis gebildet haben könnten. Angesichts der anderen Intention, die Lk 18,2ff. ursprünglich gehabt haben dürfte, und angesichts der sehr anderen Bildwelt legt sich das für die früheste Stufe kaum nahe. – Eine gewisse Verwandtschaft haben sie immerhin auf der Traditionsstufe, wo sie als pikareske Parabeln für andauerndes Gebet dienen. OTT, Gebet 23ff., rechnet darum mit einer gemeinsamen sekundären, vorlukanischen Stufe.

(5) Und er sprach zu ihnen:
Wer von euch hat einen Freund
und kommt zu ihm mitten in der Nacht und sagt zu ihm: Freund, leihe mir drei Brote, (6) denn mein Freund kam zu mir von der Reise, und ich habe nichts, was ich ihm vorsetzen kann,
(7) und jener antwortet ihm [etwa] von innen und spricht: Mach' mir keine Mühe; die Türe ist bereits verschlossen, und die Kinder sind bei mir im Bett, ich kann nicht aufstehen, um dir [das Brot] zu geben?
(8) Ich sage euch: Selbst wenn er nicht aufsteht und ihm [Brot] gibt, weil er sein Freund ist, aber weil er so unverschämt ist, wird er aufstehen und ihm geben, was er braucht.
(9) UND ICH SAGE EUCH: BITTET, UND EUCH WIRD GEGEBEN WERDEN; SUCHT, UND IHR WERDET FINDEN; KLOPFT AN, UND EUCH WIRD AUFGETAN ...

2. *Zur Bildspenderseite*

Die Form des kleinen Kabinettstückes VV5–7 ist durch die besprechenden Tempora[155] und die Erwartung festgelegt, daß auf die rhetorische Frage[156] (wenn sie denn eine darstellt[157]) eine rundum verneinende Antwort erfolgt: Niemand! In aller Regel erlebt keiner eine solche Abweisung von einem Freund bzw. Nachbarn. Insofern wäre dieser Text den Gleichnissen zuzuordnen. Dennoch kann man die Zuweisung zu den Parabeln[158] bei Jülicher[159] und Bultmann[160] insofern nicht a limine abweisen, als der Aufbau dem Grundmuster einer Erzählung folgt[161], auch wenn der Vorgang nicht in der Vergangen-

---

155 Der Text beginnt mit futurischen Formen und setzt V5d.7 mit Konj.Aor. fort, der hier für das Futur in Hauptsätzen eintreten kann (BL-DEBR-R § 366 Anm. 6). Die ältere Diskussion der Grammatiker zum Text zusammengefaßt bei JÜLICHER, Gleichnisreden II 268. Die Varianten belegen die Anstöße der Abschreiber an beiden Stellen.

156 Vgl. 11,11; 14,28; 15,4; 17,7. Dazu GREEVEN, Wer 243f., der beobachtete, daß Lk 11,5 als einziges τίς ἐξ ὑμῶν-Gleichnis die Rolle Gottes *nicht* mit der durch τίς bezeichneten Person verbindet. Das führt ihn zu der Frage, ob Lk 11,5ff. nicht *ursprünglich* ein Gleichnis vom *gebetenen Freund* war. (Paraphrase: Wenn einer von euch einen Freund hat und der kommt mitten in der Nacht zu ihm ..., wird er doch nicht sagen ...)

157 BEYER, Syntax 292, rechnet für die ursprüngliche Fassung mit einem Konditionalsatzgefüge, das endet „... so wird der doch nicht von innen antworten ‚Laß mich in Ruhe!'" D.h. in der stark semitisierenden Konstruktion (im Griechischen nur sehr selten = S3) ersetzt der fragende Anfang eine konditionale Protasis. So schon FRIDRICHSEN, Exegetisches 41.

158 Zur Form der Parabel vgl. oben I.2.5.

159 Gleichnisreden II 268: „... vor allem aber ist es doch eine Anekdote, die hier mitgeteilt wird, ein einzelner Fall mit allem Detail eines solchen ...".

160 Geschichte 189.

161 Von den fünf Elementen der Grundform einer Erzählung nach LABOV/WALETZKY sind (1) Orientierung, (2) Komplizierung und (4) – verneinte – Lösung sicher zu erkennen; ob in V7a κἀκεῖνος ἔσωθεν ἀποκριθεὶς εἴπῃ ansatzweise ein retardierendes Moment bzw. eine Bewertung (3) vorliegt, da kürzere Formulierungen denkbar sind, ist eine Ermessensfrage. Sicher fehlt nur die Coda (5). – Weiter sind als Stilmittel die wörtliche Rede und ihre

heit dargeboten wird[162]. Vermutlich wurde die Abfolge der einzelnen Akte deswegen nicht im klassischen Erzähltempus gegeben, weil damit ein weiterer Hinweis auf die Irrealität möglich war. Der Vorgang ist denkbar, aber er widerspricht der Normalität: „Das kann (und darf) es nicht geben!" – Zur Kunst der schildernden Erzählung gehört gewiß auch die Auslassung der Anrede in V7b, nachdem die entsprechende Bitte in V5e mit höflicher Anrede formuliert war, obwohl die Abweisung in einem Chiasmus V7 wiederum breit ausgeführt und begründet wird. Wenn es denn einer formkritischen Zuordnung bedarf, wird man den Kern VV5–7 eher den Gleichnissen und die erweiterte Geschichte eher den Parabeln zurechnen.

Zum Verständnis braucht es eine Mindestklärung der sachlichen Voraussetzungen[163]: Von den eisernen Regeln der Gastfreundschaft ganz zu schweigen[164], setzt die Szene das Milieu der armen Leute voraus, die in einem Haus wohnen, das aus einem Raum besteht[165], und den Tagesbedarf an Fladenbrot[166] backen, wenn sie denn genügend Mehl haben. Auf dem Hochplatz schlafen alle Angehörigen gemeinsam und können beim Öffnen der verriegelten Tür erwachen[167].

3. *Zur Bildempfängerseite*

Die Pointe auf der Bildempfängerseite ergibt sich dadurch, daß die Selbstverständlichkeit nachbarschaftlicher Hilfeleistung erst in ihrer Normalität sichtbar wird[168], indem sie als Negation erscheint: Es ist undenkbar, daß sich Freunde bzw. Nachbarn[169] untereinander nicht helfen – dort, wo es um das Lebensnot-

---

kunstvolle Abstufung (V7 ohne Anrede) zu beachten. – Auch MAGASS, Indezenz 3, rechnet mit einer Erzählung unter Berufung auf WEINRICH, Tempus (!), bietet aber keine Begründung.

Anders liegen die Dinge etwa in Mt 7,9f. par. Lk 11,11f. bzw. Mt 12,11 par. Lk 14,5, wo zwar ein Vorgang (mit Zeitgrenze), aber keine regelrechte Erzählung vorliegt.

162 Doch ist der erzählende Charakter des ursprünglichen Gleichnisses vermutlich die Voraussetzung für die spätere Erweiterung gewesen, die auch noch in den besprechenden Tempora verbleibt, obwohl die Szene zunehmend grotesker und irrealer wird.

163 Diese fehlen z.T. bei JÜLICHER, Gleichnisreden II 270f., wenn er einen Hausflur und mehrere Betten vermutet.

164 Sie erklären die Dringlichkeit und Plausibilität der Bitte.

165 Mt 5,15; Lk 15,8f. Vgl. DALMAN, Arbeit VII 77.

166 Drei Brote ergeben dann die Portion für eine Mahlzeit. Vgl. JEREMIAS, Gleichnisse 157.

167 Zum Hochplatz bzw. zur „Wohnterasse" innerhalb des Hauses als Schlafplatz vgl. DALMAN, Arbeit VII 123–125. Zur Verriegelung der Türen DALMAN, Arbeit VII 66–72.77.

168 Zum literarischen Topos der mitternächtlichen Störung etwa bei Theophrast und Menander vgl. HEININGER, Metaphorik 104f.

169 Vgl. das Hendiadyoin „Freunde und Nachbarn" Lk 15,6.9, die vollständige Aufzählung in 14,12 bzw. die Personengruppen in Lk 1,58. Alle Stellen zeigen, daß Nachbarschaft, Verwandtschaft und Freundschaft ineinander übergehen. Vgl. dazu STÄHLIN, Art. φίλος κτλ., ThWNT IX 144–169, dort 146, 21ff.

wendige[170] geht[171]. Das dichterische Moment findet sich wohl mehr in der Plastizität und Verdichtung eines Verhältnisses in einer Szene als in einer poetischen Provokation.

Diese überraschende Perspektive ergibt sich aber aus dem Analogieschluß, den das Gleichnis hervorruft. Zwar haben weder das vermutlich ursprüngliche noch das erweiterte Gleichnis eine Deuteanweisung erhalten. Doch offensichtlich war sie nicht nötig, denn es liegt auf der Hand, wohin die Analogie zielt: Mit diesem Gleichnis wird das Verhältnis zwischen Gott und Mensch verglichen mit dem unter vertrauten Nachbarn bzw. Freunden. So undenkbar wie diese unterlassene Hilfeleistung ist es, das Lebensnotwendige zu verweigern!

Die Wahl des Bildfeldes verrät dadurch einen eigenen Akzent, daß der Bereich der geläufigen Metaphern für das Verhältnis zwischen Gott und Mensch, wie König, Vater, Herr, Richter[172] usw. insofern verlassen ist, als hier nicht im Gegenüber von oben und unten bzw. mächtig und ohnmächtig formuliert wird[173], sondern die Nähe zwischen Gott und Mensch in frappierender Weise durch ein *gleichrangiges* Verhältnis ausgedrückt wird[174].

Dabei ergibt sich ein paradoxes Spiel zwischen der unausgesprochen zugrundeliegenden Denkfigur und dem Thema des Gleichnisses. Während sich die Überzeugungskraft des Textes auf den Schluß a minori ad maius stützt, der die Differenz zwischen Gott und Mensch betont (vgl. VV11–13)[175], also mit dem *Abstand* argumentiert, zielt die Pointe gerade auf den Umgang von gleich zu gleich, also eine kaum steigerbare *Nähe*. Vom Hörer wird erwartet, daß dieser die *geringeren*, aber selbstverständlichen Grade der freundschaftlichen Hilfe unter Menschen auf die *größeren* Möglichkeiten Gottes überträgt, die in diesem Fall jedoch keinen Abstand schaffen, sondern zu vertrautem Umgang mit ihm ermuntern.

---

170 Es fällt auf, daß die von GREEVEN, Wer 238, aufgezählte Gruppe (Mt 7,9ff. par.; 12,11f. par.; Lk 17,7–10; 11,5–8; Mt 18,12ff. par.) durchweg elementare Vorgänge beschreibt. Anders nur in Lk 14,28–32, einem Text, der auch sonst inhaltlich herausfällt, denn die erste Gruppe „(zeichnet) sich durch eine eigenartige Verbindung von Bild- und Sachseite aus...: Der Mensch nämlich, dem in diesen Gleichnissen Gottes Gesinnung gegen ihn erschlossen werden soll, muß sich selbst zum Bilde dienen." (240)

171 MAGASS, Indezenz 4, mit Verweis auf MAUSS: „Opfer und Tausch, Gastfreundschaft und Lohn beruhen auf dieser gemeinschaftsstiftenden Gabe. Wenn Brot weitergegeben wird, dann wird ein ‚Kulturmuster' durchgespielt."

172 Diese Metaphern prägen auch in den rabbinischen und synoptischen Gleichnissen (und in der innersynoptischen Auslegung zunehmend) weiterhin das Gottesbild. Aber wie überall sind die spannenden Fälle die Abweichungen von der Regel.

173 Wohl aber entsprechen Aktivität und Passivität bzw. Geben und Empfangen bisherigen Gottesbildern.

174 κοινὰ δὲ τὰ τῶν φίλων: Plat Phaedr 279c; Philo VitMos I 156; Diog L 6, 72.

175 Vgl. die ntl. Beispiele in Röm 5,15; 2 Kor 3,9.11; Hebr. 12,9. Eine Durchsicht der von BILL (IV, 1255) aufgelisteten Beispiele in Bd.I ergibt, daß der Qal va-chomer für vielerlei Themen genutzt wird: den Vergleich Israels mit den Heiden, den der Frommen mit den Gottlosen, den der schwereren Pflichten mit den leichten. Für den Bereich der Gottesaussagen vgl. BILL I 278f.: bBer 32b (Bar). – Ein ähnlicher Schluß vom Erbarmen eines geschiedenen Mannes auf Gottes helfendes Eingreifen findet sich bei BILL I 118f.

Die Beschreibung des Gott-Mensch-Verhältnisses als Freundschaft hat eine griechisch-jüdische Vorgeschichte[176], die geeignet ist, die Eigenart dieses Textes zu beleuchten. Während bei Aristoteles und anderen dieses Konzept der „Freundschaft mit Gott" als unsinniger Begriff abgewiesen wird[177], findet er sich bei Plato[178], den Kynikern[179] und Stoikern[180] bis hin zum Namen Theophilos[181] und zu Grab- und Weiheinschriften[182]. Soweit sich erkennen läßt, reservieren sie aber durchgehend den Titel ‚Gottesfreund' bzw. das Konzept für die Weisen oder Tugendhaften.

Dem entsprechen die verstreuten alttestamentlich-jüdischen[183], die jüdisch-hellenistischen Belege[184] wie auch das einzige neutestamentliche Beispiel Jak 2,23. Angefangen bei Ex 33,11 (כאשר ידבר איש אל־רעהו)[185] verwenden sie die Vorstellung vom ‚Gottesfreund', um besonders einzigartige Gestalten, vor allem Mose und Abraham[186], aber auch andere Patriarchen[187], Propheten[188], Weise[189] und exemplarisch Fromme[190] herauszuheben[191]. Die Freundschaft zu Gott wird als erstrebenswertes Verhältnis reserviert für überragende Verdien-

---

176 Vgl. STÄHLIN, ThWNT IX 166 Anm. 182 und 184, zum Titel ‚Gottesfreund' in griechischer und jüdischer Literatur. Immer noch grundlegend PETERSON, Gottesfreund, und DIBELIUS, Jakobus 201f. und 212f.

177 PETERSON, Gottesfreund 165–167, zitiert Philodemus Fr. 84 Kol 1,3ff.: Arist. EthNic 1159a („... ist aber der Abstand sehr groß, wie bei Gott, so kann keine Freundschaft mehr sein." Übers. ROLFES) sowie den Kommentar des Aspasius zu Aristoteles.

178 Tim 53d; Symp 193b; Leg 4, 716cd u.ö. PETERSON, Gottesfreund 163f.

179 Diog L 6, 37. 72. PETERSON, Gottesfreund 165.

180 Epict Diss II,17,29; III,24,60; IV,3,9: ἐλεύθερος γάρ εἰμι καὶ φίλος τοῦ θεοῦ. PETERSON, Gottesfreund 170f.

181 Belegt seit dem 3. Jh.v.Chr., BAUER WB s.v., mit Sicherheit ein Name, der ein Lebensziel angibt. Zur Diskussion um Lk 1,3 und Act 1,1 vgl. ERNST, Lukas 40.

182 PETERSON, Gottesfreund 171f.

183 In den TestXII z.B. fehlt der Terminus, obwohl dort Patriarchen vorgestellt werden.

184 Zum Konzept der Gottesfreundschaft bei Philo vgl. NISSEN, Gott 470–477, der die Exklusivität dieses Vollkommenheitsbegriffs bei Philo herausstellt.

185 LXX: ὡς. ... φίλον: In diesem Text bleibt der analogische Charakter dieser Redeweise streng gewahrt. Vgl. Jes 41,8 (אהבי; LXX: ὃν ἠγάπησα); 2 Chr 20,7.

186 Jub 19,9; Philo Sobr 56; Abr 273; TestAbr 1,6; 2,3.6; 4,7; 8,2.4; 9,7 stereotyp als Anrede bzw. ständig wiederholter Titel; 1 Clem 10,1; 17,2 u.ö. Terminologisch noch anders gefaßt Jes 41,8; 2 Chr 20,7 (MT diff. LXX). Vgl. zum Ganzen DIBELIUS, Jakobus 212. Die Nachwirkung läßt sich bis in den Koran fassen (Sure 4,124). Zu Abraham als „El Khalil" vgl. RUSCHE, Abraham.

187 *Jakob:* JosAs 23,10; *Levi:* Jub 30,20. *Mose:* Philo VitMos I 156; vgl. Sir 45,1.

188 Weish 7,27; Philo VitMos I 156; vgl. Sir 46,13 für Samuel.

189 Philo Her 21; OmnProbLib 42; Sobr 55 u.ö. DIBELIUS, Jakobus 212.

190 Hi 16,21; grBar 15,2.4 (Engelfreunde, aber wohl im selben Sinn); mAv6,1.

191 Gelegentlich wird damit auch ein Kollektivum bezeichnet: Jub 30,21f. Israel als Volk (allerdings als eschatologisches Ziel für angemessenes Verhalten); Philo Migr 63.114.158; Her 203 („als die Gemeinde der Frommen, Tugendstrebenden, Weisen und Gottschauenden kat'exochen" NISSEN, Gott 472); spätere rabb. Belege bei BILL III 564. Weitere Belege bei BERGER, Art. Gebet IV, TRE XII 47–60, dort 56.

ste[192]. Selbst die Geschichte dieses Titels[193] in der frühen Kirchen- und Theologiegeschichte, d.h. die Nachgeschichte von Lk 11,5ff., beschränkt die Vorstellung vorwiegend[194] auf Märtyrer, Asketen und zur vollendeten Gnosis gelangte Glaubende[195] bis dahin, daß damit Bischöfe qua Amt[196] ausgezeichnet werden[197].

Lk 11,5–7 dagegen ‚demokratisiert' die Vorstellung insofern[198], als das Gleichnis die Freundschaft des Menschen zu Gott (und umgekehrt) zu einer gegebenen *Voraussetzung* des täglichen Lebens – und der Bitte um das Lebensnotwendige – macht, aber nicht mehr zum Ziel erklärt, das erst erarbeitet werden muß[199].

Erst an dieser Stelle läßt sich nach dem Problemhintergrund und den Adressaten fragen. Der Gedanke an eine Polemik, einen Disput zwischen verschiedenen religiösen Gruppierungen, scheidet auch für dieses Gleichnis aus. Denn die Überzeugungskraft dieses kleinen Textes entfaltet sich wohl nicht in der theologischen Kontroverse, sondern eher im offenen, fragenden Gespräch, in dem die Kompetenz des Sprechers an sich unbestritten ist. Auch eine Begrenzung auf die Jünger[200] greift noch zu kurz. Eher ist an ein skeptisch-deprimiertes Publikum zu denken, dessen Gottesbild Koh 5,1 entspricht: „Gott ist im Himmel, du bist auf der Erde, also mach' wenig Worte!": Die Majestät Gottes ist über jeden Zweifel erhaben, aber seine Menschenfreundlichkeit und Zuwendung zu jedermann sind schwer greifbar.

So läßt sich nun die Sprecher-Hörer-Relation genauer beschreiben: Durch

---

192 Gottesfreundschaft als Verdienst für christliches Leben: Iren Haer IV 13,4; IV 16,3f.

193 Die Christusfreundschaft ist ein eigenes Thema, das hier nicht verfolgt werden kann. Vgl. dazu Joh 15,13; Lk 12,4; Just Dial 8; ActPetr 39 (NTApo [5]II 288).

194 Zu den wenigen Ausnahmen bei Origenes und Hippolytus vgl. Peterson, Gottesfreund 191–194 bzw. 198. Allerdings findet sich die Vorstellung auch an mehreren Stellen als Bild für die Erlösung des Menschen bei Irenäus: Haer III 18,7; V 17,1.

195 Clemens Alexandrinus und Origenes, Belege bei Peterson, Gottesfreund 186–191.191–194. In Augustins Confessiones ist der Entschluß, Mönch zu werden, Voraussetzung für die erstrebte Gottesfreundschaft (VIII 15). Dazu Peterson, Gottesfreund 196.

196 Synode von Carthago (256); Peterson, Gottesfreund 197.

197 Ähnlich wie Israel als ganzes in späteren rabbinischen Texten als Freund Gottes bezeichnet werden kann (s.o.), gibt es vergleichbare Zuschreibungen auch bei den frühen Vätern (Just Dial 28,4).

198 Als einzige mir bekannte Parallele zu dieser Variante der ‚Freundschaft mit Gott' notiert Heininger, Metaphorik JosAs 12,13. Doch diese Stelle ist textkritisch ganz unsicher, Burchard, JosAs 667 vgl. 588f., hat sie nicht in seinem „Vorläufigen Text". Eine Interpretation müßte jedenfalls den Kontext, das Gebet der Aseneth, und die Reihung der Gottesnamen (Vater der Waisen, Beschirmer, Helfer) berücksichtigen. Beides läßt Lk 11,5ff. eine eindeutige Sonderstellung, da in JosAs die einseitige Zuwendung Gottes thematisch wird, aber keine Partnerschaft.

199 So auch Berger, Art. Gebet IV, TRE XII 56, mit Verweis auf Mt 7,8; Lk 11,9.13; Jak 1,5; 5,15.16; Joh 14,13f.; 15,7.16; 16,23f.; 1 Joh 3,22; 5,24; EpJac 10,32–35. Mir scheint allerdings Lk 11,5–7 kein Text in einer Reihe von weiteren Belegen, sondern möglicherweise Kern und Ausgangspunkt ähnlicher Logien zu sein.

200 Jeremias, Gleichnisse 159f.

die Kombination zweier Selbstverständlichkeiten, die von den Adressaten nicht bestritten sind, werden diese auf paradoxe Weise zu einem neuen Gottesbild ‚verführt'. Wenn gilt, daß alles Gute im Menschen von Gott noch übertroffen wird, dann kann die Wohltat hilfreicher Nachbarschaft erst recht von Gott erwartet werden. Der Sprecher, der so mit seinen unsicheren Hörern umgeht, die von der Übermacht ihres eigenen Gottesbildes erdrückt werden, ermutigt sie, sich wirklich auf das einzulassen, was den Inhalt ihres Bekenntnisses darstellt: die Güte Gottes – allerdings in Gestalt eines benachbarten Freundes. Seine List bei der Verknüpfung von Alltag und Gotteserfahrung kann hier eigentlich nur therapeutisch genannt werden. Allerdings lebt solcherart therapeutische List davon, daß der Sprecher selbst als glaubwürdiger Zeuge dieses Gottesverhältnisses dienen kann. „Wer so reden *kann*, der redet aus der Erfahrung der Macht des Gebetes."[201] Darum darf der Appell lauten: „Unter Freunden: Mut zum Beten!"[202] Allerdings scheint mir die Ermutigung zum Gebet ursprünglich erst die Konsequenz aus der Darstellung zu sein, die zunächst den Ton trägt. Erst mit der Erweiterung um V8 schiebt sich die Aufforderung zum Gebet in den Vordergrund.

Es ist sicher kein Zufall, wenn die nächsten Parallelen zu diesem Gleichnis sich auch im näheren Kontext finden[203]. Auch wenn das Verlangen nach drei Brotfladen nicht allegorisch ausgelegt werden darf[204], ist der Wunsch nach dem Nötigsten konstitutiv für den Text[205]. Insofern scheint die Brotbitte des Vaterunsers ebenso benachbart wie das kleine Gleichnis in Lk 11,11f[206], das zwar

[201] JÜNGEL, Paulus 157.

[202] JÜNGEL, Paulus 156. Ähnlich JEREMIAS, Gleichnisse 158f.

[203] Eine entferntere, aber inhaltlich beachtliche Parallele findet sich in PesK 10,2 bei THOMA/LAUER Nr. 29, die ich anders als DSCHULNIGG, Gleichnisse 187ff., nicht primär monetär verstehe. (Das eigentliche Gleichnis scheint erst sekundär in seinen jetzigen Kontext geraten zu sein und wird – durch Ps 37,3 als Thema und durch die weitere Beziehung auf Dtn 14,22 – zunehmend eingeengt auf die korrekte Abgabe des Zehnten.) Die Erzählung selbst aber berichtet von einem Marktaufseher, der einen sich versteckenden Verkäufer erstaunlicherweise nicht auf Herz und Nieren prüft, sondern ihm nur bedeutet: „Überprüfe deine Maße und hab' keine Angst!" Damit wird ein Gottesbild willkürlicher Macht ersetzt durch die Partnerschaft derer, die beide (Marktaufseher und Verkäufer) „die Gewichte prüfen", also um die Maßstäbe wissen. Grundlose Angst vor Gott ist demnach unangebracht. – DSCHULNIGG, Gleichnisse 449f., selbst zieht zu Lk 11,5–8 vor allem das Gleichnis vom Athleten heran, der – vom Passanten ob seiner Kraft gelobt – zugleich gebeten wird: „Steigere deine Kraft wie ein starker Mann!" (= „... die Barmherzigkeit überhand nehmen lassen" PesK 25,1; THOMA/LAUER Nr. 65, 289–291). Damit ist die im Gebet geschehende Berufung auf eine Eigenschaft Gottes gut mit Lk 11,5–7(!) vergleichbar.

[204] Was aber in der Auslegungsgeschichte vielfach geschehen ist. Vgl. die Beispiele bei JÜLICHER, Gleichnisreden I 250: Hugo von St. Victor: caritas, humilitas, continentia; 283: Vitringa: u. a. Gesetz, Propheten, Psalmen; 303: De Valenti: sechs Modelle der Erklärung.

[205] Man stelle sich die Bitte um Wein vor! Sie würde das Gewebe des Textes zerstören.

[206] RAU, Reden 176f., gibt zu bedenken, ob Mt 7,9–11 par. Lk 11,11f. nicht nach dem Muster von Lk 15,11–32 als Einladung an Dritte (Gerechte) verstanden werden muß, die die Annahme des Sünders an ihrem eigenen Vaterverhalten akzeptieren sollen. Diese interessante These setzt voraus, daß die Bitte um Brot und Fisch (Fisch und Ei) die Vergebungsbitte der Sünder repräsentiert und der bittende Sohn des Gottvaters nur für eine bestimmte Menschen-

das Vater-Sohn-Motiv (und die Bitte um Lebensnotwendiges) nutzt, aber doch ein Gottesbild[207] im familiären Rahmen entwirft. Schließlich entspricht das Vertrauensverhältnis, zu dem dieses Gleichnis führen will, der Gottesanrede „abba“[208] am Beginn des Vaterunsers[209].

4. *Zur Überlieferungsgeschichte*

Die Auslegung des Gleichnisses in der synoptischen Tradition bewegt sich etwas außerhalb der gewohnten Bahnen, in denen relativ schnell Paränese und Christologie die erweiternde Auslegung bestimmen:

Wahrscheinlich ist der V8 erst auf einer zweiten Stufe der Überlieferung zugewachsen[210]. Der Chiasmus[211] verrät kunstvolle Stilisierung[212]. Durch das vorausgesetzte hartnäckige Bitten verwandelt sich jetzt der jederzeit mögliche Vorgang zu einer Szene fast gewaltsamer nächtlicher Ruhestörung, die einen möglichen Ausnahmefall beschreibt[213]. Das verschiebt die Pointe insofern ganz erheblich, als nicht mehr die dringliche Notlage des überraschten Gastgebers die Szene so bestimmt, daß angesichts der Freundschaft bzw. nachbarschaftlichen Solidargemeinschaft selbst die widrigen Umstände kein Gegenar-

---

gruppe steht. Das erscheint mir nicht besonders wahrscheinlich, auch wenn der Gedanke für den historischen Jesus an anderen Texten nachweisbar ist.

207 Vgl. zum ungewöhnlichen Gottesbild auch Lk 15,8f.

208 Vgl. dazu H. W. KUHN, Art. ἀββά EWNT I 1–3. – Die Frage, inwiefern im Gottesbild Jesu damit eine Rückwendung zu atl. Vorbildern stattfindet, die eine Tendenz der Entrükkung Gottes in die unerreichbare Transzendenz im Judentum umkehrt, kann hier gestellt, aber nicht verfolgt werden.

209 Zum Kontext der Erhörungsgewißheit der Gottesfreunde vgl. BERGER, Art. Gebet IV, TRE XII 56 mit Belegen.

210 HEININGER, Metaphorik 101, rechnet für V8 mit lukanischer Verfasserschaft. Er verweist dafür auf die Nähe zu Lk 18,1–8. Vgl. oben Anm. 5 mit den einzelnen Indizien.

211 Der Konzessivsatz beginnt mit dem Prädikatsverband und endet mit der Adverbialbestimmung, der Hauptsatz beginnt mit der Entgegensetzung der Umstandsbestimmung und endet mit dem Prädikatsverband. Jeweils die Mitte bildet das part.coni. ἀναστάς bzw. ἐγερθείς.

212 Der Referenzbezug von τὴν ἀναίδειαν αὐτοῦ ist strittig. – FRIDRICHSEN, JEREMIAS und JÜNGEL meinen (s.o. Anm. 5), daß ἀναίδεια auf den Geber bezogen werden müsse („um nicht als schamlos dazustehen“). Zum Sachlichen vgl. OTT, Gebet 30, der darauf verweist, daß dann διὰ τὸ εἶναι φίλον αὐτοῦ faktisch bedeutungsgleich wäre mit διά γε τὴν ἀναίδειαν. Es ergibt sich dann auch das grammatische Problem des Referenzbezuges in V8c, insofern als in dieser Version das Personalpronomen αὐτός in *einem* Halbsatz verschiedene Bezüge hätte (δώσει α ὐ τ ῷ auf den Bittenden, διά γε τὴν ἀναίδειαν α ὐ τ ο ῦ auf den Geber). Das ist doch sehr unwahrscheinlich, zumal durch ein Reflexivpronomen die entsprechende Differenzierung möglich gewesen wäre, auch wenn das NT das Reflexivum nicht konsequent setzt, vgl. BL-DEBR-R § 283. – Die eigentliche grammatische Schwierigkeit ergibt sich schon in V8b, wo die Varianten zeigen, wie man den A.c.I. sinngemäß zu verbessern suchte. – Ähnlich auch HEININGER, Metaphorik 100f.

213 Die Logik der Szene geht ja davon aus, daß die Zudringlichkeit droht, mehr Unruhe zu schaffen als das Türöffnen mit sich bringt, so daß der „Gebetene“ um seiner Ruhe willen das kleinere Übel wählt.

gument bieten, sondern es kommt nunmehr zu einem Kräftemessen zwischen den Nachbarn. Es siegt derjenige mit den besseren Nerven. Immerhin ist es gelegentlich möglich, so die Pointe auf der Bildspenderseite, sich durch Impertinenz gegen eine vorläufige Abweisung durchzusetzen.

Auf der Bildempfängerseite verschiebt sich die Pointe von dem als selbstverständlich dargestellten partnerschaftlich-nachbarlichen Verhältnis zwischen Gott und Mensch zu der Aktivität, die der Mensch aufbringen muß, um den anscheinend hilfsunwilligen Herrn zur Gebetserhörung zu bewegen[214]. Das bedeutet, daß sich der Akzent zum Appell hin bewegt, obwohl auf der Darstellungsebene der Vergleich Gottes mit einem schäbigen Freund, dem man mit Unverschämtheit beikommen könne, etwas Pikaresk-Pikantes an sich hat[215].

So läßt sich als Problem, auf das dieser so erweiterte Text reagiert, die fehlende Erhörungsgewißheit vermuten. Der Überraschungseffekt, den die oben beschriebene Paradoxie auslöst, wird im Laufe der Geschichte derer, die die Geschichte weitererzählen und meditieren, durch Unrechtserfahrungen[216] in Frage gestellt[217]; neue Antworten scheinen nötig.

Im Spiel zwischen Hörer und Sprecher fällt auf, daß die Plausibilität auf dieser zweiten Stufe überraschenderweise nicht durch Zitat, Kommentar oder expliziten Rekurs auf die Autorität des Christus hergestellt wird[218], sondern allein von der Überzeugungskraft des vorgestellten Vorgangs her lebt[219]. Der Text wirkt eher wie ein Tip unter Schicksalsgenossen bzw. ein im Zweifelsfall unternommener letzter Versuch denn als eine autoritative Weisung.

Da sich eine inhaltlich bedeutsame Überarbeitung des Gleichnisses durch Lk nicht sicher erkennen läßt[220], muß die Interpretation des Redaktors vorwie-

---

[214] Vgl. die rabbinischen Texte bei BILL II 238, die Gebete und die Belästigung durch Bittsteller in Beziehung setzen (zumeist nach dem Schema: „bei Gott *nicht* also", d. h.: er läßt sich belästigen). FLUSSER, Gleichnisse 85, verweist auf bTaan 25b: „Womit läßt sich das vergleichen? Mit einem Knecht, der von seinem Herrn den Lohn forderte. Da sprach dieser: Gebt ihm, daß ich seine Stimme nicht (mehr) höre!" Zu den Parallelen über das Gebetsvertrauen vgl. das Material bei BILL IV 109f.

[215] Auch diese Pointe wäre in ihrer Respektlosigkeit wohl dem historischen Jesus zuzutrauen. Daß ich sie für ihn hier nicht in Anspruch nehmen möchte, ergibt sich allein daraus, daß der ursprüngliche Erzähler wohl kaum zwei z. T. widersprüchliche Pointen in einer Geschichte erzielen wollte.

[216] In Lk 18,7 war vom Terminus βοάω her eine Verfolgungssituation zu vermuten. Für Lk 11,5–8 wird man sie nicht ausschließen wollen. Vgl. SCHOLZ, Gleichnisaussage 228f.

[217] Es fällt auf, daß Lk 11,5–8 und Lk 18,2–7* sachliche Spannungen zu Mt 6,7f. aufweisen. Ist es zu spekulativ, in den überliefernden Gemeinden darüber Dispute zu vermuten?

[218] Es sei denn, man wolle hinter λέγω ὑμῖν bereits einen christologischen Hinweis vermuten, insofern als hier „Christussprache" (SCHÜRMANN) vorliegt. Doch scheint die Wendung eher die Fortsetzung der Konstruktion zu tragen, als eine Eigenbedeutung zu gewinnen.

[219] Auch V8 verbleibt durch die Tempora und die Benennung von Gründen innerhalb des Besprechungsgestus. Dennoch reizt er die erzählende (und hörende Phantasie) wie die Varianten der lateinischen Überlieferung am Beginn des Verses zeigen: „Und wenn jener fortfahren wird zu klopfen ...".

[220] Zu stilistischen Lukanismen vgl. JEREMIAS, Sprache 196f.

gend in der Komposition des kleinen Gebetskatechismus[221] (δίδαξον V1) gesucht werden. In ihm folgt auf die Bitte um Belehrung die zentrale Gebetsformulierung, die beschreibt, *was* gebetet werden soll. Daß es in jedem Fall erlaubt, ja angebracht ist, erläutern die VV5–8. Daran schließt sich das betonte „Κἀγὼ ὑμῖν λέγω" V9 an, das die Autorität dessen anzeigt, der hier spricht. Daraus folgt das besondere Gewicht der Imperative V9[222]: „Ohne anhaltendes Gebet keine Gaben, auch nicht die, um die es offensichtlich bei dieser ganzen Unterweisung einzig geht: das πνεῦμα ἅγιον."[223] Die Imperative werden gestützt mit der Regel von V10, die wiederum durch das kleine Gleichnis und seine Anwendungen V11ff. erweitert und gesichert wird. Sie beschwören für die Mahnung das familiale, nährende Verhältnis zwischen Gott und Glaubenden. „Der Akzent ist … gegenüber Matthäus ein Stück in die Richtung der Frage verschoben: Muß euch *euer Sohn* etwa vergebens *bitten*? Bei Lukas steht also viel mehr als bei Matthäus die Person des Bittenden und damit das Bitten und Beten und seine Notwendigkeit im Vordergrund."[224] Dieser Katechismus wird getragen von der Autorität des Kyrios, der Vorbild[225], Lehrer[226] und Mahner in einem ist.

Eine schöne und theologisch interessante allegorische Auslegung im 11. Jh. durch Theophylakt von Achrida[227] referiert Peterson[228]: Gott liebt als Freund alle Menschen und will sie retten. Wenn sie zu ihm kommen und um drei Brote bitten, erhalten sie – den Glauben an die Trinität.

3. Gott und die Ordnung. Lk 15,8–10

1. Zur Analyse

Das Gleichnis von der verlorenen Drachme steht häufig im Schatten seines Zwillings Lk 15,3–7[229]. So mag es sich lohnen, den weniger traktierten Text genauer anzusehen[230].

---

221 Jeremias, Gleichnisse 158. Der Katechismus wird zusammengehalten durch die Klammer des Verweises auf den himmlischen Vater V2 und V13. Weitere Hinweise zur Komposition bei Heininger, Metaphorik 98–100.

222 Zu den hier gewählten Satzformen, die den Konditionalkonstruktionen zumindest benachbart sind, vgl. Beyer, Syntax 268ff., und Kähler, Studien I 102–111.

223 Ott, Gebet 102; Steinhauser, Doppelbildworte 73, zeigt, daß die futurische Formulierung ähnlich wie 3,16 (vgl. Act 1,5) auf Pfingsten vorweist.

224 Ott, Gebet 102.

225 Lk 5,16; 6,12; 11,1a; 22,45.

226 Lk 11,1; 18,1ff.

227 Zu ihm RGG³ VI 844f.

228 Gottesfreund 200.

229 Vgl. u.a. Jeremias, Gleichnisse 90.132, der Lk 15,3–7 und 8–10 als Doppelgleichnis auffaßt. Wieweit hier originale Doppelüberlieferung behauptet werden kann, sei dahingestellt.

230 Jülicher, Gleichnisreden II 320: „Die Nebenparabel ist noch einfacher."

Er besitzt kein Pendant bei Matthäus, ist damit literarkritischer Rekonstruktion weniger offen[231], läßt sich aber ohne zu große Schwierigkeiten auf ein ursprüngliches Stadium zurückführen. Denn ebenso wie im Gleichnis vom verlorenen Schaf[232] dürfte der Kommentar in V10 sekundär sein[233]. Dafür scheint das Korpus anders als 15,4–7 inhaltlich nicht verändert[234], sondern in sich gut erhalten:

> *(8) Oder welche Frau, die zehn Drachmen besitzt, wird, wenn sie eine Drachme verliert, nicht ein Licht anzünden und das Haus fegen und sorgfältig suchen, bis sie sie gefunden hat? (9) Und wenn sie sie gefunden hat, ruft sie die Freundinnen und Nachbarinnen zusammen und sagt: Freut euch mit mir, denn ich fand die Drachme wieder, die ich verloren hatte.* (10) So, SAGE ICH EUCH, WIRD FREUDE SEIN VOR DEN ENGELN GOTTES ÜBER EINEN JEDEN SÜNDER, DER BUSSE TUT.

2. *Zur Bildspenderseite*

Von der Form her steht das Gleichnis zwischen den besprechenden und den erzählenden Texten[235], also in der Mitte zwischen Gleichnis und Parabel. Einerseits wird das beteiligte Urteil: „So ist es! So macht es jede Frau!" durch

---

231 BULTMANN, Geschichte 185.211, hält eine sekundäre Analogiebildung zu Lk 15,3–7 für möglich. Dagegen spricht die offenbar ursprünglichere Fassung des Kommentars in V10, die parallele Ausgestaltung von V6 mit den motivsprengenden Zügen von V9 (φίλος; γείτων), ganz abgesehen von der wenig selbstverständlichen Wahl des Sujets.

232 Vgl. WEDER, Gleichnisse 170.250.

233 Dafür spricht zum einen die Analogie zu Lk 15,7 und dessen Entsprechung in Mt 18,13f., die zeigen, wie verschieden die Deutungen offenbar schon in der frühen Überlieferung gehandhabt werden konnten. Von μετάνοια ist in Mt 18,12–14 keine Rede, so daß dieses Motiv schon literarkritisch unsicher bleibt. Zum μετάνοια-Motiv s. u. – Zum anderen widersprechen sich Gleichnis und Interpretation insofern, als die Drachme dem Kommentator als Metapher für einen *bußfertigen* Sünder dient und in den Mittelpunkt gerückt wird, während die Aktivität der suchenden Frau wie die gestörte Ordnung (1:9) im Gleichnis in der Deutung nunmehr vernachlässigt werden.

234 Lk 15,6 hat bekanntlich eine eindeutige Übermalung nach V9 erhalten. Was in dem zweiten Gleichnis Sinn ergibt, der Austausch mit den Freundinnen und Nachbarinnen, stört die Bildseite im ersten empfindlich. – Sprachlich erinnert die Wendung an Lk 1,58 und 14,12.

235 Einerseits beschreibt der Text einen Vorgang in einer Weise, die durch Zeitgrenzen (und dann ...) sowie die Minimalgliederung und damit durch die Spannung einer Erzählung ausgezeichnet ist. (Orientierung, Komplizierung, Lösung und Coda nach LABOV/WALETZKY, Erzählanalyse 111–125, lassen sich gut voneinander abheben. Es fehlt wohl nur die Bewertung.) – Andererseits wird durch die konditionalsatzähnliche Konstruktion V8 (vgl. BEYER, Syntax 287ff.) und die Tempora der Eindruck hervorgerufen, daß hier ein regelmäßig zu beobachtender Ablauf aufgelistet wird. Vgl. RAU, Reden 26–35, der Lk 15,8f. wie BULTMANN, Geschichte 184f., eindeutig zu den besprechenden Gleichnissen zählt (33). Aber wie er besprechende Elemente in den Erzählungen ausmacht, wird man auch umgekehrt erzählende in den besprechenden Texten (Gleichnissen) ausmachen können (Mk 4,30–32). Insofern gibt es gute Argumente, die JÜLICHERS Zuordnung dieses Textes zu den Parabeln zu stützen vermögen (und die einmal mehr unsere Kategorien als Hilfskonstruktionen erweisen).

die einleitende Frage „τίς γυνὴ ... οὐχί;“ provoziert, andererseits erleben die Hörer die Spannung mit: „Wird die Suche Erfolg haben?“ Sie sind darum dann auch in effigie Teilnehmerinnen der fröhlichen Nachbarschaftsrunde.

Besonders wichtig für dieses Gleichnis dürfte die wirtschaftsgeschichtliche Erläuterung sein. Denn bis in die neuere Exegese hinein[236] hat die Übersetzung von δραχμή mit „Groschen“[237] irreführend gewirkt. In einer Zeit, in der das Geld andere Funktionen als heute hatte[238], sollte man bei dieser Münze nicht so sehr an Zahlungsmittel eines womöglich täglichen Geschäftsverkehrs denken. Die zehn Drachmen dürften den gesamten pekuniären Besitz dieser Frau darstellen und sind also Brautschatz[239] und Notgroschen[240] in einem[241]. Es handelt sich bei dem Geld in unserem Gleichnis also um die Funktion des Wertaufbewahrungsmittels, das gerade *nicht* für den Umlauf bestimmt ist, sondern möglichst unangetastet bleiben muß. Die üblichen Vergleiche mit verlorenen Geldbörsen sind demzufolge irreführend. Analog wäre eher verlorengegangener Familienschmuck.

Daß der Text zu Beginn die Zahl zehn nennt, ist keineswegs zufällig oder nebensächlich[242], sondern bedeutet, daß das Problem, das sich den Hörern darstellt, nicht nur im Verlust eines für die Frau relativ bedeutenden Geldbe-

---

236 SCHWEIZER, Lk 159.

237 Die LUTHERsche Übersetzung war aber zu ihrer Zeit keineswegs so irreführend, wie sie es heute notwendig sein muß.

238 Vgl. dazu BOGAERT: Art. Geld (Geldwirtschaft) RAC IX, 797–907; CRAWFORD, Geld 258.271–273.

239 Vgl. dazu JEREMIAS, Gleichnisse 134, der an den Kopfschmuck bzw. an den Brautschatz arabischer Palästinenserinnen erinnert. Daß dieser Vergleich mit heutigen Summen für die Antike aufschlußreich ist, wage ich zu bezweifeln. JEREMIAS nennt aus DALMAN, Arbeit V 328, ein Beispiel mit 244 Münzen, das wohl schon für DALMANS Zeit und Ort eher außergewöhnlich war. Auch die für Schmuckzwecke nötige Durchbohrung einer kleinen Silbermünze mit Durchmessern um 20 mm ist nicht so üblich und selbstverständlich, wie DALMAN und JEREMIAS meinen. Vgl. dazu DERRETT, Fresh Light 40f.

240 JEREMIAS, Gleichnisse 134. Allein mit diesem Geld konnte eine Person sich etwa vier Monate ernähren, wenn wir die Verhältnisse von Mt 20,1–15 hier substituieren dürfen. Zum Existenzminimum vgl. BEN-DAVID, Ökonomie 291–293, und zu den damit erschwinglichen Nahrungsmitteln, ebd. 306–310.

241 BOGAERT, Art. Geld (Geldwirtschaft) RAC IX 843 „Es war ein Vermögen (Lc. 15,8f.)...“.

242 Die parallele Geschichte aus dem Midrasch zum Hohenlied (BILL II 212; BERGER/COLPE Nr. 229: „Wie ein Mensch, wenn er einen Selah oder einen Obolos verloren hat...“) mag am historischen Beispiel zeigen, daß natürlich auch von dem Verlust *einer* (klitzekleinen) Münze allein berichtet werden kann – dann, wenn es auf das *einzelne* Stück ankommt.

trages[243] besteht[244]. Vielmehr ist die *Zusammengehörigkeit einer Ganzheit*[245] ähnlich wie bei der Relation ‚1 : 100' in den VV4–7 gestört. Die folgenden Aktionen zum Auffinden der Münze malen, wie häufig gesehen, das fensterlos dunkle, einräumige Haus der kleinen Leute[246], das auch am Tage mit einem Leuchter erhellt werden muß und Ziegel- oder Felsboden hat, auf dem die Münze klirren kann[247]. Dennoch ist der sozialgeschichtlich gut verstehbare Eifer[248] der Suche besonders liebevoll und ausführlich geschildert, was die Spannung in bezug auf den Effekt erhöht und das erzählerische Gleichgewicht zu V9 hält. Daß συγκαλεῖν in V9 ein Fest mit Bewirtung meint[249], scheint doch wohl mehr eine Forschungslegende zu sein[250]. Als Forum für die Freude der Frau[251] (am Brunnen?) werden Freundinnen und Nachbarinnen (aber nicht Familienangehörige)[252] benannt[253]. Zur Mitfreude werden sie aufgefordert mit einer Bemerkung, die zum Anfang der kleinen Inszenierung zurücklenkt: εὗρον τὴν δραχμὴν ἣν ἀπώλεσα. Dabei wird natürlich – wie bei jedem volkstümlichen Erzählen – vorausgesetzt, daß die Teilnehmer der Runde denselben Kenntnisstand wie die Hörer haben. Die Freude bezieht sich auf die *bestimmte* Münze (τήν), die verloren war, und damit auf die wiederhergestellte *Vollzahl* des Besitzes.

243 Auch absolut sind 3–4 Gramm Silber nicht ohne Wert. Vgl. aber bereits BAUER WB s.v., der einen Beleg [Demetrios von Phaleron 3. Jh.v.Chr.] anführt, nach dem man mit *einer* Drachme ein Schaf kaufen konnte, was natürlich einen unteren Extremwert darstellt.

244 Auf die Frage „Why had she ten such coins?" erwägt DERRETT, Fresh Light 41, Kosten für ein Fest oder „a trip of no very great distance for a family to spend a week", (denn ernsthaftere Ersparnisse für die Mitgift der Tochter seien doch wohl Sache des Hausherrn)! Fest und Ausflug ergeben dann (a.a.O. 45) die Passah-Wallfahrt zum Tempel. Das scheint mir weder dem Text noch der Mangelsituation Palästinas gerecht zu werden.

245 Dafür bietet sich die Zehnzahl als „neutrale" Größe an, wie sie auch in Mt 25,1.28; Lk 17,12; 19,13 erscheint, die seit dem AT „bevorzugte Zahl für ein abgerundetes Ganzes" ist. Vgl. HAUCK, Art. δέκα, ThWNT II 35f. Die bedeutungsbesetzten Zahlen zwölf (für Israel als Ganzes und vor allem für die Wiederbringung der zwölf Stämme) und sieben sind durch ihre Eigenbedeutung als Symbol der Zusammengehörigkeit ohne Festlegung durch ein Feld stehender Metaphern wenig geeignet. – DERRETT, Fresh Light 45, erinnert an die vorgeschriebene Zehnzahl der Beter, um von dort aus die tiefere Bedeutung des Gleichnisses zu finden. Kaum zutreffend. Vgl. Jdc 6,17; Ruth 4,2; 1Sam 25,5 oder Gen 16,3; 24,10 u.ö.

246 Vgl. Lk 11,5–8. Anders DERRETT, Fresh Light 45, dessen Argumentation insgesamt darunter leidet, daß er eher an eine gutsituierte Familie denkt.

247 JEREMIAS, Gleichnisse 134.

248 ἐπιμελῶς nur hier im NT!

249 JEREMIAS, Gleichnisse 134, fragend; SCHWEIZER, Lk 159 u.v.a.m.

250 Die ntl. Belege für συγκαλεῖν wie Mk 15,16; Act 5,21 bzw. die medialen Formen in Lk 9,1; Act 10,24; 28,17 geben das nicht her, sondern beschreiben lediglich den Vorgang, durch den für die folgende Handlung ein Forum geschaffen wird. συγκαλεῖν bezeichnet an keiner Stelle des NT die Einladung zu einem Mahl!

251 Mitfreude (συγχαίρειν) außer VV6.9 synoptisch nur noch in Lk 1,58, bei der Geburt des Johannes! Vgl. Gen 21,6 (Geburt Isaaks) und 3Makk 1,8.

252 So in ähnlichen Szenen Lk 1,58 und Act 10,24.

253 DERRETT, Fresh Light 41f., begründet die Freude der Nachbarinnen damit, daß sie auf diese Weise vom Verdacht des Diebstahls der Münze frei seien. Dagegen spricht die *Mit*freude.

Die Pointe auf der Bildspenderseite muß insofern von der landläufigen Interpretation verschieden sein, als sie sich nicht nur auf das Einzelstück (und damit auf das Individuum der liberalen Theologie) beziehen kann, sondern die gemeinsame Freude am *wiederhergestellten Ganzen* betrifft[254].

3. *Zur Bildempfängerseite*

Auf der Suche nach einem Kontext, in dem eine solche Geschichte wirkte[255], muß zunächst nach einer Situation gefragt werden, in der ein Ganzes zur Disposition stand.

Es legt sich vom (redaktionellen) erzählerischen Kontext Lk 15,1–2 nahe, an das Gegenüber von Pharisäern und Am-ha-Arez zu denken[256]. Doch schon die pauschale Formulierung von V1 (πάντες οἱ τελῶναι καί οἱ ἁμαρτωλοὶ/ οἱ Φαρισαῖοι καὶ γραμματεῖς) wirft die Frage auf, ob hier nicht eine ideale Szene gezeichnet wurde. Insofern ist zu überlegen, ob der Horizont nicht weiter gefaßt werden muß[257]. Wenn die Pointe nicht nur auf die Rettung einzelner zielte, sondern auf die Wiederherstellung einer durch Verlust zerstörten Ordnung, dann ist der Hintergrund dieses Gleichnisses dort zu suchen, wo die Einheit aller in Frage stand. Als möglicher Bezug bietet sich die im zeitgenössischen Judentum wirksame Tendenz zur Ausgrenzung und Schismatisierung aller derer an, die nicht zur eigenen Gruppe gehörten[258]. Das Konzept zur Lösung der jüdischen Krise[259] war von Bewegung zu Bewegung verschieden, enthielt aber an vielen Stellen exklusive Elemente, nach denen nur in der eigenen Gruppe und durch ihr Rezept das Heil zu erlangen war. Die Ordnung Gottes, unter welchem Namen sie auch immer figurierte, konnte nach einem verbreiteten Muster nur so hergestellt werden, daß die Sünder, die Unreinen, die Kollaborateure, die Feinde des Tempels, die Gesetzesverächter, die Unversiegelten, Uneingeweihten usw. entfernt bzw. ausgeschlossen wurden[260]. So traf das Gleichnis auf die latente Bereitschaft der Hörer zur Ausgrenzung,

---

[254] So besonders SCHNIDER, Söhne 36f.53: „... wiedergewonnene Ganzheit" für Lk 15,3–7 und 8–10, ähnlich bereits MADSEN, Parabeln 36f.: „Freude über das Wiedergefundene".

[255] JEREMIAS, Gleichnisse 132: „Rechtfertigung der Frohbotschaft" und „Werbung um die Herzen ihrer Kritiker". Ähnlich LINNEMANN, Gleichnisse 75: „Antwort Jesu auf die Angriffe der Pharisäer und Schriftgelehrten" und auch SCHNIDER, Söhne 88, dessen zutreffende Strukturanalyse ich nachträglich fand. WEDER, Gleichnisse 250f., verzichtet theoriegemäß auf Hörerangaben.

[256] Dazu vgl. MEYER/WEIß Art. Φαρισαῖος ThWNT IX 1–51; bes. 18–20.

[257] Zur zunehmenden Einengung des Gruppenspektrums und zur Konzentration des Gegnerbildes in der synoptischen Tradition auf ‚Pharisäer und Schriftgelehrte' vgl. WEIß, a.a.O. 36ff.

[258] Das Bild der jüdisch-palästinischen Gesellschaft, das dem zugrundeliegt, läßt sich hier nicht ausführlich begründen. Dazu werden die Darstellungen von BAUMBACH, Jesus passim, und THEISSEN, Soziologie, vorausgesetzt.

[259] Zu deren verschiedenen Faktoren vgl. THEISSEN, Soziologie passim.

[260] Vgl. pars pro toto 4Esr 7,51–61: Unedle Erze versus seltene Edelsteine; 4Esr 8,1: „Diese Welt hat der Höchste um vieler willen geschaffen, aber die zukünftige nur für wenige."

ohne daß diese einer bestimmten Gruppierung allein zugerechnet werden dürfte, eine Bereitschaft, die auch in die synoptische Tradition Eingang fand: Mt 12,30[261]; Mt 22,14 u. a.

Unter der Voraussetzung, daß die Pointe auf der Bildspenderseite richtig bestimmt und die Situation zutreffend beschrieben ist, stellt die Pointe auf der Bildempfängerseite dar: *Gott sorgt sich ums Ganze.* Gottes Heilsordnung – im Unterschied zu dem verbreiteten Paradigma – ist auf Integration angelegt und erst dann erreicht, wenn das Ganze wiederhergestellt ist. Heil im Sinne der Gottesherrschaft, von der der Text wohlweislich nicht spricht, die er aber sehr wohl meint, ergibt sich erst in und mit der gemeinsamen Freude über die Heimholung auch des letzten Verlorenen.

Besonders überraschend wirkt die Pointe, weil in diesem Gleichnis die Hausordnung einer armen Frau als Analogie für die Ordnung Gottes genutzt wird[262], eine Verletzung von Konventionen der gebräuchlichen Metaphern für göttliches Handeln[263], die bis heute gelten[264].

Während der Darstellungsaspekt in diesem Gleichnis das Schwergewicht hat, erlaubt die Frage nach dem Sprecher nur eine indirekte Anwort. Er wird im Duktus des Textes insofern sichtbar, als der Erzähler den Hörern eine in der Form vermutlich überraschende Perspektive auf Gottes Willen offenbart. Die Überzeugung von der Universalität des Heils ist die sichere und selbstverständliche Perspektive, aus der heraus eine solche Grenzüberschreitung geraten werden kann. Die Autorität des Sprechers resultiert allein aus der unmittelbaren Evidenz des Gesagten.

4Esr 8,3.41; 9,21f.; vgl. aber 8,60: „... nicht der Höchste hat gewollt, daß Menschen verloren gehen".

261 Par. Lk 11,23, zumindest in der ekklesiologischen Interpretation seit Cyprian, dazu Luz, Mt II 262f.; anders Mk 9,40 und Lk 9,50, während Mt die Perikope vom fremden Exorzisten ausläßt.

262 Es mutet dabei etwas merkwürdig an, daß sowohl Erlemann, Bild, als auch Petzoldt, Gleichnisse, die sich explizit um die Aspekte mühen, die Elemente der Gotteslehre aufweisen, gerade dieses Gleichnis übergehen. (Wie die Begründung der Textauswahl bei Erlemann, Bild 36f., zeigt, kann er durch seine Vorentscheidungen nur Gott als Machthaber und Herrn in den Blick bekommen.) Vgl. dagegen Jeremias, Gleichnisse 135: „*So ist Gott.*" Ähnlich auch Weder, Gleichnisse 251. Aber auch schon Bengel, Gnomon z.St.: „Significatur ἡ σοφία, *Sapientia*, sive Koheleth; vel רוח *Spiritus* sanctus, sicuti *Filius*, v. 4, et *Pater*, v. 11."

263 Zwar muß jeder Verdacht allegorisierender Auslegung auf dieser Stufe vermieden werden – ebenso wie bei Lk 15,11–32. Dennoch bleibt auffällig, welcher Stoff als analogiefähig in Anspruch genommen wird.

Ohne daß damit eine Überlegenheit konstruiert werden darf, sei zum Vergleich auf die Gleichnisse der Pesiqta deRav Kahana hingewiesen, die zwar durchaus Frauen und Mädchen in ihrer Stoffauswahl berücksichtigen und dabei vor allem Oberschichtfrauen (klug und selbstbewußt) zeigen. Aber nicht ein einziges nennt eine Relation, in der Gottes Wirken mit einer weiblichen Rolle in Beziehung gesetzt wird. Vgl. Dschnulnigg, Gleichnisse 543f., der allerdings den phänomenologischen Befund nicht auswertet.

264 Diese Konventionen lagen noch dem Witz aus den Anfängen der bemannten Raumfahrt zugrunde, der auf die Frage des amerikanischen Präsidenten, ob der Kosmonaut/Astronaut Gottes ansichtig geworden sei, die Antwort gab: „She is black."

Die Hörer werden damit zu einem Wechsel des (latenten) Paradigmas aufgefordert[265]. Sie sollen die Trennung von anderen ‚Elementen' der im Hinblick auf Gott definierten Gemeinschaft als eigenen Verlust empfinden, in der Perspektive Gottes denken und die Freude an der Rückkehr eines Verlorenen in die von Gott bestimmte Gemeinschaft mitempfinden[266]. Sie wird für so selbstverständlich gehalten, wie die Mitfreude der Nachbarinnen. Ein direkter Appell ist damit zunächst nicht verbunden, sondern eine Veränderung des Blicks, die aus sich heraus zu neuen Verhaltensweisen führen dürfte[267].

Daß dieses Gottesbild Parallelen in der Jesustradition hat, liegt auf der Hand. Am nächsten scheinen die Texte zur Feindesliebe Mt 5,43–48 par. in Paränese und Begründung dem so verstandenen Gleichnis zu kommen[268]. Sachliche Berührungen ergeben sich auch zu den Warnungen vor Ausgrenzung wie Mt 7,3ff., Lk 18,10–14a oder der Mahnung zur Vergebungsbereitschaft Mt 18,21f. par.[269] bzw. zur Toleranz gegenüber dem fremden Exorzisten Mk 9,38–40[270].

4. *Zur Überlieferungsgeschichte*

Ein zweites hypothetisches Stadium des Textes kommt dann in den Blick, wenn die Indizien für die vorlukanische Abfassung von V10 tragen[271].

Der aus VV8–10 bestehende und vermutlich mit dem Gleichnis vom verlo-

[265] Bei aller Vorsicht vor dem Eintragen von textfremden psychologischen Modellen darf hier vielleicht darauf verwiesen werden, daß ein anankastisches Denkmodell (Ordnung muß sein!) nicht total abgelehnt, sondern hinterfragt wird: Ja, aber welche Ordnung?

[266] Hier wirkt sich gegenüber Weder, Gleichnisse 251, die verschiedene Bestimmung der Pointe auf der Bildspenderseite aus. Eine Identifizierung der Hörer mit der Drachme (!), die ja nur Objekt des Handelns ist, legt sich weder im Verlauf des Erzählvorgangs noch nachträglich nahe. Wenn überhaupt, dann dürften sich Zuhörer noch am ehesten bei den Nachbarinnen und Freundinnen einzeichnen. Der Appellcharakter würde dann dem von Lk 15,32 (χαρῆναι ἔδει) sehr nahe kommen.

[267] Unter denselben zeitgeschichtlichen Voraussetzungen wäre auch zu überlegen, ob die Hörer selber von den schismatischen Trennungen betroffen sind, also eher getröstet denn neu orientiert werden. Dann würde das Gleichnis das Gerechtigkeitsgefühl der Hörer artikulieren und bestätigen. Aber braucht es dazu diesen Aufwand an erzählerischer List?

[268] Zur Zusammenfassung der Traditionsgeschichte und der Deutungen vgl. Luz, Mt I 304–314.

[269] Zum systematischen Zusammenhang der verschiedenen Behandlung der ἁμαρτία in Mt 18 vgl. Kähler, Kirchenleitung 139ff.

[270] Diese Passage hat Mt charakteristischerweise nicht aufgenommen. Er ist unter den drei Synoptikern offensichtlich derjenige mit der klarsten Abgrenzung nach außen.

[271] Die Umschreibung des Gottesnamens durch das Forum der Engel wird ähnlich wie in Lk 12,8f. diff. Mk/Mt durch die Zufügung von τοῦ θεοῦ gebrochen, eine Zufügung, die auch sonst als Lk-R nachweisbar ist (Lk 9,20; 23,35 u.ö. vgl. Jeremias, Sprache 208f.), also auf lukanische Überarbeitung eines *bereits vorliegenden* Textes schließen läßt.

Dazu kommen als indirekte Hinweise die Indizien, die die vorlukanische Abfassung von V7 stützen. Vor allem die Unterscheidung von 99 Gerechten (!) von einem Sünder widerspricht dem Kontext, in dem den „Pharisäern" (φιλάργυροι ὑπάρχοντες 16,14) keineswegs Gerechtigkeit als Habitus zugestanden wird.

renen Schaf verbundene Text akzentuiert jetzt das Verlorene stärker. Nicht mehr die Heilsgemeinschaft als Ganze ist wichtig, sondern die Freude über den einzelnen wird betont, der sich wieder auf den rechten Weg begibt.

Damit gerät das Gleichnis, das bis dahin ein konkretes Umdenken, aber nicht die Buße als solche intendierte, zur Selbstverständigung innerhalb der tradierenden Gemeinde über folgende Themen:

- Gott freut[272] sich über jeden bußfertigen Sünder.
- Der (werdende) Christ kann sich als geliebter/gesuchter Sünder verstehen[273].
- Die Gemeinde hat solcher Freude durch die zuvorkommende Aufnahme der Bußfertigen zu entsprechen[274].
- Die Kirche versteht sich selbst als die Gemeinschaft der ehemals Verlorenen.
- Der Prediger der Buße verkündet und verkörpert[275] selbst die Freude an der Suche Gottes nach dem Menschen. Er wird auf dieser Stufe ebenfalls zum Gegenstand der Predigt[276].

Eine Kommunikation mit Fremden vermag wohl am ehesten noch die erste und die ekklesiologische Dimension zu eröffnen, während die anderen Aspekte doch mehr der innergemeindlichen Diskussion zugehören.

Spätestens mit der Lukas-Redaktion wird eine Gemeinde(leitung) hörbar, die sich im Gegensatz zu „*den* Pharisäern und Schriftgelehrten" V2 definiert.

Sie stellt Jesus als Sünderheiland gegenüber „*allen* Zöllnern und Sündern" V1 dar[277], dessen eigenes Handeln als identisch mit dem Gottes in den drei Gleichnissen erscheint. In allen drei Texten geht es um die „wiederzugewinnende Gemeinschaft ... aller mit dem Vater"[278], d.h. um das Angebot an ein zerstörtes und zerstrittenes Israel.

Den Hörern/Lesern wird mit den drei Texten zum Verlorenen wie dem Gleichnis vom ungerechten Haushalter ein kleiner Katechismus zum Thema μετάνοια angeboten[279], aus dem sich der Komplex der drei Gleichnisse Kap 15

---

272 Durch γίνεται χαρά nimmt die Deutung ein wichtiges Element des ursprünglichen Textes auf und unterstreicht es so, daß das rein paränetische Verständnis zunächst ausgeschlossen bleibt.

273 In dieser Stufe greift das von WEDER, Gleichnisse 251, skizzierte Verständnis des Gleichnisses.

274 Explizit in V7 in der Gegenüberstellung der Gerechten und des Sünders, die je durchaus ekklesiologische Implikationen gehabt haben dürfte. Vgl. dazu Philo Virt 179 über die Mitfreude an denen, die von der Finsternis zum Licht der wahren Gotteserkenntnis gelangt sind. Dazu und zu Lk 15,1–32 vgl. BERGER, Gleichnisse 72ff.

275 Explizit vor allem in 15,4–7, dem Bild vom guten Hirten, das ja eine stehende Metapher aufnimmt. In 15,8–10 vor allem in der *Erzählung über den Erzähler*, dessen Autorität auch im οὕτως, λέγω ὑμῖν V10 erscheint.

276 WEDER, Gleichnisse 251.

277 V1f.

278 SCHNIDER, Söhne 95; ähnlich auch NIEBUHR, Kommunikationsebenen 484–487.

279 Vgl. TAEGER, Mensch 203–207, der zu bedenken gibt, ob nicht Lk 15 auf dem Hintergrund von 14,26–35 als Aufforderung zur menschlichen Aktivität gegenüber dem angebotenen Heil gelesen werden müßte.

heraushebt[280]. Sie schließen immerhin mit einer offenen Frage, die die bleibende Ausrichtung der Gemeinde auf alle Zöllner und Sünder bezeichnet. Weder im dritten Gleichnis noch im erzählerischen Rahmen erfolgt eine Auflösung. Die Bühne bleibt zum Zuhörer hin offen, er ist letztlich mit der Frage V32 angesprochen.

Schließlich ergibt sich aus dem Kontext des Reiseberichts, daß Jesu Werben um das Einverständnis seiner Zeitgenossen, die Einladung in das gemeinsame Vaterhaus, im Mißerfolg bzw. in der Passion endet[281].

B. Parabeln

4. Das dennoch geglückte Fest. Lk 14,15–24 / Mt 22,1–14

1. Zur Analyse

Häufig behandelt und sehr verschieden interpretiert, gibt auch diese Parabel immer wieder Rätsel auf, die die Erschließung des intendierten Sinnes erschweren.

Lk 14,15–24 hat eine entfernte Parallele bei Matthäus. Mit der vorsichtigen Genauigkeit von Migaku Sato[282] wird man die Zugehörigkeit zur Redequelle nicht mit der Sicherheit behaupten dürfen, wie sie für eine Reihe von anderen Texten gilt.[283] Dennoch ist trotz der relativ geringen Übereinstimmung in den Vokabeln auffällig, wie ähnlich sich Stoff und Motive sind, so daß von einer gemeinsamen Vorstufe auszugehen ist[284].

Sie enthielt sicher nicht die matthäische Einleitung[285] und wahrscheinlich nicht den lukanischen Schluß V24[286].

---

280 Die Reihenfolge ergibt sich möglicherweise auch durch eine Steigerung des potentiellen Verlustes: Ein Schaf von hundert stellt einen fühlbaren Verlust dar; einer von zehn Notgroschen tut weh; ein Sohn läßt sich gegen den zweiten nicht mehr aufrechnen, wie die Geschichte eines schwer lösbaren rhetorischen Schulstücks zeigt: RAU, Reden 252–271. Weitere Momente der Heraushebung von Lk 15,11ff. stellen die Länge der dritten Erzählung und ihre Schlußposition dar, vgl. NIEBUHR, Kommunikationsebenen 485.

281 Zum Gesamtzusammenhang des Kapitels vgl. SCHNIDER, Söhne 67–71.89–91.

282 SATO, Q 22.43 u.ö.

283 Vgl. zur Diskussion MARGUERAT, Jugement 324f. (mit einem Überblick über die Voten neuerer Ausleger), und HARNISCH, Gleichniserzählungen 230f.

284 Eine ausführliche Argumentation bei VÖGTLE, Einladung 172–190, der ich im wesentlichen folge; vgl. auch HAHN, Gleichnis 51–65; SCHULZ, Q 391–398; WEDER, Gleichnisse 177f.; SCHOTTROFF, Gleichnis 192ff. – Auch die Differenzierung von LINNEMANN, Gleichnisse 167 Anm. 20, die für zwei je selbständige Erzählungsvarianten plädiert, schafft die Frage nicht aus der Welt, was denn für diese beiden der hypothetische Ursprung gewesen sein kann. – ZELLER, Kommentar 87, bietet eine Nacherzählung, die bestenfalls als literaturwissenschaftliche Fabel gelten darf, aber die Hörer gewiß nicht in ihren Bann geschlagen hat.

285 SCHULZ, Q 392 Anm. 116, WEDER, Gleichnisse 120 Anm. 118. Immerhin führen die mt

Die folgenden Grundzüge lassen sich hypothetisch erschließen[287]:

I. Orientierung[288] V16b: Die Situation – ein Fest.

II. Komplizierung VV17–20: Die Gefährdung des Festes.

III. Retardierendes Moment V21a: indirekte Frage: Was wird der Herr nun tun?

IV. Lösung VV21b.22*.23*: Das Fest findet überraschenderweise dennoch statt.

V. Coda: Der Erfolg.

Damit ergibt sich folgende hypothetische Fassung[289]:

I. (16) Ein Mann veranstaltete [einmal] ein großes Gastmahl.

II. (17) Und zur Stunde des Gastmahls sandte er seinen Knecht aus, um den Eingeladenen zu sagen: Kommt, denn es ist schon fertig.
(18) Und auf einmal begannen alle, sich zu entschuldigen.
Der erste sagte ihm: Einen Acker habe ich gekauft, und ich muß hinausgehen, um ihn zu besichtigen. Ich bitte dich, entschuldige mich.
(19) Der nächste sagte: Fünf Gespanne Ochsen habe ich gekauft und gehe gerade, um sie zu prüfen. Ich bitte dich, entschuldige mich.

Einleitung (V2) und die des Lukas (V15) darauf, daß der Rahmen in Q einen Hinweis auf die Basileia enthalten haben mag.

286 Ausführliche Diskussion bei Vögtle, Einladung 188–190, und bei Weder, Gleichnisse 182 Anm. 73. Schwierigkeiten ergeben sich für die ursprüngliche Zugehörigkeit von V24 zur Parabel:
– aus der den Kommentar deutlich absetzenden Einleitungswendung λέγω γὰρ ὑμῖν (trotz Mt 18,13),
– wie aus ὑμῖν selbst, dem in der Erzählung der Referent fehlt,
– aus dem wohl doch eschatologischen Futur γεύσεται (vgl. Act 20,11),
– weiter aus dem klassischen Gen.part. τοῦ δείπνου, der wie Act 23,14 eher lukanisch wirkt (Jeremias, Sprache 241),
– wie dem – in der Erzählung unnötigen – Possessivpronomen μου, das vorzüglich in die Abendmahlstheologie des Lk paßt (vgl. unten 4.),
– schließlich aus der lukanischen Einfärbung in der Verwendung von ἀνήρ (27 bzw. 100 Belege im lukanischen Doppelwerk gegen 8 bzw. 4 bei Mt/Mk),
– endlich daraus, daß die Drohung *in* der Geschichte gegenüber den unwilligen Gästen keinen Sinn ergibt, wohl aber auf der Bildempfängerseite.

Alle Indizien zusammengenommen sprechen für einen späteren Zusatz. So auch Harnisch, Gleichniserzählungen 236f., der die Anweisung zur allegorischen relecture in V24 überzeugend vorführt.

287 Schottroff, Gleichnis 193, listet die wörtlichen und inhaltlichen Berührungen zwischen Mt und Lk auf und beschränkt sich für Q auf ein Grundgerüst, das sie nicht näher durch lukanische Züge auffüllen will. Diese methodische Vorsicht kommt aber dort an eine Grenze, wo das „Gerippe“ (194) einerseits unanschaulich wird und wo Schottroff andererseits zugunsten der sozialen Deutung auf eine Konsistenz der Tradition rekurriert, die in den Erstgeladenen „Oberschichtangehörige“ zeichnet, wofür die konkreten lukanischen Züge nun doch gebraucht werden (208).

288 Zur Terminologie und zum Schema vgl. Labov/Waletzky, Erzählanalyse 111–125.

289 Daß dabei ein hypothetisches Produkt zwischen Lk (für den Anfang) und Mt (für den Schluß) entsteht, läßt sich nicht verhindern.

(20) Der nächste sagte: Eine Frau habe ich geheiratet, und darum kann ich nicht kommen[290].

III. (21 a) Und als der Knecht zurückkam, meldete er dieses seinem Herrn.

IV. (21 b) Da[291] *wurde der Herr zornig und befahl seinem Knecht: Geh schnell auf die Straßen und lade ein, wen du findest. (Mt)*[292]

V. Und der Knecht ging hinaus auf die Straße und brachte, die er fand (Mt), und das Haus füllte sich (Mt)[293].

2. *Zur Bildspenderseite*

Der Sinn dieser Parabel[294] ergibt sich erst nach einer sorgfältigen Analyse auf der Bildebene.

Die besonderen Züge des Gleichnisses lassen sich im Kontrast zur Überlieferung im ThEv 64 gut herausheben.[295] Dort wird aus den einzelnen Entschuldigungen jeweils eine ganze Szene, die das Wandern des Knechtes von einem zum andern ausführlich berichtet, die Einladung jeweils wiederholt[296] und damit ihre Vergeblichkeit steigert. Dem entspricht der Schluß, der mit seinem Kommentar, „die Käufer und die Kaufleute [werden] nicht hinein[gehen] in die Orte meines Vaters“[297], die Ersteingeladenen nochmals ausdrücklich zu den Trägern des überwiegenden erzählerischen Interesses macht, damit jedoch vor allem die tragische Deutung nahelegt.

Im synoptischen Text dagegen scheint weder die allegorische Lesart angelegt noch der Bezug auf die Mahlgemeinschaft Jesu von vornherein naheliegend[298].

---

290 Die drei Entschuldigungen werden hier nach Lukas gegeben, haben aber einen Anhalt a) am Paralleltext (Mt ἀγρός, ἐμπορία und γάμος V2!), b) an der Ergänzung in Mt 22,10, die von einer Zufallsgesellschaft von Hergelaufenen als Gegensatz gegen die Erstgeladenen berichtet, und c) bei der lukanischen Assoziation, die die Auffüllung durch die Personnage von Lk 14,13 ebenfalls als erzählerisches Widerlager für passend erachtet.

291 Mit Recht nennt HARNISCH, Gleichniserzählungen 245, das betonte τότε das Signal der Peripetie. Es ist ursprünglich, wie Mt 22,8 erweist.

292 Mit HARNISCH, Gleichnisreden 241f., WEDER, Gleichnisse 185f., u.a. wird der Schluß vorwiegend aus dem mt Text rekonstruiert, der mit seiner Erfolgsnotiz (HARNISCH) der Erzählung die erforderliche Fortsetzung gibt.

Daß der lukanische Schluß insgesamt deutlich aufgeweitet ist, zeigt sich bereits an der Liste der Einzuladenden, die eine bemerkenswerte Nähe zu Lk 7,22 und eine faktische Identität mit 14,13 aufweist.

293 HARNISCH, Gleichniserzählungen 242, erfindet den hübschen Schluß: „Gäste allüberall!“

294 Sowohl die Tempora wie die Einmaligkeit des Geschehens erlauben keine andere formgeschichtliche Zuweisung.

295 Vgl. LINDEMANN, Gleichnisinterpretation 214–243.

296 Stereotyp: „Er ging zu dem ersten. Er sagte zu ihm... Er sagte... Er ging zu einem anderen...“

297 Zitiert nach der Übersetzung HAENCHENS in ALAND, Synopsis.

298 HARNISCH, Gleichniserzählungen 242f., hat recht, wenn er diese Deutungen – noch bei HAHN und WEDER – als Einfluß der Evangelienüberlieferung deklariert, die vermutlich nicht das Ersterlebnis wiedergeben.

Für den unbefangenen Leser wird die Geschichte eines Festes erzählt, das zu scheitern droht, aber durch eine völlig unerwartete Wendung doch stattfindet, auf die die traditionelle Schlußwendung zu passen scheint: „Und ich wollte, du und ich wären dabei gewesen". Im Gegensatz zum ThEv, wo die Zweiteinladung nur verbal berichtet, aber nicht vollzogen wird[299], stehen sich in Lk 14 die Erstgeladenen und die realen Gäste als antithetisches Zwillingspaar gegenüber. Die Auslegung wird die Gleichwertigkeit beider Gruppen würdigen müssen.

Die Inszenierung des ursprünglichen Gleichnisses beginnt bereits mit einem Aufwendigkeit verratenden Zug, der doppelten Einladung. Sie hat biblisch nur noch in Est 5,8 bzw. 6,14 eine ungefähre Entsprechung[300], die am Königshof des Märchens spielt. Um so mehr überrascht die dreifache Absage. Ihr Zusammenhang und damit ihr Sinn scheinen unklar:

Die Absagen werden nicht plausibel als angebliche Anspielung auf eine Geschichte vom reichen Zöllner Bar Ma'jan. Danach habe der Zöllner die Notabeln seiner Stadt eingeladen, aber die Ratsherren wären unter Angabe durchsichtiger Ausreden nicht erschienen. Daraufhin habe er die Speisen an die Armen der Stadt ausgeteilt, was ihm als einziges gutes Werk seines ganzen Lebens angerechnet worden sei (yHag 2,2)[301].

Sie sind natürlich auch keine ironische Anspielung an die Freistellungsgründe vom Heiligen Krieg nach Dtn 20,5–7 und 24,5[302]. Aber der Hinweis auf das Deuteronomium vermag immerhin insofern etwas zu leisten, als er eine in ihren Elementen gut vergleichbare Reihe von Entschuldigungsgründen aufführt.

Auf einen gemeinsamen Nenner der drei Absagegründe weist jedoch das letzte Gebot des Dekalogs. In einer Reihe gemeinsam erscheinen Acker (ἀγρός), Ochse (βοῦς) und Frau[303] (γυνή) in Dtn 5,21 bzw. in Ex 20,17, wo der

[299] LINDEMANN, Gleichnisinterpretation 232: „In der Fassung des Log 64 fordert die Gastmahl-Parabel dazu auf, angesichts der Einladung zur Gnosis anders zu reagieren, als jene vier an die Welt gebundenen Gäste getan haben."

[300] Est 5,8 stellte dort die erste Einladung durch Ester dar, während 6,14 die Abholung durch die Kämmerer der zweiten Ladung in Lk 14,17ff. entspricht. Auch die Stelle aus dem Midrasch zu den Klageliedern (BILL I 880f.) ist doch wohl als rückblickendes Preislied auf Jerusalem zu verstehen, wo man – nach Meinung der Späteren – besonders feine Sitten pflegte.

[301] Gegen JEREMIAS, Gleichnisse 178, der sich auf SALM beruft. (Der Text von yHag 2,2[77d] bzw. ySan 6,9[23c] bei BILL II 231f. und WEWERS, Hagiga 52f.). Zur Auseinandersetzung WEDER, Gleichnisse 186 Anm. 90. Ein Referat der Debatte jetzt bei HERRENBRÜCK, Jesus 213–216. Er macht ausdrücklich darauf aufmerksam, daß die Geschichte *nicht* als Beleg für die allgemeine gesellschaftliche Ächtung der Zöllner gelesen werden darf, denn immerhin gestaltet sich seine Beerdigung überaus pompös. Zum entscheidenden Unterschied der Geschichte zu Lk 14,16ff. vgl. unten Anm. 321.

[302] Mit PALMER, Married 241–257, gegen DERRETT, Law 126–144, der im Mahl eine Anspielung auf die Ladung zum (Mahl vor einem) Heiligen Krieg des (Messias-)Königs sieht, die die Honoratioren einer Stadt mit schriftgemäßen Gründen ablehnen. PALMER zeigt, daß hier die unverbundenen Elemente des Mt und des Lk in einer phantasiereichen Projektion kombiniert werden.

[303] Zur Diskussion, inwieweit der Dekalog damit die Frau zum Besitz des Mannes macht,

Acker in den Generalklauseln [„Haus" bzw. „alles, was sein ist"] aufgeht[304]. Alle drei Elemente finden sich dort als Teile der – patriarchal gedachten – Hauswirtschaft[305], d.h. dessen, worüber der Hausherr verfügen kann und muß[306]. Daß die drei Gründe etwas Gemeinsames enthalten müssen, ergibt sich bereits aus der auffallend gleichen Schilderung jeweils am Beginn der wörtlichen Rede, wo das *Objekt* betont vorangestellt wird (ἀγρὸν ἠγόρασα, ζεύγη βοῶν ἠγόρασα, γυναῖκα ἔγημα). Vermutlich stimmen sie auch darin überein, daß es in allen drei Sachverhalten um *Tages*geschäfte geht[307], die dem fiktiven Gastgeber und über ihn dem Hörer signalisieren sollen: „Ich habe zu tun". Das ist sicher für die beiden ersten, deren Geschäfte Tageslicht erfordern. Gleiches dürfte vermutlich auch für die dritte Absage gelten. In diesem Fall handelt es sich um eine Situation[308], die vielleicht prosaischer zu deuten und den beiden anderen Absagen stärker benachbart ist, als die Gleichnisexegese bisher wahrgenommen hat. Vermutlich geht es auch hier für den Mann als Hausherrn eher um die ökonomische (Arbeits- und Gebär-) Kraft, die die Frau

---

vgl. HOSSFELD, Dekalog 91–102, der die Dtn-Fassung des Dekalogs (mit den drei Elementen) für ursprünglicher hält. – Zu den Besitzreihen, in denen die Frau als Element der Reihe erscheint (Dtn 20,5–7; 24,5; 28,30; Jer 6,11f. und Jer 29,5ff.), wenn sie auch nicht nur unter besitzrechtlichem Aspekt gesehen wird, HOSSFELD, Dekalog 117–127.

304 Vgl. CRÜSEMANN, Bewahrung 75f., zu Ex 20,17 bzw. Dtn 5,21: „Denn der Hauptpunkt steht in jedem Falle fest: Beide Fassungen wollen, wenn auch auf etwas verschiedene Weise, die Gesamtheit des Besitzes umschreiben. Es geht also ganz explizit um die materielle Grundlage der im Prolog genannten Freiheit. Wie sonst nur im zentralen Sabbatgebot ... wird hier die Ganzheit des Hauses, des Lebensraumes, des Besitzes und der zum Haus gehörigen Personen angesprochen."

305 Vgl. BIERITZ/KÄHLER Art. Haus III, TRE XIV 478–492.

306 Vgl. auch die sinngemäße Ausweitung der Bestimmungen in mSot 8,2, auf die PALMER hinweist.

307 LINNEMANN, Gleichnisse 95, will die Entschuldigungen nur auf das *Zuspätkommen* beziehen, wofür der Text nichts hergibt. Immerhin trägt ihre Deutung dem Rechnung, daß sich mindestens die beiden ersten Gründe nicht auf eine Abendeinladung beziehen können, sondern auf Stunden, in denen noch volles Licht die kritische Prüfung der Objekte ermöglicht.

308 Zu überlegen ist in diesem Fall, was den Kasus von modernen Erfahrungen unterscheidet und worin er mit Dtn 20 bzw. 24 vergleichbar wird. – Vermutlich dürfte es in den atl. Texten aus dem Kriegsrecht weniger um die Sicherung der Flitterwochen als vielmehr um die möglichst baldige Schwangerschaft (der Erbe!) einerseits und die Einweisung des jungen Mädchens (12–13 Jahre!) in die nun zu führende Hauswirtschaft (οἰκονομία) andererseits gehen. Die in Dtn 24,5 genannten Zeiten von einem Jahr sind doch wohl an solchen Zusammenhängen, nicht aber an Gefühlen interessiert. (Vgl. etwa STEUERNAGEL, Dtn: HAT 1900: „In der Befreiung der V.5–7 Genannten vom Heeresdienst zeigt sich eine zarte Rücksichtnahme auf die Wünsche der einzelnen, die für unser Gefühl wohl unpraktisch ist ..."). Zum Zusatz („... damit er seine Frau, die er genommen hat, erfreue") in Dtn 24,5 vgl. die literarkritische Scheidung bei SEITZ, Studien 122f. – Wie alt muß man sich eigentlich den Bräutigam vorstellen? Wie hoch war die Sterblichkeit der Frauen? Die wievielte sukzessive Ehe könnte es gewesen sein? Natürlich gibt die Parabel darauf keine Antwort, aber was haben damalige Hörer assoziiert? In der Reihe Feld, Ochsen, Frau jedenfalls sind die Assoziationen ‚Arbeits- und Gebärkraft' nicht von der Hand zu weisen, wenn sie auch nicht unbedingt emanzipatorisch genannt werden können.

für ihn darstellt[309], als um gefühlsbestimmte eheliche Zweisamkeit[310]. Der Patriarch muß sich um die Einarbeitung der gerade eingeführten Hausherrin in ihrer gemeinsamen Hauswirtschaft kümmern[311], sie einweisen in das Ganze des Haushalts, und kann deshalb plausiblerweise ein bereits am Tage beginnendes Fest absagen.

Kein Argument gegen die Geschlossenheit der Absagen stellt die rhetorische Differenz zwischen den Entschuldigungen dar[312]. Sie erweist sich bei genauer Würdigung als erzählbedingte Verkürzung bzw. Abstufung. Bei ähnlichem Anfang in jeder wörtlichen Rede ist die erste besonders persuasivzwingend gestaltet (ἔχω ἀνάγκην), stellt die zweite lediglich noch fest (πορεύομαι) und fällt vermutlich darum bei der dritten die Entschuldigungsbitte fort.

Auch die Trias gleichsinniger (negativer) Vorgänge, die erst durch eine vierte Szene verändert wird, kann gegen die Ursprünglichkeit von V20 nicht ins Feld geführt werden. Sie entspricht der häufigen Tendenz volkstümlichen Erzählens, durch drei Wiederholungen die Endgültigkeit (der Katastrophe) zu beschreiben[313]. Sie geben damit im übrigen einen ersten Hinweis auf die Hörerperspektive:

---

309 Da γαμεῖν (γαμεῖσθαι) auch absolut gebraucht werden kann (Mk 12,25 par.; Mt 24,38 par. Lk 17,27), was dann eher den Vorgang als solchen bezeichnet, ist die Voranstellung des *Objektes* γυναῖκα wohl doch eine deutliche Parallele zu den beiden anderen Entschuldigungen, die genauso formulieren und besagen, der Patriarch müsse sich nun um die neuen Teile seiner Hauswirtschaft kümmern.

310 Jeremias, Gleichnisse 176f.: „Zu Gastmählern wurden nur Männer eingeladen; der Jungverheiratete will seine junge Frau nicht allein lassen." Palmer, Married 242: „honeymoon". Angesichts von Dtn 24,5 („daß er fröhlich sei mit seiner Frau") ist diese Deutung sicherlich nicht auszuschließen, aber nicht zureichend.

311 Schottroff, Gleichnis 206, meint, es gehe darum, „eine geschlossene Ehe auch zu vollziehen". Dagegen spricht der Aorist ἔγημα, der wohl effektiv bzw. konstatierend gemeint ist. Der von Schottroff gemeinte Vorgang müßte eher mit μνηστεύειν bzw. mit futurischem γάμους ποιεῖν formuliert sein. Dann würde ein kommendes Fest (Hochzeit) gegen ein anderes (Festmahl) gestellt, was aber im Gleichnis kontraproduktiv wäre. Vgl. dazu schon Linnemann, Gleichnisse 165f.

312 Linnemann, Gleichnisse 165f., nennt insgesamt sechs Gründe gegen die Ursprünglichkeit von Lk 14,20. Dabei leidet ihr Verweis auf die differierenden Fassungen bei Mt und im ThEv darunter, daß das Stichwort γάμος – γαμεῖν in Mt 22,2 erscheint und auch im ThEv eine Rolle spielt.

Weiter ist die zunehmende und sekundäre Vermehrung der Absagenden – von zwei in der darin angeblich ursprünglicheren Mt-Fassung auf drei bei Lukas und schließlich auf vier in ThEv 64 – kein Beweis für die Ursprünglichkeit der Zweizahl.

Schließlich ist die Kaufgelegenheit für fünf Paar Ochsen mit einiger Wahrscheinlichkeit ebensowenig überraschend plötzlich, wie der junge Ehestand des dritten. Daß dieser der Interpretation Mühe bereitet, ist wohl schon bei Mt und im ThEv zu beobachten, kann aber den Versuch nicht verbieten, einen gemeinsamen Reim auf die drei Gründe zu wagen.

313 Vgl. dazu Mk 4,4–7 (dreimal vergebliches Säen); Mt 4,1ff. (dreimaliges Bestehen der Versuchung); Mk 14,66ff. (dreimaliges Verleugnen); Mk 12,1ff. diff. Mt 21,33ff. (dreimalige Abweisung der Knechte); Lk 13,7 (drei Jahre Fruchtlosigkeit). Vgl. auch Act 10,16 = 11,10 und die Interpretation dieser Sachverhalte bei Delling, Art. τρεῖς κτλ., ThWNT VIII 221–224. – Daß volkstümliches Erzählen zugleich auch die Dreierreihe mit der Pointe

- Wer einen Acker kaufen kann, kann in doppelter Hinsicht zufrieden sein. Er hat nicht nur die *Mittel*, ein begehrtes Gut zu kaufen, sondern hat auch die seltene *Gelegenheit* zum Erwerb eines zusätzlichen Feldes.[314]
- Wer zehn Ochsen kaufen kann, beschafft für 35–45 ha[315] Arbeitstiere, die vermutlich nicht seinen ganzen Stall darstellen. Er gilt in den Augen der Hörer mit Sicherheit als sehr wohlhabend, da er allein mit diesen Ochsen das Fünffache der Ackerfläche bearbeiten kann, die einer durchschnittlichen Bauernfamilie zur Verfügung stand (ca. 7 ha).
- Auch die hier versuchte Deutung der dritten Absage setzt einen erfreulichen Beginn sowie ein eher weitläufiges Hauswesen voraus, das versorgt werden muß, und deshalb eine vorzeitige Entfernung nicht duldet.

Der gemeinsame Nenner der drei Absagegründe liegt in dem Erfolg, dem Wohlstand und dem glücklichen Beginnen der drei möglichen Gäste. Ihre Sorgen sind gerade nicht die „Notwendigkeiten des Alltags"[316], auch wenn das die drei Fälle Verbindende in der Fürsorge für das eigene Haus zu suchen ist. Immerhin bleiben die geschilderten Situationen auch darin verbunden, daß die Geladenen ein *Fest* absagen, weil sie sich um die Materie ihres persönlichen Glücks kümmern[317].

Die soziale Perspektive geht vermutlich von unten nach oben. Die Mehrheit der Hörer siedelt die beiden Erstgeladenen sicherlich oberhalb ihrer eigenen wirtschaftlichen Möglichkeiten an[318]. Auch der Erwerb einer Frau läßt an einen wohlgeordneten Hausstand denken[319].

---

auf dem abweichenden dritten Fall kennt (Mt 25,14ff.; Lk 10,29ff.), gehört zu den Variationsmöglichkeiten der Ezähler.

314 Zur anzunehmenden Größe vgl. JEREMIAS, Gleichnisse 176, und BEN-DAVID, Ökonomie 135–141, der die durchschnittlichen Größen eines Bauernhofes niedriger (und wohl auch realistischer) ansetzt als JEREMIAS. Von beiden her aber ist an den Zukauf eines „Morgens" Land zu denken (um $2500\,m^2$).

315 Vgl. die Angaben bei JEREMIAS, Gleichnisse 176, und bei BEN-DAVID, Ökonomie 135–141.

316 Gegen HARNISCH, Gleichniserzählungen 249, unter Berufung auf EICHHOLZ, Gleichnisse 130: „Vordringlichkeiten des Tages".

317 Der einzige unter den neueren Exegeten, bei dem die Kenntnis des Katechismus auf Lk 14 durchschlägt, ist MAGASS, Orte 7. Allerdings übernimmt er hier Beobachtungen aus seiner Auslegung zu Lk 12,16–21 („Hausfrömmigkeit"), die ihn zu dem aphoristischen Urteil gelangen lassen: „Der Früchte-Katalog des Hauses, Acker, Ochsen und die Frau sind das ‚Heil' der Hausfrömmigkeit (Lk 14,18ff.). Die Hausbedingungen sind die Bedingungen der Selbstbewahrung. Die Synagoge hat unter diesem Rahmen von Acker, Ochsen und Frau das Fest angesagt und gefeiert." Dementsprechend seine Pointe (14): „Die Einladung zum Fest wird hinterdrein zur Kritik des Hauses." Sie ordnet sich der Generallinie unter (7): „Das Haus war der große Widersacher der ἐκκλησία." – Wenn das gemeint wäre, hätten es wohl auch ein Paar Ochsen bzw. die schlichte Bestellung des Ackers getan wie in Mt 22,5. In Lk 14 geht es um mehr als das normale, alltägliche Maß.

318 So auch JEREMIAS, Gleichnisse 176; HARNISCH, Gleichniserzählungen 244f.; DSCHULNIGG, Gleichnisse 254; u.a.

319 BENGEL, Gnomon, zu Lk 14,20: „Der Mann hat eine reiche Heirath getroffen. Besser sind die Armen dran." (Fehlt im lateinischen Text.)

Die Kumulation der drei Absagen stellt eine „Brüskierung der Konvention"[320] dar. Ihr entspricht die überraschende weitere Brüskierung der Normen in der zweiten Einladung, die die Konventionen des schichtgebundenen Sozialverhaltens umkehrt und die von den Zäunen zu Gastfreunden[321] eines Wohlhabenden[322] macht[323].

Mit Harnisch wird man die Schlußwendung zum Fest als unerwartet komischen Ausgang des kleinen Dramas auffassen. „Das Gastmahl findet statt, aber eben in der Form einer burlesken Tischgemeinschaft, mit ungehörigen Ersatzfiguren, die sich eine fremde Rolle zumuten lassen."[324] Wenn die Erstgeladenen überhaupt noch im Blick sind, dann gilt ihnen höchstens die Schadenfreude[325] der Hörer, weil sie an diesem Fest nicht beteiligt waren. Die Rettung des Festes aber verdankt sich dem Hausherrn, der sich auch darin als souverän erweist, daß er die katastrophale Situation so meistert, daß das Fest zum Fest gerät (und nicht nur zur Vertilgung der vorbereiteten Speisen durch Arme)[326].

---

320 Harnisch, Gleichniserzählungen 246ff.

321 Die bekannte Zöllnergeschichte (ySan 6,9[23c]) trägt immerhin soviel zur Erläuterung unseres Gleichnisses bei, als das vergeblich vorbereitete Essen des Zöllners *außer Haus* an die Armen verteilt wird, diese aber nicht in das Haus geladen werden! (Auch die Fassung yHag 2,2[77d], die etwas anders formuliert, geht nicht von einer Einladung zu einem mit dem Hausherrn *gemeinsamen Fest* aus.) Dabei handelt es sich ähnlich wie in Tob 2,2 um Almosen, die gegeben werden, um nichts verkommen zu lassen.

322 Dabei setze ich voraus, daß, wer einen Knecht schicken kann und Freunde hat, die sich 10 Ochsen kaufen können, vom Hörer automatisch als sozial gesichert angesehen wird.

323 Weder, Gleichnisse 187 Anm. 97: „Wenn dabei auch vorausgesetzt ist, daß nicht gerade die Vornehmsten dort zu finden sind, so hat dies in der ursprünglichen Parabel *keine selbständige Bedeutung.*" (Hervorhebung Weder). Wo ist denn wohl dieses Gleichnis erzählt worden? Und vor wem?

324 Harnisch, Gleichniserzählungen 251.

325 Linnemann, Überlegungen 252. Allerdings belastet sie ihre Auslegung mit der Vorstellung, die Erstgeladenen kämen im Laufe des Festes dazu (wie die törichten Jungfrauen von Mt 25).

326 Dschulnigg, Gleichnisse 253ff., verweist als Entsprechung auf PesK 12,19 (Thoma/Lauer: Gleichnisse 299–301; Nr. 39), das Gleichnis von dem König, der nicht erst den Bau einer neuen „Speisegarnitur" abwarten will, sondern die vorhandene aufarbeiten läßt, um seinem Sohn die Hochzeit auszurichten. Die Begründung dieses Vergleichs mit den Adressaten „Blinde, Lahme, Taube" zielt für meinen Geschmack zu sehr erst auf die Lukasstufe. Bereits für die (hypothetische) Jesusstufe ergibt sich eine schöne Analogie in der Verlegenheit des Handlungssouveräns, die er jeweils auf königliche bzw. herrengemäße Weise löst. Der eigentliche Pfiff des rabbinischen Textes liegt aber nicht darin, daß Gott sich der Armen erbarmt, sondern darin, daß die Krankheiten die Majestät beleidigen, die das Fest (der Toraübergabe) ungetrübt feiern möchte und die es sich darum *selbst* schuldig ist, die dem Fest angemessenen Bedingungen zu schaffen. Im übrigen frage ich mich, ob die Behinderungen hier nicht von den Rabbinen übertragen verstanden sind – ähnlich wie in Mk 8,22ff.; 10,46ff.: Die vollkommenen Menschen, die der vollkommenen Tora entsprechen, kann sich nur Gott schaffen.

3. Zur Bildempfängerseite

Erst nach der Pointe der Erzählung, also der überraschenden Wende auf der Bildebene, läßt sich nun fragen, wo damalige Hörer Jesu sich und ihren Problemhorizont einzeichnen konnten:

- Einige Exegeten haben im Gleichnis das „unwiderrufliche Zuspät"[327], den Drohruf gehört[328]. Sie finden die Krisis Israels[329], der „Gerechten und Frommen"[330] angesagt. Das Recht dieser Interpretation ist unbestreitbar – allerdings für spätere Textstufen, die hier die Geschichte der Mission in einer Allegorie beschrieben sahen, aber wohl kaum für das erste Publikum.
- Andere rechnen dagegen eher mit Hörern, die beides, Ausbleiben und Sich-Einladenlassen, als eigene Möglichkeiten wahrnehmen. Das Gleichnis böte dann eine neue Weise des Selbstverständnisses an: „Der Hörer wird zuerst an seine alte Einstellung erinnert, die der Sorge verhaftet ist, um daraufhin mit einer neuen Möglichkeit konfrontiert zu werden, die sich als Fest der Freiheit inmitten einer Welt der Zwänge anbietet."[331] So würde das „Modell Fest zum Vorbild von Alltag".[332]
- Das befriedigt ebensowenig wie die bei vielen[333] erwogene Interpretation, nach der bereits von allem Anfang an der Text auf dem Hintergrund der stehenden Metapher des Mahls für die eschatologische Freude[334] verstanden werden müßte.[335] Das macht aus einer *Möglichkeit* – wie der stehenden Metapher vom König für Gott – die *Notwendigkeit*, daß jede Geschichte von

---

327 JEREMIAS, Gleichnisse 175 (anders bis zur fünften Auflage, wo er noch mehr die Zuwendung zu den Armen und Entrechteten hörte).

328 LINNEMANN, Gleichnisse 97: „Während das Geschick der widerwilligen Gäste in der Parabel schon entschieden ist, steht es für Jesu Hörer noch offen. Sie haben die Entscheidung noch vor sich."

329 SCHLATTER, Mt 633ff.; Lk 338f. Ähnlich VÖGTLE, Einladung 194f., mit Verweis auf Mt 8,11f. = Lk 13,28: „Die Gottesherrschaft wird selbst dann zu ihrem Ziel kommen und als Heil erfahren werden, wenn Israel sich dem Heilsangebot verschließt; an seiner Stelle werden dann die Heiden das Heil Gottes erlangen"(194). „Gott wird zum Ziel kommen! Wenn nicht mit euch (den Geladenen), dann mit den Heiden (den Ersatzgästen)!" (195). Dagegen spricht m.E. die grundsätzlich andere Bestimmung der Hörer-Sprecher-Relation, für die ich eine polemische Situation nicht erkennen kann, und die Beobachtung von LUZ, Mt II 213f., daß Mt 8,11f. par. ein Drohwort ist, das noch keine *programmatische* Ausrichtung auf die Heiden erkennen läßt.

330 SCHULZ, Q 400ff. Ähnlich LAMBRECHT, Treasure 131: „The parable was most likely directed against those in authority in Israel."

331 HARNISCH, Gleichniserzählungen 252, vom Autor hervorgehoben. Ähnlich WEDER, Gleichnisse 189.

332 HARNISCH a.a.O. nach einer Formulierung von GERHARD MARCEL MARTIN.

333 HAHN, Gleichnis 68f.; WEDER, Gleichnisse 188f.; SCHOTTROFF, Gleichnis 197ff.

334 Mt 8,11 par. Lk 13,29. Die Vorstellung ist nachweisbar seit Jes 25,6. Vgl. auch VOLZ, Eschatologie 367f., und BILL I 878f.; II 207; IV 1154–1159. Ausführliche Sammlung der Belege bei SCHOTTROFF, Gleichnis 197f.

335 HARNISCHS Einwand, Gleichniserzählungen 243, daß damit der internen Spannung der Parabel nicht Rechnung getragen wird, besteht zu Recht.

einem festlichen Essen für das eschatologische Mahl transparent wird[336]. Das ist aber weder formallogisch noch sachlich zwingend. Zugleich wird damit die Mahlgemeinschaft Jesu mit Zöllnern und Sündern (Mt 11,19 par. Lk 7,34) als „Antezipation der Basileia"[337] verstanden. Das aber scheint mir die Erzählung selbst zu entwerten und die konkreten Fälle der Mahlgemeinschaft Jesu überzustrapazieren[338].

- Eher legt sich von der implizierten Hörerperspektive her die Frage nach dem Schicksal der Witwen, Waisen, Kranken und Armen[339] nahe, also nach denen, die unter Verlusten leiden und darunter, daß sie ihr Land verloren haben, die also nicht Gewinne machen, einen Acker kaufen bzw. in der einen oder anderen Form Arbeitskraft hinzuerwerben konnten[340]. Sie sind zugleich diejenigen, die während der normalen Arbeitszeit ‚feiern' können. Das heißt, die Spannung der Geschichte zwischen denen im Wohlstand und denen auf den Straßen, d.h. im Unglück, bezieht sich womöglich auf die Frage der Hörer nach der Gerechtigkeit und Souveränität Gottes angesichts des schlechten Laufs der Welt, in der die Reichen anscheinend alles Glück der Welt auf sich versammeln[341] und die Armen immer ärmer werden[342].

Für die Deutung des ursprünglichen Gleichnisses auf der Sachebene bzw. der Seite der Bildempfängergeschichte ergibt sich: Hier wird eine keineswegs selbstverständliche Geschichte erzählt. In ihrem Verlauf werden mit erzählerischer List alle möglichen Regularitäten durchbrochen. Eine Entscheidung fällt schwer: Tragen die Gefährdung des Mahles und die unnachahmlich souveräne Rettung des Festes den Ton? Oder wird stärker auf den Gegensatz zwischen denen verwiesen, die sich um die Voraussetzungen ihres individuellen Glücks mühen, und denen, deren ‚leichtes Gepäck' sich dann als Vorzug herausstellt, wenn es gilt, sich rasch auf die günstige Gelegenheit einzulassen? Beides aber stellt keinen ausschließenden Gegensatz dar. So wird das Gleichnis die Weise

---

336 Hier rächt sich m.E. der methodische Einsatz, den SCHOTTROFF, Gleichnis 197ff., wählt, indem sie sofort die einzelnen Metaphern deutet, *ehe* sie, ebd. 200ff., die Gleichnisgeschichte als Story ernstnimmt. Dann kann bei der gewählten Reihenfolge nur eine allegorische Deutung herausspringen, die ich für die jesuanische Stufe für unwahrscheinlich halte. Die Nutzung sozialgeschichtlicher Daten wird wohl gerade dort fruchtbar, wo nicht von allem Anfang an mit der religiösen Übertragung einzelner Begriffe gerechnet werden muß.

337 WEDER, Gleichnisse 188; ähnlich HAHN, Gleichnis 68f.82.

338 Wer hat da wen eingeladen und die materielle Grundlage gestiftet? Wie objektivierbar (und entsprechend abrufbar) war der überwältigende Eindruck der antizipierten Basileia? Eine kritische Musterung der synoptischen Belege zur „Mahlherrn-Rolle des irdischen Jesus" bei VÖGTLE, Einladung 191f.

339 Zur Identität von denen „auf den Straßen" mit Bettlern und Armen vgl. SCHOTTROFF, Gleichnis 201, mit Verweis auf Act 3,2 und Luc Nec 17.

340 Zu den Verschiebungen im Verständnis von arm und reich vgl. BAMMEL, Art. πτωχός κτλ., ThWNT VI 885–915.

341 Im deutschen Sprichwort etwas drastischer: „Der Teufel scheißt nirgends lieber hin, als wo gedüngt ist." Nach BEYER, Sprichwörterlexikon 582.

342 Derselbe Erfahrungshintergrund in einem Wort Jesu Mk 4,25 par. Vgl. dazu in dieser Arbeit II.7.

Gottes aufzeigen, sich der Armen zu erbarmen. Sie ist keineswegs alle Tage zu spüren, kann aber punktuell erfahren werden. Die Reichen dagegen erleben, daß ihr Besitz dem (aktuellen) Glück im Wege steht. So wie das Gelingen dieses Festes von der Souveränität des Hausherrn abhängt (aber nach wie vor nicht alle Tage Hochzeit ist), so zeigt sich in der Durchbrechung der tristen und ungerechten Regelmäßigkeiten eine Wirklichkeit jenseits des scheinbar unerbittlich herrschenden Schicksals. Damit gäbe die Parabel in der Erzählung von einem extraordinären Vorfall zu verstehen, daß Gottes Zuwendung zu den Ohnmächtigen sichtbar wird in den seltenen, aber realen Durchbrechungen des schlechten Laufs der Welt, die man gemeinsam genießen kann. Die Gottesherrschaft, von der damit *indirekt* die Rede ist, wird auf diese Weise *nicht* identifiziert mit vorfindlichen Gegebenheiten, sondern bleibt ein Überraschungsmoment, das erlebt, aber nicht auf Dauer gestellt werden kann. Ihr Kommen ist der Souveränität des Hausherrn zu danken.

Eine Entsprechung zu der so verstandenen Pointe findet sich in Lk 6,20b: „Selig seid ihr Armen, denn euer ist das Reich Gottes" bzw. in dem Spruch von den Kranken[343], die des Arztes bedürfen (Mk 2,17 par.). Die Zuwendung Gottes (bzw. die Jesu) ist auch dort eschatologisch, doch allein in dem Sinne, daß sie die Geläufigkeiten dieser Welt durchbricht, nicht aber darin, daß sie ausschließlich als endzeitliche Wirklichkeit erhofft würde. – Wenn sich unsere Interpretation von Lk 18,2–5 halten ließe[344], läge auch in jener Parabel eine ähnliche Botschaft vor, wie überhaupt die Interpretation der gegenwärtigen Anzeichen des Heils als Vorzeichen des Reiches, das im Kommen ist, in den Logien Jesu als gleichsinnig aufzufassen wären.

Die Auffüllung der Einladung bei Lukas durch die Personen von Lk 14,13 besagt zwar unmittelbar nichts über den ursprünglichen Sinn, wohl aber etwas darüber, daß die soziale Perspektive von den Tradenten empfunden und verstärkt wurde, indem die exemplarisch Benachteiligten als die bevorzugten Empfänger des Heils dargestellt werden.

Wenn die Sicht des Verhältnisses von Gott, Welt und Mensch in diesem Text so richtig bestimmt ist, gibt sich der Sprecher als jemand zu erkennen, der mit seinen Hörern weiß, daß Erfolg und Glück, ja auch die fühlbare Zuwendung Gottes keineswegs allezeit spürbar sind. Er hätte mit seiner Erzählperspektive die Lage des Publikums aufgenommen, aber durch die ungewöhnliche Wende der Geschichte aufmerksam gemacht darauf, daß die graue Not hin und wieder durchbrochen werden kann. Oder in der Terminologie des Textes: Er machte sich zum Ausrufer des Festes, das man feiern muß, wie es fällt. Erst dann läßt sich auch wieder ein Bezug zur Mahlgemeinschaft Jesu herstellen, die wohl eher einem seltenen Aufblitzen von außerordentlichem Glück als einer festen Heilsinstitution geglichen haben dürfte.

Der Appellcharakter dieses Gleichnisses setzt wohl eine Zuhörerschaft vor-

---

343 SCHOTTROFF, Gleichnis 199.

344 In dieser Arbeit II.6.

aus, die sozial in die unteren Schichten tendiert. Ihnen dürfte der Text zuerst zutrauen, für die überraschenden Gelegenheiten offen zu sein, so wie er ihnen zumutet, nach den Durchbrechungen des bedrückenden Alltags, nach den unerwarteten Festen zu suchen. Er kann als eine Einladung gelesen werden, sich auf Momente geschenkten Glücks einzulassen.

4. *Zur Überlieferungsgeschichte*

Die nächste zeitliche Stufe der Überlieferung ist mit der Q-Fassung[345] gegeben, die wir textlich kaum[346] von der jesuanischen Fassung scheiden können[347].

Immerhin ist durch die andere Sprecher-Hörer-Relation, die veränderte Situation und durch den anzunehmenden Kontext der Q-Prophetie die Interpretation verändert; derselbe Stoff sagt im neuen Zusammenhang anderes[348].

- Wer die Einladung zum Fest letztlich ausspricht und was das eigentliche Fest sei, ist für die Q-Überlieferung kaum fraglich. Das Fest ist jetzt vom Abendmahl her als stehende Metapher für das Reich Gottes[349] verstanden, der ἄνθρωπός τις als der himmlische Gastgeber.
- Wer als Bote des gekreuzigten Propheten aus Nazareth dessen Zuspruch und Warnung weitertrug, konnte nicht umhin, den Erzähler der Parabel (und sich bzw. sein Verhältnis zu ihm) zum Gegenstand der Erzählung zu machen. Die Akzentuierung des Knechtes bzw. der Knechte (ὑμῖν), die als Transparent für die Propheten in Israel – vermutlich unter Einschluß der christlichen Propheten – dienen[350], kann bereits auf Q zurückgehen.
- Wer das aber so versteht, wird die Ablehnung der Einladung nur als Unglauben und Ungehorsam qualifizieren. Die Erstgeladenen repräsentieren die, die sich von der Botschaft Jesu bzw. der seiner Anhänger nicht erreichen lassen und sich damit das Gericht zuziehen. Die Zweitgeladenen aber stehen

---

345 Vgl. dazu SCHOTTROFF, Gleichnis 202–205.

346 Es wäre zu überlegen,
- ob der Hinweis auf die Basileia in Mt 22,2 und Lk 14,15 eine Qualifizierung dieses Gleichnisses in Q als explizites Basileiagleichnis bewirkt (was einem deutlichen Lektüreschlüssel gleichkäme),
- ob analog zu Mt 22,8 οὐκ ἦσαν ἄξιοι und Lk 14,24 οὐδεὶς...γεύσεται ein Urteilssatz hinzutrat, der den Gerichtscharakter der Parabel heraushebt (der Wortlaut ist nicht rekonstruierbar) und
- ob die Einladung für die πολλοί Lk 14,16 an die Q-Schicht heranreicht, was die allegorisierende Auslegung der Erstgeladenen geradezu erzwingt, da der Gegenbegriff ὀλίγοι dann für die Zweitgeladenen naheliegt. Vgl. Mt 22,14.

347 Rein hypothetisch muß die Überlegung bleiben, ob bereits eine vormatthäische Fassung (König, Knechte, Hochzeitsmahl) mit einer gewissen Nähe zu Mk 12,1–12 und zum deuteronomistischen Prophetengeschick aus Q^{Mt} stammt.

348 Auch wenn es sich dabei natürlich weithin nur um begründbare Vermutungen handeln kann.

349 S.o. Vgl. auch ZELLER, Kommentar 87.

350 Die Unschärfe, die die Gestalt des Knechtes nicht eindeutig zuzuordnen erlaubt, besagt wohl nichts gegen die Offenheit der Figur gegenüber allegorischem Verständnis.

so einerseits für die Sprecher und Hörer wie andererseits für ihre Klientel. Dabei ist umstritten, ob die Gegensatzpaare als Israel versus Heidenvölker[351], Pharisäer versus Zöllner und Sünder[352] oder Reiche contra Arme[353] aufzuschlüsseln sind[354]. Ein warnender Ton an die Gegner der christlichen Propheten übertönt fast den Charakter der Einladung an die Armen und Ausgeschlossenen. – Wenn aber die doppelte Zweiteinladung bereits in Q gegeben war, dann bleibt der Schluß, der anders als in V22 keinen Vollzug meldet, „auf die Gegenwart und Zukunft hin offen ... bis zur Parusie, bis zur Offenbarung der Gottesherrschaft."[355]

– Sprecher und Hörer dieses so verstandenen Textes eint entweder als Anhänger des Nazareners die gemeinsame kritische Sicht auf ihre Umgebung (und das Selbstbewußtsein, zur Mahlgemeinschaft zu gehören), oder sie stehen sich als Gerichtspropheten und ein skeptisch-ablehnendes Publikum gegenüber.

Das Gleichnis hat auf der Lukasstufe[356] eine Reihe von Zusätzen erfahren[357], gewinnt aber seine Bedeutung auch aus dem neu geschaffenen Zusammenhang des Gastmahls Lk 14,1–24[358].

Aus dem Text ergibt sich mit V24 eine Leseanweisung, die bereits Jülicher[359] als Aufforderung zur allegorischen Auslegung des Textes verstanden hatte. Die Identifikation zwischen dem irdischen und dem himmlischen κύριος zwingt

351 So LÜHRMANN, Redaktion 87f. Vorsichtiger ZELLER, Kommentar 85ff., der noch keine programmatische Wendung zur Heidenmission erkennt, sondern eine Drohung mit einer Vorstellung, die der Völkerwallfahrt zum Zion benachbart ist. Analoge israelkritische Stoffe in Q: Mt 3,9 par.; 8,11f. par.; 12,41f.

352 SCHULZ, Q 400f. Analog wäre dann in Q Mt 11,18f. par.

353 SCHOTTROFF, Gleichnis 204f., in Korrektur früherer Annahmen und mit Verweis auf Lk 6,20f.

354 Eine Entscheidung allein aufgrund des Textes scheint kaum möglich. Faktisch muß hier das jeweilige Bild von Q substituiert werden. Wenn aber Lk 6,20–22 par. die Selbst-Identifizierung der Träger von Q sowohl mit den Armen als auch mit den durch Israel schon immer Verfolgten belegt, dann können die angeführten verschiedenen Modelle nicht reinlich geschieden werden. Das Selbstverständnis dieser Sprecher drückt sich im Kontrast auch darin aus, daß sie sich zunehmend von einer bestimmten Größe ‚Israel' getrennt sehen, die als unbelehrbar und reich sowie als Verfolger der Gottesboten erlebt wird und der das Gericht Gottes auch so angesagt werden kann, daß andere mit Abraham, Isaak und Jakob zu Tische liegen werden.

355 VÖGTLE, Einladung, 202.

356 Vgl. dazu HAHN, Gleichnis 70–74; WEDER, Gleichnisse 192f.

357 Als sichere lukanische Eingriffe dürfen abgesehen von dem Kontext die Aufzählung der Zweitgeladenen V21 = 14,13 und mindestens die sprachliche Überarbeitung, wenn nicht gar die gesamte Formulierung von V24 gelten. Weniger sicher ist die Passage VV22c u. 23 mit dem Bezug auf die Heidenmission, die ebensogut wie die Formulierung von V16c bereits vorlukanisch sein mag. Dann müßte ebenso wie die vormatthäische Stufe noch eine vorlukanische zur vollständigen Interpretation hinzutreten, deren Hauptintention die Integration der Heidenmission in die ekklesiologisch verstandene Mahlgemeinschaft gewesen sein dürfte.

358 Vgl. dazu ERNST, Gastmahlgespräche 62–74 besonders 71ff.

359 Gleichnisreden II 416.418: „halballegorische Erzählung", eine Auseinandersetzung damit bei HAHN, Gleichnis 70f.

dann schon ein neues Verständnis von V21 auf, und so läßt sich nahezu Zug um Zug die Allegorisierung der Parabel verfolgen[360]. Die Einladung zum Gastmahl ist das Angebot des Zugangs zum eschatologischen Heil hier und jetzt. Seine dann und nur dann unverständliche Ablehnung disqualifiziert die Erstgeladenen zu Feinden des κύριος, die sein Mahl – also das jenseitige Heil – nicht schmecken werden. Die zweite Einladung richtet sich an dieselben Bedürftigen, denen nach Lk 7,22 die Zuwendung des Christus gilt, die er demzufolge auch von seinen Anhängern erwarten kann Lk 14,13. Daß dann noch Platz bleibt, ja bleiben muß, geht auf die fortschreitende Kirchengeschichte bzw. deren ausstehendes Ziel, das Eschaton. – Ἀνάγκασον εἰσελθεῖν meint vermutlich auch nicht besondere orientalische Einladungsrituale, sondern die dem Heilswillen Gottes entsprechende geschichtliche Notwendigkeit der Mission[361]. – Die dritte Einladung an die noch weiter Entfernten[362] ist somit offensichtlich die Metapher für die laufende Heidenmission.

Damit läßt sich mit großer Sicherheit die Situation bestimmen, in die hinein dieser Text gesprochen ist: Er setzt das Gegenüber von Judentum und Gemeinde, den Übergang zur Heidenmission voraus und zielt auf die endzeitliche Bestätigung der von Christus ausgesprochenen Einladung zum eschatologischen Mahl, das bereits jetzt in der Eucharistie angeboten wird[363].

Der Darstellungsaspekt der sekundären Allegorie beschreibt in hergebrachtem Bildmaterial die – neue – Situation, deutet die Verweigerung Israels gegenüber der christlichen Verkündigung als Ablehnung des κύριος und bezieht die Geschichte der Heidenchristen auf die Anfänge der Botschaft.

Der Kundgabeaspekt bestimmt sich nun von den Predigern her, die als implizite Sprecher das ursprüngliche Gleichnis Jesu zu einer Deutung ihrer eigenen Missions- und Kirchengeschichte umgestalten, die aber zugleich in der Abweisung ihrer Verkündigung die unbegreifliche Ablehnung des im gegenwärtigen Mahl verheißenen Heils sehen.

Der Appellcharakter des Gleichnisses scheint sich weniger nach außen zu richten, da der Hörer wie bei jeder Allegorie eingeweiht sein muß in die der Bildebene unterlegte alte Geschichte. So bestätigt ihn das in dieser Weise gedeutete Gleichnis in der Überzeugung von der Richtigkeit des Weges, auf dem er sich befindet. Allerdings trägt der unmittelbare Kontext der Mahlgeschichte Lk 14,2–15 und in den Jünger-Belehrungen 14,25–35 eine deutliche paränetische Komponente auch in das Verständnis der VV16–24 ein: Die Einladung für die πτωχοί, ἀνάπειροι, χωλοί, τυφλοί ist paradigmatisch gültig, bis die βασιλεία endgültig realisiert ist. Die Teilhabe am Heil bleibt für die lukani-

---

360 Anders HAHN, Gleichnis 73, der in der Lk-Fassung keinen Abriß der Heilsgeschichte sehen möchte.

361 Mit ERNST, Gastmahlgespräche 72f.

362 ὁδός und φραγμός stehen wohl doch eher für Lokalitäten außerhalb der Ortschaft, deren Kolorit mit πλατεῖα und ῥύμη evoziert wird.

363 So CONZELMANN, Mitte 102; WANKE, Eucharistieverständnis 58, und ERNST, Gastmahlgespräche 73.

sche Kirche gebunden an die Offenheit ihrer Gemeinschaft für die Armen[364], auch wenn die Stilisierung des Kontextes einem Symposion unter Wohlhabenderen gleicht[365], das ja immerhin die Möglichkeit bietet, Lehre und Mahl zu verbinden[366].

Vom möglichen Q-Text bis hin zu Mt 22,1–14[367] kann eine zweistufige Entwicklung[368] nicht ausgeschlossen werden, deren hauptsächliche Anhaltspunkte die Inkonsistenz der Erzählung und die verschiedenen Schwerpunkte bei der israelkritischen (VV1–10) und der kirchenkritischen (VV11–14) Intention sind[369].

Wir beschränken uns auf die kurze Musterung der letzten Fassung[370]. Schon die typisch matthäische Einleitung gibt eine Anweisung zur allegorischen Aufschlüsselung der folgenden Geschichte. Sie stellt ein großes allegorisches Panorama der Heilsgeschichte aus der Sicht der matthäischen Gemeinde dar[371], in

---

364 Auch die dritte Einladung richtet sich nicht an eine andere Gruppe, sondern setzt Adressaten mit etwa gleichem Schicksal voraus. So auch VÖGTLE, Einladung 203.

365 Dazu SCHOTTROFF, Gleichnis 209.

366 ERNST, Gastmahlgespräche 74–76.

367 Diese Differenzierung hat den Vorteil, daß die allegorische Darstellung der Geschichte Israels (bis hin zu den frühen christlichen Predigern und der noch fraglichen Heidenmission [!]) als eine weitere Auslegung der ursprünglichen Parabel ein eigenes Gewicht bekäme, deren Stichworte: „König, Hochzeit des Sohnes, Knechte, Wege" wären.

Die dann durch VV11–14 veränderte Aussage, die nun die Geschichte Israels nur mehr zum warnenden Beispiel innerkirchlicher Paränese werden läßt und für die die Heidenmission keinen Konfliktpunkt mehr darstellt, könnte als selbständiges weiteres Stadium eine wahrscheinliche Akzentverlagerung beschreiben.

368 Eine ausführliche literarkritische Analyse bei WEDER, Gleichnisse 177–185, der ich im wesentlichen folgen kann. Lediglich die Kombination πονηροί τε καὶ ἀγαθοί muß nicht traditionell sein (gegen 182 Anm. 72), ähnlich wie der über Mt 7,11; 7,17; 12,34f. [Q] hinausführende Beleg Mt 5,45 diff. Lk (vgl. 20,15). Vgl. TRILLING, Überlieferungsgeschichte 232, und LAMBRECHT, Treasure 131–137.

369 TRILLING, Überlieferungsgeschichte 237f., rechnet die israelkritische Akzentuierung zur letzten, mt Fassung, während die paränetische Ausrichtung dem Stadium zwischen Q und Mt zugewiesen wird. Die Hauptargumente sind dafür die Einbettung des Textes in die Abfolge der drei Gleichnisse in Mt 21,28–22,14, ihr Ort in den letzten Auseinandersetzungen in Jerusalem und die Angleichung zwischen 21,33–46 und 22,1–10. – Da es vermutlich eine reine Trennung nicht gibt, sondern die Kritik an Israel auch transparent bliebe für die kirchenkritische Lesart, folge ich der scharfen Sonderung nicht. Angesichts des mt Vokabulars in VV11–14 ist mir die Zuweisung zu einer *vor*matthäischen Überlieferung überhaupt fraglich.

370 Die Frage, ob Mt 22,11–14 ein selbständiges Gleichnis bildete (u. a. SAND, Mt 439, mit PESCH/KRATZ), soll hier offen bleiben. Die Anhaltspunkte häufen sich durch die sich durchziehenden Hinweise auf das Hochzeitsmahl des Sohnes, das ein König veranstaltet. So von der Vorlage abgehoben, müßte es ein Lehrgesprächsgleichnis sein, das dem rabbinischen Duktus entspricht, in dem durch eindeutige Signale am Anfang (Königsmetapher) die Decodierung von vornherein klar ist.

371 JEREMIAS, Gleichnisse 65–67, dagegen TRILLING, Überlieferungsgeschichte 238f. TRILLING hat mit seiner Kritik insofern recht, als die Übertragung der allegorischen Züge im Verhältnis von 1:1 nicht gelingen kann. Aber die sich jeweils ergebenden Anspielungen überhaupt nicht aufschlüsseln zu wollen, scheint mir überzogen.

der der König und sein Sohn (stehende Metaphern) Gott und Christus[372] abbilden. Die beiden Einladungen verstärken die Unverständlichkeit der Ablehnung. Der Kontrast zwischen der überwältigenden zweiten Einladung (πάντα ἕτοιμα) und den schlichten Alltagsgeschäften bleibt auf der Ebene der Erzählung doppelt unmöglich[373]. Eine neue Einheit der Fabel stellt sich insofern her, als die absolute Souveränität des Königs, also Gottes, nunmehr den Ablauf von V1 bis V14 bestimmt[374].

Die Knechte sind die Propheten des Heils, auch wenn eine Aufschlüsselung auf entweder alttestamentliche oder christliche Boten bzw. vor- oder nachösterliche Missionare[375] nicht recht gelingen will, so daß also wahrscheinlich *ein* Symbol *mehrere* Phänomene repräsentiert[376]. Die Stadt der Mörder und ihr Untergang verweisen auf Jerusalem und seine Zerstörung[377]. Ihre fehlende Würde (ἄξιος[378]) nimmt ein Stichwort aus der Jüngerrede (Kap 10) auf und deutet den ekklesiologischen Horizont der folgenden Einladung an, deren Auftrag[379] dem Missionsauftrag präludiert[380]. Im Hochzeitssaal treffen Gute und Böse[381] zusammen, was sich auf verschiedenartige Christen bezieht, die bis zur eschatologischen Scheidung[382] die vorfindliche Kirche ausmachen. An sie wendet sich die ernste Mahnung, daß trotz der erneuten Einladung noch immer

---

372 Immerhin bleibt auffällig, daß der Sohn selbst im weiteren Text nach V2 keine Rolle mehr spielt, auch wenn das Hochzeitsmahl die Szene fortlaufend bestimmt. Verständlich wird dieses Textelement nur durch den Rückbezug auf 21,37ff. und die Vorausschau auf den „Bräutigam" 25,1–10.

373 Weder kann der Alltag plausibel von einem solchen Fest abhalten, noch darf ein realer König so brüskiert werden. JÜLICHER, Gleichnisreden II 422: „Das 6 geschilderte Verhalten von Geladenen ist bodenlos unwahrscheinlich; entweder ist der König wahnwitzig, der so gesinnte Unterthanen erst einlädt, oder die Bürger dieser Stadt sind es, die den König so schnöde provozieren."

374 So mit Recht MARGUERAT, Jugement 329f.

375 Die beiden Zeitgrenzen durch Passion/Ostern und die Zerstörung Jerusalems einerseits und Juden- bzw. Heidenmission andererseits hindern eine eindeutige Zuweisung der Knechte von V3 und VV4–6. Wahrscheinlich liegt auch hier wieder das Phänomen vor, daß der Mt-Redaktor mehrere zeitliche Ebenen in einer Gestalt repräsentiert sehen kann. Vgl. z.B. die Gestalt der Jünger in der Jüngerrede Mt 10.

376 Anders etwa MARGUERAT, Jugement 336, der in den Boten die christlichen Missionare sieht und zur Begründung auf die Abfolge von Mt 21,34–36 bzw. 22,1ff. verweist.

377 In den Formen der deuteronomistischen Prophetenaussage STECK, Israel 300–302.

378 Außer Mt 3,8(Q) und 22,8 siebenfach Mt 10,10–38. Vgl. dazu auch MARGUERAT, Jugement 333f.

379 πορεύεσθε: Mt 10,6; 28,19.

380 πάντας οὓς εὗρον gibt Assoziationen zu Mt 28,19 und zu den typisch mt Formulierungen mit πᾶς frei.

381 Ob hier wirklich die paulinische gratia praeveniens gemeint ist, die alle Menschen ergreifen will, wie BINDEMANN, Mahl 22, überlegt, ist zweifelhaft. Die πονηροί dürften vorangestellt sein, weil sie die fehlende Auswahl bei der Einladung markieren. TRILLING, Überlieferungsgeschichte 231, sagt drastisch: „Massenkirche". Ansonsten ist diese Bemerkung doch mit Sicherheit der bewußte Aufhänger für die folgende Szene VV11–13, der dieser dritten Einladung ihren ursprünglich endgültigen und die Lösung von VV2–10 bringenden Charakter nimmt.

382 Mt 13,24–30 u.ö.

das Gericht des Königs[383] droht. Er wird nach dem hochzeitsgemäßen Kleid, also nach dem der Basileia gemäßen Tun[384], fragen und eine schreckliche Strafe verhängen[385]. Dieses dem ursprünglichen Gleichnis fremde, bei Mt aber ausdrücklich herausgehobene Motiv des Gerichtes[386] stiftet neben dem der Souveränität des Königs die Einheit des so stark überarbeiteten Textes.

Der Kontext im MtEv zeigt eine Linie, die in der letzten Auseinandersetzung in Jerusalem drei Parabeln eng miteinander verknüpft[387]. Ihnen gemeinsam sind folgende Themen:

- Geschichte der Propheten bzw. Zeugen in Israel (AT, Johannes, Jesus als der Sohn, christliche Propheten),
- Ablösung Israels durch die neue Heilsgemeinde als Gericht über Ungehorsam[388] und Verstockung[389], das auch in der Zerstörung Jerusalems seinen Ausdruck findet[390],
- Bindung des Heils an die Bedingungen Glauben[391], Fruchtbringen[392] und hochzeitliches Gewand[393].

Die Sprecher-Hörer-Relation läßt eine Verständigung unter Eingeweihten erkennen, die die zurückliegende Geschichte deutet. Die Identität dieser Gemeinschaft und ihre programmatische Norm wird in 21,43 formuliert. Eine Einigung mit jüdischen Gemeinden scheint nicht mehr im Blick.

In der Diskussion am Ausgang des ersten Jahrhunderts dürfte aber die Zusammensetzung und die Disziplin der Kirche sein. Aus der Heils- bzw.

---

383 BINDEMANN, Mahl 23f., gibt zu erwägen, ob in der Veränderung von δοῦλος zu διάκονος nicht eine Bezeichnung von Amtsträgern der (vor-)matthäischen Gemeinde nach Mt 23,11 aufscheint. In Mt 22,11–14 sei eine Vorlage aus einer Gruppe mit einer rigorosen judenchristlich-partikularen Reinheitsdisziplin erhalten. Die Forderung nach dem Hochzeitsgewand wäre analog zu den Essenersitten wörtlich zu nehmen. Dann bedeute die Strafe zunächst den Ausschluß aus der Gemeinde, die sich mit der Basileia identifiziere, und die Exekutoren (διάκονοι) wären die Gemeindeleiter in dieser elitären christlichen Sekte. Erst Mt brächte dann den eschatologischen Vorbehalt und damit die Differenz zwischen Basileia und Ekklesia ein. – Eine interessante Hypothese. Leider fehlen die Belege für manche Thesen (Hochzeitskleid kein term. techn. im NT, διάκονος im MtEv kein term. techn.) und die entscheidenden Anhaltspunkte im Text.

384 Vgl. Apk 19,8. Mit TRILLING, Überlieferungsgeschichte 233: „das Gewand sind die Werke, besonders die Werke der Liebe.“ – Zu den anderen, weniger wahrscheinlichen Deutungen (geschenkte Gerechtigkeit oder Buße als Voraussetzung des Heils) HAHN, Gleichnis 80f. Anm. 133, und MARGUERAT, Jugement 341f.

385 Deren Schilderung ist rein mt: Zu τὸ σκότος τὸ ἐξώτερον vgl. 8,12; 25,30 (diff. Lk); zu ὁ κλαυθμὸς καὶ ὁ βρυγμός vgl. 8,12 (Q); 13,42.50; 24,51; 25,30.

386 Vgl. dazu MARGUERAT, Jugement 330.

387 Eine schlüssige Erläuterung bei KLAUCK, Allegorie 311–313.

388 Wobei der Fortschritt von 21,40f. zu 22,7f. sich als Ankündigung und Ausführung des Gerichts beschreiben läßt.

389 Dazu KLAUCK, Allegorie 313.

390 Die Futura 21,40.41.43 schauen ebenso wie 22,7 auf die Vergangenheit zurück, die damit als Gericht gedeutet wird. Mit KLAUCK, Allegorie 312f.

391 21,32.

392 21,41.43.

393 So auch MARGUERAT, Jugement 342.

Unheilsgeschichte ergibt sich eine aktuelle Mahnung (22,11–14), da das Gericht über Israel ein Exempel für das mögliche Gericht über Christen werden kann[394]. Während die Unheilsgeschichte Israels offenbar bereits das Bekannte und Geläufige ist, öffnet sich die Fortsetzung der Erzählung für überraschend neue Bildelemente[395]. Den Ton trägt in diesem Zusammenhang – mindestens in 22,1–14 – die drohende Paränese einer das Schlimmste befürchtenden[396] Gemeindeleitung, für die die Darstellung die Begründung liefert. Die mt Gemeinde wird aufgefordert, die Aufgabe wahrzunehmen[397], die sich aus der unbeschränkten Gabe/Einladung ergibt. „La grâce a un prix.“[398]

5. *Chancen der Gegenwart. Lk 16,1–7 und seine Deutungen*

1. *Zur Analyse*

Nur wenige synoptische Texte sind bereits innerkanonisch so erkennbar kommentiert worden[399] wie die Parabel[400] vom betrügerischen Verwalter. Fraglich ist nicht, ob, sondern allein wie oft und mit welchen Tendenzen sie durch Zusätze verschieden interpretiert wurde[401]. Von V9 bis V13 schließen sich

394 Vgl. auch ROLOFF, Kirchenverständnis 348, und LAMBRECHT, Treasure 135.

395 Vgl. MARGUERAT, Jugement 330f.

396 Mt 7,21ff.; 24,10ff.

397 τηρεῖν πάντα ὅσα ἐνετειλάμην ὑμῖν Mt 28,20.

398 MARGUERAT, Jugement 344.

399 JÜLICHER, Gleichnisreden II 509: „Lc 16,1–13 zerfällt sonach in zwei Hälften, in eine echte, frische Parabel Jesu und in Zusätze erklärender Art, die wohl eine längere Geschichte der schriftlichen Überlieferung voraussetzen.“

Welche Schwierigkeiten entstehen, wenn man das erkennbare Wachsen der Überlieferung methodisch ausblenden will, zeigt sich an der Behandlung des Textes bei ERLEMANN, Bild 151–169 bes. 159ff., der trotz mancher schönen Beobachtung zu der sehr gezwungenen Deutung des ἄνθρωπός τις πλούσιος als Bild für Gott kommt. Das ist nicht nur „extravagant“ [154] bzw. „anstößig“ [159] (und wäre darum höchst interessant), sondern vermag weder der ursprünglich zu vermutenden noch der lukanischen Intention wirklich gerecht zu werden. Nicht einmal die späteren Anwendungen in VV8ff. geben dafür etwas her, denn sie akzentuieren wohlweislich jeweils nur den οἰκονόμος und *nicht* den κύριος. Das Q-Logion in Lk 16,13 aber identifiziert mit seiner scharfen Antithetik zwischen Gottes- und Mammonsdienst gewiß nicht den κύριος des Gleichnisses mit Gott. (Wo ist übrigens der zweite Herr im Gleichnis?) Wie wirklich provozierende theologische Metaphern aussehen, läßt sich an Logien des Philippusevangeliums erkennen: Vgl. Nr. 50: „Gott ist ein Menschenfresser. Deswegen wird der Men[sch] für ihn ge[schla]chtet. Bevor der Mensch geschlachtet wurde, wurden Tiere geschlachtet. Denn nicht waren dies Götter für die geschlachtet wurde.“ (Übers. H.M. SCHENKE: NTApo[5] 1,161)

400 Daß es sich bei diesem Gleichnis um eine Parabel handelt, ist m.W. nie bestritten worden. Alle diskutierten Kriterien treffen zu: Es handelt sich um eine mögliche, aber keineswegs typische, d.h. alltägliche Geschichte. Sie gewinnt ihre Wahrscheinlichkeit daraus, daß sie den „interessierenden Einzelfall“ im Präteritum erzählt.

401 Zur Geschichte der Auslegung vgl. das Material bei KRÄMER, Rätsel. Auslegungen seit JÜLICHER bis etwa Mitte des Jahrhunderts bei PREISKER, Lukas 85ff., und bis Ende der 80er Jahre bei LOADER, Jesus 518–526. – Die verschiedenen Auslegungen sind offensichtlich auch

untereinander kaum harmonierende Bemerkungen an, die das Thema μαμωνᾶς traktieren[402] und damit – verständlicherweise – auf das Bildmaterial der provozierenden Schelmengeschichte reagieren[403]. Sie bilden in sich ein kleines Kompendium der Finanzmoral(en)[404].

Strittig sind vor allem[405] die Ursprünglichkeit und der Sinn von V8a[406]. Die Bedeutung des Verses (und damit auch der literarkritischen Entscheidung) hängt vorwiegend davon ab, worauf sich der Terminus ὁ κύριος in V8a bezieht: auf den ἄνθρωπός τις πλούσιος V1b oder auf den Gleichniserzähler Jesus[407].

(a) Die Möglichkeit, ὁ κύριος auf den Handlungssouverän in V1b zu beziehen (V3 ὁ κύριός μου; V5 τοῦ κυρίου ἑαυτοῦ) und damit als Bestandteil der ursprünglichen Erzählung zu verstehen[408], ist schon von Jülicher[409] ausführlich diskutiert und mit gutem Grund zurückgewiesen worden. Es fehlen alle erzählerischen Zwischenglieder, die den heimlichen Coup des Verwalters zu einer vom betrogenen Eigentümer bewunderten[410]

---

der differenten literarkritischen Bearbeitung des Textes geschuldet. Dazu zusammenfassend Bultmann, Geschichte ErgH. 70.

402 Dabei bleibt zunächst unberücksichtigt, daß das Stichwort φιλάργυρος in V14 an VV1–13 anschließt und auch 16,19–31 sich nicht zu weit vom Thema entfernt.

403 Vgl. dazu Schramm/Löwenstein, Helden 15ff., die nicht von ungefähr ihre Entdekkungsreise in die pikaresken Geschichten der Jesusüberlieferung bei dem sichersten Beispiel eines Schelmenstücks beginnen – bei Lk 16,1–7(8a), dem Text, für den bereits Via, Gleichnisse 150, die Zuordnung zum Pikaresken vorgenommen hatte. (V8a rechne ich bis ἐποίησεν.)

404 Eine ausführliche Auseinandersetzung mit den Deutungen, die auch in VV1–7 eine finanzethische Pointe erkennen wollen, weil der Haushalter einen gerechten Zinsnachlaß gewähre o.ä., muß hier aus Raumgründen unterbleiben. Sie werden m.E. weithin von den Kommentaren VV9–13 beeinflußt, die aber erst ab V9 dieses Thema aktivieren. Dabei ist die poetische und theologische Provokation in dem ursprünglichen Gleichnis Jesu übersehen.

405 Heininger, Metaphorik 168–170, tilgt aufgrund unbestreitbarer lukanischer Spracheigentümlichkeiten, wie sie Jeremias, Sprache 256, aufgelistet hat, das Selbstgespräch der VV3.4 aus dem ursprünglichen Text. Abgesehen von dem ästhetischen Ungenügen, das die so konstruierte Fassung kennzeichnet, sprechen dagegen die von Jeremias, ebd., aufgelisteten unlukanischen Wendungen in VV3f. Auch die angeblich redaktionellen Übermalungen sind so eindeutig nicht, wie z.B. die Wendung τί ποιήσω zeigt, die Jeremias aufgrund der redaktionellen Setzung in 20,13 (gegen Mk eingefügt) an *jeder* Stelle als lukanisch ansieht. Ebensogut möglich, ja wahrscheinlicher scheint eine sprachliche Reminiszenz aus den bereits vorliegenden Texten 12,17f.; 16,3f. in 20,13.

406 Vgl. etwa Weder, Gleichnisse 263f., der (wie schon Jülicher, Gleichnisreden II 512, mehr fragend) V8a für einen Kommentar Jesu hält, der von Anfang an in der Überlieferung aufgehoben war.

Erlemann, Bild 151, führt die verschiedene Zuordnung von V8a auf dogmatisch-ideologisierende Überlegungen zurück, was aber kaum für die ernsthafte Debatte nach der Referenz von κύριος (s.o.) gelten dürfte.

407 Eine ausführliche Darstellung der Diskussion und der dabei verwendeten Argumente bei Krämer, Rätsel 139–144, dessen Position mit der Zugehörigkeit von V9 zum ursprünglichen Gleichnis steht und fällt. Dazu s.u. Da seine Darlegungen weder sehr übersichtlich noch immer konsistent sind und der Autoritätsbeweis reichlich genutzt wird, macht sich eine erneute Sichtung der Indizien nötig.

408 U.a. Via, Gleichnisse 147, Petzoldt, Gleichnisse 96, Erlemann, Bild 152.

409 Gleichnisreden II 503f.

410 Erforderlich wäre mindestens eine Coda des Sinnes: „Und so übergab er ihm sein gesamtes Vermögen zur trickreichen Verwaltung", die den offenen Widerspruch zwischen

bzw. gebilligten[411] Aktion verwandeln könnten. Dagegen spricht auch der verschiedene Sprachgebrauch, der in VV3.5 κύριος jeweils mit Possessivpronomen konstruiert und der so dann in V8a auch zu erwarten wäre[412].

(b) Es bleibt die andere Möglichkeit, den absoluten Ausdruck ὁ κύριος als christologischen Hoheitstitel (im abgeschliffenen Gebrauch) entsprechend dem im LkEv zu beobachtenden Sprachgebrauch zu sehen[413].

Vermögensverlust des Reichen (οἰκονόμος τῆς ἀδικίας) und dem Lob der Klugheit auflöst. – HEININGER, Metaphorik 168–171, empfindet offensichtlich die Schwierigkeit, daß V8a, als Lob durch den Eigentümer gelesen, mit den Lösungen von VV3f. konkurriert. Aus diesem Grund entfernt er VV3.4 als *lukanische Redaktion* u. a. mit dem Hinweis (168f.) auf Plautus, wo solche inneren Monologe zum Komödienstil gehören. Dieselben Hinweise dienen aber dazu, das Verständnis von V8a auf der *Ursprungsstufe* in dem eben bezeichneten Sinn wahrscheinlich zu machen. Diese Inkonsistenz der Argumentation macht seine Rekonstruktion an dieser Stelle angreifbar.

[411] Auch für die Modelle von DERRETT, Steward 198ff., der Haushalter habe lediglich Wucherzinsen rückgängig gemacht, und das von FITZMYER, Story, es sei allein die Gewinnspanne für den Verwalter herausgerechnet, wäre jeweils eine erzählende Auflösung erforderlich, die die unterstellten illegalen Zinsen bzw. die überhöhte Gewinnspanne thematisierte und damit motivierte, warum der „Herr“ sein Urteil über den Untergebenen verändert. Vgl. dazu HEININGER, Metaphorik 172. – Es gibt gegen LOADER, Jesus 522, *keine* Parabel, die in vergleichbarer Weise plötzlich *gegen den Duktus* der Erzählung beendet wird, selbst Lk 14,16ff. und 18,2ff. sind besser motiviert. Mt 18,23ff. findet sich die gewiß unbegründete Wendung am Anfang und ermöglicht ihrerseits erst die Pointe. So scheitert auch der Versuch von LOADER, in Lk 16,1–8a eine Geschichte über die Vergebung zu sehen, die das ungewöhnliche Verhalten Jesu verteidige. Zu dem ähnlichen Versuch von BAILEY (die Generosität des Hausherrn deckt nachträglich die betrügerischen Versprechen des Verwalters) vgl. LOADER, Jesus 524f.

[412] Gegen VIA, Gleichnisse 148f., nach DERRETT, Steward 217; KRÄMER, Rätsel 169; SCHOLZ, Gleichnisaussage 275, und ERLEMANN, Bild 152, der schlicht voraussetzt, was zu beweisen wäre. Diese Interpretation der Parabel nimmt den Wortlaut des Gleichnisses nicht ernst, der nichts von einer späteren Versöhnung zwischen dem Herrn und dem Verwalter als Lösung des Konflikts von VV1f. weiß, sondern die Lösung in der geschickten und ungewöhnlichen Aktion des Verwalters und ihren kriminellen Folgen sieht, die ihm die spätere Solidarität der Pächter sichern soll (δέξωνταί με). Vgl. dazu WEDER, Gleichnisse 262. Alle Spekulationen über ein anderes Ende der Geschichte verdunkeln den Text, so daß mir unvorstellbar bleibt, wie der normale Hörer damit etwas hätte anfangen können. Vgl. zu den Anforderungen auch an volkstümliche Rhetorik RAU, Reden 44ff.

[413] Wie Lk 7,13; 10,1.39.41; 11,39; 12,42a; 13,15; 17,5.6; 18,6; 19,8; 22,61a.b (vgl. auch 19,31.34 und 24,34) dazu bereits RIGGENBACH, Exegese 17ff., JEREMIAS, Sprache 158, und PITTNER, Studien 27.55f., der das für vorlukanischen Sprachgebrauch reklamiert.

Wie sorgfältig zwischen einem κύριος im Gleichnis und ὁ κύριος für Jesus sprachlich unterschieden wird, erweist ein Blick auf Lk 12,42–48, wo von sechs Belegen der erste (absolut) Jesus bezeichnet und nur ein anderer (V42b) scheinbar den Besitzer nicht durch Genitivattribut näher charakterisiert. Das aber wird ersetzt durch den eindeutigen Kontext, in dem ein Possessivpronomen nur pedantische Doppelung wäre (οἰκονόμος... ὃν καταστήσει ὁ κύριος ἐπὶ τῆς θεραπείας αὐτοῦ).

Die beiden über 12,42b hinaus von KRÄMER, Rätsel 172, und VIA, Gleichnisse 147, benannten Belege für absolutes ὁ κύριος als Bezeichnung einer Gleichnisfigur in 12,37 und 14,23 (ὁ κύριος πρὸς τὸν δοῦλον!) sind als verkürzte Redeweise mit referentiellem Rückbezug auf 12,36 (κύριος ἑαυτῶν) bzw. 14,21 (κύριος αὐτοῦ) und 14,22 zu beurteilen. So auch RIGGENBACH, Exegese 19.

Ob Lk bzw. der Vf. von Lk 16,9 (καὶ ἐγὼ ὑμῖν λέγω...) den Herrn von V8a mit dem reichen

In beiden Fällen ergibt sich eine unauflösbare Schwierigkeit: Bei (a) erfolgt in V9 ein Subjektwechsel ohne ausdrückliche Angabe des (anderen) Sprechers; in (b) wechselt der Text von der indirekten (V8) in die direkte Rede[414] (V9) ohne ersichtlichen Grund, wenn auch ein solcher Wechsel nicht unüblich ist[415]. Letztere Schwierigkeit ist leichter zu bewältigen, zumal dann, wenn die Verschiebungen der Überlieferungsgeschichte in die Betrachtung einbezogen werden.

Unter dieser Voraussetzung spricht einerseits für die Zugehörigkeit des ersten Halbverses zur frühesten Stufe, daß die Herausforderung der Story – anders als in den folgenden Versen – nicht gebrochen, sondern als ‚Lob der Ungerechtigkeit' auf den provozierenden Begriff gebracht wird[416]. Außerdem schließt sich der Halbvers auch im Tempus an die Erzählung an. Dagegen scheint andererseits die bei Lk – und wohl auch vor ihm – übliche titulare Verwendung von κύριος sowie der in dieser Weise ungewöhnliche, indirekt berichtende Duktus dieses Verses zu stehen. So gibt sich damit V8a als Bericht von ersten Tradenten[417] zu erkennen, die mit der erzählten Reaktion bzw. Intention des Sprechers die Pointe sichern[418].

Mann identifizieren und erst in V9 den Erzähler Jesus sprechen lassen, wie JÜLICHER, Gleichnisreden II 504, und JEREMIAS, Gleichnisse 42, meinen, ist mir nicht so sicher, vgl. eine ähnliche Kombination in Lk 11,8.9: λέγω ὑμῖν ... κἀγὼ ὑμῖν λέγω..., zumal V8b als Fortsetzung dieser Rede doch wohl auch vom Tradenten/Redaktor nicht als Kommentar des Reichen gedacht werden kann. Ähnliche zweimalige Redeeinleitung auch in 18,6.8.

Eine Parallele mit ähnlich zweideutigem Referenzbezug fehlt im LkEv, so daß nach dem vorherrschenden (z.T. wenigstens vorlukanischen) Gebrauch nicht eindeutig anders bestimmtes ὁ κύριος auf Jesus bezogen werden muß.

414 Die von KRÄMER, Rätsel 169, vorgeschlagene Paraphrase von V8: „Und es lobte der Herr (sc. des Verwalters – C.K.) den ungerechten Verwalter, daß er klug gehandelt habe. Ja, die Kinder dieser Welt..." basiert auf der Deutung des ὅτι als ὅτι-recitativum im Übergang von indirekter zur direkten Rede wie z.B. Act 1,4f., wo aber die Deutung auf kausales bzw. rezitatives ὅτι am Anfang von V5 umstritten ist. (Außerdem beginnt der Umschlag von indirekter zu direkter Rede bereits in V4. Vgl. BL-DEBR-R § 470,2.) Zwingend nur für den, der wie KRÄMER Lk 16,9 als ursprünglich annimmt und darum V8b integrieren muß.

415 Vgl. BL-DEBR-R § 420,2.

416 SCHWARZ, Verwalter 94f., hält die hier vorausgesetzte herkömmliche Übertragung für eine „Fehlübersetzung der entscheidenden Vokabeln (ἐπῄνεσεν und φρονίμως)" und formuliert aufgrund der postulierten aramäischen Vorlage stattdessen: „Und der Herr fluchte dem betrügerischen Verwalter, weil er hinterlistig gehandelt hatte". An dieser Hypothese ist nicht nur zu kritisieren, daß sie *Möglichkeiten* ohne Anhalt am vorliegenden griechischen Text (abgesehen von den inhaltlich-moralischen Anstößen) zu *Realitäten* stilisiert, sondern sie widerspricht auch eindeutig dem Wortlaut der Erzählung, die die überraschende und gelingende List des Verwalters mit sichtlichem Vergnügen für Erzähler und Hörer vorstellt. Ein Fluch ohne drastische Strafbestimmungen wie in Mt 18,34 wäre nicht lege artis bene dicendi. Vgl. dazu auch WEDER, Gleichnisse 265, gegen SCHOLZ, Gleichnisaussage 275f.278ff.

417 Hier liegt auch die Achillesferse der von SELLIN, Lukas 182, versuchten Parallelisierung von Lk 12,16–21 und 16,1–9. Während Lk 12,20 eindeutig zur Erzählung gehört und erst den Schluß bietet, wobei der Erzähler keinen Zweifel am Tod des reichen Kornbauern läßt, bleibt Lk 16,8 immer Kommentar *ohne* Sanktionsbeschreibung. Daß 16,4.5–7 nur eine Scheinlösung sein soll, müßte besser bewiesen werden. Ansonsten sind die Parallelen im Aufbau der beiden Geschichten der allgemeinen Struktur von Erzählungen geschuldet.

418 Die Beurteilungen von Lk 16,8a bzw. 18,6 hängen eng miteinander zusammen. *Beide*

Gewiß um einiges später dürfte der zweite Halbvers hinzugefügt sein[419], da er endgültig aus einer einmaligen Begebenheit eine allgemeine Regel und Lehre macht[420], indem er aus der Erzählung in die Besprechung übergeht und diese Beurteilung in Formulierungen faßt, die den Figuren so nicht zuzutrauen sind[421].

So bleibt als sicherste Basis der Untersuchung die eigentliche Erzählung VV1b–7[422], deren Verlauf einige erzählerische Raffinesse aufweist:

> *(1)* ER SPRACH ABER AUCH ZU SEINEN JÜNGERN: *Es war einmal ein reicher Mann, der hatte einen Verwalter, und dieser wurde bei ihm denunziert, daß er seinen Besitz verschleudere. (2) Da rief er ihn und sagte ihm: Was höre ich da über dich? Gib Rechenschaft über deine Verwaltung; du kannst nämlich nicht mehr länger Verwalter bleiben. (3) Da sprach der Verwalter zu sich: Was soll ich tun, denn mein Herr nimmt die Verwaltung von mir? Zu graben vermag ich nicht, zu betteln schäme ich mich. (4) Ich weiß, was ich tun werde, damit, wenn ich der Verwaltung enthoben werde, die Leute mich in ihre Häusern aufnehmen. (5) Und er rief jeden einzelnen Schuldner seines Herrn zu sich und fragte den ersten: Wieviel schuldest du meinem Herrn? (6) Der aber antwortete: Hundert Faß Öl. Er aber sprach zu ihm: Nimm deinen Schuldbrief, setz dich und schreibe schnell: Fünfzig. (7) Darauf fragte er den nächsten: Du aber, wieviel schuldest du? Der antwortete: 100 Kor Weizen. Da sagte er zum ihm: Nimm deinen Schuldschein und schreibe: Achtzig.* (8) Und der Herr (Jesus) lobte den ungerechten Haushalter, daß er klug gehandelt habe; DENN DIE KINDER DIESER WELT SIND IM UMGANG MIT IHRESGLEICHEN KLÜGER ALS DIE SÖHNE DES LICHTES. *(9) Und ich sage euch: Macht euch Freunde mit dem ungerechten Mammon, damit, wenn es mit ihm aus ist, sie euch aufnehmen in den ewigen Hütten.* (10) Wer

---

Verse für sich allein verändern am Inhalt der Parabel im Prinzip nichts. Beide werten durch den semitisierenden Genitiv τῆς ἀδικίας ihre jeweilige dramatische Hauptfigur.

419 Ungeschickt wirkt das doppelte ὅτι, das in manchen Handschriften korrigiert wird.

420 JÜNGEL, Paulus 157.

421 DSCHULNIGG, Gleichnisse 346f., verteidigt die Zugehörigkeit von V8a.b (und 9!) zu Lk 16,1–7 und die Gleichsetzung des κύριος mit dem Hausherrn von V1 außer mit den bekannten Argumenten zusätzlich mit dem Hinweis auf den in der Tat gut vergleichbaren Maschal vom Räuber (PesK Anh. III B [Nr. 78 bei THOMA/LAUER, Gleichnisse 326–329] dazu s.u. Anm. 459). Während seine Bande eine Fluchtmöglichkeit in der Nacht genutzt hatte, blieb dieser im Gefängnis und nahm die Gelegenheit zur Flucht nicht wahr. Darum (bzw. trotzdem) läßt der König an ihm das Todesurteil vollstrecken. – Dieser Hinweis kann deswegen kaum überzeugen, weil der Handlungssouverän in PesK bei seinem Urteil *bleibt*. Das *überrascht* zwar den Hörer, der zunächst gemeinsam mit der Figur des Räubers einen Gnadenakt erwartet, bleibt aber in der Kompetenz des Königs und im Vorstellungshorizont bzw. der Logik der Story. Lk 16,8a (als Teil der Erzählung betrachtet) überrascht dagegen mit einer Reaktion des Reichen, die unerwartet, ja unlogisch ist und erzählerisch unausgeführt bleibt. Was soll man sich als Fortsetzung vorstellen? Die Begründungen VV8b und 9 aber gehen doch schon eindeutig zu einer religiösen Nutzanwendung über, die den Rahmen der Erzählung sprengt.

422 So auch MADSEN, Parabeln 58.

im Kleinsten treu ist, wird auch im Großen treu sein, und wer im kleinsten ungerecht ist, ist es auch im Großen. (11) Wenn ihr nun beim ungerechten Mammon nicht treu seid, wer soll euch das Wahre anvertrauen? (12) Und wenn ihr in dem Fremden nicht treu seid, wer wird euch das Eurige anvertrauen? (13) KEIN KNECHT VERMAG ZWEI HERREN ZU DIENEN. DENN ER WIRD ENTWEDER DEN EINEN HASSEN UND DEN ANDEREN LIEBEN, ODER ER WIRD DEM EINEN ANHÄNGEN UND DEN ANDEREN VERACHTEN. IHR KÖNNT NICHT GOTT DIENEN UND DEM MAMMON.

2. *Zur Bildspenderseite*

Schon der Beginn ist insofern auffällig breit, als er nicht etwa vom *Tatbestand* der Verschwendung[423] durch einen Verwalter[424] berichtet, sondern die reine *Behauptung* einer solchen referiert[425]. Auch der folgende Vorwurf des Herrn ist insofern merkwürdig ausführlich, als er ausdrücklich (τί τοῦτο ἀκούω περὶ σοῦ) auf die *fremden Anschuldigungen* Bezug nimmt[426]. Dann aber folgt sofort – ohne Prüfung! – die Ankündigung der Entlassung: Dem οἰκονόμος werden nur noch die Geschäftsunterlagen abverlangt[427]. Damit bleibt in der Schwebe und muß es wohl auch bleiben, ob die Vorwürfe zutreffen oder nicht[428]. So wird

---

423 Vgl. Lk 15,13. Gegen DERRETTS These von illegaler Wuchertätigkeit ERLEMANN, Bild 152.

424 οἰκονόμος meint hier wohl keinen Sklaven wie in Lk 12,42, sondern einen persönlich freien Mann, dessen Schicksal dann das eines Tagelöhners oder Bettlers werden kann. Vgl. Gen 24,2; 39,4–6; 2Sam 9,9f. Vgl. MADSEN, Parabeln 60.

425 Zu WEDER, Gleichnisse 264: διαβάλλειν mag „anzeigen" oder „verleumden" heißen, die Belege bei BAUER WB s.v. geben beides her. Sie belegen jedenfalls in allen Fällen die bösartige Absicht der Anzeigenden: vgl. Jos Ant 6,196; Dan 3,8; 6,25(Θ) für wahrheitsgemäße Angaben; Jos Ant 7,267; 2Makk 3,11; 4Makk 4,1 für Lügen. In jedem Fall aber wird zwischen Herrn und Verwalter eine Instanz eingefügt, die anders als Mt 18,23ff. erlaubt, *offenzuhalten*, ob es sich um einen verleumderischen Vorwurf handelt oder um eine zu sühnende Tatsache.

426 Beide Bemerkungen, die über die Anzeige V1c, wie die über das Hinterbrachte V2, könnten entfallen, ohne daß der Fortgang der Erzählung beeinträchtigt würde; wenn aber in einer so kurzen Erzählung solche Züge sich doppeln, verraten sie wohl ein erzählerisches Interesse. HEININGER, Metaphorik 170, macht durch seine Übersetzung „Und es wurde ihm hinterbracht, daß dieser sein Vermögen verschleudere" aus dem Referat ein Faktum. Das paßt zwar gut zu seiner Rekonstruktion einer Geschichte vom pfiffigen Sklaven, den sein Herr schließlich doch anerkennen muß, aber deutet den Text, wo er erst noch korrekt zu übersetzen wäre.

427 Mehr meint λόγον διδόναι wohl hier nicht – das deutsche „Rechenschaft legen" suggeriert eine – etwa gar ‚unabhängige' – Überprüfung, die für das weitere geradezu kontraproduktiv wäre. Vgl. dazu HEININGER, Metaphorik 173, u.a. mit Verweis auf POxy 1220.

428 Gegen HEININGER, Metaphorik 168.170.172, WEDER, Gleichnisse 264, und DREXLER, Lukas 286–288, die von der Tatsächlichkeit der Beschuldigungen ausgehen, weil doch Herr und Ökonom die Vorwürfe ernstnehmen. Es bleibt die Frage, wann überhaupt solche Vorwürfe von den Beteiligten vernachlässigt werden können. Dazu vgl. bereits JÜLICHER, Gleichnisreden II 498: „... die primitive Art, wie er 5–7 mit den Schuldnern verfährt, zeigt m.E., dass in jenem Betrieb ein System herrschte, wo alles auf Vertrauen, nichts auf Buchführung

der οἰκονόμος in der Hörerperspektive nicht unnötig belastet und nicht von vornherein als Betrüger abgestempelt[429]. Bereits mit diesem Zug wird der Hörer in die Figurenperspektive des Verwalters einbezogen, die sich dann explizit durch das anschließende Selbstgespräch des Gefährdeten ergibt. Dessen Schicksal scheint zunächst unabänderlich auf eine soziale Katastrophe zuzulaufen (V3), da Tagelöhnerarbeiten (σκάπτειν) und Betteln[430] einen unerträglichen, weil erheblichen gesellschaftlichen Abstieg markieren[431], ja die pure Existenzgefährdung bedeuten.

Ein Vergleich mit der ähnlichen Parabel Mt 18,23–35[432] zeigt Optionen, die ihm bleiben, um diesen Niedergang zu verhindern[433]. Sie werden – natürlich – nicht geschildert, dennoch ergeben sie die Negativfolie, auf deren Hintergrund den zeitgenössischen Hörern die folgende überraschende Lösung einleuchtet.

Die nächstliegende Reaktion wäre wohl die harte Eintreibung aller Außenstände in Entsprechung zu Mt 18,28–30 mit dem Ziel, dadurch doch noch die Unschuld bzw. die Brauchbarkeit als Verwalter zu erweisen (oder auch nur vorzutäuschen)[434]. Ein anderes, wenn auch letztes Mittel wäre die Bitte um Großmut (Mt 18,26).

Beide Verhaltensweisen nähmen das Urteil (Mt 18,25 bzw. Lk 16,3: οὐ γὰρ δύνῃ ἔτι οἰκονομεῖν) nicht ernst und versuchten eine restitutio in integrum. Auch diese hypothetischen Überlegungen erweisen die Aussichtslosigkeit der Lage, der es in der lukanischen Erzählung – anders als in Mt 18,24 – an einer eindeutigen Schuldzuweisung mangelt.

Den Umschlag von der Tragik in die glückliche Lösung bezeichnet der Ausruf: „Ich weiß, was ich tun werde ...“, der aber den Ausweg noch nicht schildert, sondern nur ankündigt[435]. Die sich dann abspielende Szene schildert den Rollenwechsel des Verwalters, der sich entschlossen auf die für ihn überraschend neue Realität eingestellt hat und nun (erstmals? erst recht?) so reagiert,

---

aufgebaut war; deshalb entläßt der reiche Mann, ohne etwa eine Untersuchung anzustellen, seinen Verwalter in dem Moment, wo er das Vertrauen verloren hat.“

429 DREXLER, Lukas 288, hat durch seine Analyse von V2 auf die logisch widersprüchliche (Rechenschaftsforderung *und* Entlassung in einem), aber erzähltechnisch notwendige Voraussetzung für den kommenden Ablauf hingewiesen.

430 Sir 40,28: „Mein Sohn, führe kein Bettelleben! Besser sterben als betteln!“

431 Der Rang des Verwalters ergibt sich erst indirekt aus den Summen, mit denen er anschließend umgeht. Den Hörern aber wird er aus der Konstellation von – vermutlich ortsabwesendem – Grundbesitzer und residierendem Verwalter analog zu Mk 12,1–9; Lk 12,42ff. par.; Lk 19,11–27 par. selbstverständlich gewesen sein. Die ganze Geschichte spielt in einem Milieu, das den Hörern Jesu kaum als das eigene erscheinen dürfte, sondern als das der Oberschicht, in dem eben solche skandalösen Sensationen passieren.

432 Vgl. dazu auch HEININGER, Metaphorik 174.

433 Die Ähnlichkeit sieht auch KAMLAH, Parabel 284f.: „...antithetische Abwandlungen eines verwandten Themas...“

434 Damit würde er im Sinne WATZLAWICKS, Lösungen 51ff., wiederum bei dem Rezept „Mehr desselben“ bleiben, da der Hörer dies als das normale Spiel zwischen dem Bevollmächtigten und den abhängigen Geschäftspartnern kennt.

435 Ein echtes retardierendes Moment, das regelmäßig auch im volkstümlichen Erzählen die Spannung steigert. Vgl. LABOV/WALETZKY, Erzählanalyse 114ff. Sie nennen dieses Element Evaluation, weil das bewertende Moment überwiegt.

wie man es ihm vorgeworfen hat[436]. Statt weiterhin den Besitzerpart zu spielen, wechselt er auf die Seite der Schuldner[437] und schädigt den Besitzer nun endgültig[438]. Die Summen, um die es geht[439], dürften etwa gleich sein und betragen das Zweieinhalbfache des Jahreseinkommens einer durchschnittlichen Unterschichtfamilie[440]. Da die Formulierung ἕνα ἕκαστον τῶν χρεοφειλετῶν eine ganze Reihe solcher Schuldner[441] voraussetzt, für die die beiden Genannten stellvertretend stehen[442], wird sich der Hörer einen kumulativen Effekt vorstellen. Die Schädigung des Hausherrn ist für seine Begriffe immens. Eine gewisse Schadenfreude an diesem Schelmenstück[443] in den höheren Etagen[444] ist unverkennbar[445]. Der Erfolg des kriminellen Aktes wird als gegeben vorausgesetzt[446].

---

436 Die Überraschung wäre etwas geringer, wenn die referierten Vorwürfe stimmten. Dennoch ist und bleibt die Verminderung der Passivkonten ein Handeln gegen die früheren Interessen, denn es verschwendet Besitz seines Herrn (V5) und entspricht sehr genau dem Vorwurf des διασκορπίζειν.

437 Nach JEREMIAS, Gleichnisse 180: Pächter oder Großhändler.

438 PETZOLDT, Gleichnisse 98, verweist auf die Bemerkung ταχέως V6 (vgl. auch den Imp.Aor.), die verdeutlicht, wie der Haushalter die Schuldner zu Komplizen macht. Vor allem aber wird das ταχέως signalisieren, daß der οἰκονόμος keine Zeit verlieren darf, da sein Herr die Bücher verlangt. Daher muß jeweils ein neuer Schuldschein, ein χειρόγραφον, ausgefertigt werden, damit der Eigentümer nichts merkt bzw. nachweisen kann.

439 Vgl. JEREMIAS, Gleichnisse 180, der die Summe auf je etwa 500 Denare errechnet. Da 200 Denare etwa ein Jahresverdienst ausmachen (Tageslohn nach Mt 20,2 mal durchschnittliche Arbeitstage pro Jahr, nach BEN-DAVID, Ökonomie 291–299), würde es sich um eine für damalige Unterschichtangehörige erstaunlich hohe Summe handeln.

440 Diese Höhe der Summen spricht für die ursprüngliche Fassung sehr eindeutig dagegen, daß es in Lk 16,1ff. um eine mAv 3,7 analoge Mahnung ging, *Almosen* aus dem von Gott verliehenen Besitz zu geben. Gegen WILLIAMS, Almsgiving 294ff. Für ein späteres Stadium sind seine Analogien hilfreich. (S.u. 2.3)

441 Ein Unterschied zwischen χρεοφειλέτης und ὀφειλέτης (Mt 18,24ff.) ist gegen PETZOLDT, Gleichnisse 97, nicht zu erkennen, da die Summen, um die es in Lk 7,41; 16,1ff. einerseits und Mt 18,23ff. andererseits geht, keine usuelle Differenz erkennen lassen. Vgl. auch die Belege Prov 29,13; Hi 31,37 LXX, die beide schlichte Schuldner meinen. – Ob der Terminus möglicherweise der lukanischen Vorliebe für Komposita zu verdanken ist, kann erwogen werden, muß aber offen bleiben. Vgl. JEREMIAS, Sprache 170. Zum Terminus vgl. BL-DEBR-R § 35,2; § 115,1; § 119,2.

442 JÜLICHER, Gleichnisreden II 500: „... mehr als zwei".

443 VIA, Gleichnisse 150, zu den pikaresken Texten: „Der Reiz des typischen Schelmenstücks ist, daß es den Leser durch die Abschneidung der größeren Dimensionen der Humanität eine Zeitlang von den moralischen Anforderungen befreit. Es gibt der gerissenen Schattenseite des Menschen (the tricky, seamy side of man) freies Spiel, einer Seite, die immer vorhanden ist, aber gewöhnlich bewußt unter Kontrolle gehalten wird; es bietet diesen Impulsen eine Möglichkeit, sich abzureagieren."

444 Die Schuldner sind keine Analphabeten (V6f.). Das ist dann relevant, wenn Zeugnisse über die allgemeine Schulpflicht nicht unbesehen auf die Allgemeinheit in Galiläa übertragen werden dürfen. Vgl. SCHÜRER, Geschichte II 492ff.

445 WILHELM BUSCH: „Ist der Ruf mal ruiniert, lebt man gänzlich ungeniert."

446 MADSEN, Parabeln 61, verweist auf einen vergleichbaren Vorgang von Begünstigung (als Versprechen) in 1Makk 10,30. – Eine Aufnahme Fremder ins eigene Haus Joh 19,27, aber auch mBM 5,2 bzw. die Gemara dazu bBM 64b.

Als Pointe auf der Bildspenderseite ergibt sich: Auch in einer plötzlich aussichtslosen Lage gewinnt der Gewitzte durch einen rücksichtslosen, kühnen Entschluß Freiheit bzw. eine neue Lebensmöglichkeit. „Die böse Zukunft kommt in der Erzählung als eine zur Sprache, die in der Gegenwart *abgewendet* werden kann."[447]

3. *Zur Bildempfängerseite*

In der Bestimmung des springenden Punktes sind sich heute viele Exegeten einig[448], um so mehr überrascht die Schweigsamkeit in der Bestimmung der möglichen Hörer[449]. Das ist jedoch nicht verwunderlich, weil die gängigen Muster hier versagen: Weder „die Pharisäer und Schriftgelehrten" noch Jünger eignen sich sonderlich als Adressaten. Auch die Führer Israels bzw. die Gemeindeleiter[450] dürften hier nicht apostrophiert werden. Zu erfragen aber ist, welche Gruppe(n) von drohender Zukunft so gelähmt wurde(n), daß ihnen gestaltendes Handeln nicht mehr möglich erschien. Als ideengeschichtlicher Horizont dafür sind wohl vor allem apokalyptische Vorstellungen[451] anzusetzen, nach denen es die Gegenwart vorwiegend zu erleiden und auszuhalten gilt, diese aber einer angemessenen Gestaltung von Welt und Geschichte nicht mehr offensteht[452]. Zwischen dem Sprecher und den apokalyptisch beeindruckten Hörern dürfte demnach weniger die drohende Zukunft zu besprechen

---

447 WEDER, Gleichnisse 265, Hervorhebung H.W.

448 Von JEREMIAS, Gleichnisse 181; JÜNGEL, Paulus 159, über VIA, Gleichnisse 151, und WEDER, Gleichnisse 265f., bis SCHRAMM/LÖWENSTEIN, Helden 20f., sind bestenfalls Nuancen strittig, der Duktus aber kaum. Voraussetzung dieser Einigkeit ist die Interpretation von V8a als Kommentar zur Erzählung.

449 JEREMIAS, Gleichnisse 44, versteht sich immerhin zu der Kennzeichnung „‚Unbekehrte', Zaudernde, Unentschlossene, Menge".

450 KAMLAH, Parabel 289–294. Seine Deutung basiert auf der Gleichsetzung der „Metapher ‚Verwalter'" mit der Metapher „Knecht (sc. Gottes)" = religiöser Führer. Dem steht entgegen, daß οἰκονόμος im NT, wenn es übertragen gebraucht wird, immer mit ὡς eingeführt wird, also gerade nicht eine eingeführte und somit stehende Metapher (im eigentlichen Sinn), sondern nur einen, wenn auch üblichen Vergleich darstellt (1Kor 4,1.2.; Tit 1,7; 1Petr 4,10). – Ganz unwahrscheinlich aber wird sein Versuch (293f.) bei der Deutung der erlassenen Schulden als Verringerung der Last des Gesetzes nach Mt 23,4. Warum dann noch so beachtliche Summen in Lk 16,6f. stehenbleiben, ist mit dieser Interpretation überhaupt nicht zu erfassen. (Die Erzählung selbst scheint ja vor allem an den etwa gleichwertigen *Differenzsummen* der Unterschlagung interessiert.)

451 Zur Apokalyptik als Entwurf von Welt vgl. WALTER, Relevanz 51–55. Zu den apokalyptischen Gruppen vgl. MÜNCHOW, Eschatologie 143–148.

452 Vgl. dazu WALTER, Relevanz 51ff., und zusammenfassend MÜNCHOW, Eschatologie 129ff.; dort auch die weiteren Hinweise zur Ethik, die vor allem auf Bewahren und Bewährung in der aktuellen Leidenszeit aus ist. Vgl. die charakteristischen ntl. Beispiele in Mk 13,13; Apk 1,3.

sein[453], von der viele – wenn auch nicht alle – überzeugt waren[454], sondern vielmehr die Chancen der Gegenwart[455].

So ergibt sich, daß dieses Gleichnis in stärkerem Maß als andere Appellcharakter hat, wie immer dieser im einzelnen bestimmt wird[456]. Die latente Sympathie und zunehmende Identifizierung des Hörers mit dem οἰκονόμος stellt dessen Verhalten als in einem Punkt überraschend exemplarisch bzw. vorbildlich heraus. Er läßt sich in plötzlich aussichtsloser Lage durch die drohende Katastrophe nicht lähmen. So gilt es auch für die Hörer Jesu, düstere Zukunftsaussichten und drohende Schicksalsschläge nicht als Verhängnis hinzunehmen, sondern den Verstand nicht zu verlieren. Sie sollen diese Gegenwart so pfiffig und einfallsreich wie möglich als gottgegebene Zeit nutzen[457], um damit Freiräume zu gewinnen[458]. Gerade angesichts möglicher Katastrophen lohnt es sich, hier und heute aktiv zu werden[459].

Dabei stellt der Sprecher dieses Gleichnisses im Augenblick des Erzählens ein sympathisierendes Einverständnis über das Husarenstück[460] her, wird jedoch nicht eine allzeit gültige Mahnung bezwecken: „Man muß immer einen kühlen Kopf in heißen Zeiten bewahren!“. Er läßt vielmehr ein Verständnis für die aktuelle Verzweiflung und Resignation derer erkennen, die sich in den konkreten schwierigen Zeitläufen (noch) nicht zurechtfinden. Ihnen signali-

---

453 Jeremias, Gleichnisse 181, schließt seine Ausführungen mit der Drohung: „Alles steht auf dem Spiel!“ Mit Jüngel, Paulus 159, lese ich eher „eine solche der Drohung der Zukunft *standhaltende* Parabel“ (Hervorhebung C.K.).

454 Zu den verschiedenen Zukunftsvorstellungen vgl. Münchow, Eschatologie 143ff.

455 Jüngel, Paulus 159.

456 Gegen Weder, Gleichnisse 266, der aus einem richtigen Ansatz (der Frage nach dem Bild von Gott, Mensch und Welt in den Gleichnissen) ein Prinzip macht, das sich an diesem Text kaum bestätigen läßt. Unbestritten bleibt, daß die von ihm zitierten moralischen Deutungen der Parabel verfehlt scheinen.

457 Vgl. dazu auch Heininger, Metaphorik 175: „Erlaubt ist, was nützt – im Angesicht der Herrschaft Gottes.“

458 Der Einwand von Loader, Jesus 519, gegen diese Interpretation, da könne sich der Prediger auch jeden „rugby halfback“ zum Vorbild für Geistesgegenwart wählen, übersieht die durch die ausführliche Erzählung aufgebaute Dramatik. Erst wenn die gelungene sportliche Aktion (durch einen Außenseiter?) gar nicht zu erwarten gewesen wäre, würde sie zu einer leidlichen Analogie.

459 Die unter Nr. 78 II bei Thoma/Lauer, Gleichnisse 326–329, berichtete Parabel von den geflohenen Räubern, deren einer die Fluchtmöglichkeit nicht nutzt – und vom König dennoch zum Tod verurteilt wird, bezieht Dschulnigg, Gleichnisse 508f., zu Recht als Vergleichstext auf Lk 16,1ff. Mit einer unerwarteten (in sich dann dennoch plausiblen) Geschichte wird die u. U. einmalige Gelegenheit zur Umkehr auch hier in einer Schelmengeschichte als Fluchtmöglichkeit dargestellt. (Aber ist der König dieses Gleichnisses auf der Ebene der Erzählung ursprünglich wirklich mit Gott zu identifizieren? Könnte nicht in diesem rabbinischen Gleichnis eine ursprünglich selbständige drastische Geschichte erhalten sein, die erst nachträglich in den Dienst der Schriftauslegung gestellt wurde?)

460 Zu „einem moralisch so fragwürdigen Beispiel“ (Jüngel, Paulus 159) wird der Text erst dort, wo wie in VV10–12 eine Ethik des Besitzes wieder zum Thema in der christlichen Gemeinde wird. Die Leichtigkeit, mit der in den Gleichnissen Jesu mit großen Summen jongliert wird, zeugt gerade nicht von einer großen Achtung gegenüber Geld und Gut.

siert und empfiehlt er sein eigenes Grundvertrauen, das das individuelle Tun und Lassen dennoch auf diese Welt zu beziehen vermag. Dieser Glaube kann einen Ausweg finden.

Ein Garant für diesen Zusammenhang von listigem Ausweg und geretteter Zukunft ist im Gleichnis eher implizit als explizit zu finden. Dennoch läßt sich ein Aspekt der Darstellung insofern feststellen, als die Zukunft nicht als unabänderlich drohendes Verhängnis hingestellt, sondern als Resultat einer offenen und gestaltbaren Gegenwart begriffen wird, die geschickt zum Gewinn von Freiheitsräumen genutzt werden kann[461]. Wenn also nach der *Theo*logie des Gleichnisses gefragt wird, dann ist Gott die Ursache dieser schöpferischen Freiheit, nicht aber Akteur in diesem Bilde[462].

Wenn man zur Kontrolle nach Vergleichbarem in der Logientradition (einschließlich der anderen Gleichnisse) Ausschau hält, ergeben sich insofern Besonderheiten, als der begrifflich eher formale Charakter der Pointe (bestürzende Gegenwart als offenbar dennoch zu nutzende Möglichkeit) erlaubt, alles das als Analogie heranzuziehen, was die Gegenwart als Zeit Gottes und Zeit für Gott qualifiziert, im weitesten Sinn also das gesamte Spektrum der Paränese, die gegenwärtiges Verhalten mit künftigem Ergehen verbindet[463]. Das aber muß und kann sicher eingeschränkt werden zunächst auf die Texte, die dazu aufrufen, die Gegenwart im Lichte der Zukunft Gottes besser zu begreifen. Dann legt sich ein Vergleich u.a. mit dem Senfkorngleichnis Mk 4,30–32 nahe[464]. Am nächsten aber bleibt ein Text, der, wie Mt 18,23–35[465], nach der

---

461 Etwas vorsichtiger als die bisherige Exegese möchte ich mit der Identifikation der Abrechnung mit dem eschatologischen Gericht umgehen. Denn in der Logik der Erzählung wird durch den Coup des Verwalters die Abrechnung in ihrem Sinn für den Besitzer auf den Kopf gestellt. Statt sein Vermögen zu sichern, verliert der Hausherr noch wesentliche Teile. Sein Gericht wird konterkariert. Gleiches ist für die endzeitliche Instanz doch wohl kaum denkbar. – Wenn überhaupt Bezüge gesucht werden, dann könnten sie bestenfalls zwischen dem endzeitlichen Schicksal bzw. der Strafe als Ergebnis des Gerichts und dem Betteln bzw. Graben bestehen.

462 PETZOLDT, Gleichnisse 97.99f., interpretiert die Vollmacht des Haushalters als Metapher für die väterliche Annahme durch Gott, den reichen Mann demnach als Bild für Gott. Das ist – selbst unter der Voraussetzung, daß V8a ursprünglich sei und den Handlungssouverän meine, – kaum durchführbar. Denn, was das Lob auf der Bildspenderseite als Vorgang bezeichnet, bleibt ebenso unklar wie die Deutung des Selbstgesprächs als falsches Gottesbild (97). Ähnlich ERLEMANN, Bild 159ff.

463 Angefangen etwa bei Lk 12,8f. und der großen Gruppe der Konditionalsprüche im Tat-Folge-Schema, die die gesamte Spruchüberlieferung prägen. Vgl. dazu KÄHLER, Studien I 105ff.

464 Aber auch an Mk 13,28 ist zu denken, zumindest, wenn die Rekonstruktion von KLAUCK, Allegorie 316–325, Wahrscheinlichkeit besitzt, nach der der Sinn so reformuliert werden darf: „Die Basileia ist zeichenhaft, vorausgreifend schon am Werk." (322) Ähnlich dann wohl auch Lk 12,54–56 (zu Mt 16,2f. vgl. zusammenfassend LUZ, Mt II 443f.).

465 In der überzeugenden Interpretation von HARNISCH, Gleichniserzählungen 253–271, nach der diese Parabel womöglich mit V33 endete. „Sobald sich nun aber der Adressat des Erzählten vom Vorsprung der ersten Episode bezwingen läßt, könnte sich ihm die Liebe als die Wahrheit des Wirklichen erschließen: als Quelle einer *ihm* freigegebenen Zeit, die, weil

genutzten Gegenwart fragt, weil er ein negatives Pendant darstellen könnte. Im Sinne des Kommentars in 16,8a läßt sich auch eine Verbindung zu Mt 10,16 herstellen, die insofern über eine Stichwortassoziation hinausgeht, als sie mit einer kühnen Metapher (Schlangenklugheit) die Meisterung der schwierigen Gegenwart beschreibt[466].

4. *Zur Überlieferungsgeschichte*

Die literarkritische Hypothese ergab als vermutlich erste Stufe der Überlieferung einen Text[467], der durch die Zufügung von V8a den jesuanischen Sinn der ursprünglichen Parabel zu sichern versuchte. Schon dieser Versuch aber bringt leichte Akzentverschiebungen mit sich.

Wer dem κύριος Ἰησοῦς das „Lob der Ungerechtigkeit" in den Mund legt, verrät einerseits bereits eine gewisse Mühe mit der Provokation durch die Story[468] und will andererseits ihren Sinn durch die Berufung auf die Autorität des Erhöhten festhalten. Das bedeutet: Schon die Hörer-Sprecher-Relation verändert sich durch diesen Kommentar insofern leicht, als der den ursprünglichen Sprecher zum Gegenstand der Erzählung, die reine Geschichte zum Zitat macht. Damit wird ein zu vermutender Auslegungsstreit in der Weise entschieden, daß ein überraschend neues Element als Überlieferung in der (Gemeinde-) Diskussion festgehalten wird. Ein historisches Datum in der frühen christlichen Geschichte ist dafür nur schwer zu finden, immerhin verweist die ungeschickt angehängte spätere Begründung V8b darauf[469], daß hier kein Spätstadium vorliegen kann.

Jedenfalls wird in der Kommentierung durch das Stichwort φρονίμως insofern eine Interpretation festgeschrieben, als alle anderen synoptischen Belege[470] mit diesem Stichwort ein Verhalten bezeichnen, das in der Gegenwart mit dem Eschaton rechnet. Lk 16,1–7 beschreibt in diesem Zusammenhang den Fall, daß einer vom Eschaton her, noch mit der Gegenwart zu rechnen, vermag. Stimmt diese Lesart, kann man immerhin fragen, ob nicht schon durch den kurzen Kommentar der Verwalter ein allgemeineres Vorbild an Klugheit wird, weil er sich aus der Faszination der Katastrophe lösen und auf das Hier und Jetzt konzentrieren konnte. Sein Beispiel wird zur regelmäßigen Nachah-

---

sie der Liebe gewidmet bleibt, der Zwangsläufigkeit alltäglichen Verhaltens im vorhinein entnommen ist." (270).

466 Zu den mehrfachen rabbinischen Parallelen vgl. BILL I 574f.

467 Im folgenden verzichte ich auf eine allzu schematische Abarbeitung der vier Dimensionen (s.o. I.2.), sondern notiere nur die wichtigsten neuen Aspekte, auch wenn sich das Schema in jedem einzelnen Stadium durchführen ließe.

468 Sie hat dann aber faktisch die gesamte Auslegungsgeschichte bestimmt, die mit dieser unmoralischen Erzählung bis in die neuere Exegese erhebliche Mühe hatte.

469 Sie bietet sozusagen den terminus ad quem für den ersten Kommentar in Lk 16,8a und sichert dessen frühe Entstehung.

470 Mt 7,24; 24,45; 25,2ff.; Lk 12,42; nicht ganz sicher in Mt 10,16. Dazu und zur Wirkungsgeschichte vgl. LUZ, Mt II 109f.

mung empfohlen, die irreguläre Spontaneität gerät zum geläufigen Muster vielleicht schon dessen, der vorsichtigerweise für das jenseitige Heil vorsorgt.

Konkrete Adressaten wären dann wohl in einer Gemeinde zu suchen, die mehr aus Lethargie und Trägheit durch den Hinweis auf das drohende Gericht aufgeweckt und vor ein Entweder-Oder gestellt werden soll, als daß sie aus Resignation und Katastrophenfixierung befreit werden müßte.

Mit einiger Wahrscheinlichkeit läßt sich von Lk 16,1–8a die nächste Schicht abheben, die sich in dem Lehrsatz V8b zeigt. Wenn aber mit diesem Sprichwort bereits ein neues Stadium des Textwachstums erreicht wurde, dann sichert auch er für die Tradenten ein bestimmtes Verständnis, das noch relativ nahe beim ursprünglichen Sinn steht. Die Klugheit der Kinder dieses Äons[471] entspricht zwar sicher nicht dem Gesetz bzw. den Kriterien des künftigen Gerichts und wird darum als Vorgang in einem *fremden* Bereich qualifiziert, ist aber in *einer* Hinsicht vorbildlich für die Kinder des Lichts[472]: Die Weltkinder sind in bezug auf ihre eigenen Angelegenheiten „klüger"[473], d.h. situationsnäher und zielstrebiger als die Gemeindeglieder angesichts ihres endzeitlichen Zieles. Noch in dieser Auslegung gilt die skrupellose Aktion als kühne Metapher für die Nutzung des Kairos, verwendet also dasselbe Bildfeld und verändert die Bildempfängerseite nur insofern, als aus dem kreativen Akt der unvermuteten Rettung eine Regel wird. Aus der Parabel als interessierendem Einzelfall entwickelt sich ein durch die Christen auf der anderen Seite der Menschheit zu beobachtendes Gleichnis, mit dem ein als Bußprediger gezeichneter Christus innerhalb einer einfallslosen, inaktiven Gemeinde mahnt und fragt, ob sie die eigene – hier nicht näher bestimmte – Sache nicht geschickter, hartnäckiger, kühner betreiben könne[474].

Die Geldgeschäfte aber geraten damit bereits zu einem grundsätzlich verdächtigen Handel, der nur die Weltkinder etwas angeht. Wer sich so aus der irdischen Welt und ihren Geschäften herausnehmen kann, ist (noch) nicht zu sehr ins bürgerliche Leben eingewandert. Dennoch ist die Brücke geschaffen

---

471 Vgl. zur dualistischen Terminologie ERLEMANN, Bild 154 Anm. 346; LOHSE, Art. υἱός κτλ., ThWNT VIII 359,34ff., zu den qumranischen Gegensatzpaaren: בני אור bzw. בני חושך.

472 Die dualistische Terminologie ist insofern inkonsistent, als die υἱοὶ τοῦ φωτός nicht den υἱοὶ τοῦ σκότους gegenübergestellt werden und die υἱοὶ τοῦ αἰῶνος τούτου nicht den υἱοὶ τοῦ αἰῶνος τοῦ ἐρχομένου/μέλλοντος. Zwar gibt es den Ausdruck „*Söhne* der Finsternis" nicht im NT (am nächsten kommt dem noch 1Thess 5,5; vgl. jedoch 1QS I,10), aber er wird hier wohl auch deswegen vermieden, weil für den Sinn ein etwas neutralerer Ausdruck benötigt wird, der keinen absoluten Gegensatz beschreibt. Vgl. auch den abschwächenden Komparativ φρονιμώτεροι, der nicht zwingend absolut verstanden werden muß. – Ähnlich TAEGER, Mensch 50.53f., der in den Söhnen dieses Äons die Unbekehrten und in den Söhnen des Lichts die Christen sieht.

473 Zu φρόνιμος an dieser Stelle vgl. TAEGER, Mensch 52f.

474 Am ehesten in diesem Stadium sehe ich die Parallele zu der schönen Geschichte vom Mosche Löb von Sasow, die SCHRAMM/LÖWENSTEIN, Helden 73, wiedergeben, wonach ein Dieb trotz gegenteiliger Erfahrungen immer wieder beim nächsten Einbruch auf den Erfolg hoffte und sich deswegen nicht von seinem Gewerbe abbringen ließ. Das war dem chassidischen Lehrer eine Mahnung zum ständigen Versuch, Almosen zu sammeln.

zu den weiteren Kommentaren. Ein erheblicher Eingriff in das Bildmaterial und damit eine völlige Umwertung durch V9[475] ist oft beobachtet und beschrieben worden, wobei der Vers durch seine bewußte Verwendung der Vokabeln und Motive ein interessantes Spiel mit dem vorgegebenen Material erkennen läßt[476].

Als zentraler Punkt ergibt sich, daß nunmehr die Parabel zu einer Beispielgeschichte gerät, in der rechter Umgang mit dem μαμωνᾶς τῆς ἀδικίας[477] vorgeführt wird[478]. Die dramatischen Nebenfiguren der Schuldner werden nunmehr aus unfreiwilligen Komplizen einer Unterschlagung zu Empfängern irdischer Wohltaten und erhalten ein erzählerisches Gewicht, das dem Halbtoten aus Lk 10,30–37 entspricht[479]. Der ökonomische Befreiungsschlag gilt als eine karitative Handlung gegenüber Bedürftigen, deren positive endzeitliche Folgen[480] als sicher dargestellt werden. Der Betrug am Eigentümer bleibt jedoch aus dieser Wertung ausgeblendet. Vielleicht liegt dem das Denkmuster zugrunde, daß der Mammon grundsätzlich böse bleibt, so daß man in bezug auf ihn geradezu betrügen *muß*, wenn es einem Armen hilft. Eine andere Motivation könnte darin liegen, daß in diesem Zusammenhang die Figur des Herren göttliche Züge annimmt, wodurch die Weitergabe seines Vermögens kein

---

[475] Zu V9 eine breite Diskussion bei KRÄMER, Rätsel 77–138, der die ursprüngliche Einheit 16,1–9 postuliert. Schon die Interpretation von V9 für sich überzeugt nicht: „*Er will nur zur Klugheit aufrufen, sich aus dem Mammonsdienst zu befreien und rechtzeitig die Aufnahme in den ewigen Hütten des Gottesreiches zu sichern.*" (134, Hervorhebung KRÄMER). Dabei vernachlässigt KRÄMER (von DEGENHARDT abhängig) unzulässig die erste Vershälfte und deren Inhalt, den rechten Gebrauch des Mammons.

[476] Insofern hat FLETCHER, Riddle 19f., recht, wenn er eine unabhängige Existenz des Logions für unwahrscheinlich erklärt.

[477] Das Verständnis dieser Wendung ist umstritten. Vgl. dazu TAEGER, Mensch 50–52. Mir leuchtet seine Deutung am meisten ein, „daß der Genitiv das umschreibt, was der Mammon hervorbringt, sofern er zum herrschenden Prinzip wird".(51)

[478] Zum Thema des rechten Umgangs mit Geld und Gut im Judentum vgl. REINMUTH, Geist 22–41, und ERLEMANN, Bild 165–168. Mit dem Thema Sexualität zusammen war er damals wie heute sichtlich ein zentrales Thema der Ethik und der Moral.

[479] Genau gegensätzlich deutet FLETCHER, Riddle 29: „‚Make friends for yourselves,' he seems to taunt; ‚imitate the example of the steward; use the unrighteous mammon; surround yourselves with the type of insincere, self-interested friendship it can buy; how far will this carry you when the end comes and you are finally dismissed?'" Diese ironische Interpretation beruht auf den Voraussetzungen der ursprünglichen, jesuanischen Einheit 16,1–9 und der Behauptung, Jesus habe keine lohnmotivierte Mahnung aussprechen können. (Die Kommentatoren in VV10–12 hätten dann die feine Ironie nicht mehr verstanden.)

Beide Prämissen sind höchst fraglich. Die sichere Ironie in synoptischen Stoffen ist eindeutig im Text faßbar, vgl. Mt 4,5–7; Lk 18,10ff. Für die Beispiele, die FLETCHER, Riddle 27f., nennt: Mk 2,17 par. und Lk 15,7, muß man die allgemeine Sündhaftigkeit der Menschheit als von den Hörern akzeptiertes Dogma setzen, um zu einem ironischen Verständnis zu gelangen. Immerhin nimmt FLETCHER die Diskrepanz der Story zu ihrer sekundären Anwendung wahr. Die Summen der Fabel sind Bestechungssummen.

[480] δέξωνται kann mit KLOSTERMANN, Lk 164, u.a. auch als passivum divinum gelesen werden.

Verbrechen darstellt, sondern ähnlich wie mAv 3,7 gedacht wird: „Gib ihm (sc. Gott) von dem seinigen; denn du und das deinige gehören ihm."[481]

Läßt das Schlüsse auf die Autoren und ihre Haltung zum Geld zu?[482] Mindestens setzt der Aufruf zum Verzicht auf Güter zugunsten der Armen Gemeindeglieder voraus, die ihn befolgen können, also Besitz zur Verfügung haben.

Der Bezug auf den Gleichnistext ist bei dem nächsten Abschnitt Lk 16,10–12 für sich genommen nicht eindeutig[483], insofern der Haushalter sowohl als negatives wie als positives Beispiel dienen könnte.

Der konstatierende Regelsatz in V10 nennt zunächst den positiven und gleichwertig danach den negativen Schluß vom Geringsten aufs Vielfache[484], wobei das Geringe den irdischen Mammon und das Vielfache das anvertraute Glaubensgut meint.

Da aber die VV11f. mit den Hörern ins Gericht gehen, scheint hier zunächst eher ein Bußprediger zu sprechen, der zwar das Verhalten gegenüber Hab' und Gut in einem ethischen Kontinuum ansiedelt, die Treue[485] in beiden Bereichen als ein und dieselbe ansieht[486], aber den Hörern eher ihre Verfehlungen vorhält und sie also warnend des Heils für unwürdig erklärt. Jedoch verlassen VV11f. die in V10 beschriebene Voraussetzung eines einheitlichen ethischen Feldes, als sie wieder stärker zwischen dem ἀλλότριον und dem Eigentlichen[487] trennen.

Lukas[488] stellt aus der Redequelle noch ein weiteres Logion zum Thema κύριος und μαμωνᾶς ein, das an und für sich die schärfste Differenz aufreißt, weil Gottesdienst und Geldsorgen für unvereinbar gehalten werden[489]. In seiner Radikalität ist es in der lukanischen Gemeinde sichtlich aber nicht mehr

---

481 So interpretiert WILLIAMS, Almsgiving 294, Lk 16,1ff. auf dem Hintergrund vergleichbarer synoptischer Paränese, wie Mt 6,19ff. par. (Übers. MARTI/BEER).

482 Ob die Gemeinde wirklich noch mit den Zöllnern zu tun hat, wie JEREMIAS, Gleichnisse 43, will? Lk 16,1 jedenfalls spricht für die Lk-Stufe dagegen.

483 Gegen JEREMIAS, Gleichnisse 43f., der nur eine Interpretation kennt. Zur Diskussion vgl. TAEGER, Mensch 52f.; ERLEMANN, Bild 156.

484 Vgl. Mt 25,21 par. Lk 19,17, wo derselbe Gedanke einer Urteilsformulierung zugrundeliegt.

485 GRUNDMANN, Lk 322 „Mammon, πιστός und πιστεύειν schaffen im Aramäischen ein Wortspiel um den Stamm 'amen." Das gilt auch, wenn es keine etymologische Verbindung gibt. Vgl. RÜGER, Μαμωνᾶς 127–131.

486 Ähnlich in Lk 19,11–27 par.

487 Die Palette der Varianten zu ὑμέτερον ist auch unter auslegungsgeschichtlichem Aspekt interessant, weil hier vermutlich bereits dogmatische Differenzen in der Bestimmung des Gegensatzes zur Welt aufscheinen: Die Varianten ἐμόν und ἀληθινόν lassen Zweifel erkennen, ob man in dieser Weise vom Heilsbesitz der christlichen Gemeinde reden dürfe, während die Variante des Vaticanus mit ἡμέτερον insofern vermittelt, als sie den Christus mit der Gemeinde zusammenschließt und so die Aussage entschärft. Ursprünglich dürfte ὑμέτερον sein.

488 Eine präzise Interpretation der VV9–13 nur auf der Lukas-Ebene bei TAEGER, Mensch 49–54.

489 Vgl. LUZ, Mt I 357 bzw. 361f., zur Geschlossenheit und zur Herkunft des Logions und zum ursprünglichen Sinn, der als Alternative zu fassen ist.

realisiert worden, sondern verweist eher auf die unmögliche Möglichkeit, daß sich Christen vom Mammon beherrschen lassen könnten.

Das Gleichnis selbst wird offen für andere Assoziationen. Die Wendung τί ποιήσω erinnert an die Bußfertigen bzw. Bekehrungswilligen[490]. „Der Haushalter ist also positives und negatives Beispiel zugleich; vorbildlich ist sein zukunftssichernder Einsatz des Mammons, verwerflich sind seine grundsätzliche Einstellung zum Mammon und der ‚ungerechte' Gebrauch desselben, woran sich zeigt, daß dieser und nicht Gott sein Herr ist."[491]

Die redaktionelle Intention ist aber nicht allein an VV1–13 zu fassen, sondern läßt sich nur aus der Komposition heraus bestimmen, die nicht allein die heuchlerischen, geldliebenden ‚Pharisäer' der VV14f. als Warnung für Gemeindeglieder vorführt[492], sondern auch in VV19–31 eine Illustration der Kriterien des kommenden Gerichts bietet[493].

Nicht auszuschließen ist eine Stichwortverbindung zu Lk 15,11–32 durch διασκορπίζειν, durch die der ‚verlorene Sohn' als ein negatives und der Haushalter als ein von Lukas insgesamt positiv beurteiltes Beispiel für den vor Gott verantwortlichen Umgang mit Besitz zusammengestellt worden sind.

Für das Problem des Reichtums dürfte die Lösung des Lukas selbst darin liegen, daß er die Sozialbindung des Eigentums einschärfen möchte[494]. Christus erweist sich ihm insofern als Lehrer der monetären Gerechtigkeit – auch, aber nicht ausschließlich – für die Christen[495], als er die verschiedenen Optionen einer größer gewordenen Gemeinde in einen Katechismus der Finanzmoral faßt[496], in dem sich die verschiedenen Auslegungen des Gleichnisses wie die differierenden Urteile zum Thema Mammon gegenseitig relativieren und interpretieren[497].

Der Weg, den die sukzessive Auslegung von Lk 16,1–7 zurückgelegt hat, ist weit. Das Spiel mit dem Bildmaterial, der provozierenden Geschichte von der Rettung durch Unterschlagung, kann klassisch genannt werden, weil die Elemente noch in der innerkanonischen Überlieferung allegorisierend verwendet werden. Daß dabei aus einer Erzählung mit aufschließend-analogischer Kraft zunehmend ein Beispiel zur Bestätigung der bereits Eingeweihten wird, kann auch kaum verwundern. Auffällig bleibt im Gegensatz zu anderen Texten, daß weder ausdrücklich theologische noch explizit christologische Eintragungen erfolgen. Das blieb erst modernen Exegeten vorbehalten.

---

490 TAEGER, Mensch 52, mit Verweis auf Act 2,37; 16,30; 22,10 bzw. Lk 3,10.

491 TAEGER, Mensch 52f. Auch die Kinder dieser Welt sind so positiv und negativ zugleich gesehen, der Ökonom als ihr Prototyp (53).

492 Vgl. 12,33f.

493 Zur lukanischen Stellung zu Reichtum und Armut nach diesem Text vgl. ERLEMANN, Bild 154–159.164–166.

494 TAEGER, Mensch 51f.; SCHOTTROFF/STEGEMANN, Jesus 89ff.

495 V1: Ἔλεγεν δὲ καὶ (!) πρὸς τοὺς μαθητάς.

496 Anders als WEDER, Gleichnisse 267, kann ich bei Lukas gerade nicht mehr ein Entweder-Oder erkennen.

497 Vgl. dazu auch HEININGER, Metaphorik 176f.

6. *Die Gerechtigkeit in der Ungerechtigkeit. Lk 18,1–8*

1. *Zur Analyse*

Die Parabel vom ungerechten Richter und der Witwe gehört zu den Gleichnissen, die wahrscheinlich erheblich erweitert und dadurch verändert worden sind. Am ehesten läßt sich Lk 16,1–13 damit vergleichen. Hier wie dort besteht große Unsicherheit in der Trennung des ursprünglichen Traditionsbestandes von den späteren Deutungen.

Die jeweilige literar- und formkritische Rekonstruktion bestimmt notwendigerweise die Interpretation; umgekehrt regiert die mögliche Auslegung die analytische Arbeit. Entsprechend dem als ursprünglich bestimmten Umfang lassen sich folgende Typen der Rekonstruktion und Interpretation trennen[498]:

(1) Jeremias[499] und Delling[500] sondern zwar 18,1 als redaktionelle Einleitung ab, aber votieren ansonsten für die ursprüngliche Zugehörigkeit der Anwendung zur Erzählung in den VV2–8. Sie nehmen dabei in Kauf, daß das Gleichnis mehrere Pointen[501] besitzt. Für sie ergibt sich, daß die jesuanische Parabel samt ihrer Anwendung Glauben stärken, die Notsituation der Angesprochenen[502] relativieren und zugleich Glauben fordern soll[503].

(2) Linnemann[504] sieht in V8b[505] eine tertiäre Weiterbildung einer in VV2–8a vorliegenden Gemeindebildung[506], die auf die schnelle Hilfe Gottes in bedrängender Zeit verweise. – Ähnlich sucht Freed[507] VV1–8 als rein lukanisch-redaktionellen Text zu verstehen[508].

---

498 Im folgenden kann es sich nicht um eine umfassende Geschichte der Auslegung handeln. Angestrebt ist nur, das mögliche Spektrum der Auslegungen auszuleuchten.

499 Jeremias, Gleichnisse 153–156.

500 Delling, Gleichnis 203–225. Anders als Weder, Gleichnisse 268 Anm. 127, vermag ich bei Delling keine weiteren literarkritischen Operationen zu erkennen. Vgl. Delling, Gleichnis 221, zu V8b: „... kein Hinweis auf verschiedene Hände".

501 Delling, Gleichnis 222: „dreifache Antwort"; ähnlich Jeremias, Gleichnisse 156f., der allein in der Adresse anders votiert.

502 Die Adressaten werden allerdings verschieden bestimmt. Delling, Gleichnis 222, denkt an „die palästinische Gemeinde der Frommen", während Jeremias, Gleichnisse 156f., die Jünger als Hörer ansieht.

503 Bei aller Vorsicht vor einem unmethodischen Psychologisieren scheint das doch etwas zuviel auf einmal, wohl aber denkbar für den Ablauf von Auslegungsgeschichte.

504 Gleichnisse 129.186 Anm. 17.

505 Mit Jülicher, Bultmann u. a.

506 Gleichnisse 185f. Anm. 14 für „die Parabel (mitsamt der Deutung)".

507 Freed, Parabel 38–60.

508 Eine Auseinandersetzung mit dem exzessiv vokabelstatistisch argumentierenden Aufsatz ist hier nicht möglich. Stutzig macht allein schon, daß der Text keineswegs so spannungsfrei ist, wie er als rein redaktionelle Bildung sein sollte. Weder stimmt die reine Erzählung bruchlos mit der Deutung überein, noch sind die einzelnen Deutungssätze einfach aufeinander zu beziehen. Spätestens lassen sich V8a und V8b nicht mehr miteinander vereinbaren, da sie verschiedene Themen traktieren: Einerseits die Zusage schnellen Eingreifens Gottes, andererseits die fragende Warnung vor dem Gericht des Menschensohnes.

(3) Weder[509] erkennt den Beginn sekundärer Erläuterung in V8 und interpretiert den Zusammenhang VV2–7 als Darstellung der Bitte derer, die Gott gegenüber nichts vorzuweisen haben, und als Gleichnis für das Ereignis der freien Liebe Gottes (in Gestalt des gottlosen Richters)[510].

(4) Bindemann[511] versucht, analog zu Lk 16,8 die Zusammengehörigkeit von 18,2–6 zur ältesten Tradition aufzuweisen. Dadurch wirkt die Geschichte ähnlich wie Lk 16,1–7 als ein Beispiel für eine angemessene Reaktion in Krisensituationen, also als Exempel für die rechtzeitige Umkehr im Sinne Jesu[512].

(5) Jülicher[513], Bultmann[514] und viele andere halten nur die Erzählung 18,2–5 für ursprünglich, wobei die Bestimmung der Pointe wechselt:

a) Mit Jülicher und Bultmann scheint sie der Mehrzahl ein Beispiel für unermüdliches Gebet[515] in Parallele zu Lk 11,5–8, wobei die Witwe zur dramatischen Hauptfigur erklärt wird[516].

b) Das aber ist nicht die einzige Auslegungsmöglichkeit für die so umschriebene Parabel. Eine weitere skizzieren z.B. Schramm/Löwenstein so: „Wenn schon dieser Menschenverächter schließlich doch dazu gebracht wird, seines Amtes zu walten, um wieviel mehr gilt das für Gott!“[517] Diese vielfach erwogene Pointe[518] beschriebe die Hoffnung auf Gottes Eingreifen a minori ad maius und sähe im Richter die dramatische Hauptfigur, während die Witwe eher dramatische Nebenfigur bliebe.

c) Gegen diese unerträgliche Identifizierung Gottes mit einem gottlosen(!) Richter hat Elmer[519] versucht, die bittende Witwe als Metapher für Gottes beharrliches Werben als Ausdruck seiner versöhnenden Liebe zum sündigen Menschen zu verstehen[520].

Diese Typen der Auslegung ergeben sich vor allem aus literar- und formkritischen Entscheidungen, denen die eigenen nun entgegenstellt werden sollen[521].

---

509 Gleichnisse 268f.

510 Gleichnisse 271f.

511 Parabel 91–97.

512 Bindemann, Parabel 94f. Ihm folgen Schramm/Löwenstein, Helden 58f. Sie werten seine Interpretation als eine von zwei denkbaren Pointen. Diese Deutung ist sicher richtig – für die Version des Cantabrigiensis; vgl. dazu unten.

513 Gleichnisreden II 283f. (bzw. 288f.) mit Verweis auf Lk 11,5–8 als anderes Glied eines Doppelgleichnisses.

514 Geschichte 189.

515 Jülicher, Gleichnisreden II 283; Bultmann, Geschichte 216; Jeremias, Gleichnisse 155; Eichholz, Gleichnisse 111. Dagegen plädiert Weder, Gleichnisse 270, für eine Vorsicht, die die Eigenart des jeweiligen Textes nicht überspringt.

516 Vgl. auch Ott, Gebet 22.

517 A.a.O. 58.

518 Linnemann, Gleichnisse 185 Anm. 14.

519 Elmer, Bittend 53–72.

520 A.a.O. 66–69.

521 Vgl. jetzt auch die sorgfältige Argumentation bei Heininger, Metaphorik 198–200, der weithin zu gleichen Ergebnissen gelangt.

Mit großer Sicherheit dürften die Einleitung in V1[522] und der Schluß in V8b[523] der Lukasredaktion zuzuschreiben sein[524], da dieser Rahmen die Parabel in den fortlaufenden Text einpaßt und ihn mit einer Interpretationsanweisung versieht[525].

Hypothetischer bleiben die weiteren Schnitte, vor allem Differenzierungen innerhalb von VV6–8a. Das Urteil setzt u. a. die Bewertung von 18,7b voraus[526].

Vermutlich aber dürfte der ursprüngliche Text ohne Kommentar ausgekommen und in der reinen Erzählung VV2–5 enthalten sein. Weder der christologische Titel κύριος[527] V6 noch der ekklesiologische Terminus ἐκλεκτοί[528] V7 noch die neue Thematik in V8a (ἐν τάχει[529]) lassen an eine einheitliche frühe (jesuanische) Komposition des Abschnittes denken. Dagegen steht auch der Erfahrungswert, daß Gleichnisanwendungen in der synoptischen Tradition sich in aller Regel als eine spätere Akzentverschiebung erweisen[530]:

> (1) ER ERZÄHLTE IHNEN ABER EIN GLEICHNIS, UM ZU [ZEIGEN], DASS SIE ALLEZEIT BETEN UND NICHT MÜDE WERDEN SOLLTEN:
> *(2) und sprach: Es war einmal ein Richter in einer Stadt, der fürchtete Gott nicht und kümmerte sich nicht um Menschen. (3) Es gab aber eine Witwe in jener Stadt, und die kam wiederholt zu ihm und bat: Verschaffe mir Recht gegen meinen Widersacher! (4) Und er wollte lange Zeit nicht; danach aber sprach er zu sich selbst: Wenn ich auch Gott nicht fürchte und mich nicht um Menschen kümmere, (5) aber weil diese Witwe mir Mühe macht, werde ich ihr Recht verschaffen, damit sie nicht am Ende kommt und mir [noch] ins Gesicht schlägt.*

---

522 Vgl. unten zur Lukas-Redaktion.

523 Abgesehen von der adversativen Partikel πλήν dürfte vor allem die Sinnverschiebung der beiden Sätze von dem Versprechen rascher endzeitlicher Hilfe V8a zur paränetisch-drohenden Frage V8b nach dem eschatologischen Status, den der Menschensohn-Richter vorfinden wird, eine literarkritische Trennung nahelegen. Vgl. GRÄSSER, Parusieverzögerung 37f.; TAEGER, Mensch 111f.

524 Vgl. PAULSEN, Witwe 32f. Zur Bedeutung innerhalb des lukanischen Kontextes s. u.

525 Vgl. JEREMIAS, Gleichnisse 92; SCHNEIDER, Parusiegleichnisse 75f.; WEDER, Gleichnisse 268.

526 Dazu vgl. unten.

527 Hier stehen und fallen Lk 18,6 und 16,8a miteinander. Daß die wohl schon lukanische Sprachgarnitur die Kommentare zur Erzählung einleitet, ist wahrscheinlich:
- angesichts des häufigen absoluten Gebrauchs von ὁ κύριος, der bis auf Mk 11,3 bei Mk und Mt fehlt (FITZMYER, Art. κύριος, EWNT II 818), aber bei Lukas gehäuft auftritt
- und angesichts der redaktionellen Einfügung der Einleitung εἶπεν δὲ ὁ κύριος in 11,39 und 17,6, vielleicht auch 12,42. Vgl. BINDER, Gleichnis 15.

Gegen JEREMIAS, Sprache 158, zu 7,13 und 271 z.St.

528 Bei Lukas nur hier gebraucht, in Lk 21 gegen Mk 13 dreifach getilgt bzw. vermieden. Die wenigen synoptischen Belege (Mt 20,16; Mt 22,14 über Mk 13 hinaus) werden kaum als jesuanisch beansprucht werden können. Vgl. LINNEMANN, Gleichnisse 185. Daß die Vokabel in vorlukanische Schichten weist, ist mit DELLING, Gleichnis 216, wahrscheinlich.

529 Im Erzählungstext dagegen ἐπὶ χρόνον!

530 So auch RAU, Reden 33.

(6) Der Herr (Jesus) aber sprach: Hört, was der ungerechte Richter sagt![531]
(7) WIRD GOTT ABER SEINEN AUSERWÄHLTEN NICHT RECHT VERSCHAFFEN, DIE TAG UND NACHT ZU IHM SCHREIEN, WO ER DOCH SO LANGMÜTIG IST?[532]
(8) ICH SAGE EUCH, DASS ER IHNEN IN KÜRZE RECHT VERSCHAFFEN WIRD. *Aber wird der Menschensohn, wenn er [zum Gericht] kommt, Glauben finden auf der Erde?*

2. *Zur Bildspenderseite*

Das Interesse konzentriert sich nach dieser Rekonstruktion des Gleichniskerns auf die eigentliche Story der Parabel[533] VV2–5. Ihre Auslegung – sofern möglich[534] – entscheidet über Sinn oder Unsinn der literar- und formkritischen Schnitte. Dabei messen die Ausleger den beiden Akteuren unterschiedliches Gewicht zu. Während manche den Scheinwerfer des primären Interesses auf den κριτής gerichtet sehen[535], betrachten viele die Witwe als die eigentliche Hauptperson des Geschehens[536].

---

[531] Die Verbindung zwischen V6 und V7 ist unsicher. Vgl. unten zur paränetischen Interpretation durch den Cantabrigiensis.

[532] Die crux mit dem Schluß von V7 (Ind.Präs. durch καί dem Aor.Konj. koordiniert): καὶ μακροθυμεῖ ἐπ' αὐτοῖς wird verschieden gelöst. Vgl. dazu DELLING, Gleichnis 217f.; PAULSEN, Witwe 29–32, und HEININGER, Metaphorik 198f.207. Grob läßt sich unterscheiden:

(1) zwischen einer Gruppe von Exegeten, die in μακροθυμέω einen Ausdruck für Gottes freundliche Geduld erblicken [z.B. sieht BEYER, Grammatik 268 Anm. 1, darin einen sicheren Semitismus (S5: griechisches Präsens für Zustandspartizip im Aramäischen) und übersetzt „wo er doch so langmütig ist"]

(2) und einer weiteren Gruppe, die μακροθυμέω als a) bedauerliches oder b) ausgeschlossenes Zögern versteht. Z.B. interpretiert einerseits SCHNEIDER, Parusiegleichnisse 72f., u.a. nach RIESENFELD mit Sir 35,19f. (LXX): „auch wenn er in bezug auf sie auf sich warten läßt". Andererseits trennen JÜLICHER, Gleichnisreden II 287, BAUER WB s.v., und WEDER, Gleichnisse 269 mit Anm. 132, V7b als selbständigen Satz ab, der als rhetorische Frage lautet: „Und zieht er es lange hin bei ihnen?", die in V8b negativ beantwortet wird.

Eine Entscheidung ist schwierig. SCHNEIDERS Hinweis auf Bar 4,25 deckt die Übersetzung von μακροθυμέω nicht und der Hinweis auf LIDDELL/SCOTT bleibt eine petitio principii, weil diese nur Lk 18,7 als Beleg für die Bedeutung „to be slow to help" geben. – Gegen die Trennung der beiden Satzhälften in V7 spricht sich DELLING, Gleichnis 218 Anm. 76, aus, der damit argumentiert, daß der unbezeichnete Wechsel zwischen bejahter und verneinter Frage kaum wahrscheinlich ist. – So scheinen die von DELLING beigebrachten Belege und Argumente noch immer eher für das erste Verständnis zu sprechen, auch wenn die Nähe der Sprachgarnitur und Vorstellungswelt zu Sir 35,12–24 frappierend bleibt.

[533] Für diese formgeschichtliche Zuweisung gibt es m.E. keine Alternative, da alle erwogenen Kennzeichen zutreffen: das Kriterium des interessierenden Einzelfalls als Bild für die gemeinte Sache (BULTMANN, Geschichte 188, nach JÜLICHER); ebenso wie das Tempus-Kriterium, das den Text eindeutig in die Gruppe der „erzählenden Gleichnisse" verweist, die den Hörer nach WEINRICH zum Zuschauer im theatrum mundi verwandeln. Vgl. RAU, Reden 26–35.

[534] BULTMANN, Geschichte 216, zweifelt an einer genaueren Erhebung des ursprünglichen Sinnes über die Mahnung zum Gebet hinaus. Ähnlich PAULSEN, Witwe 24.

[535] Vgl. BINDEMANN, Parabel, u.a.

[536] Dazu rechnen alle Deutungen, die im anhaltenden Gebet die Pointe des ursprünglichen Gleichnisses sehen.

Die Entscheidung darüber fällt zum einen an der Deutung des Gleichnisanfangs, der als erste Figur den Richter (und nicht die Witwe!) porträtiert, und zum anderen an der Interpretation des Schlusses[537], der gleichfalls nur den Richter als handelnde Person darstellt.

Nun könnte der Einwand erhoben werden, daß der Beginn allein dem Formenzwang der Gleichnisse geschuldet ist, die in aller Regel zunächst mit dem Handlungssouverän[538] einsetzen. Dann wäre der Auftakt für den Sinn des Gleichnisses unerheblich, und man könnte noch immer die Figur der Witwe als die eigentliche Trägerin des erzählerischen Interesses ansehen[539]. Da jedoch die synoptischen Gleichnisse in der Wahl des Beginns *frei* sind, leitet dieser Anfang den Hörer zu einer bestimmten Lesart. Denn sie setzen zwar sehr häufig[540], aber keineswegs immer[541] mit der Bezeichnung und Aktion des Handlungssouveräns ein. Diese Parabel legt mit dem so gestalteten Initium und der Pointe offenbar bewußt den Akzent auf Person und Handlungsweise des Mannes[542].

Nimmt man nun hinzu, daß die Witwe nur in V3 als Aktantin auftritt und in V5 ihre künftige Aktion lediglich im Denken des Richters und damit im Potentialis erscheint, dann dürfte die Bezeichnung des Richters als dramatischer Hauptfigur und die der Witwe als dramatischer Nebenfigur gerechtfertigt sein[543].

---

537 Hier wird die Beobachtung OLRIKS, Gesetze 64, vorausgesetzt, daß „volkstümliches Erzählen" ein Achtergewicht setzt, also den Schluß der Erzählung betont.

538 Zur Charakterisierung der Figuren und dramatischen Konstellationen in Gleichnissen vgl. HARNISCH, Gleichniserzählungen 71–84, dort 77f. die Einführung der Unterscheidung zwischen Handlungssouverän und dramatischer Hauptfigur.

539 HARNISCH, Gleichniserzählungen 30f., rechnet Lk 18,2ff. zu den Gleichnissen mit nur zwei dramatischen Personen. Das ist für die Erzählung sicher richtig, aber nicht für den zugrundeliegenden Konflikt, der wiederum das dramatische Dreieck zwischen dem Richter als Handlungssouverän und der Witwe samt ihrem – nicht auftretenden – Widersacher als antithetischem Zwillingspaar aufweist. Die Entscheidung für die Witwe bedeutet – unausgesprochen – eine Entscheidung gegen den (unterhaltsverpflichteten?) Prozeßgegner.

540 Vgl. Mk 4,3 par.; 4,26; 4,31; Mt 13,24; Lk 15,11 u. ö.

541 Vgl. Mt 13,33 par. (anders 31); 13,44 (anders 45 bzw. Lk 15,4.8); Lk 7,41; 13,6.18; vgl. auch die je charakteristischen Differenzen von Mk 12,1b zu Mt 21,33 und Lk 20,9. Auch die rabbinischen Gleichnisse, die z. B. THOMA/LAUER aus der PesK gesammelt haben, zeigen, daß zwar in der Regel die Erzählung mit dem Handlungssouverän (vgl. das stereotype למלך) einsetzt, daß darin aber kein Zwang herrscht. Vgl. THOMA/LAUER Nr. 3 PesK 1,2; Nr. 8b PesK 12,3; Nr. 15 PesK 3,10; Nr. 18 PesK 4,8 u. ö.

542 So auch DELLING, Gleichnis 208. Ähnlich HARNISCH, Ironie 432: „... der Erzählung (ist) weniger an der Aufdringlichkeit der Witwe als vielmehr an der Intervention des Richters und deren Motivation gelegen." Auch OTT, Gebet 22, sieht im Selbstgespräch des Richters „das Zentrum der Parabel", allerdings findet er dann in der Beharrlichkeit der *Witwe* die Pointe des Gleichnisses.

543 Die Geschichte ließe sich ohne Schwierigkeiten unter Verwendung sämtlicher Züge aus der Perspektive der Witwe erzählen: „Es war eine Witwe in einer Stadt, die kam immer wieder zu einem Richter und sprach: Schaffe mir Recht gegen meinen Widersacher! Der Richter aber fürchtete Gott nicht und scheute sich vor keinem Menschen, darum wollte er lange Zeit nicht. Als sie ihm aber ständig Mühe machte und fast ins Gesicht geschlagen hätte, da sprach er: Ich

Dafür spricht überhaupt, daß ihm ein innerer Monolog zugeordnet wird und ihr nicht[544].

Ob die Wiederholung der Beurteilung aus V2 im Munde des Richters V4 dieser Gestalt eine ironischen Brechung[545] verleiht, da sich zumindest das zweite Kennzeichen (ἄνθρωπον μὴ ἐντρεπόμενος) als nicht konsistent erweise, ist fraglich[546], sollte jedenfalls nicht überbetont werden, da der unausrottbare Egoismus des Richters[547] durch διά γε τὸ παρέχειν μοι κόπον im synonymen Parallelismus festgestellt, aber nicht gebrochen wird. Diese Bemerkung sichert, wie die Befürchtung eines plötzlichen Überfalls, daß der Entschluß, Recht zu schaffen, aus selbstsüchtigen Motiven heraus erfolgt[548].

Daß die Witwe dennoch nicht ohne Farben gezeichnet wird, ergibt sich durch die Wiederholung ihrer Bitten[549] wie durch den fast burlesken Faustschlag[550] ins Gesicht, der ihr zugetraut wird[551], während die Ausführung bekanntlich unterbleibt.

---

werde dir Recht schaffen. (Und ich sage euch: So kam die ausdauernde Witwe doch noch zu ihrem Recht.)"

544 Vgl. etwa die inneren Monologe und ihre Markierungen in Lk 15,17 εἰς ἑαυτὸν ; 16,3 ἐν ἑαυτῷ ; Mk 12,7 πρὸς ἑαυτοὺς diff. Mt/Lk. ἐν ἑαυτῷ im Lk-S 7,39; 12,17; 16,3; 18,4; mit etwas anderer Bedeutung in Lk 18,11.

545 Harnisch, Ironie 429–435; ähnlich Gleichniserzählungen 40: „Erst recht zieht die Erzählung den Protagonisten ins Lächerliche, wenn sie ihn im Selbstwiderspruch zur eigenen Reputation nachgiebig sein läßt. Denn indem sie unterstellt, daß der Richter aus blanker Furcht vor Handgreiflichkeiten der Witwe einlenkt (vgl.v. 5b), demaskiert sie seine Schwäche und entlarvt das im Monolog übernommene Selbsturteil als puren Schein." Mit dieser Übertreibung wird die hübsche Beobachtung, daß der Richter für den Hörer als Zeugen des Selbstgesprächs schwächer und damit menschlicher wird, auf unzulässige Weise überzogen. Das (ironische) Gegenteil des ἄνθρωπον μὴ ἐντρεπόμενος ist gerade nicht die Schwäche, sondern bestünde in einer intendierten Hilfe für die Witwe; das aber wird durch die konsistenten Begründungen im Eigeninteresse V5 ausgeschlossen.

546 Wörtliche Wiederholung ist in unserer Literatur weithin eher eine schlichte Bekräftigung des Gesagten. Vgl. dazu Mt 25,26 und die Erörterung dazu in dieser Arbeit II.7.

547 Vgl. die Umschreibung für den Ausdruck ἄνθρωπον μὴ ἐντρεπόμενος, bei Delling, Gleichnis 209: „... er scheut nicht das Urteil der Menschen über sein Tun; er kennt nur ein Maß für sein Verhalten: sich selbst". Die Belege in Mk 12,6 par. und Herm vis 1,1,7 erweisen, daß in ἐντρέπω das Moment der (Hoch-)Achtung enthalten ist, von der auch beim neuen Entschluß des Richters keine Rede sein kann, da sich seine Entscheidung nicht auf das sachliche Recht des Falles bezieht.

548 Vgl. völlig zutreffend Jülicher, Gleichnisreden II 281: „Keine Rücksicht der Gottesfurcht oder der Menschenliebe bestimmt den Mann zum Nachgeben, die Rücksicht auf sein Wohlbefinden, also der pure Egoismus entscheidet zu Gunsten der Witwe..."

549 Impf. ἤρχετο.

550 Schon Jülicher, Gleichnisreden II 282, hatte zur Interpretation von ὑπωπιάζω das entscheidende Argument geliefert, insofern als der Finalsatz eine drastische Steigerung enthalten muß, oder er ist erzählerisch wertlos, ja ungewollt komisch. Anders, aber kaum richtig Zimmermann, Gleichnis 86: „... während der Wutausbruch einer orientalischen (!) Witwe, bei dem sie einem Richter (!) ins Gesicht schlägt oder ihn gar verprügelt, wohl kaum realistisch ... ist." Vgl. dazu unten und Jeremias, Gleichnisse 154 Anm. 1.

551 Zur Bedeutung von ὑπωπιάζω vgl. Delling, Gleichnis 213 Anm. 47, und K. Weiss,

κριτής τις ἦν ἔν τινι πόλει ruft die Normen des Richteramtes[552] in Erinnerung: *Richter haben Recht zu sprechen!*[553]. Die danach erfolgende nähere Charakterisierung τὸν θεὸν μὴ φοβούμενος καὶ ἄνθρωπον μὴ ἐντρεπόμενος stellt dem die rauhe Wirklichkeit entgegen[554], in der Gottesfurcht und Achtung vor Menschen keineswegs zur allgemeinen Erfahrung gehören[555] und Rücksicht auf den Status der Prozeßparteien eher die Regel denn die Ausnahme sein dürfte[556].

Entsprechend assoziiert der Hörer mit den Stichworten χήρα[557] und ἀντίδικος die bedrückende Lage, in die eine Witwe fast zwangsläufig kommt[558]. Ihre vom ‚Gegenspieler' unterstellte Beharrlichkeit (V5) stellt keine besondere Tugend dar, sondern resultiert aus der Notlage, in der sie vermutlich ihren

---

Art. ὑπωπιάζω, ThWNT VIII 588–590. Die Belege und Argumente für die realistische Deutung überwiegen. 1Kor 9,27 kann ein übertragenes Verständnis kaum sichern.

552 Ex 23,6–7; Dtn 16,18–20; 2Chr 19,6–7; Prv 15,25; 22,22–23 u.ö. Vgl. dazu G. Liedke, Art. שׁפט richten, in ThHAT II, 1001: „...ein Handeln, durch das die gestörte Ordnung einer (Rechts)Gemeinschaft wiederhergestellt wird." Ähnlich B.Johnson, Art. משׁפט II.3. ThWAT V, zum Rechtsanspruch und -prinzip. Bill II 642, nennt aus späterer rabbinischer Tradition die Auflistung der Eigenschaften, die man von einem Richter erwartete, unter ihnen Gottesfurcht und Unbestechlichkeit. Vgl. auch Petzoldt, Gleichnisse 102.

553 Jeremias, Gleichnisse 153, macht darauf aufmerksam, daß hier nur von einem Einzelrichter die Rede ist, obwohl mSan 1,1–6 im allgemeinen mindestens drei Richter als verbindlich ansieht. Vgl. auch mAv 3,6; 4,8. So interpretiert Jeremias den Fall als Ausführung der Sondererlaubnis von bSan 4b Bar (Bill I 289).

Es sind aber auch noch andere Interpretationen denkbar: Da die Synoptiker, abgesehen von dem metaphorischen Gebrauch in Lk 11,19 par. Mt 12,27, der hier nicht herangezogen werden kann, nur den Einzelrichter kennen (Mt 5,25 par.; Lk 12,14; 18,6), scheinen an diesen Stellen andere Verhältnisse vorausgesetzt zu sein als im Traktat Sanhedrin. Ist an herodianische Beamte gedacht? – Oder handelt es sich schlicht um eine Vereinfachung im volkstümlichen Erzählen? Heininger, Metaphorik 203, denkt an römische Verfahrensordnungen und verweist auf Lk 12,58f.; Act 18,12–15; 25,6–10.

554 Koh 3,16; Mal 3,5; Sir 32,17f.; Weish 2,10f. u.a.

555 Vgl. die realistische Resignation in DevR 1 (195d), die, wenn nicht sieben Eigenschaften, so doch wenigstens vier oder drei oder auch nur eine von den Richterkandidaten verlangt, wenn es denn gar nicht anders geht.

Ähnliches läßt sich im Umkehrschluß aus dem stehenden Gottesprädikat der ἀπροσωπολημψία (Dt 10,17; 2Chr 19,7; Röm 2,11 u.ö.) folgern, das, wie die entsprechenden christlichen Mahnungen vermuten lassen, einen vortheologischen Gebrauch in der Paränese gegenüber Richtern und anderen Amtspersonen voraussetzt. Vgl. E. Lohse, Art. προσωπολημψία κτλ., ThWNT VI 780f.

556 Vgl. slHen 42,9: „Happy is he who judges righteous judgment for orphan and widow, and who helps anyone who has been treated unjustly." (Übers. Andersen) Berger/Colpe, NTD.TR1, 144 Nr. 239, verweisen zum Motiv auf Plut, Apophth, Phil v. Mak. Nr. 32.

557 Witwen als Symbol der Hilfsbedürftigkeit Ex 22,21f.; Dtn 10,18; Ps 69,6; Sir 35,12f. u.ö.

558 Vgl. G. Stählin, Art. χήρα, ThWNT IX 428–454, dort besonders 431ff. zur sozialen Notlage, die mit diesem Status verbunden ist: „... ἀβόηθος u ἀσθενής (sind) beinahe synon mit χήρα." (431,36f.) mit Verweis auf POxy VIII,1120,12 und BGU II,522,7.

Unterhalt einklagen muß[559], da Witwen nur unterhaltsberechtigt, aber nicht erbberechtigt waren[560]. Der ἀντίδικος dürfte demzufolge der Unterhaltsverpflichtete sein[561]. Der Dauer ihres Bittens entspricht die Unzugänglichkeit des Richters[562]. Anschließend werden die Hörer, wie in anderen Gleichnissen, durch das Selbstgespräch in VV4f. Zeugen des inneren Monologs, der die Lösung des erzählten Problems bringt[563].

So lebt das Gleichnis von der Gegenüberstellung zweier Prototypen, dem Symbol der abhängigen Armen und dem Inbegriff des Mächtigen. Erst der willkürliche Entschluß des Richters bewirkt den Umschwung zum Guten. Die Ausführung allerdings muß im Unterschied zu Lk 16,5–7 nicht mehr geschildert werden, da niemand die Macht des Richters bezweifeln wird, sein Vorhaben auch zu verwirklichen.

Die Pointe auf der Bildspenderseite ergibt sich dabei nicht aus der Beharrlichkeit einer Witwe[564], sondern daraus, daß die berechnende Selbstsucht auch einmal - gewissermaßen zufällig - zum gerechten Ziel führt[565]. Die Parabel „erzählt, wie ein der Willkür schutzlos preisgegebener Mensch ausnahmsweise

---

559 Vgl. DEXINGER, Art. Frau III, TRE XI 424–431, 426 unter Verweis auf bBB 110a.b; mKeth 4,12; 11,1; ySot 3,4(19a).

560 JEREMIAS, Gleichnisse 153, verweist auf das niedrige Heiratsalter in Palästina, was oft wiederholt worden ist. Die europäische Gleichsetzung von Witwe und höherem Alter muß von daher als nicht zwingend gelten.

561 Das wird in der Erzählung nicht ausgeführt, weil diese dritte Person lediglich die Folie darstellt, auf der die beiden Hauptakteure handeln. Aber ein Verbot gegenüber dem modernen Leser, wie bei DELLING, Gleichnis 209, sich die Assoziationen des antiken Hörers vorzustellen, erscheint überzogen.

562 οὐκ ἤθελεν (!) ἐπὶ χρόνον (!): Keinesfalls wie JEREMIAS, Gleichnisse 153, will, mit der Nuance „er wagte nicht", sondern wie 15,28; 19,14 Ausdruck des aktiven, dezidierten (Nicht-) Wollens.

563 Die denkend vorweggenommene Aktion durchbricht das normale komplementäre Handlungsmuster zwischen Hochgestellten und Unterlegenen. Das übliche unterwürfige Verhalten wird ersetzt durch überraschende Gegengewalt. Danach ist jedenfalls das alte Spiel nicht mehr möglich, es muß zur Katastrophe kommen - oder zum happy end.

Zum Handlungsmuster, das hier erkennbar wird, vgl. WATZLAWICK, Lösungen 51ff., wonach „mehr desselben" (in diesem Fall des Bittens) häufig nicht mehr Probleme beseitigt, sondern erst das - häufig paradoxe - Aussteigen in Lösungen zweiter Ordnung Abhilfe schafft, die das normale Spiel durchbrechen.

Ein analoges Beispiel dafür ist die bei JEREMIAS, Gleichnisse 154 Anm. 1, zitierte Geschichte von der störend lauten (armen) Frau im Gerichtshof von Nisibis.

MADSEN, Parabeln 54, verweist auf eine ähnliche Erzählung in bSan 109b, wo Elieser, der Knecht Abrahams, den Richtern von Sodom auf ähnliche Weise beikommt. - Mit MADSEN ist auch an Mk 7,24–30 par. sowie Mk 5,25–34 zu erinnern, wo sich Frauen nur durch ungewöhnliches bzw. ‚ungehöriges' Verhalten Recht verschaffen.

564 Gegen HEINIGER, Metaphorik 205f. Die häufig beobachtete Verwendung des Imperfekts in V3 wird erzählerisch ausgeglichen durch das Imperfekt in V4, das deutlich wieder die Souveränität des Richters herausstellt.

565 Die Bestimmung entspricht einer bei PETZOLDT, Gleichnisse 101, zu findenden Formulierung: „Rechtsgewinn, der angesichts einer willkürlichen Vergleichgültigung des Rechts als ein zufälliger bezeichnet werden muß, ist Symptom der Gottesherrschaft." Diese korrekte Pointe wird aber dann durch PETZOLDT selbst entwertet, weil er im Bann der herrschenden

einmal sein Recht findet, weil ein Mächtiger aus Schwäche einlenkt, um sein Gesicht zu wahren."[566] Die erzählerische Raffinesse aber liegt auch darin, daß der ungerechte Richter selbst zum Zeugen für den glücklichen Ausgang wird, der ansonsten an Überzeugungskraft verlöre.

3. *Zur Bildempfängerseite*

Aus dieser Analyse der Erzählung ergeben sich Rückschlüsse auf die potentiellen Hörer und ihre Situation: Die Einleitung ruft die Erwartung auf, daß es in der Welt gerecht zugehen sollte. Richter haben Recht zu sprechen. Sie sind für die „Gerechtigkeit als Weltordnung" auf Erden zuständig[567]. Wie aber die Charakterisierung des Richters zeigt, steht dem die Hioberfahrung entgegen: „Die Erde ist in Frevlerhand gegeben, das Gesicht ihrer Richter deckt er zu." (9,24)[568]. Witwen und Waisen als Prototypen der Macht- und Einflußlosen sind die bevorzugten Opfer[569]. Die Theodizeefrage scheint hier nicht fern.

Das aber heißt, daß weder die Jüngergruppe noch allzu selbstsichere Unbußfertige apostrophiert werden, sondern eher die Mühseligen und Beladenen, die wegen der täglich erlebten Ungerechtigkeit zu verzweifeln drohen.

So läßt sich nun der Darstellungsaspekt bestimmen, der mit Sicherheit nicht aus einer allegorisierenden Übertragung der einzelnen Bildelemente erhoben werden kann[570], sondern für die früheste Schicht alle Züge in *einer* Pointe sammelt.

Personifiziert in der Gestalt des Richters, schildert der Erzähler die Inkonsequenz des Bösen[571]. Indem die gott- und menschenfeindliche Kraft sich als

---

Auslegung im Richter eine Metapher für Gott sieht. Das aber scheint weder erzählerisch noch theologisch möglich.

566 HARNISCH, Ironie 433, wobei ich das Moment der Schwäche nicht als echte Ironie auffassen kann.

567 Vgl. zur Geschichte der damit verbundenen Denkmuster SCHMID, Gerechtigkeit.

568 Vgl. Koh 7,15: „Es kommt vor, daß ein gesetzestreuer Mensch trotz seiner Gesetzestreue elend endet, und es kommt vor, daß einer, der sich nicht um das Gesetz kümmert, trotz seines bösen Tuns ein langes Leben hat." (Übers. BiJer). Vgl. auch PsSal 4, wo offenbar der Typ des mächtigen, aber ungerechten Richters gezeichnet wird. Dort, wie in PsSal 12, die stete Kennzeichnung des Frevels durch παρανόμος/παρανομία.

569 Die Belege für die soziale Ungerechtigkeit zur Zeit Jesu sind Legion, für die anomale Lage in Palästina vgl. nur THEISSEN, Soziologie 40ff. Daß die Verteidigung der Rechte der Witwen und Waisen ständig nötig war, zeigen bereits die zitierten Texte Ex 22,21f. oder Sir 35,12–24.

570 Gegen BINDER, Gleichnis 77–92 bes.91: „Das Verhältnis zwischen Richter und Witwe will also durchsichtig werden für die Beziehung zwischen Jesus und seinen Jüngern. Er wäre nicht ihr Meister und Heiland, wollte er sich ihnen versagen, und sie wären nicht seine Jünger und Nachfolger, wenn sie sich wegen unerfüllter persönlicher Ansprüche gegen ihn stellen würden. Durch die Ironie klingen gleichsam zwei rhetorische Fragen auf: Kann er der Herr, den Seinen je untreu werden? Und: Werden echte Nachfolger je ihren Meister verlassen oder gar gegen ihn sein?"

571 An dieser Stelle sei an JÜLICHERS, Gleichnisreden I 70, weiterhin gültige Auslegungsnorm erinnert: „Um ein Gleichnis zu verstehen, darf man also nicht die Aehnlichkeiten

inkonsistent erweist, verliert sie den Anschein der Allmacht. So wie sich fast zufällig und gewiß nicht als Regel[572] aus doppeltem Egoismus Gerechtigkeit herstellt, so durchbricht die Gerechtigkeit Gottes hin und wieder bereits jetzt den ungerechten Lauf der Welt, erleben die Opfer hier und da unvermutete, innerweltliche Rettung. In den Unterbrechungen des Unrechts reißt der dunkle Horizont der brutalen Gewalt auf und gibt sich Gottes überraschende Güte zu erkennen, die künftig die Regel sein wird[573]. Diese zugegeben seltenen, aber um so kostbareren Erfahrungen der unberechenbaren Hilfe stehen dafür, daß Gott grundsätzlich gegen Hybris und Machtmißbrauch steht, auch wenn das eben keine alltägliche Erfahrung ist[574], sondern irdisch nur an Spuren erkennbar bleiben wird.

Das so verstandene Gleichnis läßt den Erzähler als einen erkennen, der die deprimierende Welterfahrung seiner Hörer aufnimmt und nicht von vornherein bestreitet. Die Überraschung seiner Pointe erwächst demzufolge erst aus der illusionslosen Schilderung des Zustandes, mit der er Verständnis für die Situation der Hörer bekundet und m.E. nicht in die Vertröstung auf ein jenseitiges Heil flüchtet. Stattdessen berichtet er von einer glücklichen Inkonsequenz[575] im gottlosen und menschenfeindlichen Handeln des Protagonisten, mit der er den Blick der bedrückten Hörer auf die – wenigen – Lichter auf einem dunklen Horizont richtet.

So ergibt sich als Appell an die Hörer einerseits die Bitte um Vertrauen und andererseits die Aufforderung, die schreckliche Welt der ungerechten Richter differenziert zu betrachten. Eine solche unterscheidende Sicht kann die vereinzelten Beispiele von hergestellter Gerechtigkeit als Zeichen der gegenwärtigen Nähe Gottes und Verheißung künftigen Rechts wahrnehmen.

---

zwischen den einzelnen Begriffen des Gleichnisses aufspüren, sondern muss die *Aehnlichkeit zwischen dem Verhältnis der Begriffe* der einen Seite und dem Begriff der andern Seite erkennen." (Hervorhebung A.J.) Sicher klingt für uns der Terminus Begriff unglücklich, doch ist der Aufforderung, in der erzählten *Relation* die Analogie zu entdecken, nichts hinzuzufügen.

572 Gegen Heininger, Metaphorik 206, der die Aktivität der Witwe als Bedingung des erhofften Heils ansieht, und gegen Petzoldt, Gleichnisse 104: „Aber Jesus interpretiert Gott, indem er einen Ausnahmefall als Möglichkeit für den Regelfall annimmt."

573 Daß Gottes Gerechtigkeit in Zukunft siegen wird, ist Gemeingut apokalyptischer Weltsicht, für die sich Belege erübrigen. Die Pointe scheint sich aber vor allem gegen die Sicht zu richten, nach der der Gottlosigkeit der Menschen nur eine vollständig heillose Welt entsprechen kann.

574 Mit Harnisch, Ironie 435: „Der zufällige Rechtsgewinn der Witwe erscheint als das lächerliche Abbild des eschatologischen Heils, als *ironische Privation* jener Fülle, die der Makarismus allen nach Gerechtigkeit Hungernden zuwendet. Was auf der Bildseite als einmaliger Glücksfall erscheint, will auf der Sachseite gerade als Regel wahrgenommen sein...". Auch Petzoldt, Gleichnisse 104, schließt sich an Harnisch an, ohne allerdings zu sehen, daß die Identifizierung des Richters mit Gott dann höchst schwierig wird und zu erheblichen Unausgeglichenheiten führt.

575 In der alten DDR wurde ein entsprechender Satz Martin Fischers kolportiert: „Gott wohnt in den Inkonsequenzen totalitärer Regime."

Mit Harnisch[576] wird die nächste Parallele in der synoptischen Tradition – wenn auch nicht in der Verkündigung Jesu – in der Seligpreisung Mt 5,6 (πεινῶντες καὶ διψῶντες τὴν δικαιοσύνην) zu suchen sein[577], in der die Zuwendung Gottes kaum als rein zukünftig, sondern als auch gegenwärtig verstanden sein dürfte[578]. Wie Lk 18,2–5 hält dieser Makarismus an einem kontrafaktischen Vertrauen auf die Gerechtigkeit als Zuwendung Gottes gegenüber denen fest, die der Willkür der Mächtigen ausgeliefert sind, und nimmt so jesuanische Anstöße aus Mt 5,3 auf[579].

4. *Zur Überlieferungsgeschichte*

Die Unterscheidung der verschiedenen Schichten der Auslegungsgeschichte, die sich an den Kern des Gleichnisses angelagert haben, ist durch die literarkritische Analyse ermöglicht worden, wobei eine letzte Sicherheit dafür nicht zu erreichen ist[580].

Im doppelten Sinne fragwürdig bleibt die These, eine erste Stufe der Auslegung sei in 18,6 zu fassen, wo in Analogie zu Lk 16,8 das Verhalten des Richters

576 HARNISCH, Ironie 434.

577 PAULSEN, Witwe 26, kommentiert diese Beziehung auf Mt 5,6: „... läßt sich nicht ohne Zögern bejahen." „Auch wenn man Stoffauswahl und Akteure in die Überlegung einbeziehen muß, so bleibt doch daran zu erinnern, daß die Parabel Lk 18,2–5 primär in ihrer sprachlichen Gestalt Ansage und Gegenwart des Reiches Gottes ist." Doch hier erhebt sich die Frage, inwiefern dieses Gleichnis die Gottesherrschaft zu verstehen gibt. Ganz so abstrakt und allein auf die sprachliche Gestalt bezogen, wie PAULSEN meint, dürfte den damaligen Hörern die Gottesherrschaft kaum plausibel gewesen sein.

578 Das ergibt sich zunächst nicht aus dem Wortlaut des Satzes als solchem, sondern allein aus der Beobachtung, daß die Nachsätze der Makarismen in Mt 5,3–10 verschiedene Formulierungen für ein identisches Schicksal benutzen. Die Verheißung der βασιλεία aber ist eben nicht futurisch formuliert, sondern präsentisch, umgreift somit m. E. Gegenwart und Zukunft. Vgl. dazu LUZ, Mt I 208. Die ausgedehnte Diskussion zum Zeitaspekt der βασιλεία kann hier nicht ausgebreitet werden. Sie läßt sich aber insofern resümieren, als weder in der Verkündigung Jesu noch in der Theologie des MtEv Gegenwart und Zukunft der Gottesherrschaft auseinandergerissen werden dürfen. Das eschatologische Gut der kommenden Gerechtigkeit als Teil der umfassenden Gottesherrschaft läßt sich nicht exklusiv auf die Endzeit beschränken, sondern hat bereits in der vorfindlichen Welt ihren Anfang.

579 So auch HEININGER, Metaphorik 206.

580 Allerdings läßt sich an Lk 16,1–13 mit großer Sicherheit zeigen, daß und wie ein Gleichnisthema die verschiedenartigsten Kommentare anzieht.

Einen ähnlichen Versuch, die verschiedenen Stadien der Überlieferung für Lk 18,1–8 (und Lk 11,5–8) zu rekonstruieren, legt SCHOLZ, Gleichnisaussage 219–230, vor. Seine Sicht steht und fällt mit einer Hypothese zu V7b (223–225), die vor allem dadurch fraglich wird, daß er das Fragezeichen nach V7 um einen Halbsatz nach V7a verschiebt, so daß V7b zu einer Antwort auf die vorhergehende Frage wird (dazu vgl. unten). Weiter belastet er seinen insgesamt sinnvollen Ansatz mit der komplizierten Hypothese, daß Lk 11,5–7(8) und Lk 18,2–5 zunächst getrennnt existiert hätten, dann als sekundäres Doppelgleichnis umgelaufen seien, um nach der Kommentierung (18,6–8a) durch Lukas in einem vierten Stadium wiederum getrennt zu werden. Das scheint mir die Leistungsfähigkeit der traditionsgeschichtlichen Arbeit endgültig zu überschätzen. Für die Existenz eines Doppelgleichnisses Lk 18,2ff. und Lk 11,5ff. gibt es außer modernen Vermutungen m. E. keine Anhaltspunkte in den Texten.

als rechtzeitiges Einlenken vor der kommenden Katastrophe verstanden wurde[581].

Daß immerhin eine solche Interpretation in der Auslegungsgeschichte unter anderen realisiert wurde, zeigt die Variante des Cantabrigiensis, der in V4 ἦλθεν εἰς ἑαυτὸν καὶ λέγει ... nach Lk 15,17 formuliert, also im Richter eine *Bekehrung* erkennt[582]. Dieser Tendenz entsprechen weitere Veränderungen am Text des Kodex D: Aus ἐπὶ χρόνον V4a wird beschönigend ἐπὶ χρόνόν τινα. Die aktive Reue unterstreicht das eingefügte Partizip ἀπελθῶν (ἐκδικήσω) V5.

Der Richter gerät damit in der Darstellung zum Beispiel für angemessene Buße/Umkehr und wird aus dem ungerechten zum *klugen Richter*[583]. Die Hörer werden aufgefordert, ein Gleiches zu tun, und die Sprecher des so verstandenen Gleichnisses geben sich als Bußprediger zu erkennen, die im Angesicht des kommenden Gerichts ihre abwartend-neutralen Hörer zum angemessenen Verhalten auffordern[584]. Die so skizzierte Interpretation ist für den variierten Text zwingend, aber nicht für die vermutlich ursprüngliche Fassung. In ihr wäre V6 für sich genommen nur eine Art von Aufmerksamkeitsruf, ähnlich wie Mk 4,9, und böte keinen eigenen inhaltlichen Beitrag. Der Richter aber bliebe sowohl in der Erzählung wie im Kommentar unverändert ungerecht, egoistisch und ohne Anzeichen einer wirklichen Umkehr. Damit empfiehlt es sich, bei der üblichen Zuordnung von V6 zu V7 zu bleiben, in der der heutige Text V6 als den Ausgangspunkt des Schlusses a minori ad maius anordnet.

Der Umschlag im Verständnis der Parabel ist spätestens dort zu fassen, wo sich V7 anlagert. Sowohl der terminus technicus ἐκλεκτοί[585] wie die Unterstreichung des inständigen (βοάω[586]) und andauernden (ἡμέρας καὶ νυκτός[587]) Gebets gibt eindeutige Dekodierungsanweisungen[588]: Die Witwe stellt das Symbol der hilfsbedürftigen Glaubenden dar, ihr dauerndes Bitten wie ihre denkbare Aktion wird zum Bild für das intensive Beten[589], der Richter nun-

---

581 Vgl. dazu BINDEMANN, Parabel 94f.

582 Wie in anderen Fällen hat auch hier JÜLICHER, Gleichnisreden II 281, die Textgeschichte als Auslegungsgeschichte parat – leider ohne eine Interpretation.

583 BINDEMANN, Parabel 94f.: „Wie die Witwe zu ihrem Recht kommt, indem der Richter ‚umdenkt', kommt Gott überall dort zur Herrschaft, wo der Mensch sein Leben in die eschatologische Krise gestellt sieht und angesichts dieser Krise angemessen reagiert."

584 Das entspricht der Auslegung von Lk 16,1–7 auf der Jesusstufe, die sich weithin durchgesetzt hat. In Lk 18,2–6* würde sie dann der prophetischen Umkehrpredigt gleichen, wie sie für die Botschaft der Logienquelle anzunehmen ist. Vgl. SATO, Q 379ff.

585 Vgl. DELLING, Gleichnis 216.- SCHOLZ, Gleichnisaussage 228, knüpft an den Terminus eine Interpretation, wonach dieser Terminus ein indikativisches und kein imperativisch-paränetisches Verständnis des Textes nahelege. Das halte ich für eine falsche Alternative zwischen den beiden Dimensionen des Textes.

586 Ex 22,21f. LXX (χήρα!); Jak 5,4 vgl. dazu STAUFFER, Art. βοάω, ThWNT I 624ff.

587 Lk 2,37; 21,37; Act 9,24; 20,31; 26,7.

588 STÄHLIN, Bild 7, spricht von „einem allegorieartigen Charakter des Gleichnisses", den ich allerdings erst auf dieser Überlieferungsstufe erkenne.

589 BERGER, Materialien 34f., verweist auf einen terminologischen Zusammenhang zwi-

mehr zu einer reichlich unpassenden Metapher für Gott, sein Eingreifen zu der für endzeitliches Gericht[590].

Auf dieser Stufe dürften die Auslegungen von Jülicher bis Bultmann und Jeremias Recht behalten, die das Gleichnis zu einer Parabel dafür machen, daß im Schluß a minori ad maius die Gewißheit der Gebetserhörung dargestellt und damit zum nimmermüden Gebet aufgefordert werden soll[591]. Allerdings bleibt bemerkenswert, was als Bild für das Gebet dient. Ein Moment des Pikaresken ist auch dieser Stufe der Überlieferung nicht abzusprechen. Sprecher/Prediger[592] und Hörer vereint die Hoffnung, daß die Intensität und Beharrlichkeit des Gebetes seine Verwirklichung vorantreibt. Ihre Situation dürfte sicher von Enttäuschungen und Rückschlägen, wenn nicht sogar von Verfolgung[593], geprägt sein.

Die Autorität dieses Textes beruht nicht mehr auf seiner unmittelbaren Plausibilität, sondern auf der Würde des κύριος, der damit zum erzählten Erzähler wird[594].

Dabei ist zunächst noch kein ausdrücklicher Hinweis auf einen Zeithorizont zu entdecken[595]. Die Terminierung wird erst sicher[596] mit V8a, der durch das unterstreichend-hervorhebende λέγω ὑμῖν nicht nur die Versicherung künftiger Rechtshilfe aufnimmt[597], sondern mit ἐν τάχει die rasch anbrechende Endzeit apostrophiert[598]. Durch diesen Kommentar bekommt das zuvor unbestimmte Gebet einen explizierten Inhalt: Es wird die Bitte um das baldige Kommen Gottes, das die bedrängte Gemeinde eint. Sie wartet, womöglich unter dem Eindruck der Parusieverzögerung[599], auf die rasche Beendigung der Verfol-

---

schen Lk 18,5 und Herm vis 3,3,1–2 durch κόπους παρέχειν als Begriff für „aufdringliches Beten".

590 Zu ἐκδικεῖν vgl. Delling, Gleichnis 209–212, und Weder, Gleichnisse 268 Anm. 130, der zwar die uneschatologische Verwendung von Act 7,24 verschweigt, aber in der Tendenz Recht haben dürfte, daß hier endzeitliches Rechtschaffen gemeint ist.

591 So auch Heininger, Metaphorik 206, für die Urform.

592 Die Termini ἐκλεκτοί und ἐκδίκησις verweisen auf historische Zusammenhänge, wie sie sich in Lk 21,22; Mk 13,20.22.27 widerspiegeln, also auf Verfolgungszeiten.

593 βοάω als Terminus für das Gebet der Verfolgten bzw. von schwerer Not Betroffenen: Mk 15,34; Lk 9,38; 18,38; Gal 4,27. Vgl. zum *„Notschrei der Bedrängten und Vergewaltigten zu Gott"* Stauffer, Art. βοάω, ThWNT I 624–627 (Hervorhebung E. S.).

594 Ob damit in dieser Fassung explizite Christologie traktiert oder nicht vielmehr vorausgesetzt wird, wäre zu Weder, Gleichnisse 273, zu fragen.

595 Gegen Weder, Gleichnisse 268, bleibt es unsicher, ob mit dem λέγω ὑμῖν eine Unterbrechung oder nur eine Unterstreichung innerhalb des Zusammenhangs erfolgt. Ebenfalls rein hypothetisch stellt sich die Verschiebung im Zeitaspekt zwischen V7a und V8a dar. Sie resultiert aus der behaupteten Ursprünglichkeit der VV2–7a und der oben abgelehnten Deutung von V7b. Allerdings ist die Wahrscheinlichkeit, die hier zu gewinnen ist, in jedem Fall nicht sehr hoch.

596 Zur Interpretation von 7b s.o.

597 Sonst wiederholte V8a nur das Vorhergehende und wäre damit überflüssig.

598 Vgl. Röm 16,20; Apk 1,1; 22,6.

599 Schneider, Parusiegleichnisse 75.

gung[600], tröstet sich gegenseitig durch die Erinnerung an die Verheißung göttlicher Hilfe und mahnt zum Gebet um die eschatologische Erfüllung.

Eine letzte Stufe ist mit V8b erreicht, der vielfach als der die eschatologische Ungeduld dämpfende Anhang verstanden wird und vermutlich auf Lukas zurückgeht[601]. Statt der schnellen Hilfe durch das endzeitliche Eingreifen Gottes werden die Hörer nunmehr auf die Maßstäbe des Gerichts verwiesen und gefragt, ob sie ihnen genügen können. Die πίστις erscheint schon als feste Größe[602], so daß die Richtergestalt des Menschensohnes kaum auf frühe Entstehung des Satzes verweist, obwohl eine Distanz zwischen dem Sprecher und der angekündigten himmlischen Figur zumindest nicht ausgeschlossen werden kann.

V8b korrespondiert in dieser explizit paränetischen Ausrichtung mit 18,1, wo die Mahnung zum ausdauernden Gebet damit begründet wird, daß es nötig ist, nicht müde zu werden[603]. Der Hintergrund für diese Mahnung ist im Umkehrschluß leicht zu bestimmen.

Da 18,9–14 ebenfalls das Gebet thematisiert, scheint sich ein weiterer redaktioneller Zusammenhang herzustellen, der nach dem Wie des Gebets wohl das Was, die Vergebungsbitte, bedenkt.

Zugleich aber bindet die Erwähnung des Menschensohnes den Text zurück an 17,22(-37), schließt so die Jüngerbelehrung 17,22–18,8 und koppelt damit die Parabel an die Beschreibung des Gerichtes in Israel, das offenbar für die Scheidung innerhalb der Christen transparent ist[604].

Der Lukas-Text stellt somit den κύριος als den Lehrer endzeitlicher Geheimnisse und als den Mahner zum ständigen Gebet dar, der die Zweifel der Gemeinde aufnimmt, ob sich in der eschatologischen Krise der christliche Glaube behaupten kann[605], und in der Witwe wie in ihrem Schicksal ein Modell

---

600 Dafür jedenfalls ist die Kombination von ἐν τάχει und μακροθυμέω in Bar 4,25 aufschlußreich, worauf bereits Jülicher, Gleichnisreden II 286, und Delling, Gleichnis 219 (dort 219 Anm. 83 weitere Belege), aufmerksam machen; anders Schneider, Parusiegleichnisse 74.

601 Schneider, Parusiegleichnisse 75, führt die lukanische Färbung dieses Versteiles überzeugend gegen Jeremias, Gleichnisse 155 bes. Anm. 2, vor: πλήν und εὑρίσκω stellen lukanische Vorzugsvokabeln dar, ἄρα nur hier und Gal 2,17. Die übrigen Argumente gegen lukanische Verfasserschaft lassen sich ebenso leicht zerstreuen. Ich verweise dazu nur auf den angeblichen Aramaismus τὴν πίστιν (Jeremias, Sprache 272), der lediglich einen deutlich technischen Gebrauch von πίστις erkennen läßt (vgl. nächste Anmerkung).

602 Die Wendung nochmals in der Q-Tradition Lk 7,9 par. Mt 8,10. Das lukanische Verständnis dürfte sich durch Act 6,7; 13,8; 14,22 usw. als quasisynonym mit christlichem Bekenntnis ergeben.

603 Delling, Gleichnis 207, übersetzt mit „überdrüssig sein".

604 Vgl. dazu auch Heininger, Metaphorik 198.

605 M. Kähler, Wissenschaft § 409: „Dergestalt begnügt er sich damit, als Frucht seiner Sämannsarbeit nur den schwankenden Glauben seiner Jünger zu gewinnen."

der Rettung aus endzeitlicher Not beschreibt. Zugleich appelliert er, den Glauben zu bewahren[606].

7. *Das Vorbild der Komplizen oder die Blamage des Aussteigers. Matthäus 25,14–30/Lukas 19,12–27*

1. *Zur Analyse*

Einen Text zu untersuchen, der durch die Einbürgerung der stehenden Metaphern „Talent"[607] und „mit seinen Pfunden wuchern"[608] die Sprachgeschichte Europas mitgeschrieben hat[609], ist reiz- und gefahrvoll zugleich; zumal deswegen, weil unsere heutigen Geschäftsgewohnheiten den Blick für damalige soziokulturelle Selbstverständlichkeiten versperren. – Allerdings scheint die Behandlung dieses Gleichnisses auch darum sinnvoll, weil es fraglich geworden ist, ob die Parabel weiter für den historischen Jesus in Anspruch genommen werden darf[610]. Bei der herkömmlichen Deutung dürfte diese Rückführung schwierig sein. Die Frage stellt sich aber erneut, wenn es gelingt, eine radikal veränderte Interpretation zu etablieren.

Die Doppelüberlieferung des Gleichnisses vom anvertrauten Geld gehört zu den Texten, deren Zugehörigkeit zur Redequelle sich nicht mit Sicherheit feststellen läßt[611]. Einerseits legen erhebliche Differenzen in den Vokabelgarnituren[612], allerdings nur kleinere in der Stilistik und im Aufbau der Texte[613] die Herkunft aus einer gemeinsamen Quelle nicht sofort nahe. Andererseits ist

606 Vgl. PAULSEN, Witwe 33, der den Doppelcharakter des Zweifels („wird es doch noch Glauben geben?") und des Appells („Wenn es doch noch Glauben gäbe!") herausarbeitet.

607 Seit 1597 im Deutschen nachweisbar; vgl. DWb XI,1,1 96f.

608 Vgl. DWb VII 1810f.

609 DORNSEIFF, Wörter 82 (Nr. 12.52).

610 Dagegen FIEDLER, Talente 271; unsicher GRÄSSER, Problem 114; für eine jesuanische Stufe auch DIETZFELBINGER, Gelder 222ff.

611 Unter den Gleichnissen ergeben sich bei Mt 22,1–14 par. Lk 14,16–24 vergleichbare Probleme. Wenn WEISER, Knechtsgleichnisse 59ff., unseren Text Q abspricht, müßte er es konsequenterweise auch dort tun.

612 Vgl. dazu die Aufstellungen bei SATO, Q 22f., der nur zwischen 1/4 und 1/5 der Vokabeln im gemeinsamen Wortbestand zählt. Die Akoluthie der Stücke in den Großevangelien spricht für, die erheblichen Vokabel-Unterschiede stehen gegen eine gemeinsame Quelle. WEISER, Knechtsgleichnisse 255, rechnet mit jeweiliger Sonderüberlieferung. Dort die Aufzählung der Wolke der Zeugen für die eine oder andere Position.

613 Vgl. die extensiven Aufstellungen bei WEISER, Knechtsgleichnisse 226–258, die konzentriertere Liste bei FIEDLER, Talente 262–265, und die etwas optimistischere Rekonstruktion in SCHULZ, Q 288–293. Eine strukturierte Debatte, die nicht allein nach der Oberfläche der verwendeten Formulierungen fragt, sondern als Kriterien der literarkritischen Entscheidung auch die Stilistik, die verwendeten Topoi, die Gliederung der Erzählungszüge und den Kontext heranzieht, wird wohl eher zur Lösung von SCHULZ gelangen, zumal dann, wenn man das „Ringbuchmodell" eines unabgeschlossenen und bearbeitbaren Textes für Q bei SATO, Q 64f., für sachgerecht hält.

eine gemeinsame Grundlage dieses Textes kaum zu bezweifeln[614], da sich Übermalungen in beiden Varianten deutlich abheben und die gemeinsamen Züge zwischen den Seitenreferenten das Profil eines Grundtextes ahnen lassen[615]:

Bei Lukas läßt sich die Erzählung vom Thronprätendenten[616] relativ leicht und sicher entfernen, ohne die Fabel zu zerstören[617]. Ebenso scheinen der Auftrag[618] und die Zehnzahl der Knechte sekundär gegenüber der Dreizahl[619], da diese in der Abrechnungsszene nicht aufgenommen wird[620]. – Bei Matthäus dürften die Bemerkung über die abgestufte δύναμις V15, die VV16–18[621], wie die Sanktionsangaben VV21*.23*.30 und die Maßeinheit Talent[622] sekundär[623] hinzugewachsen sein[624].

Unsicher bleibt die Formulierung in manchen Einzelheiten[625] und die Abstufung der ausgereichten Summen (Mt 5 : 2 : 1 bei Rückgabe von 10 : 4 : 1 ; Lk je eine Geldeinheit mit einem Ertrag von 10 : 5 : 0). Die Verringerung der abgelieferten Summen gehört nach beiden Textzeugen in irgendeiner Form zum Erzählgerüst, die Erfolgsquote nimmt aber nur bei Lk ab. Wenn die Pointe

614 Eine Geschichte, in der selbstverständlich Zinsgeschäfte vorausgesetzt und goutiert werden, ist im NT und darüber hinaus so einmalig wie die Vokabel τόκος in den Synoptikern.

615 WEISER, Knechtsgleichnisse 255 Anm. 132, fragt selbst, ob hier nicht lediglich eine Differenz im Begriff von Q strittig ist. Vgl. auch zu diesem Problem LAMBRECHT, Treasure 218, der für eine Q-Vorlage plädiert.

616 ZERWICK, Parabel 656–660.

617 VV.12*.14.15*.17*.19*27. Vgl. die Inkonsistenz in VV24f.

618 Vgl. FOERSTER, Gleichnis 46. So handelt der dritte Knecht dem Auftrag des Herrn stracks zuwider, die erzählerische Spannung ist dem Ganzen genommen. Außerdem wird die Übertretung in der Gerichtsszene nicht erwähnt.

619 LK 19,16: ὁ πρῶτος; V18: ὁ δεύτερος; V20: ὁ ἕτερος.

620 Weitere vermutlich sekundäre Bestandteile in Lk: V13b der Befehl zum Handeltreiben und damit auch V15 die Abrechnungsformulierung sowie V22 die Passage: ἐκ τοῦ στόματός σου κρινῶ σε. Nicht entscheidbar erscheint mir die Differenz zwischen ὀλίγος und ἐλάχιστος in Mt 25,21.23 bzw. Lk 19,17. SCHULZ, Q 291, erkennt eine Reminiszenz an Lk 16,10.

621 Da die Verse nur mit zwei Vokabeln über die Schilderungen der VV20–25 hinausgehen, erweisen sie sich damit als Referat der *dort* notwendigen Passagen.

622 Eine Mine entspricht 100 Denaren (d.h. der Hälfte des jährlichen Existenzminimums einer sechsköpfigen Familie nach BEN-DAVID, Ökonomie), ein Talent hat den Gegenwert von 6000 Denaren. Ich halte mich dabei an die Umrechnungstabelle bei SCHRÖDER, Jesus 310f., die für unsere Zwecke der groben Relationsangaben ausreicht. – Talent als Maßeinheit nur in Mt 18,24 und hier. Die LXX-Belege in Ex 25,39; 1Kön 9,14.28; Est 3,9; 4,7 oder 1Makk 11,28 bzw. Tob 1,14; 4,20 (vgl. TestJos 18,3 und Jos. Bell. 5,270) lassen erkennen, daß es sich hier um die Maßeinheiten für Märchen und Könige handelt, aber nicht für Normalbürger. Richtig SCHWANK, Art. τάλαντον EWNT III 796: „Ganz grob läßt sich also ein Talent mit (mindestens!) einer heutigen ‚Million' vergleichen."

623 Vgl. VV21.23: ἐπὶ ὀλίγα kann wohl kaum mit den angegebenen Summen übereinstimmen.

624 Fraglich ist die Wendung V19 μετὰ δὲ πολὺν χρόνον, die einerseits unter Allegorieverdacht steht (Metapher für Parusieverzögerung), aber andererseits ein erzählerisches Pendant bei Lk hat, das auch für den Ursprung vermutet werden muß.

625 Vgl. die Diskussion bei WEISER, Knechtsgleichnisse 244–256, und WEDER, Gleichnisse 193–203, die hier nicht wiederholt werden soll.

aber darauf aufbaut, daß eigentlich von allen Knechten eine gleichartige Leistung zu erwarten ist[626], dann dürfte die Anordnung bei Mt ursprünglich sein[627].

So ergibt sich als Ursprung eine klar strukturierte Fabel mit eindeutiger Pointe, deren wörtliche Rekonstruktion jedoch nicht in jedem Fall hohe Wahrscheinlichkeiten beanspruchen kann[628]. Sie hat bereits früh einen verallgemeinernden und zugleich allegorisierenden Kommentar[629] Lk 19,26 par. erhalten[630], der der einstigen Erzählung angehängt wurde[631]:

---

626 Dazu s. u.

627 Mit DIETZFELBINGER, Gelder 224, gegen JEREMIAS, Gleichnisse 57 Anm. 2, und WEDER, Gleichnisse 196, die annehmen, es handele sich bei der zahlenmäßigen Differenz zwischen den Summen, die den Knechten bei Mt zur Verfügung gestellt werden, um einen sekundären Zug. Von der Logik der Erzählung her, die WEDER dann 202f. bietet, *muß* der letzte Knecht geradezu versagen, denn die Abstufung im Erfolg führt gegen Null. Damit ist sein Versagen für den Hörer keine erzählerische Überraschung mehr. Eine solche ist aber a priori zu erwarten. – „Daß die Höhe des erwirtschafteten Gewinns für die Beurteilung der Knechte keine Rolle spielt"(204), ist dann auch nur für die absoluten Zahlen richtig. In der Relation Kapital zu Gewinn sind die beiden ersten ja gleich. – Ein Argument mehr für die Zahlen des Mt und die Raffinesse des ersten Erzählers.

628 WEISERS Zurückweisung einer Q-Fassung leidet unter anderem an der fehlenden Strukturierung seiner Untersuchung. Wenn die eindeutig sekundären Schichten Vokabel für Vokabel in die Diskussion einbezogen werden, dann legt sich natürlich nur dieses Ergebnis nahe. – Zu den allgemeinen Gründen (Q-Differenzen sonst nie so hoch und Q-Parabeln nie so lang), die sich mit der Parabel vom Gastmahl Lk 14,16ff. par. als Beispiel für eine lange und sehr differente Parabel in der Q-Überlieferung leicht widerlegen lassen, vgl. WEDER, Gleichnisse 193 Anm. 119.

629 Mk 4,25 par. läßt sich das Logion ohne diesen Kontext beobachten. WEDER, Gleichnisse 200f., hält den Spruch im Zusammenhang mit dem Gleichnis für primär und erst sekundär für selbständig verwendet. Seine Forderung, für dieses Sprichwort müsse sich „ein einigermaßen plausibler historischer Ort" finden lassen, verkennt die zumeist fehlende Situationsangabe bei Sprichworten, die zwar sehr wohl bestimmten geschichtlichen Erfahrungen, aber kaum einem konkreten Autor zugeschrieben werden können. Die Lehre von Mt 25,29 aber kann bereits Vorgänge wie die von 1Sam 12,1–4 decken, ist zumindest jedoch nicht auf Mt 25,14–28 als Ursprungsort angewiesen. (2Sam 12,3 zeigt auch, daß ein Armer noch *etwas* haben kann, gegen WEDER, Gleichnisse 200 Anm. 156). Zu Mt 25,29 par. vgl. unten 4.

630 So mit manchen anderen auch DIETZFELBINGER, Gelder 225.

631 Die folgende Fassung wird mit den Versen des MtEv durchgezählt und hält sich solange an die Mt-Fassung, wie keine ernsthaften Gründe (s. o.) für Lk sprechen, um nicht eine Laborversion zu erzielen, die im Zweifel nie existiert hat. (Das ist z. B. der Nachteil bei FIEDLER, Talente 271f., der eine Fassung herstellt, die disparate Elemente wie die Talente und die Städte für den Ursprung reklamiert. – Allerdings läßt sich das Verfahren nicht grundsätzlich vermeiden, wie unsere Rekonstruktion von Lk 14,15–24 zeigt.) Eine ähnliche Fassung, mit einigen weiteren Elementen, die vermutlich erst dem Mt-Redaktor zu verdanken sind, rekonstruiert LAMBRECHT, Treasure 229f.

(14)[632] *Ein Mann ging auf Reisen und rief seine Knechte*[633] *und übergab*[634] *(15) dem einen fünf Minen, dem anderen zwei, dem dritten eine und brach auf*[635].

(19) Nach einiger Zeit kam der Herr der Knechte und rechnete mit ihnen ab.

(20) Da kam der, der fünf Minen erhalten hatte, und sprach: Herr, du hast mir fünf Minen übergeben; siehe, ich habe fünf weitere gewonnen[636]. *(21) Da sagte sein Herr zu ihm: Bravo, (du bist) ein brauchbarer Knecht, mit wenigem warst du zuverlässig, ich will dich über viel setzen.*

(22) Da kam der, der die zwei Minen (erhalten hatte), und sprach: Herr, du hast mir zwei Minen übergeben; siehe, ich habe zwei weitere erworben. (23) Da sagte sein Herr zu ihm: Bravo, (du bist) ein brauchbarer Knecht, mit wenigem warst du zuverlässig, ich will dich über viel setzen.

*(24) Als aber der kam, der eine Mine erhalten hatte, sagte er: Herr, weil ich wußte, daß du ein harter Mensch bist, der du erntest, wo du nicht gesät hast, und *nimmst, was du nicht hingelegt hast* (Lk)*[637], *(25) und weil ich mich gefürchtet habe*[638], *bin ich hingegangen und habe deine Mine in der Erde verborgen; siehe, hier hast du deine Mine*[639].

(26) Da antwortete sein Herr und sprach zu ihm: Du schlechter Knecht, du wußtest [doch], daß ich ernte, wo ich nicht gesät habe, und nehme, was ich

---

632 Hier wie anderswo gehe ich mit HARNISCH davon aus, daß der einleitende Hinweis auf die Basileia ein Interpretationshinweis der Späteren sein dürfte. Am historischen Ursprungsort wird der Text in der Situation gesprochen haben.

633 Da δοῦλος sowohl ‚Sklave‘ wie jeden anderen Abhängigen (Mt 18,23ff.; Mt 22,1ff.) bezeichnen kann, wird hier der neutralere Ausdruck Knecht gewählt.

634 τὰ ὑπάρχοντα αὐτοῦ erscheint bei Lk so häufig (LkEv 7x; Act 1x), daß eine sekundäre Tilgung bei Mt eher unwahrscheinlich ist.

635 SCHULZ, Q 290.

636 Für eine Entscheidung zugunsten von κερδαίνω gegen προσεργάζομαι läßt sich vor allem die Vorliebe des Lk für Komposita anführen. Die schematischere Gestaltung des Mt spricht ebenfalls für treuere Wiedergabe der Vorlage.

637 Zumeist wird hier der lukanische Ausdruck für ursprünglicher gehalten. Die Argumente dafür (vor allem die hohe Häufigkeit von συνάγειν bei Mt) lassen keine hohe Wahrscheinlichkeit zu. Der Ausdruck selbst stellt vermutlich eine idiomatische Wendung für ‚stehlen‘ dar (Plat Leg 11,913c; Jos. Ap 2,216; Philo, Hypothetica I 7,6 nach Eus. PraepEv VIII 7,6; Ael. VarHist 3,46; Diog L 1,56). Vgl. dazu KÜCHLER, Weisheitstraditionen 229.

Nach JEREMIAS, Gleichnisse 57 Anm. 1, der BRIGHTMAN, JThS 19 (1928) 158, folgt, sollen in Lk 19,21f. passende „banktechnische Ausdrücke“ vorliegen. Das ist mir nicht sicher, denn wie die vielfältigen Belege zeigen, wird so eher vom *Diebstahl* gesprochen.

638 MCGAUGHY, Fear 325f., macht auf einen kunstgerechten Chiasmus in Mt 25,24f. aufmerksam. Er ist bei Lk zerstört.

639 Die Reihenfolge: erst der Bericht, dann die Übergabe (mit der Wendung ἴδε), wird, wenn in den ersten beiden Äußerungen ursprünglich, dann auch in der dritten Begegnung primär sein.

nicht hingelegt habe![640] *(27) Dann*[641] *hättest*[642] *du meine Silberstücke den Geldverleihern*[643] *geben müssen, damit*[644] *ich bei meiner Ankunft das Meine mit Zinsen hätte empfangen können. (28) Nehmt ihm seine Mine und gebt sie dem, der zehn Minen hat!*[645]

(29) Jedem, der hat, wird gegeben werden; wer aber nichts hat, dem wird auch das, was er hat, genommen werden. (30) UND DEN UNNÜTZEN KNECHT WERFT IN DIE ÄUSSERSTE FINSTERNIS; DORT WIRD HEULEN UND ZÄHNEKLAPPEN SEIN[646].

Die Auslegung hat demnach mindestens mit der
- frühesten Stufe (VV14–28),
- einem kommentierten Stadium in Q (VV14–28 + V29)
- und den beiden redaktionellen Texten bei Mt bzw. Lk zu rechnen.

2. *Zur Bildspenderseite*

In der neueren Auslegungsgeschichte überrascht die Harmlosigkeit, mit der die Zinsnahme von Exegeten fast kommentarlos hingenommen[647] und mit heuti-

640 Liegt hier wirklich eine Frage vor? Wenn ja, dann erfordert sie sinngemäß eine zustimmende Antwort.

641 Zur Konstruktion vgl. BEYER, Syntax 93–95. Dort die Kombination von Fragesatz (als faktische Protasis und verkürzter Konditionalkonstruktion). Ein schönes Parallelbeispiel aus yQid 3,14(64c) dort 93f.: „Du wußtest doch, daß es so ist! Warum hast du es mir denn dann anfangs erlaubt?" Die Konstruktion entspricht ziemlich genau der lukanischen (καὶ διὰ τί ...;). Beide Konstruktionen, die matthäische wie die lukanische entsprechen den von BEYER genannten Kriterien, die ein Bedingungsverhältnis zwischen V26 und 27 anzunehmen erlauben.

642 BL-DEBR-R § 358, 1.

643 BAUER WB s. v.: „Geldwechsler", aber die Funktion des Geldwechselns im Tempel und die mit V27 beschriebene des gewinnbringenden Geldverleihens müssen deutlich auseinandergehalten werden. LIDDELL-SCOTT WB s. v.: „money-changer, banker". Die Funktion des Geldhandels ist offensichtlich später und so gering ausgebildet worden, daß die Termini für den Geldwechsel übertragen wurden. – Zur Differenz zwischen den normalen Wechslern, Bankiers und gewöhnlichen Wucherern einerseits und den Jerusalemer Tempelbeamten andererseits, die durch das Einwechseln der Tempelsteuern in tyrische Münze (mit Bild!) verantwortlich waren, aber außer Agio und Disagio keine gesonderten Bankeinnahmen tätigten, vgl. BEN-DAVID, Jerusalem 25f. Dort auch S. 6-9 die Begründung für die Bevorzugung der tyrischen Münzen (ihre Wertbeständigkeit!).

644 BL-DEBR-R 442,9 „καί finale".

645 Der Schluß wird z. T. als erzählerisch unbefriedigend empfunden, so daß KAHLEFELD, Gleichnisse I 146, eine (Prügel)Strafe nach Lk 12,47 ergänzt. DIETZFELBINGER, Gelder 225, hält das für möglich und postuliert – ähnlich wie FOERSTER, Gleichnis 50, – eine weggebrochene Notiz über die Strafe: „Wie diese Strafe in der Erstfassung des Gleichnisses aussah, läßt sich nicht mehr herausfinden."

646 Zu dieser Stufe der mt Redaktion gehören natürlich noch andere vermutliche Zusätze innerhalb des Textes, die hier in der Übersetzung um der Lesbarkeit willen getilgt wurden.

647 DERRETT, Law 192 Anm. 32a, entledigt sich des Problems, indem er dekretiert: „τόκος (correct) does not mean usury, but increase (out of partnership capital)." Sein Ansatz leidet darunter, daß er die Zinsnahme z. B. im alten Babylonien heranzieht, aber die jüdische Zins/Wucher-Diskussion nicht wirklich berücksichtigt.

gem monetärem Gebaren[648] verglichen wird[649]. Die alte Kirche war hier durchgehend vorsichtiger[650].

Doch empfiehlt es sich zunächst, die sozialgeschichtlichen Sachverhalte nacheinander zu sichten und zugleich die Erzählregie aufmerksam zu beobachten[651]. Die Abreise, bzw. die Abwesenheit eines Herrn (des Handlungssouveräns), der sich auf die Verwaltung durch Fremde verlassen muß, ist literarisch und faktisch ein bekanntes Phänomen (Mk 12,1 par.; Lk 12,42ff. par.)[652]; allerdings wird meist die Verwaltung von Ländereien geschildert[653], nicht die von Geld[654]. – Die Beauftragung von drei Knechten entspricht den Gesetzen volkstümlichen Erzählens[655]. – Auch die Rückkehr und Abrechnung ist in den Evangelien wie in der geschichtlichen Realität ein regelmäßiger Vorgang[656]. – Die nicht benannte, den Hörern aber bekannte Voraussetzung solchen Verrei-

---

648 Weiser, Knechtsgleichnisse 263 „... mit dem Begriff ‚Geld' (ist) ein Gut gemeint ..., dem ein dynamisches Element *wesenhafter innewohnt* als anderen Dingen ..." ! (Hervorhebung C.K.) – Ähnlich Weder, Gleichnisse 203: „... statt daß er das Geld arbeiten und Gewinn bringen ließ, vergrub er es in die Erde. Dafür wird er vom Herrn bestraft, indem er kein Kapital mehr zur Verwaltung erhält." – Doch, was soll man die Zunftkollegen schelten, wenn selbst der Spezialist für diese Fragen Besitz und Kapital so sehr annähert, daß er für die positive Wertung des Geldes (!) Lk 6,30.34f.38; Mt 5,42; 10,42 u.a.m. aufführen kann: Bogaert, Art. Geld RAC IX 846f. Vgl. aber Pekary, Wirtschaft 5.35.101.

649 Anders nur Dupont, parabole 388f., und Dornseiff, Wörter 82: „Das Gleichnis überrascht ja etwas gegenüber den Lilien auf dem Felde, prallte speziell zusammen mit dem kirchlichen Zinsverbot auf Grund von Dt. 23,20, es mußte also allegorisch weginterpretiert werden." (Was Dornseiff wiederum nicht an allegorischer Auslegung hindert.)

650 Vgl. die Liste der Auslegungen bei Bogaert, Art. Geld RAC IX 847–849, zur allegorischen Deutung der „Talente".

651 Dietzfelbinger, Gelder 226–228, nutzt ebenfalls die von Via, Funk, Sellin und Harnisch entwickelte Methodik der Erzählanalyse. Allerdings muß sie mit den Überlegungen zum soziokulturellen Umfeld verbunden werden, um nicht zu so diametral entgegengesetzten Ergebnissen zu gelangen, wie sie hier bei erheblicher methodischer Nähe zu Dietzfelbinger vorgetragen werden.

652 Vgl. dazu Hengel, Gleichnis 21–23.

653 Eine Durchsicht der Belege im NT wie der bei Hengel genannten Beispiele ergibt, daß auch die Ablieferung regelmäßig in Naturalien erfolgte. Die konkrete Umwertung in Geld ist ein eigenes Problem, da nicht jede Wertangabe, in der Summen erscheinen, auch die gezahlte Münze voraussetzt.

654 Die scheinbare Ausnahme Mt 18,23–35 beschreibt wie Lk 7,41f. keine Geld*erträge*, sondern absolute Schuld*beträge*, bezieht sich also auf die Wertmesserfunktion von Geld, nicht aber auf Finanzkapital.

655 Eine Auswahl/Erwählung, wie Petzoldt, Gleichnisse 70, vermutet, ist nicht gemeint. Mt 25,14 formuliert mit dem bestimmten Artikel, so daß die drei die Gesamtheit der Knechte dieses Herrn bilden.

656 Vgl. Mt 18,23; Lk 16,2 u.ö.

sens wird darin zu suchen sein, daß der Herr kein Einheimischer, sondern ein Ausländer[657] bzw. ein Städter ist[658].

Weniger üblich scheint hingegen die Abrechnung über einen Gewinn von 100% des Kapitals[659] (wiederum in Geldwert ausgedrückt)[660], der – bereits in der Mt-Fassung[661] – von den beiden ersten Knechten erbracht wurde[662]. Dabei bleibt – bewußt? – offen, welcher Art die Geschäfte der beiden ersten Knechte gewesen sind, ob sie es mit Darlehen versuchten, sich an Handelsunternehmungen beteiligten oder in (landwirtschaftliche) Produktion investierten. Die beiden ersten Knechte spielen damit in der Erzählung die Rolle der dramatischen Nebenfigur, die die Einordnung der dramatischen Hauptfigur, des dritten Knechtes, erlaubt.

Ganz merkwürdig aber ist der letzte Abrechnungsvorgang, auf dem selbstverständlich alles erzählerische Interesse ruht. Nach in der Antike verbreiteten Mustern war die schlichte Rückgabe von Vermögen ohne Zinsen durchaus üblich – selbst bei Banken, die in diesem Zusammenhang wohl eher Schließfächer bzw. Tresore zur Verfügung stellten, als daß sie für Sparguthaben im heutigen Sinne normale Zinsen zahlten[663]. (Auch die Aufbewahrung im Ta-

---

657 JEREMIAS, Gleichnisse 72f., und HENGEL, Gleichnis 20f., haben solche Besitzverhältnisse als stillschweigende Voraussetzung für Mk 12,1ff. plausibel gemacht. HENGEL rechnet damit, daß auch für unser Gleichnis das „feudalistische Milieu" prägend ist, in dem große Güter u. a. in Galiläa in der Hand von landfremden Besitzern waren.

658 Vgl. zum Phänomen KRAUSS, Archäologie II 108f. Da hier im Text aber nicht von Gütern gesprochen wird und eine längere Reise von ca. 12 Monaten angesetzt werden muß, ist eher die Assoziation an einen Ausländer zu vermuten. Dem kommt entgegen, daß der Herr selbstverständlich Zinsen fordert, was im jüdischen Raum so nicht möglich war. S.u. den Exkurs zum Zinsverbot. – Allerdings gibt es zwischen Fremden und Städtern in Galiläa wohl keinen grundsätzlichen Unterschied, da die beiden galiläischen Städte, Sepphoris und das für fromme Juden höchst dubiose Tiberias, hellenistische Neugründungen des Herodes Antipas waren. Vgl. SCHÜRER, Geschichte II 209ff. 216ff.

659 Zu den in der Antike möglichen Erträgen vom Kapital vgl. PEKARY, Wirtschaft 35–37.102; FINLEY, Wirtschaft 168ff.; BOGAERT, Banques passim; BEN-DAVID, Ökonomie 193–197. Danach ergibt sich, daß Zinsen, wenn sie im römisch-hellenistischen Wirtschaftsraum aus dem Geldverleih resultierten, sehr schwankten, da die Sicherheiten fehlten, aber irgendwo zwischen 10% und 60% per anno liegen *konnten* – aber keineswegs mußten. DERRETTS Hinweis, Law 190: „... which is the minimum profit accepted under the laws of Hammurabi" mag für Babylonien stimmen, im Palästina der hellenistisch-römischen Zeit bleibt es ein exorbitant hoher Gewinn, wie die von E. KOFFMAHN, Doppelurkunden, besprochenen Dokumente aus Palästina zeigen. Vgl. dazu unten im Exkurs.

660 Vgl. dagegen die Naturalabrechnungen der Zenonkorrespondenz bei HENGEL, Gleichnis 13.

661 Lukas spricht dagegen schon von 1000% und 500% – märchenhaft! (DERRETT, Law 190: „... possible and most satisfactory ... creditable" sic!). Auch diese Steigerung läßt fragen, ob eine sekundäre Kürzung der Zahlenangaben (von Lk zu Mt) in der synoptischen Tradition überhaupt nachweisbar und wahrscheinlich ist.

662 Auch wenn keine Zeit genannt zu werden braucht, so ist doch eher an überschaubare 12 Monate als an zehn Jahre gedacht. Vgl. etwa Mk 12,1ff.

663 Zusammenfassend FINLEY, Wirtschaft 168; PEKARY, Wirtschaft 36 – jeweils mit Bezug auf BOGAERT, Banques 336.368ff.

schentuch Lk 19,20 mochte zwar leichtsinnig bzw. unprofessionell sein[664], darf aber die Aufmerksamkeit des Auslegers von der *korrekte*n Rückgabe des übergebenen Betrages nicht ablenken[665].)

Darum muß die Erzählstruktur um so aufmerksamer beobachtet werden. Nach der oben erschlossenen Fassung mit den Zahlenangaben des Mt wird durch die zweifache Erwirtschaftung von jeweils 100% Gewinn die Hörererwartung geweckt, daß auch der dritte den entsprechenden Ertrag eins zu eins herauswirtschaftet. Der Dritte hat ja nur eine Mine – ein halbes Mindestjahreseinkommen einer durchschnittlichen Familie, d.h. einen erschwinglichen Betrag[666]. Da müßte es ihm noch leichter fallen, entsprechend die weiteren 100 Denare zu verdienen!

Diese Erwartung wird gestört durch die ungewöhnlich scharfe, dem bisherigen Ablauf gegenläufige Charakterisierung des Herrn als unmenschlich hart[667] und als Ausbeuter[668]. Die beiden synonymen Beschreibungen eines ungerechten Verhaltens entsprechen alttestamentlichen Fluchformeln[669], nach denen, wer so handelt, ein (Menschen)Feind ist. Auch in der zeitgenössischen Litera-

664 Das Vergraben der Summe bei Mt entspricht in jedem Fall den Regeln, wie sie bBM 42a berichtet (und diskutiert) werden. Vgl. auch Sir 29,10; Jos Bell 7,115; bShab 102b; bBer 18b; dazu vgl. MADSEN, Parabeln 105.

665 Gegen JEREMIAS, Gleichnisse 59, u.a. Die von ihm zitierte Regel von mBM 3,10 greift ja erst, wenn das Geld *verloren* ist, was hier *nicht* in Rede steht.

666 DERRETT, Law 190, sieht das ganz anders. Im Sinne monetärer Vernunft argumentiert er: „It is harder to double a small sum than to treble a large one." Deshalb habe der dritte Knecht dem Herrn eine Lektion erteilen wollen, weil er fragen mußte: „Have you so little confidence in me?" (192) Auch die Bankgeschäfte habe er ausgeschlossen, weil er davon keinen eigenen Gewinn zu erwarten gehabt hätte. – DERRETT rechnet zu wenig mit dem Eigengesetz einer solchen Erzählung, die dem versagenden Knecht die leichteste Aufgabe zuweisen muß und dieses über die Abstufung der Summen erreicht. Vgl. etwa Mt 18,23ff. (Außerdem beruft auch er sich wohl weniger auf konkrete antike Erfahrungen als vielmehr auf einen modernen literarischen Topos, wonach die erste Million zu verdienen immer am schwersten sei.)

667 σκληρός oder αὐστηρός (NT-Hapaxlegomenon) scheinen hier bedeutungsverwandt. Zu σκληρός vgl. die nächste Anmerkung. Für αὐστηρός vgl. 2Makk 14,30 und BAUER WB s.v., der auf Pap. Tebt. 315,18f. verweist, wo ein Finanzinspektor so bezeichnet wird.

668 σκληρός als Bezeichnung von unterdrückenden Arbeitsverhältnissen in der LXX: Ex 1,14; 6,9; Dtn 26,6; 1Kön 12,4; 2Chr 10,4; Jes 14,3; 19,4. Mit der Komponente „gottlos, gesetzlos" Num 16,26; Jer 48,4; Jer 12,14; Dan 11,32 vgl. 1Sam 25,3. Der Beleg in PsalSal 4,2 ist wohl auch nicht wie im Deutschen „hart, aber gerecht", sondern im Sinne heuchlerischer Härte gemeint.

669 Zwischen dem eigentlichen Gebrauch der entsprechenden Vokabeln für Saat und Ernte und dem metaphorischen für den Zusammenhang von Tun und Ergehen, stehen die Belege, in denen als Zeichen von Segen bzw. Fluch das Schicksal beschrieben wird, die Saat nicht selbst ernten zu können (ein Zusammenhang, der Joh 4,37 als ὁ λόγος, d.h. als Sprichwort zitiert wird): Lev 26,16: „Ihr sollt umsonst euren Samen säen, und eure Feinde sollen ihn essen"; Dtn 28,33.38; Jes 5,10; 17,11; 19,7; Jer 12,13; Mi 6,5; Hos 8,7; Hag 1,6; Hi 31,8. Vgl. dazu H.D. PREUSS: Art. זרע, zæra' ThWAT II 663–686, 669–671.

tur kommen solche Sätze als Beschreibung von Gesetzesverstößen[670] vor[671], schlichter gesagt: Der Herr wird von seinem Untergebenen als gemeiner Dieb bezeichnet. Die anschließende Bemerkung (φοβηθείς) kommentiert daher wohl nicht die knechtgemäße Furcht vor einem gestrengen Herrn, sondern die vor einem solchen Blutsauger. – Vielleicht verweist sogar die Bemerkung: ἴδε ἔχεις τὸ σόν darauf, daß der Knecht alle weiteren Ansprüche des Herrn als unbillig abweist[672]. Sein Verhalten jedenfalls ist an und für sich über jeden Zweifel erhaben, da er das Geld sicher verwahrte[673], mindestens aber unangetastet zurückgibt.

Der Herr vergilt mit gleicher Münze, belegt den Knecht mit einem Gegenschimpfwort[674] und – wiederholt dessen verbale Beschreibung. Wie ist diese zu werten? Ist die Aufnahme der Charakteristik V24 in der Antwort V26 erzählerische Ironie, die dem Urteil des Knechtes nur scheinbar zustimmt[675], um ihn um so gewisser rhetorisch und praktisch deswegen zu überwältigen, weil er schlicht „faul" war?[676] So sehr eine solche Deutung eingebürgert und durch die

---

670 Vgl. Jos. Ap 2,216: falsches Maß und Gewicht, List im Handel und κἂν ὃ μὴ κατέθηκεν ἀνέληται in einer Reihe!; Philo, Hypothetica I 7,6 nach Eus. PraepEv VIII 7,6 neben der goldenen Regel: ἃ μὴ κατέθηκεν, μηδ' ἀναιρεῖσθαι, μηδ' ἐκ πρασιᾶς μηδ' ἐκ ληνοῦ μηδ' ἐξ ἅλωνος: (Mras I,430) ; Ael. VarHist 3,46; 4,1. Weitere Belege für diese Regel bei KÜCHLER, Weisheitstraditionen 229 (Plat Leg 11,913c; Diog L 1,56).

671 Bei SCHWEIZER, Lk 192, wird der Vorwurf als „Cliché" gewertet. Gibt es *verbrauchte* Wendungen im ironischen Gebrauch des Erzählers in unserer Literatur?

672 DERRETT, Law 191, macht darauf aufmerksam, daß nach der Mischna diese Formel in der Auseinandersetzung zwischen (Prozeß-)Parteien zur Abwehr gegnerischer Ansprüche verwendet wird. mBQ 9,2; 10,5; vgl. bBQ 97a; bBM 79a.

673 Vgl. bShab 102b; bBM 42a u.ö. (BILL I 971f.). – Die bei BILL I 972, wie auch von anderen Autoren (GRUNDMANN, Mt 522; BERGER/COLPE 111 Nr. 176) zitierte „Parallele" in slHen 51,1f.: „Verbergt euer Silber nicht in der Erde" findet sich in einer einzigen Handschrift (P) der „langen Rezension" aus dem 17. Jh.! Diese späteste der längeren Handschriften wurde allerdings sehr früh bekannt und gedruckt, so daß sie die Diskussion bis heute bestimmt. Das Zitat muß demzufolge aus dem Parallelenschatz ausgeschieden und der Nachgeschichte unseres Textes zugeordnet werden. Es interpretiert die „Talente" ähnlich wie Lk 16,9 sein Bezugsgleichnis. Die möglichen Ansatzpunkte für diese späte christliche Kommentierung dürften in der vermutlich ursprünglicheren Formulierung der Handschrift R in 50,5 und 51,2 zu finden sein. 50,5 (Ende des Kapitels 50) lautet: „Jeder von euch büße ein sein Gold und Silber um eines Bruders willen, damit er eine volle Vorratskammer in jenem Äon erhalte." (Andere Handschriften mit z.T. verderbtem Text ähnlich.) 51,2 formuliert: „Helft einem Gläubigen in Trübsal, und es wird euch keine Trübsal finden in euren Vorratskammern und in der Zeit eurer Arbeit." (Vgl. ANDERSEN OTPs I 178f. Zur handschriftlichen Überlieferung des slHen vgl. zusammenfassend BÖTTRICH, Weltweisheit 103–107.) Damit nimmt slHen wieder auf, was ähnlich bereits Sir 29,10 sagt.

674 Der mt Zusatz ὀκνηρός (vgl. Prov 6,6.9) moralisiert und paßt so nur in die allegorische Lesart.

675 So u.a. SCHMID, Mt 347: „Was dieser seinem Herrn zur Entschuldigung seiner *Faulheit* ins Gesicht sagt, wird in der Antwort des letzteren als bloße Ausrede erklärt." (Hervorhebung C.K.)

676 So HARNISCH, Ironie 428; Gleichniserzählungen 39, mit Berufung auf CLAVIER, L'ironie 15f.; VIA, Gleichnisse 116. – Danach müßte hier Simulations-Ironie vorliegen, d.h. die „positive Vortäuschung einer eigenen, mit der Meinung der Gegenpartei übereinstimmenden

Mt-Fassung nahegelegt ist[677], so sehr verfehlt sie wohl den jesuanischen Sinn. Denn anschließend wird eine Erwartung des Eigentümers in dürren Worten formuliert, die der gesamten alttestamentlich-jüdischen Ethik[678] zuwiderläuft – und nicht nur ihr[679], aber sehr gut der zweifachen Charakteristik des Geldmannes entspricht: Er verlangt über die vollständige Rückgabe seines Besitzes hinaus ein Mehr: Zinsen. Das aber können die Hörer nur als *Wucher* verstehen. D.h. der Handlungssouverän offenbart mit seinem Verlangen nach Zinsen, daß die vorhergehende Charakteristik *zutrifft*[680]. Die Logik seiner Antwort lautet: Da du wußtest[681], wer und was ich bin, ein Menschenschinder und Dieb, hättest du dich konsequent darauf einstellen müssen und – wenigstens unter Einschaltung der Wucherer – Geldgewinn erzielen sollen. Die Wiederholung der Charakteristik dient hier der entlarvenden Bekräftigung des zuvor vom Knecht Gesagten[682]. Der Herr übernimmt in dieser Szene formal die richterliche Funktion des Hausherrn[683], auch wenn der Gehalt seines Urteils illegitim ist[684].

Daß Diebstahl bzw. Raub und Zinsnahme so zusammengesehen und gewertet wurden, zeigt am besten Josephus, bei dem es in *einer* Verbotsreihe heißt[685]: „ὃ μὴ κατέθηκέν τις οὐκ ἀναιρήσεται, τῶν ἀλλοτρίων οὐδενὸς ἅψεται, τόκον οὐ λήψεται. (Was einer nicht deponiert hat, soll er nicht wegnehmen; keines

---

Meinung", LAUSBERG, Handbuch §§ 902 und 582. Als rhetorische Ironie würde sie den Knecht bloßstellen und dem Gericht (des Herrn selbst, der Zeugen im Gleichnis und der Hörer) ausliefern.

677 Mt V21: ὀκνηρός nur hier innerhalb der Evangelien. εὖ δοῦλε ἀγαθὲ καὶ πιστέ ruft die Assoziation zu 24,45 (diff. Lk!) auf. (Sieht man aber genauer hin, was in 24,45–51 als Typos und Antitypos geschildert wird, dann ist es dort gerade nicht der monetäre Geschäftssinn für den Herrn, sondern die ordentliche Verwaltung einer Hauswirtschaft (so auch Lk 17,7–10). Beides ist, wie noch zu zeigen sein wird, für antikes Bewußtsein weit auseinanderzuhalten.)

678 Vgl. dazu KLINGENBERG, Zinsverbot passim.

679 Vgl. Arist. Pol 1,10, 1258 b 2–8; Plat. Leg. 5,742c.743d; 11,921cf; Resp 8,555e. Vgl. dazu H. CHANTRAINE, Art. Zins, KP V 1536f., und BOGAERT, Art. Geld RAC IX 825–830.

680 Auch die sekundäre Bemerkung (? CLAVIER, L'ironie 15) bei Lukas: ἐκ τοῦ στόματός σου κρινῶ σε, setzt m.E. voraus, daß der Knecht *keine* Ausrede gebraucht. Das einleitende Praes.hist. nach JEREMIAS, Sprache 169f., ist mit Sicherheit unlukanisch.

681 Plusquamperfekt ᾔδεις für das durative Imperfekt.

682 Eine ähnliche Funktion der Wiederholung in Mt 25,35f.37–39 bzw. 42f.44; Wiederholung als rhetorische Bekräftigung in Lk 14,18.19; 15,18.21 und Mt 18,26.29. Zum Phänomen in Erzähltexten vgl. BULTMANN, Geschichte 207.342, und die nächste Anmerkung.

683 Die Wiederholung wörtlicher Rede im Munde einer weiteren Person erscheint vor allem in Gerichts- und Vertragsszenen. Der Gerichtsherr nimmt die vorher gemachte Aussage „zu Protokoll" und legt sie damit seinem Urteil zugrunde: Gen 44,9.10 (vgl. 43,27f.; Jdc 11,35f.); 2Sam 3,12f.; 1Kön 3,22f.; Act 25,11f.

684 Vgl. Lk 18,2ff.: Dort fungiert der Schuft als Richter, hier der Richter als Schuft.

685 Zum Zusammenhang dieser von Josephus zitierten Formeln mit entsprechenden Gesetzesreferaten bei Philo Hyp I 7,6, und Pseudophokylides 13 vgl. KÜCHLER, Weisheitstraditionen 207–235, und NIEBUHR, Gesetz 41–52. Ähnliche Reihen von Frevlern in tShevi 8,11 (Räuber und Wucherer); bBQ 94b (Räuber [חמסין], Wucherer [מלוי רבית]); bSan 27a (Gewalttätige [חמסין], Räuber [חמסין], Wucherer [מלוי רבית]); MekhSh zu Ex 22,26 (Räuber [גזלנין], Gewalttätige [חמסין], Wucherer [מלוי רבית]). Vgl. dazu HERRENBRÜCK, Jesus 206f.

Menschen Eigentum soll er anrühren; Zinsen soll er nicht nehmen. Diese und noch viele derartige Bestimmungen halten das auf gegenseitigen Verpflichtungen beruhende Gesellschaftsleben bei uns aufrecht. Ap 2,208)“[686]

Exkurs zur Wertung des Zinses in neutestamentlicher Zeit[687]:

Zu klären ist, wie zur Zeit Jesu in Palästina Zinsen gehandelt und gewertet wurden. Immerhin läßt sich vorab notieren, daß die sprachliche Unterscheidung von – ungerechtem – Wucher und korrektem Zins, als dem Preis geliehenen Geldes, im Deutschen erst sehr jung ist. Luther übersetzte noch selbstverständlich Mt 25,27 bzw. Lk 19,23 mit „Wucher“[688] ähnlich wie die King-James-Übersetzung mit „usury“ formuliert, während die Einheitsübersetzung oder die New English Bible die neutraleren Termini „Zinsen“ bzw. „interest“ benutzen.

In der alttestamentlich-jüdischen Tradition aber sind Zins und Wucher identisch. Zins in allen seinen Formen[689], sei es Naturalzins, sei es Geldzins, wird verboten[690]. Diese Bestimmungen widersprechen anderen gängigen Vorschriften des Alten Orients, wie sie sich im Codex Hammurapi finden[691]. Sie könnten einen Versuch darstellen, „alte Sitten und Gebräuche aus der Stammeszeit zu bewahren“[692]. Immerhin tauchen sie nicht allein im Deuteronomium bzw. anderen Gesetzeskorpora auf, sondern sie stellen auch einen Bestandteil prophetischer Mahnrede dar. In Ez 18,8.13.17 gilt Zinsnahme als – vor Gott – todeswürdiges Verbrechen[693]. Auch in den Texten, die wie Ps 15,5 priesterliche Tora widerspiegeln oder wie Prov 28,8 zur weisheitlichen Lehre zu rechnen sind, gilt das Zinsverbot als ein Maßstab für Gerechtigkeit des einzelnen wie des ganzen Volkes[694]. Mit Neh 5,1–13 findet sich ebenfalls in den erzählenden Partien wahrscheinlich der Bericht von einem allgemeinen Schuldenerlaß, der womöglich ebenfalls mit abzulehnenden verzinslichen Darlehen zusammenhängt.

Nun könnte man diese relativ wenigen alttestamentlichen Stellen mit Stillschweigen übergehen, wenn es nicht eine breite rabbinische Debatte gäbe, die sich genau auf diese Gesetze bezieht[695]. Bestimmungen der Mischna[696] und Tosefta wie die Dispute in der jeweiligen Gemara des babylonischen und jerusalemischen Talmuds suchen dieses Ver-

686 Übers. nach CLEMENTZ.

687 Zu den Anforderungen und der Methodik des rechtsgeschichtlichen Vergleichs für die Gleichnisse Jesu vgl. PÖHLMANN, Abschichtung 195–198.

688 LUTHER übersetzt Mt 25,27 „hette ich das meine zu mir genommen mit wucher“ bzw. Lk 19,23 „hette ichs mit wucher erfoddert“.

689 Vgl. dazu A.S. KAPELRUD, Art. נשך, ThWAT V 665–669, und KLINGENBERG, Zinsverbot 13–56, dort 38–52 zum Verhältnis von נשך und תרבית.

690 Dtn 23,20f.; vgl. Ex 22,24; Lev 25,36f.

691 Vgl. KAPELRUD, a.a.O. 667.

692 KAPELRUD, a.a.O. 668. Vgl. KLINGENBERG, Zinsverbot 52–54, zum Rechts- bzw. Moralcharakter des Verbots: „... eher dem vorrechtlichen Bereich der Sitte, des comme il faut zuzuordnen.“ (54)

693 Vgl. Hab 2,6f.

694 Ez 22,12ff.

695 Vgl. dazu BILL I 348–353, KLINGENBERG, Zinsverbot 57–86, und RAPPAPORT, Darlehen. Dieser Aufsatz wurde nicht fortgesetzt, so daß das ursprünglich vorgesehene Kapitel über die Zinsen fehlt.

696 Die einschlägigen Bestimmungen in mBM 5,1–11 und in der jeweiligen Gemara dazu. Vgl. auch z.B. bBQ 30b u.ö.

bot zu schützen und durch klare Unterscheidungen[697] von anderen Geschäften[698] abzugrenzen – z. B. von Unternehmungen auf gemeinsames Risiko עסקא. Ja, es scheint sogar eine Verschärfung und Ausweitung des Zinsverbotes gegeben zu haben[699]. Die rabbinischen Belege verweisen jedenfalls auf gerichtliche Sanktionen gegen Wucher[700]. Allerdings bleibt der Geltungsbereich dieses Verbots auf Darlehensgeber bzw. -nehmer *aus dem eigenen Volk* eingeschränkt[701]. Mit Ausländern und in Vertretung von Ausländern sind solche Transaktionen nicht untersagt[702].

Nun ließe sich möglicherweise einwenden, daß die Spanne von den rabbinischen Texten zurück zu den alttestamentlichen Texten zu groß sei, um ein flächendeckendes und zeitübergreifendes Zinsverbot wahrscheinlich zu machen. Doch hier hilft ein Blick auf die jüdisch-hellenistische Literatur. Als Norm gilt das Zinsverbot auch für Josephus und Philo fraglos[703]. Gerade bei dem alexandrinischen Gelehrten finden sich dazu auch längere Ausführungen über den guten Sinn dieser Vorschriften, die erkennen lassen, für wie unnatürlich er die Vermehrung von Kapital hält. Entsprechend verurteilt Josephus, wie bereits zitiert, in einer mit den rabbinischen Wertungen identischen Weise Raub und Zinsnahme als gleichartige Verbrechen[704].

Merkwürdigerweise findet sich das Thema so gut wie nicht im sogenannten intertestamentarischen Schrifttum[705]. Es klingt lediglich dort an, wo die indirekte Mahnung aus Prov 19,17 aufgenommen wird[706], die die Barmherzigkeit als eine Leihgabe gegenüber Gott qualifiziert[707]. Ansonsten erscheint das Stichwort τόκος (bzw. ἄτοκος) nicht, obwohl Habsucht neben der Unzucht das hervorstechende Thema jüdischer Unterweisung darstellt[708]. Ein argumentum e silentio bleibt natürlich immer schwierig. Dennoch

---

697 Offensichtlich nicht vom Zinsverbot betroffen sind:

a) Strafsummen, wie das Zugabefünftel Lev 5,16.24; 22,14; 27,13 u. ö., die heute als „Verzugszinsen" interpretiert werden könnten (PapMur 18: Beyer, Texte 306f. [20%]; mBM 4,8 vgl. PapMur 33 [33%]: Beyer, Texte 316f.),

b) gemeinsame Geschäfte auf gemeinsames Risiko (die im Verlustfall den Darlehensnehmer nicht zur totalen Rückgabe des Kapitals zwingen, sondern nur von einem risikogerechten Anteil daran): mBM 5,4f.; yBM 5,5 (10b) u. ö.,

c) möglicherweise auch Vermittlungsgebühren für Darlehen: bBM 63b.

Einen anderen Kasus stellt das offenbar übliche „Anschreiben" beim Händler um die Ecke dar, weil dabei in den Texten von *Zinsen* nicht die Rede ist, möglicherweise waren zinsähnliche Gewinne dort in der Handelsspanne versteckt: mAv 3,16; mShevi 10,1f.

698 Einige Übersetzer sprechen in mPea 1,1; bQid 39b.40a; bShab 127a von „Kapital" und „Zinsen" (Bauer, Pea 11). Dort ist aber unter dem Terminus פירות („Früchte", so auch die Übersetzung von Goldschmidt) von den „Erträgen" die Rede, die vermutlich als aus Handels-, aber nicht aus Finanzgeschäften resultierend gedacht werden. Zum Bild vom קרן-Horn = Grundkapital bzw. Schatz (θεμέλιος 1Tim 6,19) vgl. das reiche Material bei Rengstorf/Schlichting Tosefta, Pea 111f. Anm. 18.19.

699 Klingenberg, Zinsverbot 78–80.

700 yBM 5,1 (10a); bBB 14a.

701 Dtn 23,21; mBM 5,6; Philo Virt 82; SpecLeg 2,122; Jos Ant 4,266.

702 mBM 5,6; bBM 71b u. ö. vgl. Bill I 349.

703 Jos. Ap 2,208; Ant 4,266; Philo Virt 82–87; SpecLeg 2,74–78.122; Hyp I 7,6.

704 Jos Ap 2,208. Dazu vgl. oben Anm. 79.

705 Vgl. Denis, Concordance grecque, der das Stichwort τόκος nicht notiert.

706 Vgl. Denis, PsVTGr III 232f.: anonymes Zitat aus Georgius Monachus Hamartolus (PG 110,268 C-269 B).

707 Vgl. Sir 29,1 (aber 8,12!).

708 Vgl. dazu Reinmuth, Geist 22–42.

läßt sich der Befund wohl so deuten, daß Wucher als innerjüdische Erscheinung für diese Schriften offenbar keine regelmäßige Erfahrung war.

Für die Hörer Jesu wie ihre Zeit- und Glaubensgenossen dürfte also die Hoffnung auf gottgemäße Zustände unter einem davidischen König aus Ps 71,14 (LXX) gelten: „Von Wucher[709] und Ungerechtigkeit wird er ihre (sc. der Armen) Seelen erlösen."

Schließlich läßt sich feststellen: Dieses Zinsverbot der jüdischen Tradition gilt[710] auch als kirchliche Norm[711] bis weit in die Kirchengeschichte hinein selbstverständlich[712], ja fast unbefragt[713].

Nun muß allerdings mit Sicherheit zwischen den Zinsnahme-Verboten von Dtn 23,20f. u.a. als religiösem Ideal und den realen wirtschaftlichen Gegebenheiten unterschieden werden. Die nüchterne Feststellung von Arye Ben-David zu diesem Problem bleibt zu beachten: „Kredite wurden auch vor 2000 Jahren nun einmal nur gegeben, wenn sie sich auf irgendeine Weise lohnten."[714] Entsprechend läßt sich für die hellenistisch-römische Wirtschaft feststellen, daß in ihr regelmäßig Kredite gegeben und Zinsen genommen worden sind[715]. Die Zinsfüße wechseln im Lauf der Jahrhunderte zwischen anfangs 24% bis später 6%[716]. Aber auch 50% sind vor allem bei Naturalkrediten offenbar nicht immer und überall als sittenwidrig verurteilt worden[717].

So könnte sich damit zwischen dem alttestamentlich-jüdischen Zinsverbot und dem häufig belegten hellenistisch-römischen Zinsgeschäft eine Spannung ergeben, die mit

---

709 Liddell-Scott WB s.v. τόκος rechnen hier und Jer 9,5 (LXX) durch die hebräische Vorlage mit einer Spezialbedeutung ‚Unterdrückung', die sonst wohl nicht belegt werden kann und auch an diesen Stellen unnötig ist.

710 Vgl. die Höllenstrafen für die Wucherer in ApkPetr 10 (äth.Fass.) 31 (gr.Fass.) und die durchgehenden Mahnungen, dem Armen zu leihen: Mt 5,42 u.ö.

711 Daß Norm und Wirklichkeit sich gerade dann erheblich unterscheiden, wenn die Norm in der alten Kirche so regelmäßig eingeschärft werden muß, versteht sich. Vgl. dazu Staats, Deposita 7: „fromme Theorie". Ob die Differenz zwischen Wucher und „leichte(r) Zinsnahme" sich so halten läßt, wie Staats, a.a.O. 6f., will, bleibt mir zweifelhaft.

712 Vgl. Bogaert, Art. Geld RAC IX 850–859. 879–903; H.F.Jacobson/E.Sehling: Art. Wucher, kirchliche Gesetze darüber, RE XXI 521–528, dort umfangreiches Material; etwas anders Staats, Deposita passim besonders 10, der von „vorzüglichen Bankgeschäfte(n)" einiger Bischöfe redet. Der Beleg aber dafür (nach Deißmann, Licht 172–179) redet *nicht* von Zinsen. Auch der 6 Anm. 13 angezogene Beleg aus Didaskalia XV muß anders verstanden werden.

713 Eine scheinbare Ausnahme ThEv 109, wo das Gleichnis vom Schatz im Acker endet: „Er begann, Geld zu geben auf Zinsen denen, die er wollte." Doch hier scheinen „Zinsen" bereits so sehr zur stehenden Metapher für die Auswirkungen der wahren Gnosis geworden, daß der anstößige Charakter des ursprünglichen Gleichnisses Jesu bereits nivelliert ist. Insofern gehört das Logion wohl in die engere Auslegungsgeschichte von Mt 25,14–30 par., wie wohl auch Joh.Chrys. HomRom 8,9, was Staats, Deposita 18f. Anm. 50, zitiert. (Das Zitat von Prov 19,17 und die Auslegung dazu von Iren. Haer IV,18,6 leiden darunter, daß Staats „δανείζω" als „*auf Zinsen* leihen" übersetzt, was so gewiß nicht zutrifft.)

714 Ben-David, Ökonomie 193. Vgl. die Beurteilung der Lage bei Vaux, Testament 274f. Zur Entwicklung des Darlehensgeschäftes im Judentum vgl. Rappaport, Darlehen 316–323. Zum Problem auch Klingenberg, Zinsverbot 54–56.

715 Vgl. Kühnert, Kreditgeschäft passim, zu den Verhältnissen im hellenistischen Ägypten; DeMartino, Wirtschaftsgeschichte 166–176, zu den Entwicklungen in Rom.

716 Dazu vgl. Chantraine, Art. Zins, KP V 1537f., und Kühnert, Kreditgeschäft 40f., der eine Abnahme der Zinsfüße vom 3. und 2. Jh. v.Chr. bis zum 2. Jh. n.Chr. beobachtet.

717 Zur Hemiolie vgl. Kühnert, Kreditgeschäft 53f.; Chantraine, Art. Zins 1538.

Ideal und Wirklichkeit zu bezeichnen wäre. Doch das Bild ist komplizierter: Belege wie die Schuldurkunden aus dem Murabaat zeigen, daß das Zinsverbot bei privaten Darlehen in Palästina auch eingehalten worden ist[718], also auch in der jüdischen Praxis wirksam war[719]. Die deutlichsten Abweichungen von dieser Norm scheint es im Ausland – z. B. in der Kolonie von Elephantine – gegeben zu haben[720].

Auch ein weiterer möglicher Schluß trügt, daß sich im Judentum wenigstens teilweise ein altertümliches Zinsverbot gehalten habe, während die Umwelt Zinsen als selbstverständlich in Kauf genommen hätte. Wie jedoch aus häufigen Bestimmungen von Schuldverträgen im hellenistischen Ägypten hervorgeht, wurden auch dort regelmäßig Kredite *ohne* Zinsforderung gewährt[721].

Die *Anschauungen*, die zu solchen „Gefälligkeits-"Verträgen führten, lassen sich womöglich auch in der römischen Literatur nachweisen, selbst wenn Zinsforderungen dort keineswegs unüblich waren[722]. Doch erweisen sich die legendären Bestimmungen gegen Wucher, ja gegen Zins überhaupt, wie die lex genucia[723], selbst dann, wenn sie nie praktiziert worden sein sollten, als Ausdruck von normativen Erwartungen. Ihnen entsprechen die regelmäßigen Appelle und die (etwas weniger realen) Schuldennachlässe in vielen antiken Krisenzeiten.

Das wird verständlich auf dem Hintergrund, daß in aller Regel konsumtive Kredite ausgereicht wurden, die die Notlage der Schuldner ausnutzten[724] und auf absehbare Zeit zu deren Ruin, d. h. zum Verlust von Haus und Hof, führen konnten, ja mußten. Produktive Kredite dagegen, die einer Investition dienten und damit etwa dem Begünstigten Chancen auf ein höheres Einkommen eröffneten, scheinen kaum nachweisbar[725]. Davon sind natürlich zu unterscheiden die Handelskredite, die sich Kaufleute gegenseitig einräumten[726].

---

718 Die Schuldurkunden, die Koffmahn, Doppelurkunden 80–89 (PapMur 18), 90–95 (PapMur 114) und 99–100 (Pap 5/6 Hev 11 gr.), bespricht, zeigen, daß die beiden ersten davon ohne Zinsen gegeben worden sind, lediglich eine Verzugsstrafe (20%) ist ausgemacht. Der dritte Vertrag ist außerhalb des jüdischen Gebietes geschlossen – und räumt Zinsen ein.

719 Dafür könnten auch Bestimmungen sprechen, nach denen Schuldverträge, die Zinsforderungen enthielten, ungültig bzw. strafwürdig waren: bBM 72a; bBQ 30b; tBM 5,22f(383) bei Bill I 350.

720 Vgl. dazu Klingenberg, Zinsverbot 55f.; aus hellenistischer Zeit: PapTebt 815 (24% p. a.); 818 (24% p. a.); aber auch in dieser Zeit und diesen Gegenden Zinsfreiheit (für ein Jahr): PapTebt 817, erst im Verzug werden 24% p. a. gefordert, die eher als Strafe, denn als Normalzins angesehen werden können.

721 Vgl. dazu Kühnert, Kreditgeschäft 42f. 50f. u. ö. Nach seinen Untersuchungen ergibt sich, daß im hellenistischen Ägypten das δάνειον vermutlich gemäß einem – zu erschließenden – Dekret durch einen festen Zinssatz *oder* die Bestimmung ἄτοκος zu kennzeichnen war. Die χρῆσις entwickelt sich von einem zinslosen Darlehen zu einem verzinslichen, ähnlich auch der ἔρανος (a. a. O. 81–85), während die παραθήκη offenbar grundsätzlich ein zinsfreies Naturaldarlehen bleibt (a. a. O. 50f.).

722 Vgl. dazu DeMartino, Wirtschaftsgeschichte 166–176.

723 Liv VII,42,1; Tac ann VI,16,2.

724 Vgl. Dtn 23,20f.: אכל: τόκος βρωμάτων.

725 Vgl. für die talmudische Literatur Ben-David, Ökonomie 193–196, wo an der Schilderung der typischen Fälle (Kredit von Händlern an Lieferanten, Seekredit, Kleinkredite beim Händler und Hypotheken auf Grundstücke) aber deutlich wird, daß *Produktions*kredite im eigentlichen Sinne faktisch nicht nachweisbar sind. Ähnlich auch für die antike Wirtschaft

Schließlich paßt in dieses Bild die Beobachtung, daß auch in der römischen Wirtschaft Zinsnahme und -gabe offensichtlich immer ein individuelles Geschäft waren, dessen geringes Ausmaß keine Institution benötigte[727].

So ergibt sich sowohl aus der jüdischen, wie der hellenistisch-römischen Praxis und der jeweiligen meist zinsfeindlichen Ideologie die Frage, warum Zinsen einen viel geringeren Stellenwert als heute hatten, ja vielfach auch im Alltag obsolet waren. Die Antwort läßt sich in folgender Richtung suchen: Das wirtschaftliche Weltbild Platons und Aristoteles' einerseits wie andererseits das der jüdisch-christlichen Tradition bis ins christliche Mittelalter und die Neuzeit hinein[728] wurde von der – zumeist wirtschaftlich autarken – Grundeinheit des „Hauses" bestimmt, deren Erhaltung das erste ökonomische Ziel darstellte. Volkswirtschaften mit gegenseitigen Abhängigkeiten wie Kreditbeziehungen konnten in diesem Rahmen gar nicht positiv gedacht werden[729]. Die eigentlich ideale Lebens- und Wirtschaftsform blieb der eigenständige Landwirtschaftsbetrieb, die Hauswirtschaft, die den Gelderwerb überflüssig machte[730]. In der Theorie galt nach wie vor[731], daß ein idealer Staat keine Kreditgeschäfte kennt bzw. zuläßt.

Die einzige Stelle, die ständig zur neutralen oder positiven *Wertung* des Geld*handels* zitiert wird, ist ausgerechnet unser Gleichnis[732]. Sie aber kann diese Beweislast nicht tragen, sondern muß umgekehrt aus der eindeutig negativen Wertung des Zinses in der Umgebung, in der Jesus und seine Hörer lebten, heraus verstanden werden. Was sich an ihm an sozialgeschichtlichen Daten ablesen läßt, ist die gesetzeswidrige *Wirklichkeit*, weil Darlehen in der *Praxis* häufig nur gewährt wurden, wenn sie auch den nötigen Gewinn versprachen.

Eine Gegenprobe ermöglichen die Gleichnisse, in denen wirtschaftliche Konflikte

---

insgesamt FINLEY, Wirtschaft 169, mit dem Hinweis auf bestenfalls zwei (!) Belege dafür bei BOGAERT, Banques 256f.

726 Doch auch die waren für Platon u. a. zweifelhaft. Vgl. Plat Leg. 8,849e; 11,915e.

727 DEMARTINO, Wirtschaftsgeschichte 174ff.

728 THOMAS s.th. II,II9,78. Vgl. auch CALVIN, Evangelienharmonie zu Mt 25,24: „Denn eine solche Aussage über Gott will Jesus hier ebensowenig tun, als er etwa den Wucher empfehlen will..." (Übers. KOLFHAUS).

729 Zur Einführung vgl. BIERITZ/KÄHLER, Art. Haus III, TRE XIV 478–492. Zu Aristoteles und seiner Verurteilung des Zinses als widernatürlich vgl. M.S.SHELLENS, Beurteilung 426–435, bes. 433.

730 Plat. Leg 5,743c–744b.

731 Vgl. Arist. Pol 1,10,1258 b2–8; Plat. Leg 5,742c.743d; 11,921cf; Pol 8,555e. Vgl. dazu CHANTRAINE, Art. Zins 1536f., und BOGAERT, Art. Geld RAC IX 825–830.

732 Als kleine Blütenlese: JÜLICHER, Gleichnisreden II 483; „Als Apostel des Fortschritts (sic) erscheint er doch auch hier, wo er die fünf und die zwei Talente verdoppelt und den, der nichts zum Seinigen hinzuerwirbt, all seines Besitzes beraubt werden läßt..."; M.HONECKER, Art. Geld II, TRE XII 282: „Geldwirtschaftlich interessant ist das Gleichnis von den anvertrauten Pfunden (Talenten) Mt 25,14–30; Lk 19,19–27. Kreditvergabe und Zinsnehmen werden hier nicht als verwerflich dargestellt." BOGAERT, Art. Geld RAC IX 902: „Bei produktivem Darlehen dagegen werden Zinsen nicht getadelt (sc. im NT)" vgl. a. a. O. 846f.; KLINGENBERG, Zinsverbot 57: „...wird doch das Wuchern mit den Pfunden positiv bewertet...". SCHRÖDER, Jesus 197: „Das Gleichnis von den anvertrauten Pfunden setzt voraus, daß die Berechnung und Bezahlung von Zinsen auf Darlehen ein anerkannter Brauch war."

Einer der wenigen Zunftgenossen, die hier in der neueren Auslegung stutzten, war MADSEN, Parabeln 108f.: „Etwas zweifelhafter ist es, wie allgemein damals *zugleich der Zins* bei der Rückzahlung (sc. des Kapitals) entrichtet wurde (V27)." (Hervorhebung I.M.).

zwischen Herren und Knechten bzw. Vermögensprobleme thematisiert werden[733]: Sie behandeln Besitz als etwas Statisches[734], geben auch große Summen immer noch naturaliter an. Erträge werden ebenfalls nicht als Gewinnspannen, sondern als καρπός verstanden und im Zweifel auch als Naturalabgaben geliefert[735]. Die eigentliche Aufgabe eines treuen Knechtes ist es, die Hauswirtschaft ohne Beanstandungen zu führen[736], kaum aber expandierende *Geld*unternehmungen zu betreiben[737]. Wo Geldschulden auftauchen, geht es um die unverkürzte Rückgabe des Darlehens, nicht um seine Mehrung[738].

Nun kann und muß wohl auch gefragt werden: Wen haben sich galiläische Hörer[739] denn unter einem solchen Herrn bzw. unter diesen Kredithaien vorgestellt? Ein Vergleich mit einem Gleichnis, das in mAv 3,16 auf Rabbi Aqiba zurückgeführt wird, mag helfen, die Relationen abzuschätzen. Während die Knechte des jesuanischen Gleichnisses mit Summen hantieren, die in den Augen der Landbevölkerung nicht unerheblich, also nicht alltäglich sind[740], ist bei Aqiba lediglich vom Krämer und seiner Schreibtafel die Rede, auf der die Kleinstbeträge notiert und summiert werden. So wird zwar im synoptischen Gleichnis nicht ausdrücklich gesagt, daß der Herr Ausländer bzw. Nichtjude sei, aber angesichts der weiten Reise (in seine eigentliche Heimat?), der selbstverständlichen Zinsnahme und der hellenistischen Prägung des Handels im damaligen Palästina[741] ist die Vermutung erlaubt, daß Jesu Hörer diesen Herrn mit Herodianern, vielleicht sogar mit fremden Händlern (Phöniziern) und Feudalherren in Verbindung brachten.

---

733 Mt 18,23–35; Mk 12,1–9 par.; Lk 7,41–43; 12,16–20.42–46 par.; 15,11–32; 16,1–7.

734 Mt 18,24.28; Lk 7,41–43; Lk 15,13; 16,1.

735 Mk 12,2; Lk 12,17; 16,6f.

736 Lk 12,42ff. u. ö.

737 Auch die beiden ähnlichen Gleichnisse in Jalqut S. 267a und Tana debe Elia S. 53, die Erlemann, Bild 216f., nach Levi-Seligmann bietet (vgl. schon Jülicher, Gleichnisreden II 484), vermögen das gut zu belegen: Der Dienst an Gott wird in dem ersten als Sorge für den Palast und die Gärten des Königs beschrieben. Im zweiten wird die anvertraute Tora verglichen mit Geschenken von Weizen und Wolle, aus denen etwas gemacht werden muß (Tischtuch und Brot für die Ankunft des Freundes). Auch wenn die Texte sehr spät sein dürften, zeigen sie, was bis ins Mittelalter hinein als passende Stoffe für anvertraute Güter angesehen wurde.

738 Lk 7,41–43; Mt 18,23–35.

739 Voraussetzung dafür ist die mögliche Zuweisung des Gleichnisses zum historischen Jesus, die durch die in diesem Abschnitt implizit zu erhebende Kontingenz des Textes (vgl. oben I.4.1) und die unten zu beschreibende Konsistenz mit der bekannten Verkündigung Jesu wahrscheinlich gemacht wird.

740 Vgl. die normale Summe von 10 Denaren in Lk 15,8f. und die Ausgangssumme von 50 Denaren in Lk 7,41 (wo die 500 Denare die Steigerung ins Märchenhafte, Unglaubliche markieren. 50 Denare sind eine drückende, aber für die Hörer noch erschwingliche, d.h. unter günstigen Umständen aufzubringende Summe. Wer aber mit 500 Denaren verschuldet ist, dem bleibt nur noch die Schuldsklaverei oder eine Form der Auswanderung, die Anachorese, jedenfalls der Verlust der normalen Existenz, da zweieinhalb Jahresverdienste rückzuzahlen, wenn man schon Schulden machen mußte, schlechterdings undenkbar ist.). In Lk 19,11 handelt es sich gemäß den Angaben Ben-Davids um 2,5; 1 bzw. 0,5 Jahreseinkommen einer normalen sechsköpfigen Familie, wobei dieses Einkommen bekanntlich nur den *Gegenwert* erreichte, aber niemals gänzlich in Münzen realisiert wurde. (Auch für Tagelöhner ist entweder eine kleine unzureichende Landwirtschaft und/oder Naturalzahlung von Getreide anzunehmen.)

741 Vgl. dazu Hengel, Judentum 61–105.

Ganz in der befremdlichen, monetären Bildwelt scheint nun auch die Strafe für den letzten Knecht zu verbleiben, denn der Besitzer verfügt lediglich über sein Eigentum, das er an den weiterreicht, der ihm den meisten Gewinn erbrachte[742]. Daß diese normale Transaktion als abschließende *Strafe* erscheint, liegt einzig und allein an der erzählerisch raffinierten Perspektive, die die dritte Verfügung für den Hörer angesichts der neuen Aufgaben[743] der beiden ersten erfolgreichen Knechte als Verlust erscheinen läßt[744]. Sie besagt mehr, als daß der dritte Knecht nur aus dem gesetzwidrigen Spiel um Geldgewinn ausgeschlossen wird. In Korrespondenz zu der vom Hörer erwarteten Gewinnspanne wirkt jetzt die Ausschaltung dieser Figur als Katastrophe. Für dieses Verständnis des Ablaufs der Erzählung spricht noch die wahrscheinlich sekundäre Bemerkung in Lk 19,25: *„Er hat doch schon zehn Minen!"*.

So ergibt sich als Verlauf der Geschichte auf der Bildspenderseite: Ein für damalige Verhältnisse skrupelloser Geschäftsmann erwartet von seinen Mitarbeitern mehr als nur seinen Besitz unangetastet zu bewahren, was im jüdischen Verständnis recht und billig gewesen wäre. Er verlangt vielmehr Wuchergewinne aus dem Kapital, die aus der Sicht der Hörer als sittenwidrig eingestuft werden müssen. Der einzige Knecht, der sich daran nicht beteiligt, wird für die Zukunft aus diesen Geschäften, und damit aus der Verbrecherbande ausgeschlossen. Es verbietet sich fast, an dieser Stelle von Tragik zu reden, auch wenn Via[745] mit dieser formalen Einstufung recht behalten dürfte[746]; im Duktus des Erzählens stellt diese Anweisung die Katastrophe dar. Die Geschichte endet mit einem sorry end, der Mann wird ‚ausgemustert'.

Diese Pointe wird in der Ansprache seines Herrn ausgesprochen, der den Knecht der *Inkonsequenz* bezichtigt und damit fordert, ein einmal begonnenes Spiel nicht vorzeitig abzubrechen. Kürzer im Sprichwort: „Wer A sagt, muß auch B sagen." Alle moralischen Wertungen[747] sind von der Bildspenderseite zunächst fernzuhalten. Wir haben es auch hier wieder wie in Lk 16,2–7 mit einem Schelmenstück zu tun, das so selten auch damals nicht war[748]. Im Sinne von Harnisch wird man also im Verhältnis von Bildspender- und Bildempfän-

[742] Die mt Strafe V30 ist ja offensichtlich allegorisches Versatzstück des Endredaktors.

[743] Jeremias, Gleichnisse 58, sieht hier einen Gedanken wie mAv 4,2 gegeben: „Der Lohn für Pflichterfüllung ist (neue) Pflicht". – Ob das *hier* gemeint ist, bleibt mir fraglich.

[744] Der Verlust des Weinbergs Mk 12,9 mag im ersten Moment parallel erscheinen, ist es aber vor dem soziokulturellen Hintergrund kaum, denn Grundbesitz (bzw. Pacht) ist als lebenssichernde Basis für den Hörer im agrarisch ausgerichteten Palästina von einer völlig anderen Qualität als Geld. – Erzählerisch vergleichbar ist die Anordnung in Mt 20,1–15, wo die letzte Auszahlung an die Ganztagsarbeiter als relatives Verlustgeschäft erscheint, obwohl sie korrekt ist.

[745] Gleichnisse, 113–117.

[746] Einen offenen Schluß, wie ihn Petzoldt, Gleichnisse 71, für die Jesusstufe postuliert, vermag ich nicht zu erkennen.

[747] Auch alle existenztheologischen wie bei Via, Gleichnisse 117–119.

[748] Es sei wiederum an PesK Anh IIIB (Thoma/Lauer Nr. 78) erinnert, wo die mögliche Pointe auf der Bildspenderseite lautet: Konsequentes Handeln erfordert die Wahrnehmung jeder Chance, auch wenn sie verbrecherischen Ursprungs ist. – Als Pendant bieten Schramm/

gergeschichte mit einem Gleichnis rechnen müssen, das „ingesamt ironischen Charakter" aufweist[749], auch wenn V26 gewiß nicht ironisch aufzufassen ist.

3. *Zur Bildempfängerseite*

Damit stellen sich die meisten bisher vorgetragenen Deutungen des Gleichnisses[750] als unzutreffend heraus, sei es die Interpretation als Gerichtswort über die Führer Israels, die Schriftgelehrten bzw. die Pharisäer[751], sei es, daß die Mahnung an die Jünger gerichtet sein soll, „in der Gegenwart den Anspruch der Gabe wahrzunehmen"[752], sein Licht nicht unter den Scheffel zu stellen[753] bzw. die Zeit zwischen Ostern und Parusie zu nutzen[754], weil dann Gott nach dem Maßstab der verwirklichten Liebe urteile[755]. Aber auch der Schluß von den inneren Schwierigkeiten der bisherigen Erklärungen auf die These, es läge eine Gemeindebildung vor, die die Situation der Kirche vor der Parusie reflektiere[756], ist unnötig, wenn man entschlossen darauf verzichtet, den Herrn in der Erzählung als gleichnishaften Stellvertreter für Gott bzw. Christus selbst anzusehen[757], der dann naturgemäß immer recht haben muß.

LÖWENSTEIN, Helden 73, eine hübsche chassidische Analogie (von der vorbildlichen Beharrlichkeit des Diebes, der auf endlichen Erfolg hofft).

[749] HARNISCH, Ironie 429f.

[750] Eine zusammenfassende Kritik aller bisherigen Modelle bei FIEDLER, Talente 270f.

[751] JEREMIAS, Gleichnisse 59; KAMLAH, Kritik 34–36, mit vielen anderen. Zur Kritik vgl. schon FOERSTER, Gleichnis 51f. Weder kann dann erklärt werden, wer die beiden fleißigen Knechte sind, noch wird deutlich, was mit dem Vergraben des Geldes gemeint ist (angesichts von z.B. Mt 23,15). – Zuletzt hat DIETZFELBINGER, Gelder, mit guten Argumenten diesen Versuch erneuert, wobei er die Existenzanalyse („Wer aus Angst vor dem Leben sich dem Leben verweigert, dem verweigert sich das Leben" 229 – „Wagemut" versus „ängstliche Gewissenhaftigkeit" 228) mit einer historischen Situierung verbindet. Die Pharisäer seien gemäß mAv 1,1 als Beispiele solcher ängstlichen Sicherung gezeichnet, die sich dem Leben verweigert.

[752] WEDER, Gleichnisse 204. Bei aller Vorsicht, die Parabel von der Gabe sprechen zu lassen, bleibt der Anspruchscharakter, d.h. die Dimension des Appells, in dieser Deutung herrschend. Ähnlich auch (trotz der bei WEDER, a.a.O. 205, benannten Unterschiede) DERRETT, Law 194, der den Sinn der Parabel so umschreibt: „Those who complain that God has dealt hardly with them, that they are poor, stupid, oppressed, etc. may abandon piety as impractical. They may chide God for expecting of them more than is equitable. But this ist not the spirit to adopt... You may fail in the search for perfection, but persist, for if success is not met in this world..., there is the Messianic banquet hereafter."

[753] FOERSTER, Gleichnis 53.

[754] So DIDIER nach FIEDLER, Talente 270f.

[755] So JÜLICHER, Gleichnisreden II 483.

[756] So FIEDLERS redlicher Versuch („kein überzeugender Sitz im Leben Jesu", Talente 271), die Schwierigkeiten der bisherigen Exegesen in eine konstruktive Lösung zu überführen (271–273). Ähnlich SATAKE, Typen 64f.

[757] Das hatte schon JÜLICHER, Gleichnisreden II 480, gesehen, als er feststellte: „Aber an dem 24 gezeichneten Bilde des Herrn scheitert endgiltig der Versuch, diesen mit Christus oder Gott zu identifizieren." Anders FOERSTER, Gleichnis 54, u.a.

In dieser gegenüber der bisherigen Auslegung veränderten Lesart der Geschichte empfiehlt es sich, zunächst auf die Suche nach vergleichbaren Inhalten in der Verkündigung Jesu zu gehen, ehe der Versuch einer Bestimmung der Pointe auf der Bildempfängerseite gewagt wird.

Für die radikale Forderung, die jeden Rahmen von Sitte und Gesetz zu sprengen vermag, bieten sich die Nachfolgesprüche Lk 9,57–62 par. als Pendant an[758], die von den Hörern ein rücksichtsfreies, totales Einlassen auf die besitz- und heimatlose Existenz fordern. Daß „Tote ihre Toten begraben" sollen, Jünger Jesu offensichtlich die elementarsten Pflichten der Pietät verletzen müssen[759], ist unerhört[760].

Die Nachfolge wird in vergleichbarer Weise durch eine kühne Metapher beschrieben, die nach Mk 1,17 par. der historische Jesus für seine Jünger prägte: „Menschenfischer"[761]. Auch dieses Logion knüpft in schockierender Weise an Realitäten[762] und zugleich an ein traditionelles Bildfeld an[763], in dem diese Vorstellung vorwiegend negativ besetzt war[764]. Fischen, Fangen und Jagen bilden offenbar ein metaphorisches Muster, das, wie auch Mt 13,47–50 erkennen läßt, sich für feindliches Handeln und Gericht besonders eignet. Damit aber scheint auch der Metapher ‚Menschenfischer' ein Moment des eschatologischen Ernstes und des in seinem Namen ausgeübten Zwanges zu eignen, der idyllische Interpretationen nicht stützt.

Schließlich wird bedenkenloses Geschäftsgebaren auch im Gleichnis vom Acker (Mt 13,44) als Analogon für das Ergriffensein von der Basileia gebraucht[765]. Dabei ist zu beachten, daß nicht allein die *Pflichten*, sondern auch

---

758 Sie mögen hier für andere ähnlich kompromißlose Nachfolgesprüche stehen: Mt 10,37 par.; Lk 9,61f.

759 Vgl. dazu HENGEL, Nachfolge 9–17.

760 Wie unerhört, zeigt das weitere Schicksal dieses Logions, das sichtlich durch den christologischen Vorsatz Mt 8,19f. kommentiert und eingebunden wird. Vgl. dazu WANKE, Bezugsworte 40–44.

761 Vgl. zur Diskussion um das Wort das traditionsgeschichtliche Referat bei PESCH, Mk I 112–114.

762 Der Beruf einiger Galiläer scheint unzweifelhaft der des Fischers gewesen zu sein. Sie mußten sich später in Jerusalem vermutlich auch deswegen unterstützen lassen, weil sie buchstäblich auf dem Trockenen saßen.

763 Für den Bezug auf das AT ist ein atl. Beleg Jer 16,16 natürlich nicht sehr viel. Aber die Parallele frappiert: ἰδοὺ ἐγὼ ἀποστέλλω τοὺς ἁλεεῖς τοὺς πολλούς, λέγει κύριος, καὶ ἁλιεύσουσιν αὐτούς. Ähnliche Metaphern für die Feinde des Glaubenden in 1QH V,8. – Zu weiteren Belegen auch im römisch-hellenistischen Raum vgl. BURCHARD, JosAs (JSHRZ II/4) 700, und BERGER/COLPE, Textbuch 31 (Nr. 10).

764 Positiv gewendet nur noch in JosAs 21,21 („durch seine Weisheit faßte er [sc. Joseph] mich [sc. Aseneth] wie einen Fisch auf einem Haken").

765 SCHRAMM/LÖWENSTEIN, Helden 42–49; vorsichtiger LUZ, Mt II 352, der aber in dem Repertoire der nicht gewählten Möglichkeiten vorwiegend „moralischere" aufzählt und die rabbinischen Regeln für Geldfunde (mBM 2,2), denen Mt 13,44 gewiß nicht entspricht. – Ob auch Mt 13,45f., das Gleichnis von der kostbaren Perle, zu diesen unmoralischen Geschichten zu rechnen ist, wäre zu überlegen.

die *Freuden* der Jünger[766] alle Grenzen von Sitte und Schicklichkeit, ja auch des Gesetzes, sprengen[767].

So läßt sich von verschiedenen Seiten her[768] die radikale Nachfolgeforderung Jesu beschreiben, die offensichtlich von einigen seiner Anhänger sehr viel mehr verlangt als von anderen. Als Beispiel für ein unbefangenes Verhältnis Jesu zum Geldhandel dürfte das Gleichnis jedoch herzlich ungeeignet sein.

Darum richtet sich das Gleichnis vom erwarteten Wuchergewinn in seiner Erstprägung wahrscheinlich weder an jüdische Gegner noch allgemein an Christen, sondern an potentielle Nachfolger. Von ihnen wird außergewöhnlich viel, ja alles verlangt, u. U. sogar die Verletzung des Gesetzes. So, wie der Dienst für einen menschenfeindlichen Wucherer die ethischen Grenzen überschreitet, verlangt die Jüngerschaft u. U. die Verletzung des mosaischen Gesetzes. Im Grunde liegt hier gedanklich vermutlich wiederum ein Schluß a minori ad maius zugrunde: Wenn schon der Geldmensch rücksichtsloses Agieren fordern kann und fordert, um wieviel mehr kann der Einsatz für das Reich Gottes e contrario die Verletzung aller bisherigen Regeln erforderlich machen und fordert die Bereitschaft dazu[769]. Allerdings dürfte damit nicht wiederum ein allgemeines Gesetz aufgerichtet, sondern nur eine situationsabhängige Möglichkeit aufgezeigt worden sein.

Falls die idealtypische Szene von Mk 1,16–20 noch historische Zweifel erweckt (sie schildert den Ruf in die Nachfolge ohne jede Vorbereitung), dann werden als potentielle Hörer dieses Gleichnisses jedenfalls die – dort typisierten – vom Meister Jesus faszinierten Frager von Lk 9,59.61 bzw. von Mk 10,17–22 gelten dürfen. Sie scheinen ihre bisherigen Pflichten bzw. ihr bisheriges Leben mit dem Verhältnis zu dem Prediger aus Nazareth *verbinden* zu wollen, der aber stellt dagegen radikale Forderungen, die faktisch einer Selbstaufgabe, mindestens aber der Preisgabe des bisherigen, keineswegs total gottlosen Lebens gleichkommen[770]. Dieser konsequente Wandel wird an einer Geschichte aus dem ganz anderen Milieu derer illustriert, die von der Not ihrer Mitmenschen leben[771].

Wer so fordernd auftreten kann, provoziert geradezu die Rückfrage nach seiner Kompetenz. Der Sprecher eines solchen Gleichnisses wäre unglaubwür-

---

[766] Mt 13,44: ἀπὸ τῆς χαρᾶς αὐτοῦ.

[767] Mk 2,19a.

[768] Weitere Nachfolgesprüche, wie Mk 8,34 par., könnten hier eingeordnet werden.

[769] Erlemann, Bild 196–221, hat mit der Gottesmetapher des „Kapitalisten" (219 u. ö.) einen Aspekt dieses Gleichnisses zu sehen bekommen. Allerdings leidet seine Aufzählung der verschiedenen Proteste gegen die Ungerechtigkeit Gottes (219) daran, daß in der Zusammenstellung *mit* V29 diese Ungerechtigkeit von Gott eben nicht mehr behauptet wird. – Sein Verzicht auf Überlieferungskritik erweist sich einmal mehr als Handikap beim Aufdecken kühner Metaphern.

[770] Außer in der wohl erst von Mk so gestalteten Szene 10,46–52 gibt es auffälligerweise keinen Geheilten, der in die Nachfolge berufen wird!

[771] Auch wenn Lk 16,8c wahrscheinlich nicht zur jesuanischen Überlieferung (des Gleichnisses) gehört, enthält es einen Gedanken, der sehr benachbart scheint.

dig, wenn er sich dieser rigorosen Disziplin nicht selbst unterwerfen würde. Die Distanz zur Verwandtschaft[772] sowie die eigene Heimatlosigkeit tragen diesen Anspruch und verleihen ihm Glaubwürdigkeit. Die Radikalität der Nachfolge hat ihre Basis in der gelebten und damit sichtbaren Radikalität des Meisters[773].

Während der Hörerbezug im direkten Appell und die Sprecherdimension leicht erkennbar sind, läßt sich der Darstellungsaspekt schwerer fassen. Immerhin ist er schlicht durch die Form der Parabel repräsentiert, insofern als diese ja zunächst den Hörer zum Zuschauer eines Vorgangs macht, ehe sie ihn mit dem „tua res agitur" direkt oder indirekt konfrontiert. Das „so ist es" der Erzählung stellt dar, wie ein ungewöhnlicher Dienst, ein seltsames Engagement, über die bekannten Grenzen hinaus fordert, ja eine Reserve des Üblichen nicht zuläßt, sondern Ausschließlichkeit beansprucht. Die Unmittelbarkeit, ja Aufdringlichkeit des Geldherrn wird zur kühnen Metapher für die Unmittelbarkeit der sich aufdrängenden Gottesherrschaft, die eine andere als die totale Hingabe nicht zuläßt. Zugleich aber wird die Ausschließung des Knechtes aus dem künftigen Spiel transparent für den Selbstausschluß aus der Gottesherrschaft. Was im monetären Bereich als Strafe fast lächerlich wirkt, steht für das schrecklichste Schicksal eines Menschen: die Gottesferne.

4. *Zur Überlieferungsgeschichte*

Falls diese Deutung einige Wahrscheinlichkeit beanspruchen darf, wird die allegorische Interpretation der Geldsummen als anvertraute Gaben erst mit dem Kommentar V29 eingeführt. *Mit* ihm wird aber unausweichlich eine Allegorese erzwungen, weil der Hörer/Leser nun zum Vergleich beider Bildreden aufgefordert wird.

Das in Mt 25,29 par. verwendete Logion, das ähnlich in Mk 4,25 par. erscheint[774] und dort sprachlich noch stärker auf einen semitischen Hintergrund weist[775], nutzt dasselbe ökonomische Bildfeld wie das in Q kommentierte Gleichnis – nicht ohne erkennbare Differenzen. Ursprünglich beschreibt die Regel[776] gleichfalls eine – wohl eher enttäu-

---

772 Mk 3,20f.31–33.

773 Allerdings ist gegen LAMBRECHT, Treasure 232f., eine allegorisierende Identifizierung Gottes bzw. Jesu mit dem Herrn fernzuhalten. Das Gleichnis beschreibt zunächst eine Bindung bzw. ein Verhältnis, aber nicht in einer Metaphernkette die bereits bekannten und je für sich zu deutenden Sachverhalte. Wie solche Gleichnisse aussehen könnten, ist aus mAv 3,16 gut zu erkennen. In diesem auf Rabbi Aqiba zurückgeführten Text wird Gott mit dem Krämer verglichen, sein Gericht mit den Geldeintreibern, die die kleinen Leute gut kannten. Ein Vergleich mit großen Geschäftsleuten ist hier gerade nicht beabsichtigt. (Gegen DERRETT, Law 192f.).

774 Vgl. dazu PESCH, Mk I 253, und LUZ, Mt II 312.

775 BEYER, Syntax 209f.

776 Zum Zusammenhang dieses Satzes mit dem Phänomen der Konditionalsätze im Tat-Folge-Schema vgl. BERGER, Sätze 19; Gattungen (zur Gnome, Hypotheke, sententia 1049–1074) und KÄHLER, Studien I 102–111. Diese Regelformulierungen haben gewiß nichts mit heiligem Recht zu tun (so KÄSEMANN und viele andere nach ihm), sondern übertragen

schende[777] – soziale Erfahrung: „Den Armen verfolgt die Armut"[778]. Hier wird sie aber gegensinnig[779] – als Hoffnung – auf die religiöse Ebene[780] übertragen[781]. Als Doppelspruch benennt sie die eschatologische Erwartung, daß menschliche Treue auf Erden sich bis ins Endgericht[782] wider alle Hiob-Erfahrung als bleibendes Verhältnis zu Gott bewahrheitet. Zugleich wird aber noch auf der Bildebene die Gefahr statischen Verständnisses (Glauben-*Haben* als Besitz) durch die Markierung des Prozesses und des Gabecharakters abgewehrt[783]. Zu dieser Kombination von trister ökonomischer Erfahrung und eschatologischer Hoffnung wider den Augenschein bieten alle bisher bekannten Belege *kein* ausdrückliches Pendant. So möchte ich bis zum Erweis des Gegenteils diesen Spruch als ein jesuanisches Bildwort in Anspruch nehmen, das an seinem Ausgangspunkt gleichfalls paradoxen Zuspruch bietet.

Mit dem als Kommentar gebrauchten Logion über jeden, der, weil er hat, noch mehr bekommt, und den, der nichts hat und darum auch noch verliert, *was* er hat, richtet sich die Aufmerksamkeit unweigerlich von dem *Verhältnis* zwischen kapitalistischem Herrn und Knecht – der ursprünglichen Pointe – auf die allegorisch zu verstehende *Habe*. Jetzt wird interessant, was denn die Knechte im Gleichnis eigentlich empfangen haben, mehren bzw. verlieren können[784].

Angesichts des prophetischen Selbstverständnisses der Boten, die als Trägerkreise von Q gelten dürfen[785], liegt es nahe, in dem übergebenen Kapital

---

sprichwörtliche Redeformen in die Sphäre eschatologischer Erwartungen. Zur Debatte mit Käsemann und Berger vgl. Sato, Q 264–278.

777 Die Interpretation bei Derrett, Law 194, kann ich nur für eine unangemessene Erleichterung halten: „If a merchant possessing capital shows a profit, people eagerly offer him further capital, the trader who reports no profit loses the capital entrusted to him. From him that has not (profit to show) is taken (withdrawn) even that (capital) which he still has."

778 bBQ 92a als Sprichwort im Munde Rabas zitiert (Bill I 661).

779 So auch Schweizer, Mk 50. Anders Weder, Gleichnisse 200.

780 Die vielfach angegebene Parallele 4Esr 7,25: „Vacua vacuis et plena plenis", wie die vergleichbare Sentenz in 8,46 „Quae sunt praesentia praesentibus et quae futura futuris" unterscheiden sich von Mk 4,25 par., weil sie etwas schwächere Metaphern verwenden. Sie beziehen ihre Überzeugungskraft aus der schlagenden Formulierung (mit einer Paronomasie). Vgl. dazu Kähler, Studien 109. Vgl. ähnliche Muster: Hi 15,31; Ps 18,26f. par. 2Sam 22,26f.; Ps 28,4f.; 125,4; Jer 2,5.

781 Eine ähnliche Übertragung QohR 1,7 (Bill I 661).

782 Das passivum divinum δοθήσεται und ἀρθήσεται drückt sprachlich den engen Zusammenhang zwischen menschlichem Verhalten und Ergehen dadurch aus, daß es die Eintragung eines neuen *grammatischen* Subjekts vermeidet. Es findet sich in dieser Funktion dicht neben expliziten Nennungen Gottes (Kähler, Studien I 110f.). – Zum passivum divinum als Übertragung des Hofstils auf religiöse Rede vgl. Macholz, Passivum divinum, seine schönen Beobachtungen müssen im Bereich der Konditionalsätze im Tat-Folge-Schema durch diese Erläuterungen ergänzt werden.

783 Schniewind, Mt 167: „Gott schenkt keinen ruhenden Besitz, es gibt vor ihm kein Stillstehen, sondern entweder ein Haben bis zum Überfluß (Lk 6,38) oder ein Nichthaben bis zur völligen Leere."

784 Petzoldt, Gleichnisse 70ff., versteht schon auf der jesuanischen Stufe das Talent als Metapher für „grundsätzliches Angenommensein".

785 Vgl. dazu Sato, Q 393–399.

eine – nunmehr positiv verstandene[786] – Metapher für die anvertraute Botschaft[787] zu sehen. Ihr lebendiger Gebrauch[788] bringt Zinsen, d. h. ermöglicht die Rettung vieler vor dem kommenden Zorngericht[789]. – Die Knechte erweisen sich damit in der Erzählung als Platzhalter für die Prediger, wobei sich eine scharfe Trennung zwischen Predigern und Hörern nicht nahelegt, die Übergänge dürften fließend sein. Was die Wandercharismatiker verkünden, gilt ihnen selbst; und, was das Gleichnis von den Boten fordert, wird auch von den Sympathisanten erwartet[790]. Auch diese Gemeinden rechnen mit ungewöhnlichen Anforderungen an die Knechte[791]. Ob sie bereits mit Resignation oder Trägheit späterer Generationen zu schaffen haben, läßt sich weder mit Sicherheit behaupten noch ausschließen[792]. Jedenfalls aber gewinnt die ursprünglich nicht betonte Zwischenzeit zwischen Abreise und Ankunft ihr eigenes Gewicht[793]. Sie kann und muß genutzt werden. Sie ist wie das Kapital Bild für den Freiraum menschlich-christlichen Handelns[794]. – Der Herr wird wohl bereits als der seit Ostern verreiste, zur Parusie wiederkommende Christus verstanden[795], dessen Schilderung „sehr scharf und finster ist"[796]. Sein Gericht in der Gestalt des Menschensohnes wird den Einsatz der Boten bewerten[797]. – In diesem Zusammenhang – aber wohl erst jetzt – gewinnt die Wiederholung der Scheltrede des Knechtes im Munde des Herrn ironischen Sinn[798], wird sein

---

786 Die vom jetzigen Duktus erzwungene positive Bewertung der Zinsnahme scheint mir eine der unglücklichen, weil ungewollten Inkonsequenzen zu sein, die die Gleichnisse bei ihrer Umprägung erfahren. Angesichts des eindeutigen Befundes zum Thema Besitz in der Spruchquelle eignet sich auch diese Wendung im Verständnis der Bildspenderseite nicht zu einem Beleg für eine gewandelte christliche Haltung zum „Verkauf von Geld". Zur neueren Diskussion in der Auseinandersetzung mit THEISSENS Thesen vgl. LUZ, Kirche 535–541.

787 Ähnlich WEDER, Gleichnisse 205–207 (für das jesuanische Gleichnis, das er unter Einschluß von V29 interpretiert, also mit einem vergleichbaren Textbestand, den ich erst für Q annehme). Allerdings möchte ich schärfer, als er es tut, zwischen der Basileia einerseits, die den Knechten gewiß *nicht* anvertraut wird, und der Botschaft von der Gottesherrschaft trennen.

788 Darf man daran erinnern, daß die Träger der Logienquelle auch als „inspirierte Propheten" schöpferisch waren? (Nach SATOS Formel „lehrende Tradenten und inspirierte Propheten" 396.)

789 Vgl. die Aufnahme der unverändert gültigen Täufergerichtspredigt Mt 3,7–10 par. Dazu HOFFMANN, Studien 26–33.

790 LUZ, Kirche 536f.

791 Vgl. die Zusammenstellung bei POLAG, Christologie 84–86.

792 GRÄSSER, Parusieverzögerung 218, allerdings ohne Differenzierung der einzelnen literarischen Schichten.

793 Vgl. SATAKE, Typen 64f. (allerdings für die früheste Stufe der Überlieferung).

794 Gut vergleichbar: mAv 3,16: „Alles ist auf Bürgschaft gegeben": בערבון (ἀρραβών).

795 So mit POLAG, Christologie 165, der mit Recht darauf verweist, daß ein reines Krisisgleichnis nach Mt 18,23ff. und Lk 16,1ff. sofort mit der Abrechnung beginnen könnte.

796 POLAG, Christologie 166, mit der richtigen Vermutung, daß „hier einer der ‚unwahrscheinlichen' Züge des Gleichnismaterials vor(liegt)."

797 Ähnlich WEDER, Gleichnisse 207.

798 Ob allerdings die Furcht des Knechtes übertragen werden und mit der – im Judentum angeblich übersteigerten – Gottesfurcht verbunden werden darf, wie MCGAUGHY, Fear 243f.,

Vergraben zum Ungehorsam und müssen die erneut anvertrauten Gelder für die beiden ersten Mitarbeiter als Hinweis auf himmlischen Lohn gelesen werden[799].

Die so bestimmte Interpretation durch die Logienquelle läßt sich nun sichern durch den Verweis auf weitere Gleichnisse in Q, wo die Gestalten der Knechte ähnlich verstanden wurden: Lk 12,42–46[800] und Lk 14,16–23[801]. In ihnen zeigt der Terminus δοῦλος primär bzw. sekundär Transparenz für die Prediger bzw. für Christen. Die Krise, auf die die Welt unaufhaltsam zusteuert[802], motiviert das gegenwärtige Handeln, dem es keineswegs nur um die Rettung der eigenen Haut geht, da der Knecht grundsätzlich für Q eine Mittlerfigur zwischen dem erhöhten Herrn und den Mitknechten darstellt[803].

Ein entschlossener Zug zur Allegorie kennzeichnet den Text auf der Matthäus-Stufe[804]:

In der Vorliebe für die ganz großen Zahlen[805] betont der Redaktor den unvergleichlich hohen Wert der anvertrauten eschatologischen Gabe[806], die allerdings nur abgestuft – jedem nach seinen Fähigkeiten (V15)[807] – zuteil wird: Offensichtlich ein Hinweis darauf, daß die Verschiedenheit der δυνάμεις keine Rangfolge begründen kann[808]. Denn die von Mt eingetragene Urteilsformulierung: *„Gehe ein zu deines Herren Freude!“* läßt – im Lohn – keine Abstufung

---

unter Verweis auf ARN 14 (Bill I 971) und Hi 10,16; 4,14; 23,13–17 will, ist mir fraglich. Mit Marguerat, Jugement 557, ist hier die Furcht rein negativ zu werten, was die atl. und christlich doch positiv zu sehende Gottesfurcht als allegorisches Pendant ausschließt.

799 Auf dieser Stufe greift der Vergleich des Textes mit PesK 19,4 (Thoma/Lauer Nr. 53), der Geschichte von der über lange Zeit treu ausharrenden Verlobten des Königs, die am Studium der Heiratsversprechungen die Kraft zum Aushalten gewinnt. Dschulnigg, Gleichnisse 353, wird damit recht haben, daß das rabbinische Gleichnis eher Trost und Ermutigung für das Volk Israel ausdrückt, während der als Gerichtsgleichnis gelesene Q-Text eher eine individuelle Mahnung enthält.

800 Vgl. dazu Weiser, Knechtsgleichnisse 178–222.

801 Vgl. dazu in dieser Arbeit II.4.

802 Zur Diskussion um die Parusieverzögerung vgl. Weder, Gleichnisse 207 Anm. 179, der dieses Problem hier nicht, aber wohl in Lk 12,42ff. par. thematisiert sieht.

803 Besonders deutlich Mt 24,45.49 par.

804 Vgl. dazu Lambrecht, Treasure 240–244, und Marguerat, Jugement 545–561, besonders 549; zur stilistischen Überformung durch Mt: 550f.

805 Vgl. die ungeheuren Summen von Mt 18,23ff.

806 Die allegorische Bedeutung der Summe ist different (Wort Gottes: Jeremias, Gleichnisse 59; Evangelium: Dupont, parabole 382; Lehre Jesu: Grundmann, Mt 523; Gottesherrschaft: Weiser, Knechtsgleichnisse 263f.; „Anteil am Erbe Jesu“: Schlatter, Mt 721; Weder, Gleichnisse 208, und vor allem Marguerat, Jugement 552, denken mehr an das unbegrenzte Vertrauen des κύριος.) Eine eingrenzende Entscheidung halte ich für unangemessen. Marguerat wird recht haben, daß die ungeheuren Summen das unendliche Vertrauen des Herrn in seine Knechte akzentuiert.

807 Vgl. dazu Marguerat, Jugement 550, und Roloff, Kirchenverständnis 352, der Parallelen zur paulinischen Charismenlehre zieht.

808 Die gleichartige Kennzeichnung der gehorsamen Knechte als πιστοί erinnert an Mt 24,45 und ruft die Assoziationen an das vorangehende Gleichnis auf.

zu[809]. – Ob die Zeitangabe, die nun für die Zwischenzeit zwischen Ostern und Parusie weite Räume öffnet, erst von Mt eingesetzt wurde oder nicht, mag dahingestellt bleiben. Immerhin zeigt sie, was auch für die Gemeinde des Mt gilt: Sie rechnet mit einem gewissen Abstand zur Parusie, der Aktivität erlaubt und fordert[810]. „Der Herr läßt der Kirche Zeit, das, was er ihr anvertraut hat, zu nutzen und zur Wirkung kommen zu lassen."[811] – So wie die Belohnung für die Knechte mehrfach gesteigert wird[812], so versieht der erste Evangelist die unpassend geringe Strafe für den faulen Knecht mit einer stereotypen Sanktionsangabe[813]. – Die Stellung von V30 nach V29 ergibt sich logisch aus der Überlieferungsgeschichte des Textes.

Ein Gesamtverständnis läßt sich jedoch erst erzielen, wenn der Anschluß in V14 (ὥσπερ γὰρ) beachtet wird, der dem Gleichnis den imperativischen Schlüssel voranstellt: *„Wacht, denn ihr wißt weder Tag noch Stunde!"* Im Komplex der Endzeitrede Kapp. 24/25 reiht sich unser Text ein in einen ganzen Strauß von Gerichtsankündigungen, die der Gemeinde den Ernst der Lage und die Größe der Verantwortung für die Gegenwart (der Kirche)[814] einschärfen[815]. Haben bzw. Nichthaben besagen im Gerichtskontext dasselbe, was Mt sonst Früchtebringen nennt[816]. Trägheit als Grundsünde verhindert Früchte[817].

Seit langem ist die Überfremdung der ursprünglichen Parabel bei Lukas durch die Geschichte vom Kronprätendenten beobachtet und analysiert worden. Auch wenn sie nicht den gesamten historischen Verlauf der Herrschaft des Archelaos ins Auge faßt[818], so hat sie doch aus der Zeitgeschichte die Farben

---

809 Ob und welche Rangstufen Mt in der Endzeit kennt, ist umstritten. Anders als LUZ, Mt I 238f., bin ich der Überzeugung, daß es im Himmel nach Mt keine „Schemel" gibt. Die Formulierung ἐλάχιστος κληθήσεται in Mt 5,19 wird durch das rhetorische Schema der Konditionalsätze im Tat-Folge-Schema erzwungen und meint eine *Aus*schlußstrafe. Die Grenzaussage von 1Kor 3,15 ist in diesem Schema (und für die Tradition des Mt) unerreichbar, auch Paulus ergänzt sie durch eine Gerichtsdrohung, vgl. 1Kor 3,17.

810 Worin der Fehler des dritten Knechtes für Mt besteht, wird kontrovers bestimmt: Während SCHLATTER, Mt 722, und SCHNIEWIND, Mt 252, etwa auf den Unwillen, für einen anderen zu arbeiten, abheben, bestimmen z.B. SCHWEIZER, Mt 308, und KAMLAH, Kritik 33, die Furcht, alles zu verlieren, zum eigentlichen Motiv. MARGUERAT, Jugement 556, zieht eine Linie zu 24,48–51: Während der Knecht dort das kommende Gericht vergißt, fixiert er sich in lähmender Weise in Mt 25,24ff. darauf. Diese Deutung ist interessant und wohl möglich, aber nicht zwingend, weil sie dem *überlieferten* Material in Mt 25 eine (zu) starke Beweislast aufbürdet.

811 ROLOFF, Kirchenverständnis 352.

812 Mt 25,29 wie 13,12 redaktionell: καὶ περισσευθήσεται!

813 Vgl. Mt 22,13.

814 Hierin sieht MARGUERAT, Jugement 551, eine deutliche Differenz zur lk Intention.

815 Vgl. die erste ausführliche Untersuchung zu diesem unverkennbaren Zug des MtEv bei BORNKAMM, Enderwartung 19–21.

816 Mt 7,16ff.; 21,43; vgl. MARGUERAT, Jugement 558.

817 MARGUERAT, Jugement 561.

818 Vgl. dazu Jos. Ant. 17,210–355. Die Diskussion bei ZERWICK, Parabel 655f., seine eigene These 661ff.

erhalten, die hier auf den alten Untergrund neu aufgetragen wurden[819]. Es avancieren einfache Knechte, ja Sklaven zu Ministern, die über zehn bzw. fünf Städte gesetzt werden. Ein ganzer Hof wird Zeuge des Urteils von V24, ein König entscheidet die Übergabe von 100 Denaren (!) an einen anderen Verwalter[820]. Anschließend aber befiehlt der erfolgreiche Thronbewerber, seine Widersacher in aller Öffentlichkeit niederzuhauen.

Wie in anderen Gleichnissen auch[821] läßt der Redaktor seine Lesart der Geschichte durch einen Vorspruch erkennen, der die Botschaft der Parabel historisch situiert: Der Zug nach Jerusalem kann (konnte) noch nicht zur vollen Verwirklichung der Gottesherrschaft führen[822]. Die Stationen des Reiseberichtes gehen mit diesem Text unmittelbar über in die Stationen des Leidensweges, dessen Notwendigkeit lukanisches Theologumenon ist. Dabei schärft der Zusammenhang von 19,11.12ff. ein, daß die Ereignisse in Jerusalem noch (lange) nicht den Einbruch der Endzeit markieren. Die Zeit zwischen Himmelfahrt und Parusie[823], dargestellt in der Abreise und späteren Ankunft, bedarf des treuen Dienstes der Knechte, sprich: der Christen, die auf ihren fernen Herrn warten. Sein Schicksal gibt dem ihren den Rahmen und das Ziel. Die Paränese tritt zurück hinter die Darstellung des heilsgeschichtlichen Zusammenhangs[824].

Wie befremdlich die Bildwelt des Gleichnisses für die frühe Kirche trotz aller Umdeutung gewesen sein mußte[825], zeigt ein Text[826], der den Anstoß am Zinsnehmen radikal beseitigte, den untätigen Knecht als erträgliches Mittelmaß zeichnete und erst einen nach Mt 24,48–51 par. und Lk 15,13[827] skizzierten wüsten Verschwender, der sich mit Huren und Flötenspielerinnen amüsiert hatte, bestraft werden ließ. Der Vorsichtige aber wurde immerhin noch getadelt[828]. Diese Abstufung entspricht natürlich dem u. a. aus der Gnosis bekannten Dreierschema. Sie verrät aber auch durch den Kommentar des Euseb[829],

---

819 Zerwicks Deutung, Parabel 674, hier liege eine ursprüngliche Allegorie Jesu vor, die „auf eine sich verzögernde Parusie" verweise, ist von theologischen und historischen Voraussetzungen abhängig, die ich nicht teilen kann.

820 Auch wenn man beachtet, daß antike Herrscher durchaus mit kleinsten Einzelheiten behelligt wurden, wie der Pliniusbriefwechsel mit Trajan laufend zeigt, bleibt die Szene – wie oft bemerkt – fast lächerlich.

821 Vgl. Lk 11,1–4.5–8; 15,1–2.3–32; 16,1 (καὶ πρὸς τοὺς μαθητάς); 18,1.2–8.

822 Schneider; Parusiegleichnisse 40f.

823 Vgl. Grässer, Problem 117, auch Conzelmann, Mitte 104, sieht in der V11 angedeuteten Parusieverzögerung die Lk Pointe des Gleichnisses.

824 Schneider, Parusiegleichnisse 42.

825 Das Stichwort τόκος fehlt in den Apostolischen Vätern ganz und findet sich bei den Apologeten erst in einem Psalmzitat bei Irenäus Dialog 34,5 (Ps 71,14 LXX).

826 Überliefert bei Eus.Theoph. IV,22 (Text bei Aland, Synopsis zu Mt 25,14–30); wird verschieden zugeordnet: Aland: „Evang. sec. Hebraeos"; NTApo[5] I 135: Nazaräerevangelium (Strecker).

827 Vgl. Lk 15,13 ζῶν ἀσώτως mit κατὰ τοῦ ἀσώτως ἐξηκότος.

828 μεμφθῆναι μόνον!

829 ἐφίστημι.

wie attraktiv diese Lösung des unbefriedigenden, ja für die christliche Antike anstößigen Textes gewesen sein mußte.

Die bei Bogaert ausführlich referierte Auslegungsgeschichte der Parabel[830] zeigt überdeutlich, wie mit den Elementen der Parabel gespielt und sie mit verschiedenen Sachgebieten in Zusammenhang gebracht wurde: Die eine Gruppe der Ausleger[831] sah in den Knechten die Apostel und ihre unmittelbaren Nachfolger, die als Zinsen bzw. Erträge Presbyter und andere geeignete Personen als Kapital der Kirche gewinnen sollen (nach 2Tim 2,1f.).

Andere Ausleger[832] sahen alle Christen angesprochen, ja die Menschheit insgesamt, während ein weiterer Typ der Auslegung die soziale Provokation der Geschichte wahrnahm und in wahrhaft kühner Metaphorik die *Armen* als die nummularii, Gott als den caelestis trapezita und die Zinsen als den himmlischen Lohn auffaßte[833]. – Dies alles zu Zeiten, in denen das Zinsverbot weithin kirchlich sanktioniert[834], aber wie die überaus häufigen Konzilsbeschlüsse zum Thema beweisen, kaum durchsetzbar war[835].

C. Eine Beispielgeschichte

8. Gottesbeziehungen. Lk 18,9–14

1. Zur Analyse

Auch dieser Text ist in die Sprachgeschichte eingegangen und hat mit der Metapher ‚Pharisäer' für den heuchlerisch Frommen unauslöschliche und problematische, antipharisäische und damit antijüdische Spuren hinterlassen. Auch die neuere Exegese hat sich davon nur schwer befreien können[836]. Umso schwerer dürfte es sein, den assoziativen Horizont seiner ursprünglichen Hörer zu rekonstruieren, obwohl ohne die Einbeziehung der Hörerperspektive dieses Gleichnis überhaupt nicht zu verstehen ist. Immerhin hat es bereits Auslegungen erfahren, die unseren methodischen Anforderungen nahe kommen[837].

---

830 Art. Geld 847–849.

831 Cl.Al., strom 1,3,1- 3; Orig., in Mt. comm. ser. 68, in Mt frg. 505; Gregor I., in ev. 9,1–4; Joh.Chrys., hom.in Mt 4,2; op.impf. hom 53,27 (PG 56,938).

832 Ambr., virg. 1,1; Hilarius v. Poitiers, in Mt 27,11 u. a.

833 Paulinus von Nola, ep 34,2; Salvianus, eccl. 3,4.

834 Bogaert, Art. Geld RAC IX 850–899; Larmann, Wirtschaftsethik 127–133.

835 Honecker, Art. Geld II, TRE XII 283.

836 Ich schließe mich dem Vorgehen von Schottroff, Erzählung 452 Anm. 46, an, kein Gruselkabinett antijudaistischer bis antisemitischer Auslegungen zu geben, gerade weil die herkömmliche Exegese davon strotzt.

837 Vgl. etwa Merklein, Gerechter, der zum einen den Text als Erzählung ernstnimmt, zum zweiten nach den Hörern und ihrer Perspektive und schließlich nach dem Darstellungsaspekt wie dem Appellcharakter fragt und damit die falsche Alternative zwischen Paränese und Belehrung aufhebt. Lediglich der Kundgabeaspekt (Sprecherperspektive) ist bei ihm nicht expliziert. Methodisch nicht unähnlich Schottroff, Erzählung 439–446, die die Hörer-

Der lukanische Sonderguttext enthält mit 18,9 eine typisch lukanische Einleitung, die wie in einer Überschrift die Interpretation der Erzählung festlegt[838]. Ebenso wenig ursprünglich ist die allgemeine Lehre in V14bc, die das konkrete Urteil V14a zu einer Regel macht[839]. Sie könnte dem Text bereits vor der lukanischen Endgestalt zugewachsen sein[840].

Im Inneren der Erzählung scheint es keinen Grund zu Dekomposition zu geben[841]. Dennoch dürfte es methodisch nützlich sein, wenigstens versuchsweise die beiden Gruppennamen Φαρισαῖος und τελώνης zu tilgen, da die Geschichte zunächst auch ohne sie lesbar und verstehbar bleibt. Auch wenn die Gruppennamen fehlen, ‚funktioniert' die Geschichte noch gut[842]. Sie verliert aber eine Pointe, die noch auszuführen ist. So lassen sich drei Stadien der Überlieferung vermuten: Die lukanische Fassung mit der Einleitung in V9 als späteste, eine durch V14bc in ihrem Sinn festgelegte zweite und eine in VV10–14a gegebene jesuanische Erzählung[843]:

---

dimension als methodisches Kriterium besonders bedenkt, und SCHNIDER, Ausschließen. Aber auch LINNEMANN, Gleichnisse 64–70, hatte bereits gerade bei diesem Gleichnis intensiv nach dem Hörer gefragt und an diesem Text ihre Kategorie „Verschränkung" entwickelt.

838 JEREMIAS, Sprache 272 in Verbindung mit 33, verweist u.a. auf εἶπεν δέ (mit einer Ausnahme im JohEv ausschließlich bei Lk: Ev 59x, Act 15x) und πρός c.Acc. nach Verba dicendi (Ev 100x; Act 49; JohEv 14x). Auch die Partizipialkonstruktion deutet auf lukanische Redaktion. Insofern ist SCHOTTROFFS Versuch, VV9 und 14bc mit V10–14a gleichursprünglich zu sehen (Erzählung 457f.), kaum zu rechtfertigen.

839 BULTMANN, Geschichte 193; DIBELIUS, Formgeschichte 254, u.v.a.m. Da der Satz als Konditionalsatz im Tat-Folge-Schema eine relativ selbständige Texteinheit darstellt, konnte er an verschiedenen Stellen eingesetzt werden: Mt 23,12; Lk 14,11 vgl. Mt 18,4. Weil die Apodoseis im Futur gehalten sind (das Passiv geht auf Gott als logisches Subjekt), also das eschatologische Gericht meinen, die Erzählung aber *auch mit dem Urteil* in der Vergangenheit bleibt, ergibt sich ein weiterer Hiatus zwischen V14a und V14bc. Vgl. LINNEMANN, Gleichnisse 150.

840 Angesichts der lukanischen Stilisierung von V14bc ist hier nichts zu beweisen. Vgl. JEREMIAS, Sprache 273f. Immerhin fällt eine Diskrepanz zwischen VV9 und 14bc auf: In 14bc wird aus den einzelnen Figuren einer konkreten Erzählung ein Typ (s.u.), während die Einleitung innerhalb eines Abschnittes, der sich ausschließlich an die Jünger richtet (17,22ff. ohne weitere lukanische Regiebemerkungen über fremde Hörer bis 18,17), den Text als Lehrbeispiel auch für den internen christlichen Gebrauch qualifiziert.

841 Der integre Kern des Textes wird auch bei HEININGER, Metaphorik 208–210, in gleicher Weise bestimmt.

842 Ein solcher Versuch hätte jedenfalls den Vorteil, zunächst die antijudaistischen Reflexe und ihre Gegenreaktionen auszublenden.

843 JEREMIAS, Gleichnisse 139, hatte eine Reihe von Semitismen angenommen, die eine frühe Entstehung sichern sollten. Ihm sind viele Autoren gefolgt. Bei SELLIN, Studien 330, sind die einzelnen Argumente disputiert und entkräftet. (Auch wenn seine historische Einordnung der Textentstehung bei Lk wohl nicht zwingend ist, sind es seine philologischen Argumente gegen JEREMIAS sehr wohl.) Die Entscheidung fällt auch nach SELLIN an der Interpretation des Textes. Allerdings führt er, A142 Anm. 1442, eine Reihe von Lukanismen auf, die eine redaktionelle Herkunft des Textes nahelegen sollen. Ohne diese hier im einzelnen debattieren zu können, ergeben sie bei sorgfältiger Prüfung (a) z.T sehr unsichere Ergebnisse und (b) nicht mehr als die *Möglichkeit*, daß Lukas stilistisch eingegriffen haben könnte. Angesichts des Kommentars Lk 18,14bc, der nun wirklich einen leichten Semitismus enthält,

(9) Er sprach aber auch zu solchen, die auf sich selbst vertrauten, daß sie gerecht seien, und die Übrigen verachteten, dieses Gleichnis:

(10) Zwei Männer gingen hinauf in den Tempel, um zu beten, der eine war ein Pharisäer und der andere ein Steuereinnehmer.

(11) Der Pharisäer stellte sich hin[844] *und betete dieses zu sich*[845]*:*
„Gott, ich danke dir, daß ich nicht bin wie die übrigen Menschen, Räuber, Ungerechte, Ehebrecher oder auch wie dieser Steuereinnehmer;
(12) ich faste zweimal in der Woche, ich verzehnte alles, was ich erwerbe.
(13) Der Steuereinnehmer aber stand weit entfernt
und wagte auch nicht einmal, die Augen zum Himmel zu erheben,
sondern schlug sich an seine Brust und sagte:
„Gott, sei mir Sünder gnädig."
(14) Ich sage euch: Dieser ging freigesprochen in sein Haus hinab, jener nicht[846].

---

die Geschichte offensichtlich sekundär moralisiert und einen terminus ad quem darstellt, scheint mir die späte, lukanische Herkunft der VV10–14a alles andere als gesichert.

844 Die Wendung σταθεὶς ταῦτα πρὸς ἑαυτὸν προσηύχετο ist in jedem Fall ungewöhnlich und textgeschichtlich unsicher. Je nach der Stellung von πρὸς ἑαυτόν vor oder nach ταῦτα *kann* man diesen Ausdruck auf σταθείς beziehen oder *muß* ihn mit προσηύχετο zusammensehen und als eine – ungewöhnliche – Wendung auffassen. So auch SELLIN, Studien 330. Die Entscheidung gegen den ALAND-Text ergibt sich:
– aus der handschriftlichen Bezeugung, die nicht nur in der ägyptischen Gruppe (P75, ℵ2, B, Θ, Ψ, f1 u.a.) die etwas besseren Zeugen für sich hat,
– aus der schwierigeren Lesart, die die Formulierung πρὸς ἑαυτὸν προσεύχεσθαι darstellt. Denn diese erinnert fatal an Formulierungen wie Gen 20,17; Ex 10,17 u.ö., wo προσεύχεσθαι πρός c. Acc. „beten zu (Gott)" meint,
– und aus den weiteren Varianten zu dieser Stelle in D und ℵ*, die genau darin zusammenstimmen, daß sie die lectio difficilior umgehen.
– Allerdings bleibt ein Unsicherheitsfaktor: Weitere Belege für die Wendung πρὸς ἑαυτὸν προσεύχεσθαι kann ich nicht finden. Auch 2Makk 11,13 erbringt gegen KLOSTERMANN, Lk 179 („u.ö."!), keine Parallele.
Die Argumentation von JEREMIAS, Gleichnisse 139, von einer vorausgesetzten „semitischen Redeweise" her wissen zu wollen, was ursprünglich war, ist methodisch unzulässig. Auch προσεύχεσθαι πρός c. Acc. hat seine hebräisch-aramäischen Äquivalente.

845 Die Übersetzung ist fraglich, denn sie behauptet, daß bereits die Gebetseinleitung eine blasphemische Note hat. Wenn aber die Textkritik von der besseren Bezeugung (s.o.) ausgeht, dann ist sie unumgänglich, denn die Wendung προσεύχεσθαι πρός τινα meint im NT wie in der LXX stets den Adressaten des Gebets. M.W. gibt es keine Belege für eine erleichternde Übersetzung. Mit GRUNDMANN, Lk 349; SCHOTTROFF, Erzählung 449, gegen JEREMIAS, Gleichnisse 139; SCHNIDER, Ausschließen 48, u.a. – SELLIN, Studien 330, verweist auf Mk 10,26; 11,31; 12,7 und 14,4, um die Übersetzung „bei sich" zu sichern. Da es sich, bis auf den ähnlich zu verstehenden Fall von Mk 14,4, immer um Verba dicendi cum πρὸς ἑαυτούς (abgesehen von den Verben des Betens) handelt, geben die Stellen wohl nicht her, was sie beweisen sollen.

846 Für die exklusive statt der komparativischen Bedeutung von παρά BAUER WB. SCHRENK, Art. δικαιόω ThWNT II 215–223, 219 Anm. 16; JEREMIAS, Gleichnisse 141. Sie ist dann zwingend, wenn die Deutung des Pharisäergebets als Blasphemie bzw. Parodie gehalten werden kann. Anders etwa JÜLICHER, Gleichnisreden II 606; HEININGER, Metaphorik 217.

DENN JEDER, DER SICH SELBST ERHÖHT, WIRD ERNIEDRIGT WERDEN; WER SICH ABER SELBST ERNIEDRIGT, WIRD ERHÖHT WERDEN.

2. *Zur Interpretation der Erzählung*

Formgeschichtlich gesehen liegt in VV10–14a eine streng parallel gebaute Erzählung vor, die zwar in 14a vom Erzähler kommentiert wird, deren Kommentar aber weiter im Erzähltempus (κατέβη) verbleibt und sich auch damit – trotz des λέγω ὑμῖν – als notwendige Fortsetzung der Story erweist[847].

Da die Geschichte, anders als die meisten im Erzähltempus gehaltenen Parabeln, das Verhältnis zwischen Gott und Mensch bzw. Mensch und Mitmensch direkt anspricht[848] und keine weitere Übertragung auf eine andere, dann erst religiöse Ebene erlaubt, bleibt die Zusammenfassung in eine Textsorte mit Lk 10,29–37; 12,16–21 und 16,19–31[849] gerechtfertigt[850], ob man sie nun Beispielerzählungen (für das Verhältnis zwischen Mensch und Mensch bzw. Gott und Mensch) nennt oder nicht[851].

Zureichend interpretiert werden kann die Erzählung jedoch nur dann, wenn die bewußt geschaffenen Parallelen ausreichend gewürdigt werden[852]. Das

---

847 Charakteristisch anders die Kommentare in Lk 14,24; 15,7. 10; 16,8a (sofern der Herr mit Jesus zu identifizieren ist); 16,9 und 18,6ff. Einzig Lk 11,8 bietet einen vergleichbaren Zwischenkommentar eines Erzählers. Allerdings ist Lk 11,5–8 nicht im Präteritum erzählt, und V8 stellt wohl einen sekundären Zuwachs dar. S.o. II.2.

848 Wohl zu unterscheiden von Lk 15,18.21 und Lk 18,2.4, wo die Erwähnung des Himmels bzw. Gottes Teil der Bühneninszenierung ist.

849 Ganz charakteristisch ist, daß drei dieser Texte, Lk 12,16ff.; 16,19ff. und eben Lk 18,9ff., auf der Ebene der Erzählung nicht ohne deus ex machina als Aktanten (!) auskommen, der als Richter in das Geschehen eingreift. Insofern scheint mir der Angriff von BAASLAND, Beispiel 200 u. ö., auf die Kategorienprägung ‚Beispielerzählung' verfehlt zu sein. Seine eigene Einordnung der fraglichen vier Texte als Geschichten der „Not Gott gegenüber oder (der) Not eines Nächsten" (203f.) leidet daran, daß mindestens Lk 12,16–21 schwer darunter zu subsumieren ist, Lk 18,9ff. dann als „Der Ruf des Zöllners" (! 204) figuriert und schließlich viele andere Gleichnisse ebenfalls von einer Not, einem Hilferuf und einem entsprechenden Ausgang handeln.

850 Auffällig auch: Alle diese Texte haben einen deutlich auszumachenden sozialen Bezug.

851 Gegen z.B. SCHOTTROFF, Erzählung 443–446, mit Berufung auf JEREMIAS, Gleichnisse 16. Dabei kann die formgeschichtliche Kategorisierung nur auf die Vergleichbarkeit aufmerksam machen (s. u.), aber den Sinn des Einzeltextes nicht im vorhinein, schon gar nicht auf eine paränetische Intention festlegen. Zur Kritik an der Kategorie vgl. auch HARNISCH, Gleichniserzählungen 84–97. Er wendet sich vor allem gegen die paränetische Inanspruchnahme dieser Texte, worin ich ihm gern folge. Auch sie haben eine Darstellungs- und Kundgabedimension, aber ich kann gegen HARNISCH bei JÜLICHER nicht finden, daß dieser den Terminus „Beispiel" rein ethisch verstanden habe. Vgl. JÜLICHER, Gleichnisreden I 112(ff): „Die Geschichte ist ein Beispiel des zu behauptenden Satzes." Ähnlich Gleichnisreden II 585f. Die Anstrengungen, die HARNISCH, a.a.O. 96 und 149, unternimmt, die fragliche Gruppe als synekdochisch beeinflußte Parabeln zu erfassen, zeigen wohl nur, daß diesen Geschichten eben genau die metaphorische ‚Übertragung' von einem Bildspender zu einem Bildempfänger abgeht.

852 Dazu vgl. besonders MERKLEIN, Gerechter 34f., SCHNIDER, Ausschließen 44–47, und HEININGER, Metaphorik 210–212.

beginnt mit den Entsprechungen zwischen der Orientierung in V10 und der Coda in V14a (Auf- und Abstieg), wobei die Ausblendung des Pharisäers am Ende (κατέβη) sichtlich die Pointe unterstreicht[853]. Parallelen lassen sich gleichfalls in der Inszenierung der Gebetshaltungen entdecken, die in ihren Schilderungen jeweils das Vorzeichen für die folgenden Texte im Text enthalten[854]. Auch die Gebete selbst erweisen sich insofern als spiegelbildlich, als sie beide (abgesehen von der gleichlautenden Gebetsanrede) Selbstqualifizierungen der Beter enthalten, auch wenn zunächst das Gotteslob und dann die Bitte um Erbarmen die Form dafür hergeben. Beides aber ist insofern nicht weit voneinander entfernt, als Unschuldsbeteuerung und Schuldbekenntnis in den alttestamentlichen Psalmen dieselbe Funktion in den (Klage-/Dank-)Liedern des einzelnen übernehmen können[855]. – Schließlich korrespondieren die Urteile in V11 und 14a sprachlich durch das zweimalige οὗτος[856].

Daß der Text dennoch nicht zu schematisch gerät, dafür sorgen die überschießenden Elemente des gebethaften Seitenblicks auf den Zöllner V11, die Begründung des Gotteslobs durch den Tätigkeitsbericht V12 und die doppelte Schilderung der Demutshaltung V13[857]. Die Länge der Regiebemerkungen und des referierten Gebets verhalten sich so jeweils umgekehrt proportional zueinander[858].

Ein weiterer Parallelismus aber entscheidet über die Auslegung des Gleichnisses: die Deutung des antithetischen Figurenpaares[859]. *Entweder* sind der Pharisäer *und* der Abgabenpächter typische Vertreter einer Klasse Menschen, deren Angehörige *alle* so handeln. Dann dürfte der Text erst sehr spät sein und – weit entfernt von jeder historischen und sozialen Realität – die Feindschaft zwischen dem normativen Judentum nach 70 n. Chr. und der Kirche spiegeln. Die Zöllner aber wären andererseits bereits zur stehenden Metapher für bußfertige Sünder geraten[860]. Beide Figuren wären so groteske Klischees der innerkirchlichen Sprache, kaum aber für palästinische Hörer akzeptable Gestalten einer in sich wahrscheinlichen Geschichte.

Oder – was wahrscheinlicher sein dürfte – sowohl der Abgabenpächter wie der Pharisäer stellen *jeweils untypische* Vertreter ihrer Gattung dar, deren

853 Schnider, Ausschließen 46.

854 Eine instruktive Graphik bei Merklein, Gerechter 35.

855 Dazu s. u. zum Gebet des Pharisäers.

856 οὗτος in ähnlicher Korrespondenz von Abwertung und Zuwendung Lk 15,24.30.32, vgl. Mt 20,12.

857 Diese vielfältigen Bezüge und Entsprechungen innerhalb des Textes zeigen, wie auch diese Geschichte höchst kunstvoll angelegt und poetisch gestaltet ist. – Es erhebt sich angesichts dessen allerdings die Frage (auch zu Lk 15,11–32), wie ein so kunstvoller Text die Überlieferung so „unbeschadet" überstanden haben kann.

858 Vgl. Heininger, Metaphorik 211f.

859 Beide gehören immerhin einer Kultgemeinschaft an, wie V10 notiert.

860 So mit gewisser Konsequenz Schottroff, Erzählung 454; ähnlich Fiedler, Jesus 229, und Sellin, Studien 327ff. Schottroff findet dann jedoch diese typologische Sicht der Protagonisten im Text nicht konsequent durchgehalten. Schottroff, a. a. O. 455, erscheinen die Zöllner wieder als „Haßobjekte" der Hörer. Ist das wahrscheinlich?

Verhalten und Gebet den Hörer in seinen landläufigen Erwartungen enttäuscht, woraus sich aber die eigentliche Erzählspannung ergibt. Dann hätten die Gruppennamen V10 *nicht* die Funktion, im synonymen Parallelismus vorwegzunehmen, was dann jeweils am falschen und richtigen Verhalten ausgeführt wird[861], sondern weckten Hörerassoziationen, die der folgende Vorgang ausdrücklich nicht bedient. Läßt sich das historisch und am Text verifizieren?

Die τελῶναι[862] sind eher mit heutigen Finanzbeamten bzw. Steuereinnehmern als mit unseren Grenzzöllnern zu vergleichen[863], da sie eine Vielzahl von Steuern und Abgaben auch im Landesinneren einforderten[864], auch wenn sie im Unterschied zu heute keine Beamten, sondern „beliehene Unternehmer" waren[865]. Der beliebte Vorwurf der spezifischen Kollaboration mit den Römern (im Galiläa des Herodes Antipas!) und die Darstellung als out-laws schlechthin dürfte historisch so nicht zu halten sein, weil – wie z.B. die Geschichte eines religiösen Konflikts 66 n. Chr. in Cäsarea zeigt[866] – die Abgabenpächter geachtete und wohlhabende Mitbürger sein und sich für die jüdische Kultgemeinde einsetzen konnten[867]. Die spätere pharisäisch-rabbinische Ausgrenzung[868] entsprach keineswegs der gesellschaftlichen Stellung der Abgabenpächter in Palästina vor 70 n. Chr. Galiläische Hörer Jesu sahen dennoch einen solchen Vertreter wahrscheinlich nicht ohne eine gewisse Ablehnung auf der Bühne der Erzählung auftreten, denn sie dürften in ihnen Vertreter des Establishments erblickt haben, die durch ihre Beziehungen[869] und ihre politisch-ökonomische Funktion für die fiskalische Bedrückung der Bevölkerung standen[870].

Einen relativ wohlhabenden und einflußreichen Mitbürger auffällig bü-

---

861 In diesem Fall könnte man auch auf die Gruppenbezeichnungen verzichten.

862 Ich schließe mich im folgenden für das historische Phänomen der Abgabenpächter an Herrenbrück an. Seine Auslegung des Gleichnisses folgt nicht mit Notwendigkeit aus seiner Klarstellung des Sachverhalts.

863 Herrenbrück, Wer 186–194, und, Vorwurf 189f.; Merkel, Art. τελώνης, EWNT III 835–838; Herrenbrück, Jesus 225–227.

864 Herrenbrück, Jesus 116–119; 189–192.

865 Herrenbrück, Jesus 31, nach einer Formulierung von P. Handrock.

866 Jos. Bell 2,284–292. Dazu Herrenbrück, Jesus 211–213. Dort ist zu beachten, daß die erste Erwähnung eines Zöllners Ἰωάννης ὁ τελώνης (287) und die zweite οἱ δὲ περὶ τὸν Ἰωάννην δυνατοὶ δώδεκα (292) formuliert. Das bedeutet die fraglos-selbstverständliche Integration dieses Mannes in die jüdische Gemeinde, dessen Funktion als Beiname genannt wird, um ihn von anderen (gleichermaßen vornehmen und verdienten) Gliedern der Gesellschaft zu unterscheiden. – Auch die berühmte Geschichte von der mißglückten Einladung des Zöllners Bar Ma'jan an die Notabeln seiner Stadt (yHag 2,2[77d] bzw. ySan 6,9[23c]) endet mit einem überaus prunkvollen gesellschaftlichen Ereignis (dem Begräbnis, an dem die ganze Stadt teilnimmt). Das spricht nicht eben für totale gesellschaftliche Ächtung, wie Herrenbrück, Jesus 213–216, vorführt.

867 Herrenbrück, Wer 193f.

868 Belege bei Herrenbrück, Wer 179; Vorwurf 197ff.

869 Mt 5,46f.

870 Vgl. die „Spannung zwischen Mehrforderung und Steuerflucht", die Herrenbrück, Vorwurf 198, trotz der von ihm versuchten Ehrenrettung der Zöllner immerhin konstatiert.

ßend[871] sich selbst anklagen zu sehen, ist wohl als damals überraschender Zug[872] der Erzählung zu werten[873]. Sein Gebet nimmt, wie häufig beobachtet, die Sprache alttestamentlicher Bußpsalmen auf[874], spart aber den konkreten Grund zur Reue aus[875]. Es dürfte sich aber nach Lk 3,13 und 19,8 um erpresserische Mehrforderungen[876] als die klassischen Sünden dieser Berufsgruppe handeln. Sie hatten vermutlich einen ähnlichen Stellenwert wie die typischen Untugenden anderer Gewerbe, dürfen also nicht jedem einzelnen Vertreter und jedem einzelnen Geschäftsgang a priori unterstellt werden[877].

Schwieriger, weil durch die Auslegungsgeschichte belasteter, ist die Rekonstruktion möglicher Hörer-Assoziationen für den Pharisäer und sein Gebet, das eine oft notierte „Parallele“ in bBer 28b[878] besitzt. Allerdings geht es nicht an, diese beiden Texte mit ihrem positiven Selbstbericht des Beters als spezifisch und ausschließlich pharisäisch einzuordnen. Dem widersprechen zum einen die vergleichbaren Belege aus Qumran[879] und zum anderen die Herkunft dieser Form des „Unschuldsbekenntnisses“ aus den alttestamentlichen Psalmen[880]. Die bereits dort erkennbare schematisierende Aufteilung der Mensch-

---

871 Zu τύπτειν (τύπτεσθαι) τὸ στῆθος αὐτοῦ vgl. Lk 23,48; JosAs 10,1.15; Philo, Flacc 157. Weitere hellenistische Belege bei Burchard, JSHRZ II 4,657. Zur Interpretation Stählin, Art. τύπτω, ThWNT VIII 262, und Jeremias, Gleichnisse 142: „... kein üblicher Gebetsgestus“.

872 Mit solchen überraschenden Zügen ausgestattet, haben die Beispielgeschichten als Erzählungen eine deutliche Nähe zu den Parabeln.

873 Voraussetzung dafür ist, daß die Gleichsetzung von Zöllnern und Sündern (Mk 2,15f. par.; Mt 11,19par.; 18,17; 21,31f.; Lk 15,1) aus pharisäischem Mund stammt, wie die Evangelien noch reflektieren, und einen Kampf um Einfluß und Herrschaft zwischen verschiedenen Gruppen widerspiegelt. Herrenbrück, Vorwurf 195–199.

874 Vgl. Ps 78(79),9; Ps 50,3 (LXX); mindestens im griechischen Text aber stellt der Gebetsruf kein Zitat dar. Jeremias, Gleichnisse 143, konstruiert über die Peschittawiedergabe von Lk 18,13 eine wörtliche Anspielung auf den MT von Ps 50,3. Das ist angesichts der weiteren Belege für solche Rufe eher unwahrscheinlich: Dan 9,19(Θ); Est 4,17h.

875 Zu den Bedeutungen von ἱλάσκομαι vgl. Büchsel, Art. ἱλάσκομαι κτλ., ThWB III 301–318. Dort zum Bedeutungswandel in biblischer Sprache.

876 Wer zahlt eigentlich ohne Sanktionsandrohungen? Nach Douglass C. North ist ein Staat grundsätzlich dadurch definiert, daß er Steuern und Abgaben aus einem bestimmten Territorium mit seinem relativen Gewaltmonopol eintreibt und dafür die Dienstleistungen Schutz und Gerechtigkeit zur Verfügung stellt. North, Theorie 21–26.

877 Wie Jeremias, Gleichnisse 142f., und Heininger, Metaphorik 216, aus den Gesten und dem Gebet auf eine völlig hoffnungslose Lage zu schließen, in der Wiedergutmachung ausgeschlossen ist, widerspricht zumindest der Logik der schönen Geschichten aus Lk 18 bzw. 19, wie ein Blick auf Lk 19,8 lehrt, wo ja über die Rückgabe der zuviel erpreßten Abgaben (einschließlich des Vierfachen!) hinaus noch etwas für die Armen *und* für Zachäus selbst übrigbleibt.

878 Vgl. yBer 4(7d); Bill II 240.

879 Jeremias, Gleichnisse, verweist auf 1QH VII,34. Das wäre zu ergänzen durch 1QH II,14f. und IV,22–29, wo ebenfalls im Dankgebet der Beter positiv von seiner eigenen Leistung spricht. – Ähnlich auch OdSal 29.

880 Zum sog. Unschuldsbekenntnis vgl. etwa Ps 16,4; 17,1–5; 18,21–24; 26; 131. (Diese Psalmen werden z. T. als Vertrauenslieder in einer eigenen Psalmengruppe zusammengefaßt. Zur Diskussion siehe Seidel, Spuren 30). Von den genannten Belegen sind Ps 16 und 18

heit in Gerechte und Frevler/Feinde entspricht einem Denken, wie es etwa die alttestamentliche Weisheit pflegt[881]. – Dennoch ist mit dieser Herleitung der Form die Frage von Luise Schottroff nicht beantwortet, ob und inwiefern wir es in Lk 18,11f. mit einem wirklichen Gebet[882] oder vielmehr einer Gebetsparodie zu tun haben[883].

Exkurs: Gebet und Gebetsparodie

Für die klassische Antike hat Hermann Kleinknecht Beispiele für die vorwiegend literarische Gebetsparodie gesammelt und analysiert. Sie reichen von spöttischen Bemerkungen bei Heraklit[884] über die Verwendung als stehendes literarisches Mittel bei Aristophanes[885] bis hin etwa zu Lukian[886]. Auch das ironische Selbstlob des „Beters" ist dabei nachweisbar[887]. Dieser Hinweis von Schottroff wird aber erst dann wirksam, wenn auch für die – der gehobenen Literatur nicht zuzurechnenden – neutestamentlichen Schriften eine Parodie in diesem sensiblen religiösen Bereich nachgewiesen werden kann. Die Entscheidung fällt an der vorausgesetzten Parodiedefinition[888]. Wenn die

---

eindeutig Danklieder. (Vgl. auch Ps 92,8ff.; 116,15f.; 118,19f.) Zum theologischen Problem der diesen Passagen zugrundeliegenden Selbstidentifizierung des Beters mit dem צדיק vgl. RAD, Gerechtigkeit 232f. – Formgeschichtlich gesehen erscheint die Unschuldsbeteuerung einerseits in der häufigeren Bitte bzw. Klage des einzelnen (dazu GUNKEL/BEGRICH, Einleitung 194.238f.251, und GERSTENBERGER, Mensch 132f.) sowie im individuellen Danklied (dazu GUNKEL/BEGRICH, a.a.O. 271), so daß die für Lk 18,11f. charakteristische Mischung aus (1) Dank und (2) „Unschuldsbekenntnis", dem (3) der Blick auf die Feinde meist hinzutritt, bereits atl. zu sichern ist.

881 Analog dazu ist das vor allem valentinianische Dreierschema von Somatikern, Pneumatikern und den meist noch unentschiedenen Psychikern zu sehen, das eine ähnliche pädagogische Konstruktion darstellt.

882 So behaupten es apodiktisch wieder MERKLEIN, Gerechter 36, und SCHNIDER, Ausschließen 48. Doch der schlichte Hinweis auf bBer 28b vermag hier nicht zu überzeugen. („Ich danke dir, o Herr, mein Gott, daß du mir meinen Anteil unter den Bewohnern des Lehrhauses beschieden hast, und nicht hast meinen Anteil unter den Eckensitzern beschieden. Ich stehe früh auf, und jene stehen früh auf: ich stehe früh auf zu Dingen der Tora, jene stehen früh auf zu eitlen Dingen; ich mühe mich ab, und jene mühen sich ab: ich mühe mich ab und erhalte Belohnung, jene mühen sich ab und erhalten keine Belohnung; ich laufe, und jene laufen: ich laufe zum Leben der zukünftigen Welt, jene laufen zur Grube des Verderbens." Übers. GOLDSCHMIDT) In dem Talmudtext fehlt (1) die das Verständnis regierende Einleitung des Gleichnisses Lk 18,11 und (2) die persönliche Invektive gegen ein anwesendes, bestimmtes Glied der Glaubens- und Gebetsgemeinschaft(!). (3) Schließlich muß beachtet werden, daß die zitierte Stelle Gemara zu mBer 4,2 darstellt („Bei meinem Eintreten bete ich, daß sich durch mich kein Anstoß ereigne, bei meinem Herausgehen statte ich Dank ab für mein Los"). Zur positiven Interpretation von bBer 28b s.u. Anm. 916.

883 SCHOTTROFF, Erzählung 448–451. Eine ausführlichere Auseinandersetzung mit SCHOTTROFF jetzt bei HERRENBRÜCK, Jesus 272f.

884 fr.5 (DIELS 22 B5).

885 Aristoph. Nu 263ff.; Ra 324ff.; Av 863ff.; Thes 295ff.; 331f. u.ö. Zur Gebetsparodie bei Aristophanes vgl. neuerlich HORN, Gebet.

886 Luc Tim Kap 1; vgl. dazu KLEINKNECHT, Gebetsparodie 137ff. mit Parallelen; Icaromenipp 23ff. (KLEINKNECHT, a.a.O. 141–143); Jup Trag Kap 1 u.ö.

887 KLEINKNECHT, Gebetsparodie 54f., verweist z.B. auf Aristoph. Eq 763ff.

888 KLEINKNECHT, Gebetsparodie 14, benutzt die weithin rezipierte Definition von LEHMANN (Die Parodie im Mittelalter. 1922, S. 13): „Ich verstehe hier unter Parodien nur solche literarischen Erzeugnisse, die irgendeinen als bekannt vorausgesetzten Text oder – in zweiter

Komik ein entscheidendes Kriterium darstellt[889], kann man am ehesten noch in 1Kön 18,26–29 von Gebetsparodie mit bewußt drastisch-komischer Wirkung reden[890].

Immerhin hilft bereits Kleinknecht terminologisch insofern weiter, als er deutlich die komische Parodie, die „die komische Wirkung um ihrer selbst willen" sucht, von der kritischen Parodie trennt, die „Mittel zu höherem Sinn und Zweck" darstellt[891]. Damit ist – mindestens begrifflich – eine Möglichkeit der Trennung der Gebetsparodie in der attischen Kömodie von der in biblischen Texten eingeräumt, denen die unterhaltende Komik fernliegt[892], ohne daß die Gebetsparodie als Phänomen a limine ausgeschlossen werden muß. Dabei soll hier die knappere und damit umfassendere Parodiedefinition von Alfred Liede zugrundegelegt werden, nach der als Parodie *„das bewußte Spiel mit einem (möglicherweise auch nur fingierten) literar. Werk"*[893] angesehen werden muß.

Linie – Anschauungen, Sitten und Gebräuche, Vorgänge und Personen scheinbar wahrheitsgetreu, tatsächlich verzerrend, umkehrend mit bewußter, beabsichtigter und bemerkbarer Komik, sei es im ganzen, sei es im einzelnen, formal nachahmen oder anführen."

889 Zur Debatte über den Parodiebegriff vgl. einerseits Horn, Gebet 34–38, und andererseits Liede, Art. Parodie 12f. (§ 2).

890 Ohne die Literaturgrenzen verwischen zu wollen, lassen sich zwischen 1Kön 18,26ff. und etwa Aristophanes insofern Beziehungen herstellen, als Gebet und Fäkalisches auch dort verbunden werden: Aristoph. Eccl 369–371; Ra 479. Was 1Kön 18,27 im MT noch deutlich scheint, wird aber in den Übersetzungen (LXX, Targum und Vg.) zurückgenommen.

891 Kleinknecht, Gebetsparodie 6. Das wird so erläutert: „... daß die Parodie, wenn sie widerspruchsvolle Form und Objekt vereint, ein kritisches und vielleicht sogar erzieherisches Element in sich birgt"(16).

892 Das ist das Recht des Protestes von Herrenbrück, Jesus 272f., der Kleinknecht zitiert und folgert: *„Gebetsparodie heißt: von Gott so zu reden oder mit Göttlichem so umzugehen, als ob Gott einen Spaß verstünde.* Dem entspricht nun im Griechischen tatsächlich die Rolle des γέλως in bezug auf das Wesen der Gottheit und auch im Kult." (119f.) „Denn Judentum und Christentum kennen im Wesen ihrer Religion, in ihrem Gottesbegriff, weder Komik noch Humor" (120); „Gott lacht nicht, auch nicht über seine Schöpfung, weil es ja unmöglich ist, daß Gott je, was er selbst gemacht hat, ironisiere."

Allerdings unterschlägt Herrenbrück:

(a) in einem weiteren Zitat (272) die Definition des christlichen Gebets bei Kleinknecht, Gebetsparodie 121: auf den zitierten Satz „Gott aber kann ich nicht ironisch anrufen." folgt nämlich „Wenn das christliche Gebet ein vor Gott Treten ist im Eingeständnis des Sünder-Seins und ein Anrufen der göttlichen Gnade und Vergebung, so ist Gebetsparodie als ironische Anrufung Gottes in jedem Falle Blasphemie (vgl. das 2. Gebot)" (!);

(b) das Eingeständnis bei Kleinknecht, Gebetsparodie 120f., daß Parodie sich sehr wohl in Mysterienspielen, Vaterunser-, Meß- und Predigtparodien zuhauf findet. Kleinknechts eigentliches Rückzugsgebiet stellt sich dann auch anmerkungsweise so dar: „... vor dem crucifixus – und das ist wesentlich – hat der Scherz stets Halt gemacht..." Wirklich? Mit Liede, Parodie 13, ist zu warnen: „Da das Spiel keine Wertmaßstäbe beachtet, ist nichts vor Parodierung gefeit; das Allerheiligste wird ebenso parodiert wie das Allerprofanste...".

Immerhin ist bemerkenswert, daß auch die Gebetsparodie in der griechischen Literatur, ja selbst bei Aristophanes nicht gleichbleibend häufig verwendet wird. In Zeiten der *Abwertung* der olympischen Götter, als der staatliche Kult nur mit Mühe aufrechterhalten wurde, findet sie sich sehr viel seltener als zu den Zeiten, als die Verehrung noch die Polis einte. Vgl. dazu Kleinknecht, Gebetsparodie 205–210, und Horn, Gebet 140f. Offenbar verträgt nur ein in sich ruhender Glaube den Spott.

893 Liede, Art. Parodie 12, im Anschluß an Gustav Gerber: Die Sprache als Kunst ²1885, II 222.273ff. (Hervorhebung A.L.). Liede führt weiter aus: „... eine komische P. von den übrigen Arten der Nachahmung zu trennen, bedeutet vor allem dort reine Willkür, wo dem

So läßt sich vorlaufend darauf verweisen, daß vor[894] und innerhalb der Jesustradition[895] die Kritik am unangemessenen Gebet einschließlich parodistischer Elemente (μὴ βατταλογήσητε)[896] nicht unbekannt ist: Mt 6,5 f. und 6,7 f[897] u. ö.[898].

Den ausschlaggebenden Beleg aber haben wir in dem höchste literarische und theologische Ansprüche stellenden Q-Text der Versuchung Jesu vor uns. In Mt 4,5–7[899] erweist sich der διάβολος als erstaunlich bibelfest, insofern er auf der Zinne des Tempels mit Worten aus Ps 91[900] dazu auffordert, die Fürsorge Gottes mutwillig zu erproben. Dieser ausdrückliche *Schriftgebrauch*[901] des Satans ist m. W. bisher nie ausdrücklich untersucht und gewürdigt worden[902], obwohl eine solche Passage interessante theologiegeschichtliche Voraussetzungen hat[903]. Für unser Problem aber ergibt sich die besondere Pointe, daß Ps 91 nach übereinstimmendem Zeugnis einer Vielzahl rabbinischer Belege ein sehr alter Bestandteil des jüdischen Abendgebetes war und ihm weithin apotropäische Funktion[904] zugeschrieben wurde[905]. Wenn nun der, vor dessen Einwirkungen man sich – im Volksglauben – durch die Rezitation eines Gebetes zu schützen

---

Parodisten am formvirtuosen Können in scherz- oder ernsthafter Nachahmung mehr liegt als an der möglichen komischen Wirkung. Ob und wann eine P. tatsächlich komisch wirkt, ist ohnehin trotz der zahlreichen Theorien des Komischen eine kaum lösbare und für ihr Wesen nicht entscheidbare Frage." (12) Seine eigene Definition hat den Vorzug, auch den musikwissenschaftlichen Begriff der Parodie einzubeziehen, der bekanntlich keineswegs das komische Moment enthält.

894 Vgl. 1Kön 18,26–29; Sir 7,14; aber auch an ApkAbr 5,6–14; 6,4 (Philonenko) ist zu erinnern.

895 Eine Rückführung jedes Textes auf den historischen Jesus kann hier unterbleiben, weil es lediglich um den Aufweis der Bedingungen der Möglichkeit einer Gebetsparodie in der jüdisch-christlichen Theologie bzw. Kultur geht.

896 Zu βατταλογέω vgl. Bl-Debr-R § 40,3; Bauer WB; Delling, Art. βατταλόγεω, ThWNT I 597f., und Luz, Mt I 330. Bei Luz auch die Möglichkeit der Rückübersetzung ins Aramäische.

897 Zur Auslegung und traditionsgeschichtlichen Einordnung vgl. Luz, Mt I 325–327.330–332.

898 Weitere Belege für Gebetskritik: Mk 12,40 par. Lk 20,47; Mt 23,5; Did 8,2.

899 Par Lk 4,9–12; zur ursprünglichen Reihenfolge der Versuchungen, die vermutlich Mt wiedergibt, vgl. Luz, Mt I 159.

900 LXX Ps 90.

901 Ich kenne dafür kein Beispiel aus der vergleichbaren Literatur.

902 Mahnke, Versuchungsgeschichte 109 und 124f., notiert dieses Phänomen, ohne es zu problematisieren.

903 Solche Voraussetzungen sind: (1) Das „Gotteswort" muß als Schriftwort vorliegen und als Schrift Autorität gewonnen haben. (2) Auch die Psalmen müssen unter die Autorität des „Was steht geschrieben, was liest du" (Lk 10,26) fallen. (3) Weiter muß sich die Erfahrung des Mißbrauchs der Schrift bzw. des Gotteswortes so aufgedrängt haben, daß dann auch der satanische Schriftgebrauch denkmöglich wird. (4) Daraufhin ist dann auch der letzte Schritt dessen möglich, was in Mt 4,5–7 vorliegt: Schrift steht wider die Schrift.

904 Angaben zunächst bei Weber, System 247, und Bill IV 528f. Danach hat der Psalm als שיר של פגעים (Lied gegen die Dämonen) gegolten. Die frühesten Belege, in denen Ps 91,11 erscheint, sind zwei Tosephtastellen: tShab 18 Anf.; tAZ 1,3. Dazu kommen u. a. bTaan 11a; bHag 16a; bSan 103a; BerR 75,8 (145b); 78,1 (148b); ShemR 32,6 (60b); SER XVIII.XXX; PRE XII; MTeh 17,8; 55,3; 104,4 u. v. a. m. Die weite Verbreitung dieser Übung erlaubt den Schluß darauf, daß sie bereits sehr alt sein dürfte. Womöglich liegt sie als Brauch Mt 4,6 zugrunde. (Den Nachweis der jüdisch-liturgischen Texte verdanke ich T. Arndt).

905 Vgl. zum Gebet gegen die Dämonen Berger, Art. Gebet IV, TRE XII 47–60, bes. 51.

glaubte, eben diesen Text selbst im Munde führt, stellt das eine herbe Kritik magischen Gebetsverständnisses dar, die nicht nur Kriterien der Ironie[906], sondern auch der (Gebets-)Parodie erfüllt[907]: Ein bekannter Text wird in einem gegenläufigen Kontext wider seinen eigentlichen Sinn zitiert. Zwar ist das teuflische Lachen nicht benannt, aber die Szene entbehrt nicht einer deutlichen Komik. (Die theologische Stärke dieses Textes kommt u. a. auch in der höheren Einfalt der Antwort Jesu zum Ausdruck, der den Satan nicht durch höhere erzählerische Gewalt, sondern dadurch überwindet, daß er trotz des Mißbrauchs der Bibel beim Schriftargument bleibt).

Wenn damit erwiesen ist, daß es eine Gebetsparodie in der synoptischen Tradition geben *kann*, dann ist diese Interpretationsmöglichkeit für Lk 18,11f. zu prüfen[908]. Wir setzen mit der Aufzählung der Indizien dafür bei der erzählerischen Lösung ein:

a) Spätestens durch die Urteilsformulierung V14a ist deutlich[909], daß der Erzähler dieses Gebet kritisch sieht[910].

b) Weiter ergibt sich eine klare Leseanweisung durch die Szenenschilderungen der VV11 und 13. Denn in V13 wird nicht nur die Entfernung (μακρόθεν), sondern auch die Demut gleichzeitig mit dem Versuch geschildert, die Kommunikation zu Gott herzustellen (τοὺς ὀφθαλμοὺς ἐπᾶραι εἰς τὸν οὐρανόν[911]). Die Regiebemerkungen in V11 dagegen sprechen, wie auch immer die textkritische

---

906 Lausberg, Handbuch §§ 902–904, zur Ironie als Gedankenfigur. § 902 S. 449: „das ἄλλο ist in der Ironie...das Gegenteil des ernstlich Gemeinten...". Der in Mt 4,5ff. in Szene gesetzte Versuch, den Gottessohn zum Abfall zu bewegen, kleidet sich in den Ausdruck höchsten Gottvertrauens. Die Klassifikation dieser Ironie nach den antiken Kategorien fällt je nach Bezugsebene (innerhalb der Erzählung bzw. zwischen Erzählbühne und Hörer/Leser) verschieden aus (simulatio als Verbergung der teuflischen voluntas vor dem Gegner bzw. rhetorische Ironie als Bloßstellung der satanischen Möglichkeiten).

907 In gleicher Weise wird natürlich auch das magische Schriftverständnis kritisiert, insofern als man sich vor dem Teufel offensichtlich nicht durch die Formalautorität der Schrift schützen kann. Die Schrift bedarf der angemessenen Auslegung, die für die Verfasser dieses christologisch so gefüllten Textes in der Person Jesu Ereignis wurde.

908 Der Zweck dieses Beweisgangs ist nicht erst erfüllt, wenn es gelingt, in einem *vor*jesuanischen Text ein analoges Phänomen aufzuspüren, sondern schon dann, wenn die Möglichkeit eines solchen Musters in der alttestamentlich-jüdisch bestimmten Kultur aufgezeigt werden kann.

909 Ähnlich Aurelio, Disclosures 159. Anders als Aurelio, a.a.O. 156–163, meine ich aber, daß der Leser/Hörer nicht erst durch den schockartigen Schluß überrascht wird, sondern daß der Text genügend Momente enthält, die V14a vorbereiten. Aurelio weiß, daß dieser *eine* Pharisäer einen „Grenzfall" darstellt, „von Realismus kann keine Rede sein" (160). Dann dürfte aber ein damaliger Hörer etwas schneller begriffen und geurteilt haben, als wir mit unserer mühsamen Rekonstruktion. Für den Zöllner gesteht es Aurelio dann ja auch zu (161).

910 Vgl. auch die offensichtlich an Lk 18,13 geschulte Gebetsdefinition von Kleinknecht, Gebetsparodie 121, die die Meßlatte für ein „richtiges Gebet" allerdings sehr hoch legt. Nach ihr ist Lk 18,11f. eindeutig das Gegenteil, also Parodie oder Blasphemie.

911 Vgl. dazu bei Bußgebeten Dan 4,34 (Θ) und Esr 9,6. Die Bemerkung οὐκ ἤθελεν οὐδέ... meint ja nicht, daß es keine Kommunikation gäbe, sondern allein daß der demütige Beter weiß, angesichts seiner Lage hat Gott das erste und das letzte Wort.

Entscheidung lautet[912], lediglich von dem – wohl doch blasphemischen – Selbstbezug des Beters.

c) Dies wiederholt sich im Inneren des Gebets durch die verächtliche Seitenbemerkung über den Mitbeter (ἢ καί!), die offensichtlich aus der gängigen Kritik der Pharisäer an den Abgabenpächtern erklärbar[913], also für den Hörer als Element der Erzählung zumutbar, aber für einen Dankpsalm dennoch schwer erträglich ist[914].

d) Dazu kommt die m. E. karikierende Abwertung aller anderen Menschen[915], für die bBer 28b *keine* Parallele liefert[916]. Die Vorlage dazu bieten bekannte Lasterkataloge[917].

e) Es fällt schließlich auf, daß die Verdienste, die V13 aufzählt[918], *kultische* Pflichten (Fasten[919], Zehnten[920]), aber keine (religiös-)*sozialen* umfaßt, ob-

---

912 Vgl. dazu oben S. 192.

913 HERRENBRÜCK, Wer 179; Vorwurf 197ff.

914 Das bisher einzige „Gebet" gegen einen Beter derselben Glaubensgemeinschaft weist SCHOTTROFF, Erzählung 448, in den Aesopica (ed. B.E. PERRY, 1952, Nr. 666) nach.

915 MERKLEIN, Gerechter 36, erleichtert wohl doch gegen den Buchstaben: „Der Pharisäer meint also nicht *alle* übrigen Menschen, die er dann zu Räubern etc. erklärt, sondern die übrigen Menschen, sofern sie Räuber etc. sind." Dagegen spricht der Wortgebrauch von λοιπός, weil die Vokabel zwar durch πᾶς unterstrichen werden kann, aber auch sonst den bestimmbaren Rest einer Menge bezeichnet. Daß damit auch die übrigen Pharisäer getroffen würden, also die eigenen Genossen, gehört zum parodistischen Stil, mit dem dieser Beter entlarvt werden soll. Vgl. auch BENGEL, Gnomon z.St.: „Duas classes phariseus facit: in alteram conjicit totum genus humanum; altera, melior, ipse sibi solus videtur."

916 Vermutlich sind yBer4 (7d) und bBer 28b (s.o. Anm. 882) auch eher im Sinne der pikaresken Gleichnisse zu sehen. So wie die weltlichen Geschäfte eifrig betrieben werden, ist es sinnvoll, die geistlichen ebenso eifrig zu betreiben. Im Grunde ist es schade, daß die, die ihrem Vergnügen so intensiv nachgehen, so wenig wissen, wie vergänglich ihr Treiben ist und daß ihr Eifer ganz andere Ziele verdient hätte.

917 1Kor 6,9f. und die Belege bei DEISSMANN, Licht 268f.

918 Es ist in der Auslegung üblich, angesichts dieser Bemerkungen im Gebet des Pharisäers die Leistungen der Religionspartei zu würdigen und zugleich diese als Leistungsreligion abzuwerten. In der Erzählung aber scheinen diese Bemerkungen eher die Funktion zu erfüllen, das Wiedererkennen des *Ähnlichen* zu erleichtern, das die Parodie erst als *Parodie* ermöglicht. – Immerhin kann KAHLEFELD, Gleichnisse II 54, konstatieren: „In Wirklichkeit hat wohl nie ein Pharisäer gewagt, mit solchen Worten zu beten." Mit Verweis auf mAv 2,4 (als Spruch Hillels: „Trenne dich nicht von der Gemeinde. Glaube nicht an dich selbst bis zum Tage deines Todes. Richte deinen Nächsten nicht, bis du in seine Lage gekommen bist.") und weitere Warnungen vor Selbstgerechtigkeit bei BILL II 239.

919 Vgl. zum Fasten BILL II 241–244. Wenn, wie auch JEREMIAS, Gleichnisse 139f., annimmt, das zweimalige Fasten in der Woche zur Sühne für die Sünden des Volkes erfolgt, „um so weiteres Unheil abzuwenden, das dem Volk daraus noch entstehen könnte" (Bill II 243), dann wäre eine weitere ironische Brechung zu konstatieren: Der (bestimmte) Pharisäer fastet für die Sünden des Volkes, aber schließt den (konkreten) Volksangehörigen aus der Gemeinschaft aus. Er widerspricht sich selbst.

920 Mt 23,23. Zum Zehnten bei den Pharisäern vgl. R. MEYER, Art. Φαρισαῖος, ThWNT IX 18; BILL II 244–246.

wohl die *Einheit* der Pflichten den Pharisäismus als Bewegung kennzeichnete[921].

So steht zu vermuten, daß Gebetseinleitung und -inhalt für den Hörer überraschend abschreckend wirkten, weil zwar die geläufige Form eines Dankgebetes genutzt, aber sein Sinn nicht erreicht wurde[922]. So führt wohl nichts daran vorbei, in Lk 18,11f. eine kritische Parodie eines Dankpsalms zu sehen[923]. Ist das so, dann liegt die *poetische* Provokation des Textes vor allem im uneigentlichen, parodistischen Gebrauch der Gebetsformulierungen[924].

Diese negative Überraschung läßt sich aber nur dann behaupten, wenn das positive Vorurteil der Hörer über die Pharisäer wahrscheinlich gemacht werden kann. Dafür sprechen spätere rabbinische Zeugnisse, die die Integrationsbemühungen der Gruppe[925] spiegeln, die als eine der wenigen Reformbewegungen nicht in das eine oder andere Exil[926] abwanderte[927], sondern den Alltag zu gestalten suchte. Dafür lassen sich auch die Zeugnisse des Josephus über die Beliebtheit der Pharisäer im Volk anführen[928]. Schließlich bezeugen historische Reminiszenzen vorwiegend aus dem LkEv, daß es eine gewisse Nähe zwischen Pharisäismus und Jesusbewegung gegeben haben muß[929]. Diese Momente zusammengenommen machen es m. E. möglich, bei den potentiellen Hörern Jesu ein positives Vorurteil gegenüber Pharisäern anzunehmen. Was vermutlich angesichts der straffen Abgrenzung der Bewegung bewirkte, daß an sie von außen besonders hohe moralische Anforderungen gestellt wurden[930].

Die Spannung des Textes ergibt sich somit aus der Konfrontation zweier

---

921 Für die Einheit der Pflichten vgl. nur das bekannte Diktum Simons in mAv 1,2: „Auf drei Dingen steht die Welt: auf der Tora, auf dem Gottesdienst und auf Erweisung von Liebestaten." Vgl. auch mPea 1,1.

922 Die hier seit JÜLICHER, Gleichnisreden II 604, stehende Formel zum Dankgebet „das Schönste, was ein Mensch sich wünschen kann" etwa bei JEREMIAS, Gleichnisse 142, lautet beim Altmeister vollständig: „Weiter reicht des Pharisäers Gebet nicht; es enthält nur Dank: *scheinbar* das Schönste ..." (Hervorhebung C.K.).

923 Insofern bestätigt sich uns die Interpretation der VV11f. bei SCHOTTROFF, Erzählung 448–451, was nicht auf die gesamte Exegese ausgedehnt werden kann. Vgl. HARNISCH, Gleichniserzählungen 39; ähnlich, wenn auch ohne alle literaturwissenschaftliche Einordnung, SCHWEIZER, Lk 183. Vgl. aber schon BENGEL, Gnomon zu Lk 18,11: „Hac formula pharisaeus Deum quidem laudare videtur, sed revera sibi uni de sua felicitate gratulatur. de se uno loquitur."

924 Soweit ich sehe, gibt es in Acta keine vergleichbare Gebetsparodie, obwohl sie gelegentlich durch den Stoff naheläge. Das führt mich zu dem Schluß, daß Lk nicht der Erfinder dieser Parodie sein dürfte. – M.W. liegt damit innerhalb der alttestamentlich-jüdisch-christlichen Tradition der erste Beleg einer Gebetsparodie der eigenen Konfession vor, in Mt 4,5–7 der zweite. (1Kön 18,26 richtet sich noch nach außen, gegen Baalspriester.)

925 BAUMBACH, Art. Φαρισαῖος, EWNT III 996, nennt dafür mSanh 10,1; vgl. auch mAv 1,1 u. a.

926 Anders als die Essener, Johannesanhänger und der galiläische Maquis.

927 Vgl. THEISSEN, Soziologie 78f.

928 Jos. Bell 1,110; Ant 13,288.298.401.

929 Vor allem Lk 13,31, aber auch die Bemerkungen über die Tischgemeinschaft 7,36ff. u. ö.; vgl. dazu H.F. WEISS, Art. Φαρισαῖος B ThWNT IX 37.

930 Das kann sich in der pharisäischen Selbstkritik widerspiegeln. Vgl. die BILL IV 338f.

Beter auf einer Erzählbühne, deren erster ein eher positives Vorurteil beim Hörer auslöste, der zweite ein eher negatives. Beide Gruppen, denen sie angehörten, galten als einflußreich und rivalisierend[931].

Das dramatische Dreieck stellt sich insofern latent her, als die beiden Gegenspieler, die dramatische Neben- bzw. Hauptfigur, Gott als dem richtenden Handlungssouverän gegenüberstehen[932]. Zu seiner Überraschung sieht und hört der Adressat in der fiktionalen Welt der Erzählung den ersten Beter Formulierungen vortragen, die – als eine Herabsetzung des Mitbeters – auf ihn nur wie die Parodie eines Dankpsalms[933] wirken können, da der Beter sich in seinem Text an die Stelle Gottes setzt, indem er richterliche Funktionen für sich beansprucht. Dessenungeachtet bleibt die endgültige Wertung zunächst insofern noch offen, weil der andere scheinbar durch sein Bußgebet die vorlaufende Charakterisierung bestätigt.

Dennoch stellt sich damit im Fortgang der Geschichte der zweite Fromme – vermutlich gleichfalls zur Überraschung des Hörers – als Büßer heraus[934], den zurückgewiesen zu haben, – nachträglich – Lieblosigkeit bedeutet.

So ist das Urteil des Erzählers mit seiner persuasiven Intention vorbereitet, wenn auch noch zur Perfektion der Story notwendig. Es bringt die Umwertung der voranstehenden Szene, denn auch das Selbsturteil des Zöllners wird verwandelt[935], wobei schon auffällig ist, wie mit diesem letzten Satz ein Gottesurteil gesprochen wird[936]. „Es geht um ‚*diesen*' Sünder, der im Gegensatz zu ‚jenem' Gerechten das Wohlgefallen Gottes findet."[937] Allerdings so, daß

---

zitierten Belege über die sieben verschiedenen Arten von Pharisäern u.a. in bSot 22b (Bar) bzw. yBer 9,5 (14b).

931 Darauf führt Herrenbrück, Jesus 228–235, die (pharisäische?) Kampfformel τελῶναι καὶ ἁμαρτωλοί mit Berufung auf Ebertz, Charisma, zurück.

932 Sellin, Studien 328; Lukas 181 (vgl. 334, kritisch dazu Harnisch, Gleichniserzählungen 83), der im *Sprecher* die dritte Instanz sieht – in Analogie zum Verwundeten in Lk 10,30ff., zum Vater in 15,11ff. und zu Abraham in 16,19ff. Das aber muß insofern präzisiert werden, als in V11 wie in V13 Gott in gleicher Weise angerufen wird, dann aber in V14a ein passivum divinum über den Erzähler hinausweist. Das bedeutet, daß die Urteilsformulierung den im Gebet Angerufenen innerhalb der erzählten Zeit entscheiden läßt. Da aber auch die Hörer durch die Erzählung veranlaßt werden sollen, in dieses Urteil einzustimmen, gewissermaßen einen Chor darstellen, stehen der Erzähler, die Hörer und der angerufene und urteilende Gott auf einer Ebene, von der aus die Entscheidung gefällt wird.

933 Vgl. dagegen die Vorsicht in mAv 2,4b und 2,13.

934 Wenigstens versuchsweise könnte man eine Vertauschung der Gebete vornehmen, um nach den Assoziationen der Hörer zu forschen. Dann würde der Zöllner seine déformation professionelle, das berufliche Mißtrauen, auch im Gebet äußern. Der Pharisäer aber betete den Bußpsalm!

935 Damit liegt auf der Erzählebene eine doppelte Negation vor: Das die jeweiligen Vorurteile enttäuschende Gebet wird im Urteil wiederum verneinend bewertet.

936 Nach wie vor bleibt 4Esr 12,7 ein treffender Beleg (Jülicher, Gleichnisreden II 606): „si inveniam gratiam ante oculos tuos, et si iustificatus sum apud te prae multis, et si certum ascendit deprecatio mea ante faciem tuam, conforta me ...". Vgl. Schrenk, Art. δικαιόω (ThWNT II 215–223) 217 mit vielen weiteren Belegen.

937 Merklein, Gerechter 38.

dieser Sünder als derjenige bezeichnet wird, der gemeinschaftsgerechtes Verhalten beweist und dementsprechend richterlich ins Recht gesetzt, d.h. in die Gemeinschaft zurückversetzt wird (δεδικαιωμένος[938]). Zur erzählerischen List gehört dabei immerhin, daß das Gottesurteil im Erzählmodus als faktisch vollzogen geschildert und damit der Disputation mit den Hörern entzogen wird[939].

3. *Zur Wirkung der Erzählung*

Nun läßt sich wohl auch die Position der Hörer bestimmen. Da ein Angriff auf einen Angehörigen der eigenen Gruppe meist Verteidigungshaltungen hervorruft[940], kaum aber entspanntes Einlassen auf eine listige Geschichte erlaubt, ist mit Hörern zu rechnen, die weder Steuereinnehmer noch Pharisäer waren[941], zu beiden aber ein definierbares Verhältnis des Respekts bzw. der latenten Abneigung und damit einen gewissen Abstand hatten[942]. Ihnen wurde an exponierten Figuren ein Konflikt demonstriert. Eine weitere Distanz ergab sich auch – für einen Galiläer – aus der Ansiedlung der Geschichte in Jerusalem[943]. Zugleich deutet die Pointe an, die den Ausschluß aus der Gebetsgemeinschaft tadelt, daß die Hörer durch die Rivalitäten im Judentum der Zeit tangiert und irritiert waren[944]. Die Tendenz zur gegenseitigen Schismatisierung im zeitgenössischen Judentum dürfte angesichts der Krisensituation zwar sozialpsychologisch verständlich sein[945], aber zu den leidvollen Erfahrungen der Betroffenen gehört haben. Zur Debatte stehen damit wohl auch grundsätzliche Orientierungen, für die der (einzelne) Pharisäer und der (bestimmte) Zöllner stellvertretend standen[946]: Für den – keineswegs auf die historischen Pharisäer

---

938 In Lk 18,14a sind durch die Schuldanerkenntnis und die Rechtsprechung in foro coeli konstitutive Momente des richterlichen Verfahrens enthalten. (Ähnlich Mt 11,19 par.; 12,37 bzw. Lk 10,29 und 16,15). Vgl. zum einerseits forensischen Charakter und andererseits dem grundsätzlich positiven Gebrauch der Vokabel δικαιόω in unserer Literatur: SCHRENK, Art. δικαιόω (ThWNT II 215–223) 216f. und 219; KERTELGE, Art. δικαιόω, EWNT I 796–810, hier 806f.

939 Gegen Tatsachen läßt sich nicht argumentieren. Im Text aber wird eine Tatsachenbehauptung aufgestellt, die auf der Ebene des Geschehensverlaufes nicht mehr aufgehoben bzw. kritisiert werden kann. – Dieses Moment ist bei JEREMIAS, Gleichnisse 143, übersehen.

940 MERKEL, Jesus 201, rechnet mit einem „Kampfwort" Jesu, doch angesichts der auch für „Jesu Zeit und Umwelt" erkennbaren Fehlhaltung halte ich es für ausgeschlossen, daß sich die Pharisäer als Gruppe in diesem Individuum wiedererkannt haben könnten.

941 Ähnlich auch MERKLEIN, Gerechter 39.

942 Möglicherweise ist auch der überpflichtige Zehnt ein Signal einer sozialen Schranke, denn, um ihn abgeben zu können, muß er erst einmal verfügbar sein. – Eine Reihe von Einschränkungen im Geschäftsverkehr der Chaberim dürfte schlicht damit zusammenhängen, daß auch sie die zusätzlichen Zehntzahlungen zu minimieren gezwungen waren.

943 Zum Lokalkolorit vgl. JEREMIAS, Gleichnisse 139.

944 Vgl. II.3 in dieser Arbeit zu Lk 15,8–10.

945 Vgl. MEYER, Art. Φαρισαῖος, ThWNT IX bes. 27–31.

946 LINNEMANN, Gleichnisse 15, weiß auch, daß es um „einen (bestimmten) Pharisäer und einen (bestimmten) Zöllner" geht, um dann leider auf „die Pharisäer" zu schließen (70).

beschränkten – Versuch einerseits, Gottes habhaft zu werden, und für die bestürzende ungeschützte Begegnung mit der ungeschminkten Wirklichkeit (dieses) eigenen Lebens andererseits. Die Frage blieb: Wer ist Gott, bzw. was will er – angesichts der vielen, die ihn je für sich in Anspruch nehmen?[947]

Ihnen stellte der Erzähler mit seinen – durchaus anspruchsvollen – Mitteln an einem negativen und einem positiven Beispiel dar, was weiterhin Gültigkeit besaß[948]: Der souveräne Wille Gottes, der sich durch keine Methode festlegen läßt, zielt nicht nur darauf, den reuigen Sünder anzunehmen, sondern auch die *Gemeinschaft der Beter* untereinander zu erhalten bzw. zu stiften[949]. Die Sicht Gottes[950], die im Schluß reklamiert wird, erlaubt keine *exklusive* Frömmigkeit, diese kann nur zur Isolation gegenüber Gott und dem Mitmenschen, ja zur Selbstverkrümmung führen, also tragisch enden. Die Vergebung aber bleibt ein Geschenk und ein Ereignis, deren Eintreffen sich der Verfügbarkeit entzieht[951].

Nicht in der Darstellung enthalten scheint die Klassifizierung der jeweiligen *Gruppen*. An der Figur des Zöllners ist ohne weiteres einsichtig, daß die Masse der Abgabenpächter keineswegs ausnahmslos in die Jesus- oder eine andere Bußbewegung strömte[952]. Dann aber darf wohl auch der (bestimmte) Pharisäer – gegen die häufige Auslegung[953] – nicht als Prototyp des Hochmuts *aller* Pharisäer gelesen werden[954]. Die Geschichte funktioniert wohl eher nach dem

---

947 Zur Tendenz der Schismatisierung vgl. THEISSEN, Soziologie 97f.

948 Ob mit dieser Geschichte ein neues Denken (mit einem „Umschwung in der Bedeutung des Begriffs“ δικαιόω) inauguriert wird, wie LINNEMANN, Gleichnisse 148, zu meinen scheint, bin ich nicht sicher. Das Erbarmen Gottes über den Büßer ist der Tradition nicht so fremd. Paulus zitiert in Röm 3,10–12 immerhin Ps 14,1–3, um seine Sicht zu begründen.

949 Diese soziale Dimension zeichnet auch die anderen Beispielgeschichten aus: Lk 10,30ff.; 12,16ff.; 16,19ff.

950 Insofern hat MERKLEIN, Gerechter 39, recht, wenn er die Intention des Gleichnisses auf ein angemessenes Gottesbild zielen läßt. Auch die Beziehung auf Lk 15; 19,1–10; Mt 18,23–34; Mk 2,15–17 und Lk 7,36–50 ist zutreffend. Dennoch läuft das Bild Gottes, „der entschlossen ist, auch den Sünder anzunehmen ...“, Gefahr, sich vor die Wirklichkeit Gottes zu schieben; denn in anderen Situationen und gegenüber anderen Adressaten zeichnet Jesus den anscheinend unbarmherzig, ja, Unsittliches Fordernden (vgl. etwa die Nachfolgesprüche, die Kernlogien der Bergpredigt und Mt 25,14ff. par. in der Auslegung dieser Arbeit) oder den völlig voraussetzungslos Helfenden (Mt 5,45 u. a.). Mir scheint in Lk 18,10ff. eher ein Eindruck vermittelt zu werden, der die festen Bilder „aufweicht“, da es in der Verkündigung Jesu keine spannungsfreie Gottesanschauung gibt. Die Anweisung lautet wohl eher: „Setz dich Gott aus, dann wirst du erleben, wer er jetzt und dir gegenüber ist.“

951 BENGEL, Gnomon zu Lk 18,13: „So beten wahrhaft Bußfertige, so sagen auch die Heuchler. Diese ziehen aus der Schrift Complimentirbüchlein, und wo sie etliche Formeln finden, so stecken sie sich dahinter: da sie doch von der Kraft ferne bleiben. So nehmen sie den Schächer, wenn er am Ende Gnade sucht; und Paulum, wenn er sich seiner Schwachheit rühmt, zum Vorwand.“

952 Vgl. Mt 5,46f. und 18,17.

953 Z. B. PETZOLDTS Schilderung des Pharisäismus, Gleichnisse 106.

954 So auch SCHWEIZER, Lk 183; DSCHULNIGG, Gleichnisse 416, u. a. Allerdings gesteht er noch zu viel zu: „Er macht nur die Gefahr der Verkehrung dieser Bewegung in religiöse Überheblichkeit und erbarmungslose Ablehung der Sünder überdeutlich.“ Die „Zöllner“, auch wenn man sie realistischer sieht, stehen keineswegs in der Gefahr, stets Buße zu tun.

bekannten Schema: „Von dir, als Pharisäer, hätte ich das aber nicht erwartet."[955]

Eine Paränese ergibt sich nur indirekt. Am wenigsten erfolgt sie wohl durch die versuchsweise didaktische Identifikation mit den beiden Figuren[956]. Denn durch die gewisse Distanz zu den Gestalten der Bühne verbleibt der Hörer als Zuschauer auf einer Ebene mit dem objektiven Erzähler[957], dessen Perspektive zuletzt die des göttlichen Urteils ist. Somit mutet der Sprecher den Hörern zu, die Welt (dieser Erzählung) aus der Perspektive Gottes zu betrachten. Da das Urteil in der Erzählung bereits vorbereitet wird und Anschauungen der Hörer aufnimmt[958], läßt sich der Appellcharakter der Geschichte[959] auch in der *Bestätigung* des Hörers suchen[960], der schon wußte bzw. hoffte, daß Gott denen gegenüber barmherzig ist und bleibt, die sich ihm vorbehaltlos öffnen.

Der eigentliche Appell aber scheint darin zu liegen, daß der Hörer aufgefordert wird, sich Gott unmittelbar und rückhaltlos anzuvertrauen, denn auch das „Rezept der Bußgesinnung" ist mißbrauchsfähig[961]. Die Barmherzigkeit Gottes bleibt unverfügbar, nur im Gebet zu erbitten und zu empfangen. Denn – mindestens auf dieser Stufe – würde alles falsch, wenn aus dem Momentcharakter des Geschehens eine allgemeine Regel abgeleitet würde.

---

955 Vgl. LUTHER in der Hauspostille, WA 52,444,22ff.: „Darumb war es nit zu vermuten, das einer unter jn (sc. den Zöllnern) fromm were, Gleich wie sich nit zu vermuten ward, das unter den Phariseern ein schalck were." – Eine ähnliche Sicht der Figurenkonstellation auch bei HARNISCH, Gleichniserzählungen 90, der in bemerkenswerter Weise an dieser Stelle auch nicht ohne Rekurs auf das „Erscheinungsbild in der Realität" auskommt: „Denn das Hochgefühl erfüllter Treue zum Gesetz ist pharisäisch immer von der Haltung der humilitas begleitet und durch ein ausgeprägtes Insuffizienzbewußtsein temperiert."

956 Gegen SCHNIDER, Ausschließen 54: „Lk 18,10–14a will also den Hörer/Leser zu einer Identifikation mit den beiden Betern führen", und SCHOLZ, Gleichnisaussage 299f., der dann zu der folgenden existentialen Deutung dieses Gleichnisses gelangt: „So versteht sich der Christ als ein Mensch, der immer wieder aus der ‚christlichen' Existenzstruktur herausfällt, aber, indem er dies erkennt und bereut, sich auch wieder hineingenommen wissen darf."

957 Mindestens im ersten Hören dürfte der ursprüngliche Adressat der Geschichte sich weder mit dem Hoch- noch mit dem Demütigen identifiziert haben. Erst im Nachgang kann sich das „mea res agitur" ergeben, also eine *indirekte* Übertragung auf den eigenen Umgang mit Gott.

958 Gegen JEREMIAS, Gleichnisse 141: „... völlig überraschend und unbegreiflich ...". Zum Verständnis der Buße und der Akzeptanz der Umkehrenden vgl. BILL II 210–212.

959 Sir 8,5: „Schmähe keinen Menschen, der sich von den Sünden abgewendet hat; denke daran, daß wir alle schuldig sind."

960 ERNST, Lk 337: „... für die jüdischen Zuhörer ein offener Skandal", ähnlich JEREMIAS, Gleichnisse 143. ERNST, a. a. O. 336, rechnet mit einer Zumutung des Sprechers an die Hörer, weiß aber, daß das Gebet „ein Zerrbild wahren Betens" ist. Heißt das, die Hörer Jesu hätten ein solches Zerrbild nicht wahrnehmen können?

961 Gegen MERKLEIN, Gerechter 41: „Auch wenn er (sc. der Mensch) kein faktischer Sünder ist (wie der Zöllner), so ist er doch seiner bösen Kondition nach, aus der er ‚vorkommt', Sünder und als solcher immer auf das Erbarmen Gottes angewiesen, der sich insofern tatsächlich *nur* des Sünders annehmen kann. Gerade deshalb ist die Haltung des Zöllners repräsentativ für die Haltung der Menschen überhaupt." Das trägt wohl doch zu sehr paulinische Begrifflichkeit in diesen Text und in die Anthropologie Jesu ein.

Für die Sprecherdimension des Gleichnisses ergibt sich dadurch ein neues Element, daß der Sprecher sich im Text explizit vernehmen läßt: Er verkündet das Gottesurteil[962]. Insofern muß man hier davon reden, daß – falls das Gleichnis auf den historischen Jesus rückführbar ist[963] – dieser für sich in Anspruch nimmt, den Willen Gottes auszudrücken[964]. Die Zurückhaltung des Sprechers in anderen Gleichnistexten ist hier wenigstens ansatzweise aufgegeben[965], auch wenn das Präteritum des Berichts den Anspruch leicht kaschiert[966]. Dennoch bleibt eine ungewöhnliche Kompetenz reklamiert, die das Verhältnis zwischen Gott und Mensch bestimmen und heilen möchte.

Als Parallelen zu diesem Text kommen zunächst die Texte in Frage, die die Nähe Jesu sowohl zu Pharisäern wie zu Zöllnern aufzeigen, wie etwa Lk 13,31–33 einerseits[967] oder Lk 7,34 par. andererseits[968]. – Dazu sind die Belege zu stellen, in denen der Hörer in die Perspektive Gottes versetzt, die Inklusivität des Heilsangebotes unterstrichen, das Erbarmen über den Sünder ausgesprochen[969] und das Richten an Gottes Statt verboten wird[970], wie Mt 7,3ff.; Lk 15,3–7.8–10.11–32[971]. – Nicht ausgeschlossen werden dürfen die Texte, die sich bemühen, die Souveränität Gottes festzuhalten[972], für die sich auch in der rabbinischen Überlieferung gute Beispiele finden[973].

---

962 Insofern entspricht Lk 18,14a den Beobachtungen von BERGER, Amen-Worte 30–32, daß es sich bei dieser Redeeinleitung „durchweg um feststellende Belehrung (handelt), die entweder auf den Verlauf der Heilsgeschichte oder auf die Frage von Lohn und Strafe im kommenden Gericht bezogen ist" (31). Imperative, Argumente in Streitgesprächen sowie Wundergeschichten folgen solchen Redeeinleitungen nicht.

963 Dafür spräche außer dem Kriterium der Konsistenz, daß die postulierte Nähe zum Pharisäismus so nur in der ersten Hälfte des ersten Jahrhunderts möglich war. – Das Kriterium der doppelten Unableitbarkeit ist in diesem Gleichnis gegenüber dem Judentum *nicht* erfüllt, wohl aber gegenüber der nachösterlichen Gemeinde.

964 SCHLATTER, Lk 400: „Jesus als Kenner des göttlichen Willens und Verkünder des göttlichen Urteils".

965 Für einen späteren Text wäre V14a angesichts von Lk 16,8f.; 18,6 von einer bemerkenswerten christologischen Zurückhaltung. Auch das spricht für einen jesuanischen Ursprung dieser Beispielgeschichte.

966 Das ist das Wahrheitsmoment des Protestes von LINNEMANN, Gleichnisse 149, die gegen SCHLATTER zu Recht einwendet: „Direkte Offenbarungsaussagen kann man aber nur dem abnehmen, dessen Vollmacht sichtbar zutage liegt."

967 Lk 7,36; 11,37; 14,1. Vgl. dazu H.F. WEISS, Art. Φαρισαῖος B, ThWNT IX 36f.

968 Mk 2,13–17 par.; Lk 7,36–50; 19,1–10; 15,1f. Vgl. zu der Entwicklung des Topos „Zöllnerfreundschaft" in der Überlieferung VÖLKEL, Freund.

969 Mt 6,14f.; 18,23–34; Lk 7,36–50 u. a.

970 Zur Dialektik von radikaler Gnade und radikaler Forderung vgl. THEISSEN, Soziologie 98–100.

971 Vgl. dazu in dieser Arbeit II.3.

972 Vgl. Lk 12,16–21; Lk 17,7–10; Mt 20,1–16; Lk 15,25–32 u. a.

973 Exemplarisch sei dafür PesK 25,4 (THOMA/LAUER Nr. 67) genannt. Die Unverfügbarkeit der Gnade Gottes wird verglichen mit einem König, der an die Verdienste der Vorfahren eines Bittstellers bzw. an die eigenen Taten eines anderen erinnert wird. Er erfüllt die Bitten, aber seine Zuwendung erfolgt unter Umkehrung der Begründungen (der Ahnensüchtige wird auf die eigene Person, der Selbstbezogene auf die Väter angeredet). Auch hier ist die Zuordnung

4. Zur Überlieferungsgeschichte

In den weiteren Stufen der Text- bzw. Auslegungsgeschichte verändert sich die Auffassung der Figuren und damit die Pointe der Erzählung erheblich.

Die dem Ursprung nächste Stufe der Überlieferung ergibt sich durch die Zufügung von V14bc[974]. Diese Gnome dupliziert das Urteil von V14a, macht daraus eine im antithetischen Parallelismus formulierte Regel, zieht die Linie von dem bisher durchaus als gegenwärtig gedachten Vorgang ins Eschaton aus und stempelt die beiden Individuen zu Typen[975]. Immerhin bleibt der Text auch mit diesem Doppelspruch noch im Modus der Sachverhaltsbeschreibung[976], die zunächst konstatiert, was der Fall ist: Gottes Gericht bringt die Umwertung irdisch-menschlicher Werte[977]. Darum lohnt es, sich auf die endzeitlichen Maßstäbe bereits jetzt einzustellen. Während die ursprüngliche Geschichte eher ein Beispiel für das im vorhinein nicht festlegbare Urteil Gottes ist, wird nun der Zöllner zum Beispiel für das angemessene Verhalten, das sich ganz der Güte Gottes anvertraut[978] und sich darauf verläßt, daß dieses Vertrauen nicht enttäuscht wird. Erst die Anwendung der indirekten Mahnung bringt eine deutlich paränetische Note ins Spiel, die die einmalige Geschichte zum Lehrbeispiel für ein Immer-Wieder sicher eintretender Folgen geraten läßt. Ebenso ist die Typisierung des ersten Beters durch ὑψῶν so falsch nicht, wenn es richtig bleibt, daß er sich an die Stelle Gottes setzt[979].

Diese Kombination der Erzählung und des Logions verdankt sich der Bemühung, die Lehre des Kyrios systematisch zu sammeln und gleiche bzw. ähnliche Stücke sich gegenseitig erläutern zu lassen[980].

---

von Kommentar und Gleichnis in PesK 25,4 nicht zwingend gleichursprünglich mit dem erzählenden Text.

974 Vgl. oben 1.

975 So dürfte die Gleichsetzung eines selbstgerechten Heuchlers mit dem Terminus Pharisäer letztlich auch auf dieser Interpretation beruhen.

976 Zu den Konditionalsätzen im Tat-Folge-Schema, zu denen Lk 18,14bc gehört, vgl. in dieser Arbeit II.7 zu Mt 25,29 und die dort angegebene Literatur.

977 Mit dieser Aussage nimmt das Logion eine bereits atl. nachweisbare Figur auf: Ez 17,24; 21,36 (31); Ps 87,16 (LXX); Est 1,1k. Sie hat ihre breit belegbaren rabbinischen Entsprechungen. Vgl. dazu GRUNDMANN, Art. ταπεινός κτλ., ThWNT VIII 1–27, dort 8.13f.

978 Nicht sicher ist mir die vielfach behauptete Diskrepanz zwischen V13 und dem Stichwort ταπεινόω, die häufig darin gesehen wird, daß der Zöllner nur eine Selbsterkenntnis formuliere, sich aber nicht erniedrige (u. a. SCHNEIDER, Lk 306; TAEGER, Mensch 206, mit Literatur). Denn: „Der Zöllner demütigt sich vor Gott durch seine Stellung μακρόθεν, durch seine Gebärde und durch sein Gebetswort." (GRUNDMANN, Art. ταπεινός κτλ., ThWNT VIII 16f.). Da die anderen Belege für das Stichwort in Mt 18,4; Lk 14,11; Mt 23,12 ebenfalls mindestens darin übereinstimmen, daß die ταπείνωσις vor Gott darin besteht, den realen Abstand von und die totale Angewiesenheit des Menschen auf Gott zu beschreiben, ist eine darüber hinausgehende Selbst*erniedrigung* kaum noch vorstellbar.

979 Vgl. 4Esr 8,48f.: „Aber gerade darin bist du bewundernswert vor dem Höchsten, daß du dich gedemütigt hast (humiliasti te), wie es dir geziemt, und dich nicht unter die Gerechten gerechnet hast (non iudicasti)." Übers. n. J.SCHREINER.

980 Insofern ist die hier praktizierte Methode, nach Analogien Ausschau zu halten, nicht so weit entfernt von innerbiblischen Redaktionsmethoden.

Als Situation für die Sprecher und Hörer in den frühen Gemeinden dürfte sich eine zunehmende Entfernung vom Judentum ergeben, die nunmehr den Pharisäer zur stehenden Metapher für den unbußfertigen Heuchler stempelt[981], den Zöllner jedoch zum Musterexemplar für die Zuwendung zu den Sündern[982]. Das Selbstbewußtsein dieser Gruppen bestimmt sich aber sichtlich bereits in Abgrenzung zu denen, die sich weder gottgemäß noch menschengerecht verhalten.

Für Lukas ist die Adressatenfrage umstritten. Während die Mehrzahl der Kommentatoren Pharisäer angesprochen sieht[983], hat Schneider den interessanten Vorschlag gemacht, weiterhin die Jünger als einzige Hörer anzusehen[984]. Diese These läßt sich so nicht halten, denn zum einen figurieren im LkEv mehrfach Pharisäer unter dem Vorwurf der Selbstgerechtigkeit[985]. Zum andern findet sich die Floskel εἶπεν δὲ καὶ πρός so oder ähnlich an zwei anderen Stellen des Reiseberichts, um die *Erweiterung* des ursprünglichen Hörerkreises zu kennzeichnen[986]. Dennoch erbringt Schneiders These den Hinweis auf eine eigentümlich schwebende Formulierung, die darauf verweist, daß diese Geschichte von Lukas *auch* zur Warnung an bestimmte Kreise (τινας) der eigenen Gemeinde gerichtet ist[987]. Lk 18,9–14 steht somit in einem Kontext von 17,22 bis 18,34[988], in dem die Jünger die eigentliche Hörergruppe repräsentieren, zu der in diesem Fall weitere hinzutreten. Im lukanischen Vorspann ist damit dann eine leichte Korrektur eines für den Redaktor traditionellen Verständnisses gegeben[989], insofern als Lukas in der Jüngerschaft mit ähnlichem exklusiven,

---

981 Für diese zunehmende Entfernung der frühen Gemeinde von der Partei der Pharisäer steht etwa auch die Pharisäerpolemik in Q, die ebenfalls aus dieser Gruppe eine festgefügte Klasse von Heuchlern macht, die zwar Ritualgebote und Zehnt korrekt einhalten und die Ehrung im Kult erstreben, innerlich aber voll Raub und Schlechtigkeit sind: Lk 11,39–43. Dazu und zu weiteren Belegen für die grundsätzliche Trennung vom zeitgenössischen Judentum in Q vgl. POLAG, Christologie 80–84; LÜHRMANN, Redaktion 43–48.

982 Der Prozeß, der die Zöllner – vor allem bei Lk – insgesamt zum Typ des bußfertigen Sünders stempelt, läßt sich ganz gut in Q beobachten, wo diese Gruppe einerseits (Mt 5,46f. diff. Lk) die Sünder schlechthin darstellt, andererseits aber schon das standardisierte Objekt der Zuwendung Jesu wird (Mt 11,16–19 par. Lk 7,31–35).

983 JEREMIAS, Gleichnisse 139; PETZOLDT, Gleichnisse 105; SELLIN, Studien 327, verweist auf 20,20 als ähnliche Formulierung.

984 SCHNEIDER, Lk 364.

985 Vgl. 16,15; ähnlich 20,20.

986 12,54 nach der übergreifenden Regiebemerkung 12,22; 16,1 nach 15,1–3. In jedem dieser Fälle bleibt der ursprüngliche Adressatenkreis *erhalten*, wie 12,57 als vermutliche Fortsetzung der Jüngerbelehrung und 16,14 als ausdrückliche Aufnahme der Szene von 15,2 erweisen.

987 Dafür spräche auch, daß Lk 18,8b überaus kirchenkritisch klingt, so daß die Fortsetzung gut paßte.

988 Die nächste Konfrontation mit Gegnern erfolgt allerdings erst in Jerusalem 19,39, denn auch die Erzählungen in 18,18–19,10 stellen ja offenbar Nachfolgegeschichten im weiteren Sinne dar.

989 Voraussetzung für diese Deutung bleibt die unbeweisbare (und nicht falsifizierbare) These, daß Lk 18,14bc bereits vor der lk Redaktion angefügt wurde.

jedoch unbegründeten Zutrauen zur eigenen Leistung rechnete. Das paßt wiederum zu dem auch sonst differenzierteren Pharisäerbild des Lukas[990], der, anders als etwa Matthäus, diese Gruppe nicht zum Antityp der Christen stilisiert.

Gebetsintensität (VV1–8) und Gebetshaltung (VV9–14) sind so aufeinander bezogen, daß zwar beide getrennt behandelt, aber sachlich zusammengehalten werden müssen. Die abschließende Gnome in V14bc, jedermann betreffend, fügt sich gut in die weiteren Szenen von der Kindersegnung und den Gesetzen der Nachfolge, weil diese ebenfalls auf dauernd gültige Regeln für Christen zielen.

Die Gestalt des Zöllners steht im Zusammenhang mit der insgesamt positiven Zeichnung der Zöllner als der bußbereiten Sünder im LkEv[991]. Was 18,9–14 noch an Farbigkeit fehlt, ergänzt 19,1–10. Beide Geschichten – zusammen genommen – handeln von der vorbildlichen Selbsterkenntnis, die zur μετάνοια führt[992].

Aus einer reichen Auslegungsgeschichte sei zum Schluß nur ein Text als ein wirksames und häufig zitiertes Echo geboten. Beda Venerabilis parodiert die Gebetsparodie von Lk 18,11: „Allmächtiger Gott, erbarme Dich Deines Schuldigen, weil ich nicht bin wie Deine unzähligen Diener: Auf Verachtung der Welt bedacht, auf verdiente Gerechtigkeit, auf das Lob engelsgleicher Reinheit, oder auch wie die vielen von denen, die nach öffentlichen Untaten Buße tun und mit Recht demütig sind; der ich, falls ich etwas Gutes durch deine Gnade getan habe, doch nicht weiß, mit welchem Ziel ich dies tue und mit welcher Strafe es von Dir bedacht wird."[993]

---

990 Dazu Baumbach, Art. Φαρισαῖος, EWNT III 992–997, hier 994.

991 Vgl. 3,10ff.; 5,27ff.; 7,34; 15,1f.; 19,1–10. Allerdings fehlen die Zöllner als exemplarische Sünder wie die Heiden in Lk 6,32–34 gegen Mt 5,46f. Vgl. dazu Taeger, Mensch 36–38.

992 Taeger, Mensch 206f.

993 In Lucae evangelium expositio, Liber V, MPL 92,553; der Text wird von Paulus Diaconus u.a. aufgenommen. Vgl. eine ähnliche Parodie der Gebetsparodie bei Luther, Hauspostille WA 52,448,24ff.

Kapitel III

Die Welt der Gleichnisse Jesu

Eine Zusammenfassung

Wenn wir die Ergebnisse unserer Überlegungen zusammenfassen, dann stellen sie sich angesichts einer Methodik, die verschiedene Ansätze sammeln und integrieren will, ebenfalls als vielfältig heraus. So können an dieser Stelle nur die wichtigsten Gesichtspunkte zu Thesen konzentriert werden.

1. Die Gleichnisse Jesu haben eine deutliche Überformung und damit eine Veränderung ihres ursprünglichen Sinnes erlebt.

Die Übermalung kann in einer Folge von mehreren Schichten bestehen, zugleich aber durchaus die erste Gestalt noch gut erkennen lassen (Lk 16,1b–7). Ein Text kann aber auch erhebliche Eingriffe aufweisen, die eine Rekonstruktion der Vorlage fast unmöglich machen (Lk 19,12–27).

Dabei zeigen die verschiedenen Stadien u. U. gegenläufige Tendenzen. Eine genauere Betrachtung ihrer jeweils verschiedenen Pointen vermag, einen Blick in die Theologie- und Frömmigkeitsgeschichte der frühen Gemeinden zu verschaffen.

Diese Geschichte des Spiels mit dem Material der Bildspendergeschichten zeigt, wie durch den ursprünglichen sprachschöpferischen Akt ein immer neues Spiel angestoßen wurde, dessen Teilnehmer und Bedingungen mit gleicher Sorgfalt wie der Ursprung beobachtet werden sollten.

Eine zusammenfassende und systematisierende Sicht, wie sie im folgenden versucht werden soll, ist den Gleichnissen als Sprachereignissen letztlich unangemessen; denn sie selbst tendieren gerade nicht auf eine begriffliche Erfassung aller Wirklichkeit, sondern geben von Fall zu Fall einen Ausblick auf Gottes Wirken frei.

2. Die Gleichnisse Jesu zeigen in ihrer ursprünglichen Fassung – entsprechend der anfänglichen Vermutung – eine zumeist überraschende, damals keineswegs geläufige Pointe, in der alle Einzelzüge sich zusammenfinden.

Diese analogische Kraft ist aber erst in einem die jeweilige Kühnheit der Metapher konstituierenden konterdeterminierenden Kontext bzw. in der Rekonstruktion der Situation zu entdecken. Die Unsicherheit der Rekonstruktion bedingt die unausweichliche Hypothesenhaftigkeit heutiger Gleichnisdeutung.

Selbst bei Naturgleichnissen können stehende Metaphern offenbar so aufgenommen werden, daß sich aus ihnen noch eigene Stoffe entwickeln lassen (Senfkorn-/Sauerteiggleichnis). Sie illustrieren damit weniger einen erläuternswerten Vorgang, der bereits vorher und daneben auch auf andere Weise dargestellt werden könnte, sondern schaffen eher Bilder und Metaphern, die einen überraschend neuen Blick auf die Wirklichkeit Gottes, des Menschen, der Welt freigeben. Sie gehen als geglückte neue Sprachschöpfungen in das Repertoire der Jesusbewegung ein.

3. Jedes einzelne Gleichnis erfordert auch ein sorgfältiges Achten auf den je verschiedenen Problemhorizont, auf dem seine Pointe zum Tragen kommt. Die Hörerschaft läßt sich nicht mit einer immer gleichen Diagnose erfassen. Ihre Krankheit, bzw. ihre Sünde, ist konkret und hat verschiedene Namen, die nicht vereinfachend auf den einen großen Nenner der Gottesferne gebracht werden dürfen. Auch die Finsternis kennt Nuancen, und die teuflischen Mächte sind nach biblischer Tradition keine einheitliche, konsequent-allmächtige Größe. So lassen sich an den untersuchten Texten bestimmte Tendenzen erkennen:

Die Adressaten Jesu (ob alle, sei dahin gestellt) hören offenbar mit Genuß von dem Schicksal derer ‚da oben', die mit großen Summen hantieren und dabei gelegentlich erfolgreich betrogen werden (Lk 16,1–7). Dennoch bleibt deutlich, daß ‚dort' mit harten Bandagen gekämpft wird (Mt 25,14ff.). Ebenso wissen sie, was es bedeutet, einen Teil des eigenen kleinen finanziellen Polsters zu verlieren, graben oder betteln zu müssen. Sie sind manchmal gezwungen, Brot beim Nachbarn zu leihen, schlicht auch deshalb, weil sie sparsam mit dem vorhandenen Getreidevorrat umgehen müssen (Lk 11,5ff.). Bettelei ist eine verbreitete Erscheinung. Der Existenzkampf gegen Wucherer und Abgabenpächter ist ihnen nicht fremd. Auf die Einladung zu einem Fest zu verzichten, grenzt für sie an Verrücktheit (Lk 14,16ff.).

Die Hörer Jesu wären jedoch als edle Arme verzeichnet, sondern teilen wenigstens z.T. ausgrenzende Anschauungen ihrer Zeitgenossen. Danach muß man in Krisenzeiten die Reihen fester schließen und kann auf verlorengegangene Volks- und Glaubensgenossen keine Rücksicht nehmen (Lk 15,3–7.8–10; 18,10–14).

Eine Reihe von Hörern hat offenbar Angst vor dem kommenden Gericht. Doch erwarten sie gleichermaßen den großen Umbruch, der endlich diese dunkle Welt vernichtet und die Gerechtigkeit Gottes erscheinen läßt. Die Gegenwart, die auf sie gottlos und damit heillos wirkt, und die kommende Herrschaft Gottes lassen sich für diese Menschen weithin nur im gegenseitigen Ausschluß denken (Mk 4,30–32; Lk 18,2–5). Sie kennen zwar die ethischen Maximen des Judentums, aber ihnen ist die apokalyptische Resignation der Zeit nicht fremd, nach der es nicht mehr lohnt, in diese Welt Kräfte und

Engagement zu investieren, da sie zu verderbt und dem Untergang geweiht ist (Lk 16,1–7).

Viele Hörer können sich an unvermuteten Zufällen freuen. Sie leiden aber regelmäßig unter den unsäglichen Zuständen, in denen das alltägliche Unrecht das Normale und durchgesetztes Recht das Ungewohnte ist (Lk 18,2ff.). Sie sind von der Unsicherheit befallen, ob denn die Verheißungen Gottes (gegenüber Armen und Rechtlosen, gegenüber Israel, gegenüber den Glaubenden) wirklich, d.h. wirksam sind (Lk 14,16–24 par. Mt 22,2–10). Sie ersehnen Zeichen der Zuwendung Gottes in ihrem Hier und Heute.

Hörer Jesu fragen sich, ob Gott in ihrem Leben zu spüren ist und ob er sich durch Gebet erreichen und erweichen läßt; eine gewisse Gottesferne entspricht ihren Erfahrungen und manchen damals (von sadduzäischer Seite) verbreiteten Parolen (Lk 11,5–7).

Zu den Adressaten der Gleichnisse gehören aber nicht nur Deprimierte oder solche, die an sich und der Welt verzweifeln, sondern auch einige, deren Ordnungsvorstellungen eher zwanghaft erscheinen, ja, vermutlich auch die, die sich voller überschießender Begeisterung und Selbstvertrauen an die neue Bewegung anschließen wollen (Mt 25,14ff.).

Die Angeredeten werden in den Gleichnissen ernst genommen. Ihre bittere Erfahrung, ihre fast verzweifelte Hoffnung auf die alttestamentlichen Verheißungen, ihr Rückzug auf Jenseitshoffnungen und die eher unbewußten Selbstverständlichkeiten (Lk 11,5ff.) werden so ins Bild gesetzt, daß sie ihre Welt wiedererkennen und sich verstanden fühlen. – Schneidende Ironie liegt den Gleichnissen fern. Wo indirekt Kritik zu spüren ist (Lk 14,16ff.; 18,10ff.), betrifft sie vermutlich nicht die konkreten Hörer, sondern nur ihre potentiellen Haltungen.

4. Die Welt spiegelt sich in den Gleichnissen somit als die Welt der Verluste, der sozialen und religiösen Trennungen, der Ungerechtigkeit und des räuberischen Wuchers, der unguten Zufälle und Verweigerungen, der Unvollkommenheit, der Denunziation, des Scheiterns und der Schuld, aber auch der unverhofften Glücksfälle, des selbstverständlichen, nachbarschaftlichen und familiären Zusammenhalts, der geteilten Freuden. Ihre Normen haben widerspüchlichen Charakter: Einerseits ist jeder seines Glückes und Unglückes Schmied, haben Außenseiter sich ihre Ausgrenzung selbst zuzuschreiben, werden die Bösen (hoffentlich!) von Gott vernichtet; andererseits muß jeder zusehen, wo er bleibt, werden die sozialen Ansprüche der Witwen und Waisen mit Füßen getreten, sucht jeder auf Kosten anderer zu leben.

Zugleich ist diese Welt merkwürdig gleichnisfähig, werden ambivalente Zusammenhänge und verbrecherische Geschichten überraschend transparent für einen ganz anderen Hintergrund, der in der Alltagserfahrung fast zu verschwinden droht. Die Welt der Gleichnisse gerät selber zu einem merkwürdig verkehrten Kosmos, anstößig, aufregend und mit z.T. winzigen Kunstgriffen verschoben, also (be)merkenswert. In den seltsamen Geschichten und den merkwürdigen, kühnen Metaphern (Senfkorn, Sauerteig, Menschenfischer) erfolgt mit einer gewissen Regelmäßigkeit (immer?) eine erzählerische Provokation, ein Verstoß gegen die übliche Bildersprache. Das ist offensichtlich eine Bedingung ihres poetischen Reizes und ihrer Überlieferung. Ohne die bestimmte Verletzung von Konventionen des Erzählens wie der Sicht von Gott, Mensch und Welt hätten sie sich wohl kaum in das Gedächtnis der Hörer eingegraben.

Dennoch ist keineswegs in allen Gleichnissen mit einer inhaltlich völlig neuen Botschaft zu rechnen, deren Differenz zur jüdischen Tradition etwa nachweisbar sein *muß*. Im Gegenteil, manches Gleichnis scheint die hergebrachten Hoffnungen (Lk 18,2ff.), die überlieferten Normen (Lk 18,10ff.), die tradierten Verheißungen (Lk 14,16) zu *bestätigen*: „Es bleibt dabei!"

5. Wenn man sich fragt, was das sachliche Zentrum der Gleichnisrede darstellt, dann wird ein spezifisch *theo*logischer Schwerpunkt deutlich. Mindestens auf der ersten Stufe der vermutlich echten Jesusgleichnisse wird der *Darstellungsaspekt* besonders betont. Er steht für die neuen Perspektiven, die der Sprecher seinen Hörern nahelegt.

Schon die Wahl der Bildspender geht kaum von den bekannten und beliebten Metaphern für Gott bzw. Gottes Herrschaft aus: König, Richter, Hirte, Vater – als Herr des Hauses – bzw. die Zeder. Eine Hausfrau, ein armer Nachbar, ein verlegener Gastgeber, ein liebevoller Vater, ein wuchernder Kapitaleigner bzw. das unkrautähnliche Senfkorn, der ansteckende Sauerteig erlauben ebenfalls, aber überraschend, einen Vergleich mit Gottes Wirken. Jesu Gott erscheint so einerseits zum Anfassen nahe. Andererseits aber verbietet sich in manchen Texten die exegetisch eingebürgerte Identifikation zwischen dem Handlungssouverän und Gott. Er bleibt in einer Reihe von Gleichnissen eher im Hintergrund verborgen als die Ursache schöpferischer Freiheit (Lk 16,1ff.) oder als letzter Grund erlebter, gelungener Gerechtigkeit (Lk 18,2ff.). Indem die Gleichnisse als Gleichnisse von der Gottes*herrschaft* apostrophiert wurden, scheint sich damit auch eine Erinnerung daran erhalten zu haben, daß durch die Sprachform das Geheimnis Gottes gewahrt bleibt.

Diese Verschiedenartigkeit der Begegnung mit Gott bzw. seiner Herrschaft – auch in der begrenzten Anzahl der untersuchten Gleichnisse – verweist darauf, daß die Souveränität Gottes vorgefaßte Gottesbilder zerstört. Ihm kann der Mensch sich nur im Vertrauen auf seine Gerechtigkeit ausliefern (Lk 18,10–14a).

Es fällt auf, daß die Gleichnisse Jesu selbstverständlich mit der endzeitlichen Herrschaft Gottes rechnen, sie aber nicht als Ziel der Darstellung, sondern eher als ihren Ausgangspunkt wählen. Die Pointe jedoch ist mehrfach darin zu sehen, daß die scheinbar gott- und heillose Gegenwart bereits *jetzt* anfänglich, im Prozeß, dynamisch auf die Gottesherrschaft zu bzw. von ihr her neu verstanden und gewertet werden kann (Mk 4,30–33: „Der Anfang hat es in sich"). Selbst die rasch drohende Krise muß nicht lähmen, sondern kann zu ungewöhnlichen, aber gegenwärtigen Lösungen beflügeln (Lk 16,1–7). Andere Gleichnisse enthalten keinen eindeutigen Hinweis auf die Endzeit, sondern entsprechen mit ihrem Bezug auf regelmäßige Vorgänge, normale Zustände bzw. Alltagsbeziehungen weisheitlichen Überlieferungen in den Logien Jesu (vgl. Lk 11,5–7 und Mt 5,45 par.).

Gott wird als der freundschaftlich nahe und zugleich als der souveräne Helfer gezeichnet. Seine ungewöhnliche Güte bittet um Einverständnis (Lk 15,3–32; Mt 20,1–15), aber erzwingt es nicht.

Auch die Ordnung Gottes gerät ins Blickfeld, was damaliges Denken nahelegt. Aber sie ist so umfassend gedacht, daß Tendenzen zur intrakulturellen Ausgrenzung erkennbar abgewehrt werden. Sie widersprechen Gottes Souveränität und Größe (Lk 15,8f.; 18,10–14a).

Gott wirkt, indem er rettet, sucht, sich erweichen läßt, ein Fest vor dem Scheitern bewahrt, Zeit läßt, Chancen gibt, väterlich aufnimmt, nachbarschaftlich aushilft usw., kurz, er ist ein gnädiger Gott, der sich allerdings auf die Gnade allein nicht festlegen läßt, sondern auch, radikale Forderungen zu stellen, imstande ist (Lk 16,1–7; Mt 25,14–30). Seine Herrschaft ist so souverän, daß sie keiner Hilfe bedarf (Mt 13,31–33), aber auch nicht durch Menschen instrumentalisiert bzw. vorberechnet werden kann (Lk 18,10–14a).

Mehrfach läßt sich erkennen, daß die Perspektive, die der Erzähler dem Hörer nahelegt, die universale Perspektive Gottes ist, die zu einer neuen Sicht der Welt, des Nächsten und seiner selbst führen kann (Mt 20,1–15; Lk 15,8f.; 18,10–14a; 11,5–7). Wie wenig selbstverständlich diese Sicht ist, vermag der Disput mit der Syrophönizierin zu zeigen (Mk 7,24–30 par.).

Im klassischen Schema stellen die Gleichnisse mit Sicherheit Verkündigung der Gottesherrschaft als Evangelium und Seelsorge in einem dar, was aber nicht heißt, daß in ihnen nicht auch Zumutungen enthalten sind (s. u. zu 7.).

6. Der *Sprecher* der Gleichnisse redet nirgendwo ausdrücklich über sich selbst, sondern bleibt bei der Sache. Das gilt auch für die scheinbare Ausnahme Lk 18,14a, wo das erzählende Ich von einem Urteil Gottes berichtet. Selbstaussagen wären wohl auch nur dort zu erwarten, wo er sich als Angegriffener und Angefragter verteidigen müßte. Insofern ergeben sich von Gleichnis zu Gleichnis nur wenige Veränderungen im impliziten Bild des Sprechers.

Wenigstens einzelne Gleichnisse verweisen explizit auf die Einfühlung des Sprechers in die Lage und die Empfindungen der Hörer. Nichts Menschliches scheint ihm fremd. Empathie scheint der Gestus des Umgangs mit den Adressaten zu sein.

Er beansprucht dadurch, daß er die Hörer weniger bestätigt als durch die Pointen überrascht und trifft, eine hohe Kompetenz in der Deutung und Bearbeitung von problematischen Situationen, was die Frage hervorrufen mußte, wer der ist, der so vertraut von Gott reden kann. Diese Vollmacht ist mit einem Titel schwer zu erfassen. Versuchsweise sei an Jesus als ‚Arzt', als ‚Berater', als ‚Weiser' gedacht.

Aus den Gleichnissen spricht ein Vertrauensverhältnis zu Gott, das den ungeheuren Abstand zwischen Mensch und Gott vermindert, aber die Erfahrungen der Gottesferne nicht herunterspielt. Der Erzähler beschreibt eine andere Wirklichkeit, deren Spuren ohne ihn leicht zu übersehen wären, und macht sich zu deren Dolmetscher.

Die Gleichnis-Verkündigung Jesu und sein Verhalten dürften sich entsprechen, weil sie aus einer Wurzel kommen, aber sie lassen sich nicht aufeinander zurückführen. Weder ist die Gleichnis-Verkündigung Jesu nur eine Verteidigung oder Erläuterung seines Verhaltens, noch stellt sein Verhalten eine schlichte Illustration der Predigt dar. Jedoch ergeben sich zwischen beiden Komplexen insofern Parallelen, als in den Gleichnissen Verkündigung und Verhalten dadurch zur Deckung kommen, daß die so geartete überraschende und befreiende Rede in einer Situation kollektiver und individueller Bedrückung konfliktlösend und für den einzelnen aufrichtend wirkt.

Somit zeigt sich der Erzähler als einer, der den gemeinsamen Weg zur künftigen Gottesherrschaft sucht, sich mitfreut, Vertrauen stiftet, zum Fest einlädt, es ansagt, als Zeit gewährender, hinweisender und zur Liebe ermutigender Ratgeber, aber auch als schroff Fordernder, der als Meister mögliche Nachfolger vor bestürzende Bedingungen stellt. Auch in anderen Fällen ist die therapeutische Konfrontation mit dem kommenden Gericht nicht auszuschließen (Lk 16,1 ff.).

Insgesamt kann man die Gleichnisse nicht mit dem Diskurs der Akademie vergleichen, in dem Gelehrte auf gleichem Niveau Argumente austauschen, prüfen und Normen auf ihre Vertretbarkeit untersuchen. Die Gleichnisse sind vermutlich nicht Anfang oder Teil einer Debatte unter Gleichen, sondern eher Bestandteil asymmetrischer Kommunikation, die das Prae kreativer Akte für sich in Anspruch nimmt. Ob sie auf Provokationen antworten, Gespräche abschließen oder mitten in längeren Debatten einen therapeutischen Impuls setzen, läßt sich m. E. heute nicht mehr mit ausreichender Genauigkeit feststellen. Nur eins scheint sicher: Gleichnisse bzw. Metaphern eignen sich schlecht als Gesprächseröffnung bzw. als solitäre Texte. In der uns erschließbaren Form geben sie jedenfalls eine Weltsicht und eine Existenzausrichtung zu bedenken und zu erinnern, aber zunächst keinen Raum zum gleichmäßig weitergeführten bzw. hinterfragenden Dialog.

Anders als in vielen, wenn auch nicht in allen rabbinischen Gleichnisse findet sich in den Gleichnissen Jesu zwar eine Auslegung Gottes, aber keine ausdrückliche Schriftauslegung. Sie erweisen sich damit als Teil der unmittelbaren Inanspruchnahme Gottes durch den historischen Jesus.

7. Auch wenn konkrete *Hörer* vorzustellen bzw. zu postulieren sind, dürfte sich in keinem der von uns untersuchten Texte ein explizit polemischer Bezug gegen Anwesende nachweisen lassen.

Die soziale Einfärbung solcher Texte wie Lk 14,16–24 bzw. Lk 16,1–8 läßt sich nicht leugnen, dennoch ist von daher eine generelle Gerichtsdrohung an die Adresse führender Kreise – in den Gleichnissen! – so nicht wahrscheinlich zu machen, schon gar nicht gegenüber „*den* Pharisäern und Schriftgelehrten". – Auch eine ausschließliche Zuwendung zu einer bestimmten Adressatengruppe (die Zöllner und Sünder, die Armen) dürfte so nicht zu beobachten sein. Es lohnt sich vermutlich, die Hörerschaft und ihre Probleme in jedem Gleichnis separat zu bestimmen. Vermutlich finden sich dabei bekannte Gestalten der Sünde bzw. der Lebensangst ohne Gewaltsamkeiten wieder.

Die untersuchten Gleichnisse gehen mit den Hörern wohl kaum ins Gericht (im Unterschied zu anderen Sprachformen), sondern setzen ihre Urteilsfähigkeit, ihr Erstaunen, ihre Wahrnehmungsfähigkeit, ihr Vergnügen am Schelmenstück wie an der poetischen Erfindung voraus. Dabei sind wohl Sympathisanten der Jesusbewegung genauso zu vermuten wie Gleichgültige, kritisch Fragende und resigniert Verzweifelnde.

Ihnen sagt der Sprecher in der indirekten Weise des Erzählens ohne den moralischen Imperativ: Laßt euch suchen und kommt mit auf die Suche! Es lohnt sich, die Augen aufzumachen für das Ungewöhnliche, das, was den schlechten Lauf der Welt, die scheinbare Allmacht des Bösen durchbricht (Lk 18,2ff.). Ihr dürft – bei Gott – unverschämt betteln. Beten hilft! Ihr könnt anderen Zeit lassen und müßt euch nicht auf Gottes Richterstuhl setzen, das überfordert euch; aber ihr könnt seine Perspektive gewinnen. Laßt euch auf die Souveränität der Liebe ein! Vergeltung und Mißgunst zerstört alles! Nutzt die Chancen, die ihr *jetzt* habt, und achtet auf die Anfänge! Übernehmt euch nicht, aber tut das, was ihr wollt, ganz (Mt 25,14ff.)! Bezieht den Nachbarn ein, wenn ihr euch an Gott wendet (Lk 18,10ff.)!

Der Appellcharakter der Gleichnisse liegt häufig weniger in einer Aufforderung, konkretes Verhalten zu verändern, obwohl auch das möglich ist (Lk 16,1–7 mit dem Unterton: Es hat Zweck!). Stärker ist ein Moment der Bekräftigung, daß Gott wirklich so in Anspruch genommen werden will, wie kühnste Hoffnungen lauten.

Hörern wird mehrfach zugetraut und zugemutet, ihre partikulare Perspektive zu vertauschen mit der universalen Warte Gottes (Lk 15; Lk 18,14a). Indem sie einstimmen können in das Urteil Gottes, werden sie in die Verantwortung für das Ganze einbezogen.

Die Wirkung der Gleichnisse auf die Hörer wurde als solche nicht tradiert. Sie kann aber nicht ganz klein gewesen sein, denn die vermutlich getreue Überlieferung so großer Texte über längere Zeiten läßt auf tiefe Eindrücke schließen. Dies erlaubt den Rückschluß, daß sie ihren lebensorientierenden Zweck erfüllt haben. Insofern aber als sich Lebensängste in den Gleichnissen wiederfinden lassen, könnte die Gleichnisverkündigung Jesu stärker auf seine unbestreitbaren Heilungswunder bezogen werden, als wir bisher gesehen haben.

Sicher scheint, daß der Zusammenhalt der Jesusbewegung in sich selber noch nicht in den Blick gerät, d.h. es fehlen explizit ekklesiologische Tendenzen (und sei es in der Form von Anweisungen für das Zusammenleben von Jüngern). Allerdings beschränkt sich die Ordnung Gottes in den Gleichnissen nicht auf das Verhältnis zwischen dem einzelnen und seinem Gott (Lk 18,9–14a), sondern sie schließt den gefährdeten anderen in die Gemeinschaft ein (Lk 15).

8. Die grundsätzliche Aufgabe (und Schwierigkeit) der Hörer Jesu bestand wohl darin, den Anfangsimpuls Jesu aufzunehmen und zu bewahren. Dies gelang nicht ohne Beharrlichkeit und Beständigkeit. Zumal wenn nach Karfreitag und Ostern der Sprecher und seine Würde fraglich und thematisch wurden.

Wenn in diesem Zusammenhang Gleichnisse erinnert wurden, verwandelte sich ihre Funktion automatisch, da in der Erinnerung auch der Erzähler als der Einweiser in die Gottesherrschaft besprochen wurde. Gleichnisse erzielten dabei oft keinen Überraschungseffekt mehr, sondern bekräftigten bereits Vertrautes, Überliefertes. Ja, sie verbrauchten sich, weil ihre Bilder zu stehenden Bildern wurden.

Mit Vorsicht lassen sich in Einzelfällen Stadien der Überlieferung vermuten, die die ursprüngliche erzählerische Raffinesse, ja die poetische Provokation auf der Darstellungsebene zunächst festzuhalten, ja zu steigern suchten (Lk 11,8; 16,8a; 19,26par.).

Allerdings läßt sich ebenfalls die Domestizierung der Stoffe oft nur mit winzigen Änderungen, z.T. aber auch mit groben Eingriffen beobachten (Mt 25,14–30; Lk 14,16–24).

Möglicherweise stellte auch die überliefernde Gemeinde thematische Komplexe zusammen, in denen sich die ersten Ausleger eines gemeinsamen Sinnes ihrer Jesustraditionen vergewisserten (Lk 11,2–13; Mt 13,31–33par.).

Doch läßt sich die Überlieferungsgeschichte der Gleichnisse insgesamt nicht einfach als ein stetes Wachstum begreifen. Wie vor allem das Thomasevangelium zeigt, gab es auch (immer wieder?) Reduktionen des Textes in Richtung der funktionsnotwendigen Teile (Fabel), so daß die Geschichte der einzelnen Erzählung sich eher in einem Wechsel von Verbreiterung und Verkürzung vollzogen haben wird als in einem steten Wachstum.

Zunehmend machen sich allerdings in den späteren Schichten der synoptischen Tradition Tendenzen zur Allegorisierung bemerkbar, die die Gegenwart von der heilsgeschichtlichen Vergangenheit und der erwarteten Zukunft her deuteten (am sichersten an Mt 22,1–14 ablesbar).

Daß im Lauf der Tradierung Christologie, Ekklesiologie und Paränese in die Auslegung und Redaktion der Gleichnisse einwanderten, ist zunächst als sachgemäß anzusehen, da die Ursprungssituation nicht künstlich festgehalten werden konnte und die nachösterliche Situation verstärkt nach dem Erzähler selbst, seiner Rolle und Würde wie nach der Gruppe seiner Anhänger fragen ließ.

So erscheint der frühere Erzähler zunehmend als Figur in seiner eigenen Geschichte, sei es als Lehrer, sei es als (zorniger) Herr, sei es als Sämann oder sei es als einladender Gastgeber. – Vermutlich übertrug die frühe Gemeinde die ambivalenten Bilder (Senfkorn), die die Pole von Ohnmacht und Herrlichkeit festzuhalten halfen, von der Gottesherrschaft auch auf ihn selbst. Seine Einladung, sich auf Gottes Herrschaft und ihre Überraschungen einzulassen, wurde als Rolle thematisiert (Lk 14,15ff.). – Ebenso jedoch wie die Zuwendung und Vergebung Gottes durch Jesus in den Texten festgehalten werden, tritt er zunehmend als der künftige Menschensohnrichter in Erscheinung, dessen Maßstäben die Gemeinde zu entsprechen hat (Lk 18,8).

So wird auch in den Gleichnissen der Verkündiger zum Verkündigten, so daß die Frage nach dem oder den Erzählern in anderer Richtung gestellt werden muß. Als Sprecher fungiert jetzt nicht mehr der kreative Therapeut, sondern der Tradent, der sich, seine Gemeinde und seine Situation im alten Stoff wiedererkennt, nicht ohne in das Gewebe des alten Textes neue Fäden einzuziehen. Die Gemeinde und ihre Prediger verständigen sich nunmehr unter Rückbezug auf den Anfang über ihre Lage und ihre aktuellen Aufgaben zwischen den Zeiten.

Nach dem Karfreitag und der zunehmenden Fremdheit der geschlosseneren Gruppe in ihrer jüdischen Umgebung erhalten die Gleichnisse auch ihren polemischen Unterton, mit dem die unverständliche Ablehnung durch die Umwelt ins Bild gebracht wird. Die Absage von Lk 14,24, die Geschichtsdeutung von Mt 22,1–10, aber auch das Bild des Pharisäers, wie es sich über Jahrhunderte in den christlichen Kirchen festgesetzt hat, wurzeln in dieser apologetischen Tendenz, die die Treue gegenüber den Anfängen mit der Abgrenzung gegenüber denen verbinden mußte, die sich auf das neue Verständnis des Glaubens nicht einlassen konnten.

Dennoch darf auch der selbstkritische Unterton nicht überhört werden, der sich alsbald in der unmöglichen Möglichkeit der Verweigerung Israels auch selbst im Spiegel erblickt (Mt 22,1–14; Lk 18,9).

Wichtig scheinen die Gleichnisse auch als Selbstverständigung derer, die in dieser Bewegung klären müssen, woher sie kommen und wohin sie gemeinsam gehen.

Während der Appell an die Hörer zunächst eher darin zu suchen war, sich auf ein neues Verhältnis zu Gott, einen neuen Blick auf die Welt einzulassen, woraus dann auch verändertes Verhalten erwachsen konnte, erhalten die Gleichnisse eine wachsende ethische Ausrichtung. Sie mahnen, das kostbare, anvertraute Gut zu halten und zu mehren (Mt 25,14ff.), die Zwischenzeit für die Ausbreitung des Wortes zu nutzen (Lk 13,18f.) und die Freiräume zu gestalten, die bis zur Endzeit sich auftun (Lk 16,8ff.). Die Beharrlichkeit im Gebet (Lk 11,5–8; Lk 18,1ff.) wie die Frage, ob der eigene Glaube ausreichen wird (Lk 18,8), bestimmen die Kriterien für angemessenes christliches Verhalten.

9. Die Auslegungsgeschichte innerhalb der Synoptiker selbst und – hier nur in wenigen Beispielen – jenseits der Kanongrenzen zeigt, wie das Bildmaterial der Gleichnisse genutzt, abgenutzt, umgeprägt, wiederentdeckt, mit neuen

und stehenden Metaphern verbunden und jeweils auf eigene Probleme und Konstellationen angewandt wurde. Die Bildwelt ging ein in den Vorrat der geläufigen Metaphern, in den Bereich des Selbstverständlichen und Gewohnten, mit dem Verständigung z.T. gegen den ursprünglichen Sinn (Lk 18,10ff.) gesucht wurde. Dabei unterliegen die Gleichnisse wie jedes sprachliche Mittel einem Verschleiß, ja, der Gefahr des sinnwidrigen Gebrauchs. Sie lassen sich nicht konservieren, sondern verweisen den, der ihre Lebendigkeit in der Auseinandersetzung mit konkreten Menschen und ihrer erkennbaren Not schätzen gelernt hat, auf die Suche nach dem jeweils neuen hilfreichen Wort.

10. Das bedeutet nicht, daß wir uns nicht in die Sprachschule dessen nehmen lassen können, dem so zu reden zu Gebote stand, daß man ihm seine Kompetenz, seine Vollmacht abnahm. Da es sich um poetische Erfindungen von Rang handelt, lohnt es sich, nach der überraschenden Pointe der Gleichnisse damals zu fragen. Eine beschreibbare und bestimmbare Unschärfe werden sie behalten, auch und gerade dann, wenn Exegese sich ihrer Aufgabe stellt. Dennoch macht es immer wieder auch den Reiz der historisch-kritischen Arbeit aus, die Pointe der Gleichnisse als Überraschung zu entdecken. Solche Entdeckungen haben gewiß etwas von dem Reiz ursprünglichen Hörens. Dieser Reiz aber läßt sich genau so wenig konservieren, wie die Gleichnisse selbst als Sprach- bzw. Verkündigungsereignisse konservierbar waren.

11. Die Geschichte der Auslegung der Gleichnisse innerhalb und außerhalb des Kanons ist als eine Geschichte des Abfalls vom reinen Ursprung mit Sicherheit verzeichnet. Sie enthält auch in den allegorischen Auslegungen schöne Bilder und überraschende Metaphern. Dieser Reichtum der Auslegung hat seine guten Gründe. Sie finden sich zum einen in den verschiedenen Situationen, in denen sich die Hörer befinden. Ihnen mit Empathie zu begegnen, rät auch das Beispiel des Autors der Gleichnisse. Die Hörer bedürfen der konkret veränderten Zusage und der pointierten aktuellen Zumutung. Der Reichtum ergibt sich aber auch daraus, daß die Gleichnisse selbst nicht auf ständige monotone Wiederholung eines festgelegten Textes aus sind, sondern auf ein Spiel mit den Bildern und auf die konkreten Entdeckungen, die den dunklen Horizont aufreißen und den Himmel offen sehen lehren. Wer aber so angeleitet Entdeckungen in der Sprachschule des Meisters der Gleichnisse macht, wird wohl auch zu eigenen – mehr oder weniger gelungenen – Gleichnissen befähigt.

12. Bleiben Fragen offen? Gewiß. – Die erste ergibt sich aus dem hier begrenzten Textfundus. Der methodische Anspruch dieser Überlegungen ist erst erfüllt, wenn jede Bildrede in den synoptischen Evangelien so untersucht werden kann. Insbesondere fehlt eine systematische Untersuchung der Wortmetaphern Jesu im Verhältnis zu seinen Gleichnisreden. Auch die entschiedenen Gerichtsgleichnisse, wie Lk 12,39f.42ff. u.a., bedürfen einer ähnlich

gründlichen Untersuchung, bei der besonders auf das Verhältnis von Polemik und Metaphorik zu achten wäre. – Der weiteren Klärung bedürftig ist gleichfalls das Verhältnis der Wunder Jesu zu seinen Gleichnissen, besonders der Vorstellung von seinem wunderwirkenden Wort. – Ebenso bleibt die Analyse der Korrespondenz von nichtmetaphorischer Logienüberlieferung und der Bildersprache ein Desiderat. Gibt es Themen, die sich nur in dem einen oder anderen Komplex finden? Wie erklärt und ergänzt der eine den anderen Bereich?

Kapitel IV
Gleichnisse predigen – Gleichnisse erzählen – Gleichnisse erfinden?

Ein Nachwort

Da die Reflexion über das Verständnis der Gleichnisse sich nicht allein auf das Gespräch der Exegeten untereinander beschränkt, könnte es Sinn haben zu beschreiben, welche Folgerungen für die Predigt[1] der Gleichnisse[2] aus den hier vorgelegten Überlegungen abgeleitet werden dürfen[3]. Dabei kann es entsprechend dem hier vertretenen Ansatz bei der Vielfalt der Gleichnisse und ihrer variierenden Auslegung bereits innerhalb des Kanons keinesfalls um Normen gehen, die die Predigt uniformieren wollen. Stattdessen sollten Erfahrungen, Perspektiven und Empfehlungen gesammelt werden.

In der Praxis helfen erfahrungsgemäß Appelle wenig, aber das Einleuchtende setzt sich zwanglos durch[4]. Eine Homiletik der Gleichnisse kann an dieser Stelle nicht in umfassender Weise geboten werden, aber Fragen und Anregungen aus der einen Zunft an die andere dürfen wohl zum Zweck der Verständigung weitergegeben werden.

1. Wenn es wahr ist, daß Gleichnisse ihr Ziel in einer Pointe erreichen, dann ist die nachträgliche Auslegung dieser Pointe ebenso unangemessen wie die Erläuterung eines Witzes, stellt mindestens aber einen sekundären Gebrauch dar. Denn Pointen zünden von selbst.

Da die kühnen Metaphern und Gleichnisse Jesu ihren Sinn wie alle kreative Bildsprache in ihrem konterdeterminierenden Kontext[5] gewannen, dieser sich aber aus der damaligen kommunikativen Situation herstellte, die wir besten-

---

[1] Damit ist selbstverständlich nicht gemeint, daß sich die Gleichnisauslegung durch den Blick auf die möglichen Folgen für die Predigt instrumentalisieren lassen dürfe. Dennoch scheinen die Konsequenzen der hier gesammelten Beobachtungen sich auch für die Predigt so aufzudrängen, daß sie kurz skizziert werden sollen.

[2] Zum Problem vgl. ZIEMER, Text 241ff.

[3] Zu diesem Komplex vgl. die Arbeit von DUTZMANN, Gleichniserzählungen, die an dieser Stelle ausgewertet und ergänzt werden kann.

[4] Zum Unterschied in der Durchsetzung exegetischer Theorien vgl. DUTZMANN, Gleichniserzählungen 127–131. Es läßt sich ergänzen, daß LINNEMANNS Entwurf sich trotz gewisser Abhängigkeiten von JEREMIAS gerade katechetisch häufig genutzt findet.

[5] Vgl. dazu oben I.2.

falls erahnen können, sind die Gleichnisse seit ihrer ersten Überlieferung jedoch der Interpretation bedürftig.

2. Doch bereits zu Beginn jeder Beschäftigung mit der biblischen Bildersprache drängt sich das Phänomen der Gleichnisse als Gebrauchs- und Verbrauchstexte auf, denn fast genauso schwierig wie die Rekonstruktion des ursprünglichen Sinnes dürfte das voraussetzungslose Ersterlebnis für den heutigen Leser/Hörer sein. Die Texte begegnen schon immer als durch Unterricht, Predigt, geläufige Sprachmuster oder durch Kunst ausgelegte und bringen ihre Deutungen mit[6]. Sie haben eine Geschichte von „Unverständnissen, Mißverständnissen und Scheinverständnissen, mit einer heimlichen oder offenen Verdrehung ihrer eigenen Botschaft“[7] hinter sich, wodurch die Hörer „jedenfalls nicht auf Neues, sondern auf scheinbar oder wirklich Bekanntes, mit allen Urteilen und Vorurteilen, die man dem Bekannten immer schon entgegenbringt,“[8] treffen. Für viele Gleichnisse gilt dabei, daß ihr Thema und ihre Aussage bereits so festzuliegen scheinen, daß ihr Erzählcharakter, d.h. die dem Drama eigene Spannung, nicht mehr realisiert werden kann.

Dieses Phänomen, das Predigthörer[9] und Prediger gleichermaßen betrifft[10], bietet neben den zutageliegenden Gefahren auch Chancen, wie die der ‚Erinnerungsarbeit‘[11]. Es gehört jedenfalls zu dem Bereich, der als „Kenntnis der Lage“ beim Prediger erwartet werden darf[12].

3. In der Perspektive vom Text zur Predigt[13] legt es sich nahe, den als

---

6 Dazu grundsätzlich DUTZMANN, Gleichniserzählungen 14f., und im besonderen für die Gleichnisse 163f.

7 LANGE, Chancen 215.

8 LANGE, Chancen 215f.

9 Vielfach gilt das auch schon für kirchlich sozialisierte Kinder im Unterricht, obwohl in der Christenlehre bzw. im Religionsunterricht, zumal im säkularisierten Umfeld der ehemaligen DDR, häufiger eine Unkenntnis der Texte zu erwarten ist. Allerdings stellt sich dann die jetzt nicht zu behandelnde Aufgabe, wie Texte und Probleme der Erwachsenen auf die andere Erlebnis- und Urteilsfähigkeit von Kindern bezogen bzw. in ihre andere Lebenswelt eingebracht werden können und dürfen.

10 DUTZMANN, Gleichniserzählungen 160f.163f. Neuere Formen der Bibelarbeit bzw. das Bibliodrama machen sich häufig diesen Effekt zunutze, indem sie dieses abrufbare Wissen zu Anfang längerer Beschäftigung aussprechen lassen, so daß es auch zu einer fruchtbaren Spannung zwischen dem Vorwissen und der aktuellen Auseinandersetzung mit dem gewählten Text kommen kann, der häufig ein Gleichnis oder ein anderer bildhafter bzw. symbolhaltiger Text ist.

11 Schließlich ist es erfahrungsgemäß leichter, Predigten wiederzugeben, die sich auf einen erzählenden Text beziehen, der bereits bekannt war, als solche über argumentierende Epistelabschnitte. Insofern gehören die Gleichnisse gewiß zu den elementaren Texten, die der immer neuen Bemühung bedürfen.

12 Vgl. dazu LANGE, Zur Theorie und Praxis der Predigtarbeit: Predigen, 9–51, hier 39 „Kenntnis des Vorverständisses der Gemeinde von der christlichen Überlieferung“.

13 Zu ihrer deutlichen Begrenztheit, die ein ungeklärtes Vorverständnis und die fehlende Kenntnis der Lage gelegentlich als Unterordnung unter ‚das Wort‘ versteht, LANGE, Predigen 35ff.

jeweils ursprünglichen Sinn eruierten Skopos eines Gleichnisses zum rhetorischen Gebrauch auf der Kanzel anzubieten[14]. Schon der erste homiletische Entwurf, der sich an Jülichers Entdeckungen anschloß[15], entwarf eine Predigtanweisung, die sich sehr nahe an den ursprünglichen kommunikativen Sinn der Gleichnisse des historischen Jesus halten wollte[16]. Abgesehen von dem Reiz der Entdeckung für den exegetisch suchenden Prediger, der in abgeleiteter Weise auch wohl immer ein Reiz der Neuheit ist[17], sprechen für ein solches Verfahren der spontan-kreative Ursprung und die Konsistenz der jesuanischen Gleichnisse[18], die auch für den Predigthörer eine Entdeckung anbieten können. Die poetische Qualität und die theologische Substanz dieser größten zusammenhängenden Zeugnisse des Predigers aus Nazareth werden immer wieder zur intensiven Betrachtung locken, weil fast alle unterscheidbaren Funktionen eines Predigttextes bei diesen komplexen Gebilden erfüllt werden[19]. Allerdings mit einer charakteristischen Ausnahme: Die psychologische Störung als Zwang zur Auseinandersetzung mit einem *fremden* Text wird zunächst so gut wie nicht erfolgen, eher kämpft der Prediger (s.o.) mit dem Problem der scheinbaren oder wirklichen Vertrautheit[20]. Schon das Fremdwerden bekannter Gleichnisse als Aufhebung der Scheinvertrautheit kann einen ersten gelungenen Schritt zur fruchtbaren Auseinandersetzung bedeuten.

Eines allerdings dürfen die Exegese und die Predigtlehre ausdrücklich nicht:

---

[14] Vgl. dazu DUTZMANN, Gleichniserzählungen 152–154.

[15] GEHRKE, Behandlung 1–11.

[16] Im Unterschied zu JÜLICHER, dessen Wirkung für die evangelische Predigt des 20. Jahrhunderts offenbar einschneidend war, gibt es für den lange Zeit verbreitetsten Kommentar von JEREMIAS – jedenfalls in den von DUTZMANN untersuchten Texten – keine vergleichbaren Spuren in den Predigtsammlungen. Seine Deutung der Gleichnisse als Polemik, seine Betonung der ipsissima vox und die Dimension der sich realisierenden Eschatologie waren offensichtlich schwer umsetzbar. Wenn DUTZMANN, Gleichniserzählungen 131, recht hat, dann ist es JEREMIAS „überhaupt erst zu verdanken, daß die Einsicht Jülichers in den nicht-allegorischen Charakter der Gleichnisse auch unter Predigern zum Allgemeingut wurde." Ob sich diese These insgesamt gesehen halten läßt, könnte erst eine Überprüfung an verbreiteten Predigtmeditationen erweisen.

[17] Der von DUTZMANN, Gleichniserzählungen passim, fast zur Fundamentalkategorie erhobene ‚Neuigkeitswert' ist zwar von ihm gewiß nicht mit einem Informationswert gleichgesetzt, bleibt mir aber dennoch höchst fraglich. Zum Problem vgl. K.P. HERTZSCH, Predigt 887ff., nach dem erste Aufgabe der Predigt darin besteht, daß der Hörer seine Wirklichkeit wiederentdeckt, also Reaktionen provoziert wie „Das ist wahr. Ja, so geht es einem..." (888). Dann darf sicher auch die überraschende Erfahrung angestrebt werden. Aber, läßt diese sich als Überraschung auf Dauer stellen?

[18] Besonders akzentuiert HARNISCH, Gleichniserzählungen 312–314, den Verlust an persuasiver Kraft und imaginativem Sinn, der dann eintritt, wenn man sich nicht mehr auf das pure Gleichnis Jesu einläßt, sondern es zu einem Text im Text macht, der notwendigerweise allegorische Züge erhält.

[19] DEMKE, Predigttext 19–23, unterscheidet die psychologische (Störungsfaktor), die kerygmatische, die dogmatische, die homiletische und die kommunikative Funktion.

[20] Beispiele für diesen Effekt des „längst bekannt und schon tausendmal gehört" bei DUTZMANN, Gleichniserzählungen 161.

Sie können den Prediger nicht dafür verantwortlich machen, daß sich jetzt und hier das *Ereignis* wiederholt, das die Gleichnisse einst gewesen sind[21].

4. Innerhalb dieser Konzentration auf die Urform dürfte es besonders lohnend sein, die Parabeln und Beispielgeschichten als Erzählungen wahrzunehmen[22]. Die Dramatik, die List bzw. die – auch im Naturgleichnis anzutreffende – Regelverletzung wären so zu beobachten, daß die sich daraus ergebenden Spannungen für die Auslegung fruchtbar gemacht werden und aus der Spannung heraus auch die Pointe als Pointe nacherlebbar wird[23]. Daß dabei der Prediger auch erzählen darf, ja soll, gehört zu den ebenso richtigen wie landläufigen Erfahrungen.

Allerdings wird das nicht gelingen, ohne daß in irgendeiner Weise die Spannung zwischen dem Gleichnis und dem konterdeterminierenden Kontext repräsentiert und so zugleich die ursprüngliche Fremdheit des überlieferten Textes nacherlebbar wird[24]. Ob dieser Kontext in einer Rahmenerzählung oder durch die ausführende, schildernde Darbietung des Gleichnisses oder durch die Umsetzung der Fabel in die Moderne geliefert wird, wodurch der Kontext vorausgesetzt werden kann, aber nicht expliziert werden muß[25], darf dem Stil- und Taktempfinden des Predigers überlassen werden.

Im Gegensatz zu dem Versuch, aus den Gleichnissen eine quasi-objektive und somit auch selbstwirksame Textgattung werden zu lassen[26], kann dieses Moment zunächst nur der Verständigung des Predigers mit der Gemeinde über den (alten) Text zugerechnet werden. Erst wenn dabei eine Verschränkung

---

[21] Dabei gehe ich mit LANGE, Chancen 214, davon aus, daß es nicht in der Verfügung des Predigers liegt, „daß durch das Zeugnis der Predigt Gott zum Glauben und der Glaube zur Gewißheit Gottes kommt… Daß der Mensch glaubt, steht bei Gott. Daß er versteht, *was* er glaubte, *wenn* er glaubte, und wie das Verstehen ihn in Bewegung brächte, das ist die Verantwortung der Kirche".

[22] Vgl. ZIEMERS Rat, Text 243, „nicht beweisend", sondern eher assoziativ den Predigthörer an das Gleichnis heranzuführen.

[23] GEHRKE, Behandlung 6: „Die Predigt muß darüber(!) aus sein, die eigentümliche Anschaulichkeit und Lebendigkeit der Gleichnisbilder den Hörern zu erhalten bzw. zugänglich zu machen."

[24] Wie diese Spannung zwischen dem Text und dem damaligen Kontext fruchtbar gemacht wird, durch eine narratio oder eine Transposition der Story oder durch die Beschreibung eines Problemhorizontes, auf dem das Gleichnis wieder leuchten mag, ist eine Sache der homiletisch-rhetorischen Kunst. Im Grenzfall können natürlich schon der Kirchenraum und die Predigt den konterdeterminierenden Kontext hergeben, wenn es dem Prediger gelingen sollte, die Erzählung als die von *weltlichen* Begebenheiten zu schildern.

[25] Klassisches Beispiel dafür ist die Interpretation antiker handelnder Personen(gruppen), z.B. aus Lk 10,30ff., durch entsprechende moderne. Welche neuzeitlichen ‚Funktionäre' laufen an einem Halbtoten vorbei?

[26] Vgl. SCHÜTZ, Probleme 89: „… durch solches Erzählen und Ansagen im Gleichnis (geschieht) das Kommen der Gottesherrschaft *mit Macht* … und (wird) wunderbar Ereignis …". „Es geht um die durch das Gleichnis im Erzählen und Ansagen hereinbrechende *Macht und Gewalt* von Gottes königlichem Herrschen …" (Hervorhebung C.K.). – Wenn ich richtig sehe, ist der Entwurf von JÜNGEL nicht selten so aufgefaßt (und mißverstanden) worden, daß die Gleichnisse automatisch wirkten.

zwischen der antiken und der modernen Hörerperspektive gelingt – und diese ist keineswegs überall und jederzeit gegenüber jedermann möglich[27], wird sich die Pointe des Gleichnisses damals zu einer Pointe im Glauben und Leben des heutigen Hörers entwickeln *können*[28].

5. Der vielfach vorherrschende Bezug auf den jesuanischen Sinn darf sicher nicht denunziert werden, bedarf aber der Ergänzung und der Sicherung vor dem anachronistischen Gebrauch, wie ihn die Leben-Jesu-Forschung pflegte. Denn schon die Auslegungsgeschichte zeigt, wie in die Bildwelt der Gleichnisse ganz andere Erfahrungen und Inhalte aus Christologie, Theologie, Ekklesiologie und Paränese einwandern und ihre jeweiligen Kontexte, Konflikte und Geschichten mitbringen. Schon im Kanon waren die Gleichnisse verformbar und sind mehr oder weniger ohne Rücksicht auf ihren ursprünglichen Sinn ausgebeutet worden[29]. Diese Umprägungen kann man nicht nur als Ausgrabungsschutt zur Seite schaffen, sondern es lohnt sich u. U., die in ihnen enthaltenen kirchengeschichtlichen Erfahrungen als eigene Schicht der Ausgrabung zu dokumentieren, zu bedenken und – zu predigen. Das ist als Möglichkeit vorwiegend für die explizite Christologie der frühen Tradenten anerkannt[30]. Denn selbst bei der Intention, allein zu verkündigen, was Jesus sagte, wird der Text vom Hörer nie gleichursprünglich aufgenommen werden können, da er ein *Jesustext* bleibt, also die Rezeption von einem Vorwissen über den Erzähler und seine Autorität regiert wird[31].

Zwei verschiedene Wege zu christologischer Gleichnispredigt sind beschritten worden: (a) der Bezug der Verkündigung und des Verhaltens Jesu (samt der in ihnen enthaltenen Provokation) auf sein Geschick bis hin zu Kreuz und Auferstehung am Beispiel des einzelnen Predigttextes[32]; und (b) der Versuch, den Erzähler zu erzählen, indem seine Situation ins Bild gerückt wird[33].

---

27 Zu den homiletischen Mitteln, solche Perspektive in der Predigt, in der Bibelarbeit oder anderswo zu gewinnen, die die Auseinandersetzung mit den Texten stimuliert, vgl. ZIEMER, Text 230–232.

28 Vgl. dazu BALDERMANN, Didaktik 138: „... im Auffinden des Bezuges zu unserem Leben, liegt das hermeneutische Kernproblem der Gleichnisexegese...". Dieses Auffinden ist für BALDERMANN Teil der „Entfaltung", derer die „dichte und geladene Sprache" zur Erschließung bedarf (55).

29 Vgl. dazu BALDERMANN, Didaktik 138.

30 Vgl. das Programm WEDERS, Gleichnisse bes. 98: „Da die ursprünglichen Jesusgleichnisse Vorgriffe auf das Ereignis der Nähe Gottes zur Welt (die Auferweckung des Gekreuzigten) sind, war eine christologische Interpretation der Gleichnisse unvermeidlich, damit sie als Gleichnisse *Jesu* überliefert werden konnten. Die christologische Auslegung ist demnach Ausgangspunkt für den im Rahmen christlicher Verkündigung vorzunehmenden Gegenwartsbezug." Vorsichtiger HARNISCH, Gleichniserzählungen 312ff., der den „Sprachverlust im Sprachgewinn" genauer konstatiert.

31 Als Gegenprobe böte sich der Versuch einer Auslegung der „Unbekannten Jesusworte", d.h. apokrypher Texte an, die z.T. sowohl poetisch wie theologisch höchste Ansprüche erfüllen. Zu denken wäre etwa an ThEv 82: „Wer mir nahe ist, ist dem Feuer nahe; wer mir fern ist, ist dem Königreiche fern".

32 Zu solcher christologischer Predigt der Gleichnisse vgl. DUTZMANN, Gleichniserzählun-

Beide Wege haben ihr gutes Recht, weil sie einerseits den Text nicht künstlich isolieren, sondern den Zusammenhang des Wirkens Jesu festhalten; andererseits läßt sich wohl am Geschehen, das die Gleichnisse repräsentieren, die Entstehung der Christologie insofern verdeutlichen, als die poetische und therapeutische Kunst des Erzählers den Anhalt christologischer Titel an der historischen Gestalt plausibel machen kann.

6. Dennoch lassen sich die innerkanonischen Interpretationen der Gleichnisse keineswegs allein auf die Christologie oder auf den Umbruch von Karfreitag und Ostern verrechnen.

Die Situation des Hörers in der Jesusbewegung bzw. in der christlichen Gemeinde hat sich bereits dadurch verändert, daß er schon beim zweiten Gebrauch des Textes[34] nicht mehr die Unmittelbarkeit des Anfangs, das Aha-Erlebnis, die unverhoffte Entdeckung, die Freude am Neuen oder den therapeutischen Effekt spüren muß. Vielmehr wird ihm der Text nunmehr mit einem *Anspruch* darauf vorgetragen, der keineswegs nur darin besteht, den Ersteindruck zu wiederholen, sondern von ihm wird zusätzlich die Treue zum Ursprung verlangt. Das kann als lebendige Erinnerung noch einen Abglanz des ersten Aufbruchs haben, kann zunächst auch eine neue Entdeckung in dem dichten Textgewebe ermöglichen, kann womöglich noch den therapeutischen Effekt stabilisieren, wird aber von Zitat zu Zitat blasser werden.

Es ist daher kein Zufall, wenn manche Gleichnisse eine paränetische Klangfarbe erhalten, die der jesuanischen Pointe so nicht entspricht[35].

Derselbe Effekt tritt auch dann unabwendbar ein, wenn ein Gleichnis bzw. ein anderer Text heute in intensiver Weise erarbeitet und nacherlebt worden sind[36]. Es kann sein, daß sie bei der Wiederbegegnung sich jeweils in einem

---

gen 143–148.157, zu BONHOEFFERS christologischer Homiletik aus dem Finkenwalder Predigerseminar. Bei den konkreten Predigtbeispielen findet DUTZMANN noch unterschiedliche christologische Motive: Bezüge auf die Menschwerdung, die Heilsbedeutung des Todes Jesu und eine martyrologische Deutung (Tod als Konsequenz seines Verhaltens) sind im einzelnen zu unterscheiden.

[33] Vgl. dazu DUTZMANN, Gleichniserzählungen 145ff. Das wird natürlich dann befördert, wenn die Perikopeneinteilungen einen Kontext bieten wie bei Lk 10,25–37 (Ordnung der Predigttexte von 1978 [OTP]: 13. Sonntag nach Trinitatis). Dieser Versuch, den Erzähler zum Gegenstand von Erzählung zu machen, entspricht dann in manchem dem oben unter 4. vorgeschlagenen Weg der narratio.

[34] Dieses Phänomen ist natürlich nicht auf Gleichnisse beschränkt.

[35] Wie Mt 25,14ff. in unserer Auslegung zeigt, bekommen auch Aufforderungen zur Nachfolge sekundär eine mahnende Interpretation, die sie zum Gebrauch für jedermann umwidmet.

[36] Der Gewöhnungseffekt, den DUTZMANN, Gleichniserzählungen 171–175, mit Recht für das Mittel der Verfremdung der Texte nach BASTIAN prognostiziert, tritt auch bei seinem eigenen Vorschlag, der Wahrnahme der ästhetischen Autonomie des Gleichnisses nach HARNISCH, Gleichniserzählungen 175ff., mit Notwendigkeit ein. Sicher ist es reizvoll und aufschlußreich, sich auf das Spiel bzw. die Spannung im Gleichnis einzulassen und die neu eröffnete Möglichkeit „radikal verstandener Liebe, Freiheit und Hoffnung" (HARNISCH, a. a. O. 165) durch das Gleichnis im eigenen Leben zu entdecken. Doch diese „Zumutung des Neuen" (HARNISCH, a. a. O. 155; vgl. DUTZMANN, a. a. O. 166) wird sich – hoffentlich – aus den

neuen, aufschlußreichen Licht zeigen, es kann aber auch die Gewöhnung eintreten, die für den Reiz der Neuheit tödlich ist[37].

Wer diese Ursprünglichkeit und diese Überraschung sucht, wird seinerseits im Namen Jesu neue Bilder und Gleichnisse prägen (müssen), indem er sich vom Erzähler Jesus anregen läßt[38]. Da man dies zwar wünschen, aber nicht erzwingen, Kreativität und Kompetenz (der Predigt) fördern, aber nicht normieren bzw. erarbeiten kann, bleiben solche *Sprachereignisse* kontingent[39], wenn auch nicht unmöglich[40].

In dieser Weise läßt sich wohl die These Jüngels aufnehmen und vor einer unangemessenen Objektivierung sichern, daß die in den Gleichnissen geübte analogische Rede die ausgezeichnete und unersetzliche Weise menschlicher Annäherung an „Gott als Geheimnis der Welt" darstellt[41].

7. So liegt es dann, wenn der Prediger sich auf ein Gleichnis als Text zurückbezieht[42], immer noch und immer wieder in seiner Verantwortung, welche der verschiedenen Textgestalten der analytisch getrennten Tradition er seiner Predigt konkret zugrundelegt. Die Freiheit zu solchem unterscheidenden Gebrauch liegt bereits in der Kanonisierung der vier Evangelien, die so unterschiedliche Fassungen einer Geschichte wie Lk 14,15ff. und Mt 22,1ff. anbot. Insofern ist jede grundsätzliche Festlegung des Predigers durch andere

---

Anfängen heraus auch in das Gebet um das donum perseverantiae verwandeln, oder es bleibt beim anfänglichen Jasagen.

37 Zu den Problemen der Rückbindung an das Schriftwort vgl. ZIEMER, Text 209.

38 JÜNGEL, Gott 398f., läßt die Frage offen, „ob Metaphern und Gleichnisse, nachdem sie einmal geglückt sind, wieder entbehrlich werden". Nach unseren Beobachtungen werden sie sicher nicht entbehrlich, weil die in ihnen möglichen Entdeckungen der Wirklichkeit Gottes unentbehrlich sind, lassen sich aber als soziale (JÜNGEL, Gott 397f.) und eben auch geschichtliche Ereignisse nicht konservieren. Insofern scheint die auch von JÜNGEL meditierte Kategorie des sakramentalen Verbrauchs (402f.) nicht weit entfernt von der exegetisch beobachtbaren Wirklichkeit.

39 Insofern sind auch die chassidischen Gleichnisse, die SCHRAMM/LÖWENSTEIN, Helden, anführen, oder die (wenigstens teilweise) kräftigen Gleichnisse, die THOMA/LAUER aus PesK ediert und kommentiert haben, hilfreich und predigtfähig.

40 Die oben bereits angeführte Anekdote von dem Soldaten, der Napoleons Pferd in die Zügel fiel, als es drohte durchzugehen, halte ich bei genauerem Hinsehen im Kontext des württembergischen Konfirmationsbüchleins für ein damals vorzügliches Gleichnis. BAUSINGER, Formen 219, zitiert sie aus FRIEDRICH BAUM: Erzählungen und Erläuterungen zum württembergischen Konfirmationsbüchlein. Stuttgart 1908, 46. Auf den Dank des Kaisers an seinen mutigen *Soldaten*: „Danke, *Kapitän*!" reagiert der mit der selbstbewußten Rückfrage: „Bei welchem Regiment?" Die Antwort des Geretteten lautet: „Bei meiner Garde!". – Wenn die pietistisch geprägten Sammler den gesunden Stolz des einfachen Soldaten im Umgang mit dem Kaiser realisiert haben, dann sind in der Geschichte Dimensionen des Glaubens an das wirksame Wort Gottes enthalten, die nur mit erheblichem Argumentationsaufwand erläutert und Konfirmanden sonst kaum plausibel gemacht werden könnten.

41 Zur theologischen Bedingung der Möglichkeit solcher Analogie vgl. JÜNGEL, Gott 391–393.

42 Zur möglichen, aber *praktisch* schwierigen textlosen Predigt vgl. DEMKE, Predigttext 18.23f.; ZIEMER, Text 213.

auf eine, etwa die erste Stufe theologisch und praktisch falsch[43]. Die *Geschichte* der Predigt, die bereits innerkanonisch feststellbar ist, mag dazu ermuntern, diese Geschichte in je eigener Verantwortung für die Verkündigung der Offenbarung Gottes in Jesus Christus fortzusetzen. So bleibt es natürlich sinnvoll, Lk 18,1–8 als Ermutigung zum Gebet zu behandeln, auch wenn die ursprüngliche Geschichte vermutlich nicht einen gottlosen Richter mit Gott verglich. In diesem Zusammenhang beginnt die Entscheidung und Verantwortung des Predigers bereits mit der Wahl des vorzulesenden und damit zu interpretierenden Textes[44] und Kontextes, die ihm durch die Ordnung der Predigttexte nicht abzunehmen ist[45].

Daß dabei keine reine Willkür walten kann, zeigen die Kriterien, die hier zwar nicht mehr aus der Exegese allein erhoben werden können[46], die aber die Verantwortung des Predigers beschreiben lassen[47]. Um wenigstens anzudeuten, was dazu gehört, weise ich auf die notwendige Fähigkeit des Predigers hin[48], der die „homiletische Situation" (E. Lange) bestimmen können sollte. Daraus ergäbe sich, ob eine Nachfolgegeschichte mit ihrem ungeheuren Anspruch seiner (Predigt-)Gemeinde angemessen ist, oder ob ihr eher die Größe und Kostbarkeit des anvertrauten Pfundes anschaulich werden sollte. – Aus der Sprachschule des ersten Erzählers läßt sich weiterhin lernen, daß die Sprache und der Erfahrungshorizont der Hörer das scharf zu beobachtende Medium der

---

[43] Mit DUTZMANN, Gleichniserzählungen 167–170, der allerdings seine eigene These 170f. faktisch wieder aufhebt.

[44] Wer das Gleichnis *Jesu* predigend auslegen will, muß der Gemeinde auch irgendwann innerhalb des Gottesdienstes mitteilen, welcher Text ihm dafür auf dem Schreibtisch vorlag. Da Einleitungsfragen natürlich nicht auf die Kanzel gehören, muß dafür eine Form (und sei es eine verkürzte Lesung) gefunden werden. Die übliche Evangelienlesung, der dann aber die auf den Jesustext bezogene Verkündigung folgt, ist für den Hörer verwirrend und daher schlicht lieblos.

[45] So ist in der Reihe III der OTP für Rogate Lk 11,5–13 als Text vorgeschlagen. Der Prediger hat m.E. dabei zu entscheiden, ob er entweder die Selbstverständlichkeit und die gottgewährten Grundlagen des Gebets (Lk 11,5–7.9–12) *oder* die enttäuschenden Erfahrungen (Lk 11,5-*8*) *oder* das eigentliche Gebetsziel nach Lukas 11,13 (πνεῦμα ἅγιον) zum Thema seiner Predigt wählt. Natürlich bleibt auch eine Homilie denkbar, die die verschiedenen Fragen abhandelt. Ob sie allerdings hör- und rezipierbar ist, sei dahingestellt. – Schwieriger, wenn auch exemplarisch, wird eine Entscheidung zu Lk 14,15–24, wo OTP immerhin schon V15 zur Disposition stellt. Hier wäre aber der Prediger, wenn er sich denn auf die jesuanische Stufe bezieht, gefordert, entweder eine eigene Übersetzung etwa im Rahmen der Predigt anzubieten, mindestens aber eine Nacherzählung, die einen erheblichen Akzent auf das Freudenfest legt. Die andere Wahl, ein Bezug auf die Q- oder Lukasstufe, sollte wohl auch überzeugend den heilsgeschichtlichen Vorzug derer schildern, die zu dem Mahl κατ' ἐξοχήν geladen sind.

[46] Sofern man nicht die kommunikative Situation zwischen dem Gleichniserzähler und seinen vermutlichen Hörern einerseits und die Regelmäßigkeiten der Variationen über die Gleichnisse Jesu in den Synoptikern andererseits dazu rechnen will.

[47] Hier überschreitet der Exeget endgültig die Grenzen seines Faches und überläßt die Präzisierung gerne der Nachbardisziplin.

[48] Vgl. dazu BUNNERS, Hörer 168–175; DUTZMANN, Gleichniserzählungen 186, und die dort referierte Literatur.

Verständigung darstellen. – Schließlich gibt es so etwas wie die vorbildliche Mehrdimensionalität hilfreicher Texte, die sowohl über Gott und Mensch Auskunft geben, damit aber schon etwas vom Hörer wollen und kaum ohne expressive Elemente überzeugend sein werden. Wenn dazu schließlich gefordert werden muß, daß der Stoff, der Darstellungsaspekt, die Kundgabe und der Hörerbezug echt sein sollen, mithin sich nicht gegenseitig aufheben dürfen, dann ist mit anderen Worten etwas davon angedeutet, warum das Wort, das am Anfang war, per se schöpferisch, also Ereignis, ist und damit unverfügbar bleibt. Das geschenkte Gelingen in dem einen oder anderen Fall läßt sich nicht reproduzieren. Der Mensch, der *sein* will wie der Zöllner, hat die Gerechtigkeit bereits verfehlt[49].

8. Schließlich ein letztes Wort zur Allegorie[50] als Textsorte und zur Allegorese als Auslegungsmethode. Beide halte ich in der Predigt – trotz der anderslautenden, fast unbestrittenen Konvention historisch-kritischer Exegese – nicht für ausgeschlossen, wenn auch nur als Grenzfall möglich, freilich dann (und nur dann), wenn der Theologe weiß, was er tut[51]. Dann also, wenn mit beidem nicht der Anspruch erhoben oder erweckt wird, daß es sich um eine getreue Wiedergabe des biblischen Textes handelt, sondern wenn im Spiel mit dem Material die Freiheit und Bindung der Kinder Gottes gefördert werden[52]. Die notwendigen und hinreichenden Kriterien, die dabei gelten müßten, wären die theologische Angemessenheit[53], die die kommunikative Dimension einschließt, und das ästhetische Gelingen der Allegorie bzw. der Allegorese[54]. Im

---

[49] Damit ist natürlich nichts gegen die Übernahme seines Gebets in die Liturgie gesagt. Vgl. auch die in II.8 zitierte Parodie des Pharisäergebets von Beda Venerabilis.

[50] Vgl. etwa die höchst aufschlußreiche (und amüsante) Allegorie über den Prediger als „Hamletdarsteller" bei LANGE, Predigen 143, der unter dem Titel „Gepfiffen wird immer" die Unmöglichkeit darstellt, allen Anforderungen an die Berufsrolle des Predigers zu genügen.

[51] Insofern meine ich, nicht wieder hinter JÜLICHER zurückzufallen, wenn ich für eine zweite Naivität auch im Umgang mit den Gleichnissen plädiere. Falls die Gleichnisse auch ein für das staunende Auge des Publikums inszeniertes Spiel waren, dann sollte etwas von der heiligen spielerischen Leichtigkeit bewahrt bleiben, auch wenn die exegetische Rüstung natürlich eher schwere Füße macht.

[52] Einer meiner Lehrer, HANSJÜRGEN SCHULZ, hat in den sechziger Jahren vor Studentenpfarrern Lk 10,30–35 gepredigt, also vor Kollegen, die sowohl den ethischen Kontext wie die damals übliche Ehrenrettung von Priester und Levit zur Genüge kannten. Darum griff er auf die alte christologische Deutung des Samaritaners zurück, der sich der unter die Sünde gefallenen Menschheit erbarmt. Auf die selbst gestellte Frage aber, wo wir, die Theologen, denn dabei vorkommen, verwies er nicht in der herkömmlichen Weise auf den Herbergswirt, sondern auf – den Esel! Er gewann also aus dem alten Bildfeld die neue und kühne Metapher für den Pfarrdienst: Esel Gottes. – Soll der Exeget, ja kann er das verbieten?

[53] Die oben unter II.6.1. zitierte Auslegung von Lk 18,2–5 durch KONRAD ELMER („Bittend kommt Gott zur Welt"!), in der die *Witwe* zum Bild für Gott wird, verdankt sich vermutlich einer Predigt, ehe sie zum Aufsatz gearbeitet wurde. Obwohl ich sie exegetisch für fragwürdig halte, bleibt sie homiletisch für mich eine interessante Auslegung, die auf einen zentralen Sachverhalt aufmerksam macht, für den die in dieser Arbeit zu Lk 11,5–7 vertretene Sicht auf anderem Wege eine biblische Begründung bietet.

[54] Prinzipiell läßt sich beides mit KLAUCK, Allegorie, wohl auseinanderhalten. Doch in der

günstigen Fall ergeben sich im Spiel mit dem alten Bildmaterial neue kühne Metaphern.

Da Predigt ihren Grund und Gegenstand *nicht* im einzelnen Text als solchem, sondern in der Sache, d.h. in der Beziehung hat, die Gott mit den Menschen eingehen will, darf sie Texte unter diesen beiden Hinsichten rücksichtslos ausbeuten[55]. Das läßt sich in der Weise mißverstehen, als ob der rhetorische Zweck die (Sprach-)Mittel heilige, aber eine Ästhetik im theologischen Interesse sollte die Verwendung von Sprachmitteln kritisierbar halten, die der Sache nicht angemessen sind.

Die Grenze dessen dürfte allerdings sehr weit sein. Immerhin läßt sich z.B. für Lk 18,10ff. die Verwendung einer Gebetsparodie im Munde Jesu wahrscheinlich machen. Die Schranken und die Berechtigung provozierender rhetorischer Mittel bemessen sich dann danach, ob und wie die sprachliche Form, die sehr stark auch den Beziehungsaspekt von Äußerungen bestimmt[56], ihrem Inhalt entspricht oder aber ihm entgegenwirkt. Dazu aber bedarf es einerseits der Kenntnis der jeweiligen Gemeinde und ihres Horizonts, d.h. einer Bestimmung dessen, was in ihr als kühne Metapher wohl noch verstanden bzw. akzeptiert oder als unverständlich und befremdlich abgelehnt wird. Andererseits gehört dazu ein Konsens über das, was zu sagen an der Zeit ist[57]. An beidem scheiden sich bekanntlich die Geister. –

Das aber geschah bereits dem Prediger der Gleichnisse.

Praxis der Predigt ist schon die Nacherzählung, in der die problemorientierte Entfaltung im BALDERMANNschen Sinne geschieht, rhetorisch sehr rasch als eine Allegorie einzustufen.

55 Dies wohl auch die Pointe des Aufsatztitels von DEMKE: „Der Predigttext als Predigthilfe." – Ich fürchte, daß manche Müdigkeit gegenüber den Texten nur ein Symptom dessen ist, daß der Prediger unsicher sucht, was jetzt die Botschaft sein könnte, derer seine Hörer (und er selbst) bedürfen. Eine reflektierte Unbefangenheit im Umgang mit den uns anvertrauten Texten dürfte nicht mit Respektlosigkeit gleichgesetzt werden.

56 Dazu vgl. oben I.2.

57 Vgl. DEMKE, Predigttext 20: „Die Situation des Predigers und seiner Hörer *bestimmt mit* darüber, *was* zu sagen ist." (Hervorhebung C.D.).

Literaturverzeichnis

1. Texte, Übersetzungen u.ä. (in Auswahl):

ALAND, BARBARA et KURT, et al. (Hg.): Novum Testamentum Graece post Eberhard et Erwin Nestle ... communiter ediderunt ... Stuttgart [27]1993

ALAND, KURT (Hg.): Synopsis Quattuor Evangeliorum. Stuttgart [13]1985

– (Hg.): Vollständige Konkordanz zum Griechischen Neuen Testament unter Zugrundelegung aller modernen kritischen Textausgaben in Verbindung mit Harald Riesenfeld u. a. I/II (ATNTT 4,1/2) Berlin/New York 1978–83

ANDERSON, F. I.: 2 (Slavonic Apocalypse of) Enoch ... A New Translation and Introduction: CHARLESWORTH, JAMES H. (Hg.) The Old Testament Pseudepigrapha I. Apocalyptic Literature and Testaments. New York 1983

BAUER, WALTER/ALAND, KURT und BARBARA (Hgg.): Griechisch-deutsches Wörterbuch zu den Schriften des Neuen Testament und der frühchristlichen Literatur. Berlin [6]1988

BECKER, JÜRGEN: Die Testamente der zwölf Patriarchen (JSHRZ III, 1) Gütersloh 1974

BEER, GEORG/HOLTZMANN, OTTO u. a. (Hgg.): Die Mischna. Text, Übersetzung und ausführliche Erläuterung. Berlin 1912ff.

BERGER, KLAUS: Das Buch der Jubiläen (JSHRZ II, 3) Gütersloh 1981

BEYER, KLAUS: Die aramäischen Texte vom Toten Meer samt den Inschriften aus Palästina, dem Testament Levis aus der Kairoer Genisa, der Fastenrolle und den alten talmudischen Zitaten. Göttingen 1984

BLACK, MATTHEW/DENIS, ALBERT-MARIE (Hg.): Apocalypsis Henochi Graece/Fragmenta pseudepigraphorum quae supersunt graeca una cum historicorum et auctorum judaeorum hellenistarum fragmentis (PVTG III) Leiden 1970

BLASS, FRIEDRICH/DEBRUNNER, ALBERT/REHKOPF, FRIEDRICH: Grammatik des neutestamentlichen Griechisch. Göttingen [15]1979

BURCHARD, CHRISTOPH: Ein vorläufiger griechischer Text von Joseph und Aseneth: DBAT 14 (1979) 2–53

–: Joseph und Aseneth (JSHRZ II,4) Gütersloh 1983

CHARLESWORTH, JAMES H. (Hg.): Graphic Concordance to the Dead Sea Scrolls. Tübingen 1991

–: The Old Testament Pseudepigrapha I, New York 1983; II, New York 1985

CLEMENTZ, HEINRICH (Übers.): Des Flavius Josephus kleinere Schriften. Halle o. J.

COHN, LEOPOLD u. a. (Hg.): Philo von Alexandria. Die Werke in deutscher Übersetzung I–VI. Berlin [2]1962; VII Berlin 1964

COHN, LEOPOLD/WENDLAND, PAUL (Hg.): Philonis Alexandrini Opera Quae Supersunt I–VI. VII 1,2. Berlin 1962/1964

DELLING, GERHARD/MASER, MALWINE (Hg.): Bibliographie zur jüdisch-hellenistischen und intertestamentarischen Literatur 1900–1970, überarbeitete und bis 1970 fortgeführte Aufl. (TU 106[2]) [2]1975

DENIS, ALBERT-MARIE (Hg.): Concordance Grecque des Pseudépigraphes d'Ancien Testament. Louvain-la-Neuve 1987

DIETZFELBINGER, CHRISTIAN: Pseudo-Philo: Antiquitates Biblicae (JSHRZ II,2) Gütersloh 1979

EIGLER, GUNTER (Hg.): Platon. Werke in acht Bänden Griechisch und Deutsch. Darmstadt [2]1977

ELLIGER, KURT/RUDOLPH, WILHELM (Hgg.): Biblia Hebraica Stuttgartensia. Stuttgart ^{2}1983
FISCHER, BONIFATIUS (Hg.): Novae Concordantiae Bibliorum Sacrorum iuxta Vulgatam Versionem critice editam I–IV. Stuttgart 1977
FISCHER, JOSEPH A. (Hg.): Die Apostolischen Väter (SUC 1) Darmstadt ^{8}1981
FUHRMANN, MANFRED (Übers.): Aristoteles. Poetik (Dialog mit der Antike 7) München 1976
GEORGI, DIETER: Weisheit Salomos (JSHRZ III,4) Gütersloh 1980
GESENIUS, WILHELM: Hebräisches und aramäisches Handwörterbuch über das Alte Testament, bearb. v. Frants Buhl, Berlin ^{17}1962 (Nachdruck)
GOLDSCHMIDT, LAZARUS (Hg. u. Übers.): Der babylonische Talmud mit Einschluß der vollständigen Mischna I–IX. Berlin 1897–1935
–: Der babylonische Talmud neu übertragen durch … Berlin 1929ff.
GOODSPEED, EDGAR J.: Index Apologeticus sive Clavis Iustini Martyris Operum aliorumque Apologetorum pristinorum. Leipzig 1912 = Nachdruck 1969
HABICHT, CHRISTIAN: 2. Makkabäerbuch (JSHRZ I,3) Gütersloh ^{2}1979
HAGE, WOLFGANG: Die griechische Baruch-Apokalypse (JSHRZ V,1) Gütersloh ^{2}1979
HATCH, EDWIN/REDPATH, HENRY A.: A Concordance to the Septuagint and the other Greek Versions of the Old Testament (including the Apocryphal Books), I/II, Nachdruck Graz 1954
HENNECKE, EDGAR: Neutestamentliche Apokryphen. Tübingen ^{2}1924
HOLM-NIELSEN, SEND: Die Psalmen Salomos (JSHRZ IV,2) Gütersloh 1977
JANSSEN, ENNO: Testament Abrahams (JSHRZ III,2) Gütersloh ^{2}1980
JONGE, M. DE (Hg.): The Testament of the Twelve Patriarchs. A Critical Edition of the Greek Text (PVTG I,2) Leiden 1978
KASSEL, RUDOLF (Hg.): Aristoteles. Ars rhetorica. Berlin/New York 1976
–: Aristoteles. De arte poetica liber. Oxford 1965
KAUTZSCH, EMIL (Hg.): Die Apokryphen und Pseudepigraphen des Alten Testaments I/II. Tübingen 1900
KLAUCK, HANS-JOSEF: 4. Makkabäerbuch (JSHRZ III,6) Gütersloh 1989
KRAFT, HEINRICH: Clavis patrum apostolicorum. Darmstadt 1963
KUHN, KARL-GEORG: Konkordanz zu den Qumrantexten. Göttingen 1960
LEHNARDT, THOMAS: Arbeitsblätter zur rabbinischen Literatur. Einheitssachtitel zur rabbinischen Literatur. Midraschim. Traktate in Mischna, Tosefta und den Talmuden. Wochenabschnitte. Tübingen 1987
LEVY, JACOB: Wörterbuch über die Talmudim und Midraschim I–IV. Darmstadt 1964 (Nachdruck)
LIDDELL, HENRY GEORGE/SCOTT, ROBERT: A Greek-English Lexicon. Revised and augmented throughout by Henry Stuart Jones, Roderick McKenzie. With a Supplement ed. E.A. Barber. Oxford (Reprint) 1968
LISOWSKY, GERHARD/ROST, LEONHARD: Konkordanz zum Hebräischen Alten Testament. Stuttgart ^{2}1981
LOHSE, EDUARD: Die Texte aus Qumran. Hebräisch und Deutsch mit masoretischer Punktation, Übersetzung, Einführung und Anmerkungen. Darmstadt ^{2}1971
MANDELKERN, SOLOMON: Veteris Testamenti Concordantiae Hebraicae atque Chaldaicae I/II. Graz 1975
MAYER, GÜNTHER: Index Philoneus. Berlin/New York 1974
MICHEL, OTTO/BAUERNFEIND, OTTO (Hg.): Flavius Josephus: De Bello Judaico. Der Jüdische Krieg. Griechisch und Deutsch. I–III. München ^{2}1962–1969
MRAS, KARL: Eusebius Werke, Bd. 8. Die Praeparatio Evangelica I (GCS 43, 1) Berlin 1954
NIESE, BENEDICTUS (Hg.): Flavii Iosephi Opera I–VII. Berlin ^{2}1955
PHILONENKO-SAYAR, BELKIS/PHILONENKO, MARC: Die Apokalypse Abrahams (JSHRZ V,5) Gütersloh 1982
PICARD, J.C.: Apocalypsis Baruchi Graece (PVTG 2) Leiden 1967
RAHLFS, ALFRED (Hg.): Septuaginta. Id est Vetus Testamentum graece iuxta LXX interpretes … Stuttgart ^{8}1965

RAHN, HELMUT (Hg. u. Übers.): M.F. Quintilianus: Institutionis Oratoriae Libri I–XII. Ausbildung des Redners. Zwölf Bücher (TzF 2/3) Darmstadt 1972/1975
RENGSTORF, KARL HEINRICH/SCHLICHTING, GÜNTHER: Pea (Rabb. Texte I/Die Tosefta. Text. Übersetzung. Erklärung) Stuttgart 1958
RENGSTORF, KARL-HEINRICH (Hg.): A complete Concordance to Flavius Josephus, I–IV, Leiden 1973–1983
RIEßLER, PAUL: Altjüdisches Schrifttum außerhalb der Bibel. Augsburg 1928
SAUER, GEORG: Jesus Sirach (JSHRZ III,5) Gütersloh 1981
SCHNEEMELCHER, WILHELM: Neutestamentliche Apokryphen I/II. Tübingen [5]1987/1989
SCHREINER, JOSEF: Das 4. Buch Esra (JSHRZ V,4) Gütersloh 1981
SCHUNK, KLAUS-DIETRICH: 1. Makkabäerbuch (JSHRZ I,4) Gütersloh 1980
Septuaginta. Vetus Testamentum graecum auctoritate Societatis Litterarum Gottingensis editum. Göttingen 1931 ff.
SIEVEKE, FRANZ G. (Übers.): Aristoteles. Rhetorik (UTB 159) München 1980
THOMA, CLEMENS/LAUER, SIMON: Die Gleichnisse der Rabbinen. Erster Teil: Pesiqta deRav Kahana (PesK). Einleitung, Übersetzung, Parallelen, Kommentar, Texte (JudChr 10) Bern u. a. 1986
UHLIG, SIEGBERT: Das Äthiopische Henochbuch (JSHRZ V,6) Gütersloh 1984
WEBER, ROBERTUS (Hg.): Biblia sacra iuxta vulgatam versionem ... rec. I/II. Stuttgart [3]1983
WENGST, KLAUS: Didache (Apostellehre), Barnabasbrief, Zweiter Klemensbrief, Schrift an Diognet (SUC 2) Darmstadt 1984
WEWERS, GERD A.: Bavot. Pforten. Bava Qamma - Erste Pforte. Bava Mesia - Mittlere Pforte. Bava Batra - Letzte Pforte (ÜTY IV/1–3). Tübingen 1982
–: Hagiga. Festopfer (ÜTY II,11) Tübingen 1983
–: Pea. Ackerecke (ÜTY I,2) Tübingen 1986
–: Sanhedrin. Gerichtshof (ÜTY IV/4) Tübingen 1981
ZUCKERMANDEL, M. S.: Tosephtha. Pasewalk 1880

2. *Sekundärliteratur*

Vorbemerkung: Im allgemeinen wird die Literatur mit Verfassernamen und dem ersten Substantiv des Titels bezeichnet. Das ließ sich nicht überall durchführen, da es sonst zu Doppelungen gekommen wäre. In diesen Fällen wird das andere Stichwort nach der Literaturangabe gesondert vermerkt. – Nicht aufgenommen wurden in das Literaturverzeichnis die Wörterbuchartikel. Sie sind an der jeweiligen Stelle mit vollen Angaben aufgeführt.

AERTS, LODE: Gottesherrschaft als Gleichnis? Eine Untersuchung zur Auslegung der Gleichnisse nach Eberhard Jüngel (EHS.T 403) Frankfurt/Bern 1990
ALFÖLDY, GEZA: Römische Sozialgeschichte. Wiesbaden [3]1984
ARENS, EDMUND: Kommunikative Handlungen. Die paradigmatische Bedeutung der Gleichnisse Jesu für eine Handlungstheorie. Düsseldorf 1982
–: Metaphorische Erzählungen und kommunikative Handlungen Jesu. Zum Ansatz einer Gleichnistheorie: BZ NF 32 (1988) 52–71
ASSFAHL, GERHARD: Vergleich und Metapher bei Quintilian (TBAW 15) Stuttgart 1932
AURELIO, TULLIO: Disclosures in den Gleichnissen Jesu (RSTh 8) Frankfurt 1977
AUSTIN, JOHN LANGSHAW: Zur Theorie der Sprechakte (How to do things with words) Dt. Bearbeitung v. Eike von Savigny. Stuttgart [2]1979
BAASLAND, ERNST: Zum Beispiel der Beispielerzählungen. Zur Formenlehre der Gleichnisse und zur Methodik der Gleichnisauslegung: NT 28 (1986) 193–219
BACHER, WILHELM: Das Merkwort פרדס in der jüdischen Bibelexegese: ZAW 13 (1893) 294–305
BALDERMANN, INGO: Biblische Didaktik. Die sprachliche Form als Leitfaden unterrichtlicher Texterschließung am Beispiel synoptischer Erzählungen. Hamburg 1963
–: Die Bibel - Buch des Lernens. Grundzüge biblischer Didaktik. Berlin (Ost) [2]1986

BAUDLER, GEORG: Jesus im Spiegel seiner Gleichnisse. Das erzählerische Lebenswerk Jesu – ein Zugang zum Glauben. Stuttgart/München 1986

BAUMBACH, GÜNTHER: Jesus von Nazareth im Lichte der jüdischen Gruppenbildung (AVTRW 54) Berlin (Ost) 1971

BAUMGARTNER, ISIDOR: Pastoralpsychologie. Einführung in die Praxis heilender Seelsorge. Düsseldorf 1990

BAUSINGER, HERMANN: Formen der Volkspoesie (Grundlagen der Germanistik 6) Berlin ²1980

BECKER, JÜRGEN: Das Heil Gottes. Heils- und Sündenbegriffe in den Qumrantexten und im Neuen Testament (StUNT 3) Göttingen 1964

BEN-DAVID, ARYE: Jerusalem und Tyros. Ein Beitrag zur palästinensischen Münz- und Wirtschaftsgeschichte. (Kl.Schriften zur Wirtschaftsgeschichte) Basel/Tübingen 1969

–: Talmudische Ökonomie. Die Wirtschaft des jüdischen Palästina zur Zeit der Mischna und des Talmud I. Hildesheim 1974

BENGEL, JOHANN ALBRECHT: Gnomon. Auslegung des Neuen Testaments in fortlaufenden Anmerkungen. Übers. v. C.F. Werner. Berlin ⁷1959

–: Gnomon Novi Testamenti in quo ex nativa verborum vi simplicitas, profunditas, concinnitas, salubritas sensuum coelestium indicatur. Secundum editionem tertiam (1773) Berlin ²1860

BERGER, KLAUS/COLPE, CARSTEN: Religionsgeschichtliches Textbuch zum Neuen Testament (NTD.TNT 1) Göttingen 1987

BERGER, KLAUS: Die Amen-Worte Jesu. Eine Untersuchung zum Problem der Legitimation in apokalyptischer Rede (BZNW 39) Berlin 1970

–: Zu den sogenannten Sätzen heiligen Rechts: NTS 17 (1970) 10–40 (= Sätze)

–: Die sogenannten „Sätze heiligen Rechts" im NT. Ihre Funktion und ihr Sitz im Leben: ThZ 28 (1972) 305–330 (= Funktion)

–: Die Gesetzesauslegung Jesu. Ihr historischer Hintergrund im Judentum und im Alten Testament. I: Markus und Parallelen (WMANT 40) Neukirchen 1972

–: Materialien zu Form und Überlieferungsgeschichte neutestamentlicher Gleichnisse: NT 15 (1973) 1–37

–: Zur Frage des traditionsgeschichtlichen Wertes apokrypher Gleichnisse: NT 17 (1975) 58–76

–: Gleichnisse als Texte. Zum lukanischen Gleichnis vom „verlorenen Sohn" (Lk 15,11–32): Imago Linguae. Beiträge zu Sprache, Deutung und Übersetzen. FS Fritz Paepcke, München 1977, 61–74

–: Hellenistische Gattungen im Neuen Testament (ANRW 25.2) Berlin 1984, 1031–1432

–: Formgeschichte des Neuen Testaments. Heidelberg 1984

BEYER, HORST und ANNELIES: Sprichwörterlexikon. Leipzig ²1985

BEYER, KLAUS: Semitische Syntax im Neuen Testament. Band I: Satzlehre Teil 1 (StUNT 1) Göttingen ²1968

BIERITZ, KARL-HEINRICH/KÄHLER, CHRISTOPH: Art. Haus III: TRE XIV 478–492

BILLERBECK, PAUL/STRACK, HERMANN L.: Kommentar zum Neuen Testament aus Talmud und Midrasch I–VI. München 1921–1961

BINDEMANN, WALTHER: Das Mahl des Königs. Gründe und Hintergründe der Redaktion von Mt 22,1–14: ThV 15 (1985) 21–29

–: Die Parabel vom ungerechten Richter: ThV 13 (1983) 91–97

BINDER, HERMANN: Das Gleichnis von dem Richter und der Witwe. Neukirchen-Vlyun 1988

BISER, EUGEN: Theologische Sprachtheorie und Hermeneutik. München 1970

BLACK, MAX: Die Metapher: Haverkamp, Anselm (Hg.): Theorie der Metapher (WdF 389) Darmstadt 1983, 55–79

–: Mehr über die Metapher: Haverkamp, Anselm (Hg.): Theorie der Metapher (WdF 389) Darmstadt 1983, 379–413

BLUMENBERG, HANS: Paradigmen zu einer Metaphorologie (ABG 6) Bonn 1960

BOGAERT, RAYMOND: Banques et banquiers dans les cités grecques. Leiden 1968

BORNKAMM, GÜNTHER: Enderwartung und Kirche im Matthäusevangelium: Ds./Barth, Gerhard/Held, Heinz Joachim: Überlieferung und Auslegung im Matthäus-Evangelium (WMANT 1) Neukirchen 1960 [5]1965, 13–47

BÖTTRICH, CHRISTFRIED: Weltweisheit – Menschheitsethik – Urkult. Studien zum slavischen Henochbuch (WUNT 2.50) Tübingen 1992

BOUSSET, WILHELM/GRESSMANN, HUGO: Die Religion des Judentums im späthellenistischen Zeitalter (HNT 21) Tübingen [3]1926

BRAUN, HERBERT: Qumran und das Neue Testament I, II. Tübingen 1966

BREUER, DIETER: Einführung in die pragmatische Texttheorie (UTB 106) München 1974

BROER, INGO: Das Gleichnis vom verlorenen Sohn und die Theologie des Lukas: NTS 20 (1974) 453–462

–: Die Gleichnisexegese und die neuere Literaturwissenschaft. Ein Diskussionsbeitrag zur Exegese von Mt 20,1–16: BN 5 (1978) 13–27

BUCHER, ANTON A.: Gleichnisse verstehen lernen. Strukturgenetische Untersuchungen zur Rezeption synoptischer Parabeln (Prakt. Theol. im Dialog 5) Freiburg 1990

BÜHLER, KARL: Sprachtheorie. Die Darstellungsfunktion der Sprache. Stuttgart [2]1965

BULTMANN, RUDOLF: Das Problem der Hermeneutik: Ds.: Glauben und Verstehen II, Tübingen 1965, 211–235

–: Die Geschichte der synoptischen Tradition (FRLANT.NF 12) Göttingen [9]1979; dazu: THEISSEN, GERD/VIELHAUER, PHILIPP: Ergänzungsheft [4]1971

–: Ist voraussetzungslose Exegese möglich?: Ds.: Glauben und Verstehen III, Tübingen 1965, 142–150

BUNNERS, CHRISTIAN: Die Hörer: Handbuch der Predigt. Berlin (Ost) 1990, 137-182

BURCHARD, CHRISTOPH: Jesus von Nazareth: Die Anfänge des Christentums. Alte Welt und neue Hoffnung. Stuttgart 1987

–: Untersuchungen zu Joseph und Aseneth (WUNT 8) Tübingen 1965

CAMPONOVO, ODO: Königtum, Königsherrschaft und Reich Gottes in den frühjüdischen Schriften (OBO 58) Freiburg/Göttingen 1984

CLAVIER, HENRI: L'ironie dans l'enseignement de Jésus: NT 1 (1956) 3–20

–: Les sens multiples dans le Nouveau Testament: NT 2 (1958) 185–198

CONZELMANN, HANS: Die Mitte der Zeit (BHTh 17) Tübingen [5]1964

CRAWFORD, MICHAEL: Geld und Austausch in der römischen Welt: Schneider, Helmuth: Sozial- und Wirtschaftsgeschichte der römischen Kaiserzeit (WdF 552) Darmstadt 1981, 258–279

CROSSAN, JOHN DOMINIK: A Basic Bibliography for Parables Research: Semeia 1 (1974) 236–273

CRÜSEMANN, FRANK: Bewahrung der Freiheit. Das Thema des Dekalogs in sozialgeschichtlicher Perspektive (KT 78) München 1983

DALMAN, GUSTAF: Arbeit und Sitte in Palästina, 1–7, Gütersloh 1928–1942

DAUTZENBERG, GERHARD: Mk 4,1–34 als Belehrung über das Reich Gottes. Beobachtungen zum Gleichniskapitel: BZ NF 34 (1990) 38–62

DEISSMANN, ADOLF: Licht vom Osten. Das Neue Testament und die neuentdeckten Texte der hellenistisch-römischen Welt. Tübingen [4]1923

DELLING, GERHARD: Das Gleichnis vom gottlosen Richter: ZNW 53 (1962) 1–25 = Ds.: Studien zum Neuen Testament und zum hellenistischen Judentum. Berlin (Ost) 1970, 203–225

DELORME, JEAN (Hg.): Zeichen und Gleichnisse. Evangelientext und semiotische Forschung. Düsseldorf 1979

DEMARTINO, FRANCESCO: Wirtschaftsgeschichte des alten Rom. München 1985 [2]1991

DEMKE, CHRISTOPH: Der Predigttext als Predigthilfe: Helmut Zeddies (Hg.) Immer noch Predigt? Theologische Beiträge zur Predigt im Gottesdienst. Berlin (Ost) 1975, 18–25

–: Was bringt die Leben-Jesu-Forschung ans Ende? ThV 6 (1975) 37–46

DERRETT, J. DUNCAN M.: Fresh Light on St Luke XVI. I. The Parable of the Unjust Steward: NTS 7 (1961/62) 198–219

–: Fresh Light on the Lost Sheep and the Lost Coin: NTS 26 (1979/80) 36–60
–: Law in the New Testament. The Parable of the Talents and Two Logia: ZNW 56 (1965) 184–195 (= Talents)
DIBELIUS, MARTIN: Der Brief des Jakobus (KEK 15) Göttingen [11]1964
–: Die Formgeschichte des Evangeliums. Nachdr. der dritten Aufl. mit e. erw. Nachtr. v.G. Iber, hg. Günther Bornkamm. Berlin (Ost) 1967
DIETZFELBINGER, CHRISTIAN: Das Gleichnis von den anvertrauten Geldern: BThSt 6 (1989) 222–233 (= Gelder)
–: Das Gleichnis von der erlassenen Schuld. Eine theologische Untersuchung von Matthäus 18, 23–35: EvTh 32 (1972) 437–451 (= Schuld)
DOBSCHÜTZ, ERNST VON: Vom vierfachen Schriftsinn. Die Geschichte einer Theorie: Harnack-Ehrung. Leipzig 1921, 1–13
DODD, CHARLES H.: The Parables of the Kingdom. London 1935 [2]1936
DORMEYER, DETLEV: Literarische und theologische Analyse der Parabel Lk 14,15–24: BiLe 15 (1974) 206–219
DORN, KLAUS: Die Gleichnisse des lukanischen Reiseberichts aus Sondergut und Logienquelle. Diss. Würzburg 1987
DORNSEIFF, FRANZ: Die griechischen Wörter im Deutschen. Berlin (Ost) 1950
DREWERMANN, EUGEN: Strukturen des Bösen. Die jahwistische Urgeschichte in exegetischer, psychoanalytischer und philosophischer Sicht I–III (PaThSt 4–6) München [2]1979
–: Tiefenpsychologie und Exegese. I Traum, Mythos, Märchen, Sage und Legende. II Wunder, Vision, Weissagung, Apokalypse, Geschichte, Gleichnis. Olten/Freiburg [2]1991
DREXLER, HANS: Zu Lukas 16, 1–7: ZNW 58 (1967) 286–288
DSCHULNIGG, PETER: Positionen des Gleichnisverständnisses im 20. Jahrhundert. Kurze Darstellung von fünf Positionen der Gleichnistheorie (Jülicher, Jeremias, Weder, Arens, Harnisch): ThZ 45 (1989) 335–351
–: Rabbinische Gleichnisse und das Neue Testament. Die Gleichnisse der PesK im Vergleich mit den Gleichnissen Jesu und dem Neuen Testament (JudChr 12) Bern 1988
DUPONT, JACQUES: La parabole des talents (Mat. 25, 14–30) ou des mines (Luc 19, 12–27): RThPh 101 (1969) 376 -339
–: Le couple parabolique du Sénevé et du Levain: Jesus Christus in Historie und Theologie. FS Hans Conzelmann. Tübingen 1975, 331–345
DUTZMANN, MARTIN: Gleichniserzählungen Jesu als Texte evangelischer Predigt (APTh 23) Göttingen 1990
EAGLE, MORRIS N.: Neuere Entwicklungen in der Psychoanalyse. Eine kritische Würdigung. München/Wien 1988
EBELING, GERHARD: Lebensangst und Glaubensanfechtung. Erwägungen zum Verhältnis von Psychotherapie und Theologie: Ds., Wort und Glaube III, Tübingen 1975, 362–387
EGGER, WILHELM: Methodenlehre zum Neuen Testament. Einführung in linguistische und historisch-kritische Methoden. Leipzig 1989
EICHHOLZ, GEORG: Das Gleichnis als Spiel: EvTh 21 (1961) 309–326 = Eichholz, Georg: Tradition und Interpretation. Studien zum Neuen Testament und seiner Hermeneutik (ThB 29) München 1965, 57 -77
–: Gleichnisse der Evangelien, Neukirchen [3]1979
ELMER, KONRAD: Bittend kommt Gott zur Welt. Die beiden Gleichnisse vom bittenden Freund (Lk 11,5–8) und von der bittenden Witwe (Lk 18,2–5) als Beitrag zu einer Lehre von den „Eigenschaften" Gottes: Wahrzeichen (FS Wolf Krötke) Masch.schr., Berlin (Ost) 1988, 53 -72
ENGEMANN, WILFRIED: Kritik der Predigt aus semiotischer Sicht. Diss. B masch. Greifswald 1989
–: Persönlichkeitsstruktur und Predigt. Homiletik aus transaktionsanalytischer Sicht (AVThR 83) Berlin (Ost) 1989
–: Wider den redundanten Exzeß. Semiotisches Plädoyer für eine ergänzungsbedürftige Predigt: ThLZ 115 (1990) 785–800.

ERLEMANN, KURT: Das Bild Gottes in den synoptischen Gleichnissen (BWANT 126= VII/6) Stuttgart 1988

ERNST, JOSEF: Das Evangelium nach Lukas (RNT 3) Regensburg 1977

–: Gastmahlgespräche: Lk 14,1–24: Die Kirche des Anfangs. FS Heinz Schürmann, Leipzig 1977, 57–78

FIEBIG, PAUL: Altjüdische Gleichnisse und die Gleichnisse Jesu. Tübingen/Leipzig 1904

–: Die Gleichnisreden Jesu im Lichte der rabbinischen Gleichnisse des neutestamentlichen Zeitalters. Ein Beitrag zum Streit um die „Christusmythe" und eine Widerlegung der Gleichnistheorie Jülichers. Tübingen 1912

FIEDLER, PETER: Jesus und die Sünder (BET 3) Franfurt/Bern 1976

–: Die übergebenen Talente. Auslegung von Mt 25,14–30: BiLe 11 (1970) 259–273

FINLEY, MOSES I.: Die antike Wirtschaft. München 1977

FITZMYER, JOSEPH A.: The Story of the Dishonest Manager: Essays on the Semitic Background of the New Testament. London 1971/Missoula 1974, 165–170

FLETCHER, DONALD R.: The Riddle of the Unjust Steward: Is Irony the Key: JBL 82 (1963) 15–30

FLUSSER, DAVID: Die rabbinischen Gleichnisse und der Gleichniserzähler Jesus, I: Das Wesen der Gleichnisse, Bern/Frankfurt 1981

FOERSTER, WERNER: Das Gleichnis von den anvertrauten Pfunden: Verbum Dei manet in aeternum. FS Otto Schmitz. Witten 1953, 37–56

FRANKEMÖLLE, HUBERT: Kommunikatives Handeln in den Gleichnissen Jesu. Historisch-kritische und pragmatische Exegese: NTS 28 (1982) 61–90 = Ders., Biblische Handlungsanweisungen. Beispiele pragmatischer Exegese. Mainz 1983, 19–49

FREED, EDWIN D.: The Parable of the Judge and the Widow: NTS 33 (1987) 38–60

FRIDRICHSEN, ANTON: Exegetisches zum Neuen Testament: SO 13 (1934) 38–46

FUCHS, ERNST: Bemerkungen zur Gleichnisauslegung: Ders., Zur Frage nach dem historischen Jesus, Tübingen 1960 ^{2}1965, 136–142

–: Was wird in der Exegese des Neuen Testaments interpretiert? : Ders., Zur Frage nach dem historischen Jesus, Tübingen 1960 ^{2}1965, 280–303

–: Hermeneutik. Bad Cannstadt ^{2}1958

FUNK, ROBERT W.: Language, Hermeneutic and Word of God. The Problem of Language in the New Testament and Contemporary Theology. New York 1966

GEHRKE, O.: Zur homiletischen Behandlung der Gleichnisreden Jesu: ZPrTh 21 (1899) 1–11

GEIGER, FRANZ: Philon von Alexandreia als sozialer Denker (TBAW 14) Stuttgart 1932

GERHARDSSON, BIRGER: The Narrative Meshalim in the Synoptic Gospels: NTS 34 (1988) 339–363

–: The Narrative Meshalim in the Old Testament Books and in the Synoptic Gospels: To Touch the Text. Festschrift Joseph A. Fitzmyer. New York 1989, 289–304

–: If we do not cut the Parables out of their Frames: NTS 36 (1990) 321–335

GERSTENBERGER, ERHARD S.: Der bittende Mensch. Bittritual und Klagelied des Einzelnen im Alten Testament (WMANT 51) Neukirchen 1980

GNILKA, JOACHIM: Jesus von Nazareth. Botschaft und Geschichte (HThK.S 3) Freiburg 1990

GÖBEL, PETER: Das Erleben in der Sprache und die Funktion der Metaphorik: Zeitschr. Psychosom. Med. u. Psychoanal. 26 (1980) 178–188

–: Symbol und Metapher: Zeitschr. Psychosom. Med. u. Psychoanal. 32 (1986) 76–88

GOODMAN, NELSON: Sprachen der Kunst. Frankfurt 1973

GORDON, DAVID C.: Therapeutische Metaphern (Reihe Innovative Psychotherapie und Humanwissenschaften 29) Paderborn 1985

GRÄSSER, ERICH: Das Problem der Parusieverzögerung in den synoptischen Evangelien und in der Apostelgeschichte (BZNW 22) Berlin 1957 ^{2}1960

GREEVEN, HEINRICH: „Wer unter euch ...?": Harnisch, Wolfgang (Hg.): Gleichnisse Jesu. Positionen der Auslegung von Adolf Jülicher bis zur Formgeschichte (WdF 366) Darmstadt 1982

GRICE, HERBERT PAUL: Studies in the Way of Words. Cambridge M./London 1989

GRUNDMANN, WALTER: Das Evangelium nach Lukas (ThHK 3) Berlin (Ost) 1966
–: Das Evangelium nach Markus (ThHK 2) Berlin (Ost) [8]1980
–: Das Evangelium nach Matthäus (ThHK 1) Berlin (Ost) 1968
GUNKEL, HERMANN/BEGRICH, JOACHIM: Einleitung in die Psalmen (HK.Egb. II) Göttingen 1933
GÜTTGEMANNS, ERHARD: Die linguistisch-didaktische Methodik der Gleichnisse Jesu: Ders., studia linguistica neotestamentica (BEvTh 60) München 1971, 99–183
–: Struktural-generative Analyse der Parabel „Vom bittenden Freund" (Lk 11,5–8): LingBibl 2 (1970) 7–11
HABERMAS, JÜRGEN: Theorie des kommunikativen Handelns I/II (ed.suhrkamp 1502) Frankfurt 1988 (= [4]1987)
HAESLER, LUDWIG: Metapher, metaphorische Struktur und psychoanalytischer Prozeß: Zeitschr. f. psychoanal. Theorie und Praxis 6 (1991) 79–105
HAHN, FERDINAND: Das Gleichnis von der Einladung zum Festmahl: Verborum Veritas (FS Gustav Stählin) Wuppertal 1970, 51–82
–: Methodologische Überlegungen zur Rückfrage nach Jesus: Kertelge, Karl (Hg.): Rückfrage nach Jesus. Zur Methodik und Bedeutung der Frage nach dem historischen Jesus (QD 63) Freiburg 1974, 11–77
HANDBUCH DER SEELSORGE. Berlin (Ost) 1983
HARNACK, ADOLF VON: Das Wesen des Christentums. Berlin (Ost) 1950
HARNISCH, WOLFGANG (Hg.): Die neutestamentliche Gleichnisforschung im Horizont von Hermeneutik und Literaturwissenschaft (WdF 575) Darmstadt 1982
– (Hg.): Gleichnisse Jesu. Positionen der Auslegung von Adolf Jülicher bis zur Formgeschichte (WdF 366) Darmstadt 1982
–: Die Gleichniserzählungen Jesu (UTB 1343) Göttingen 1985
–: Die Ironie als Stilmittel in Gleichnissen Jesu: EvTh 32 (1972) 421–436
–: Die Metapher als heuristisches Prinzip. Neuerscheinungen zur Hermeneutik der Gleichnisreden Jesu: VuF 24 (1979) 53–89
–: Die Sprachkraft der Analogie. Zur These vom „argumentativen Charakter" der Gleichnisse Jesu: StTh 28 (1974) 1–20 = Harnisch, Gleichnisse, 390–413
HAVERKAMP, ANSELM (Hg.): Theorie der Metapher (WdF 389) Darmstadt 1983
HEGEWALD, WOLFGANG: Zur Bedeutung des Poetischen für Prediger und Predigt: Jahrbuch Rhetorik 5 (Rhetorik und Theologie) 1986, 39–56
HEININGER, BERNHARD: Metaphorik, Erzählstruktur und szenisch-dramatische Gestaltung in den Sondergutgleichnissen bei Lukas (NTA.NF 24) Münster 1991
HENGEL, MARTIN: Judentum und Hellenismus. Studien zu ihrer Begegnung unter besonderer Berücksichtigung Palästinas bis zur Mitte des 2. Jh.s v. Chr. (WUNT 10) Tübingen [2]1973
–: Das Gleichnis von den Weingärtnern Mc 12, 1–12 im Lichte der Zenonpapyri und der rabbinischen Gleichnisse: ZNW 59 (1968) 1–39
–: Die Zeloten. Untersuchungen zur jüdischen Freiheitsbewegung von Herodes I. bis 70 n. Chr. (AGJU I) Leiden [2]1976
–: Eigentum und Reichtum in der alten Kirche. Stuttgart 1973
–: Nachfolge und Charisma. Eine exegetisch-religionsgeschichtliche Studie zu Mt 8,21f. und Jesu Ruf in die Nachfolge (BZNW 34) Berlin 1968
HENGEL, R. u. MARTIN: Die Heilungen Jesu und medizinisches Denken: Medicus Viator. FS Richard Siebeck, Tübingen/Stuttgart 1959, 331–361
HERRENBRÜCK, FRITZ: Jesus und die Zöllner. Historische und neutestamentlich-exegetische Untersuchungen (WUNT 2.41) Tübingen 1990
–: Wer waren die „Zöllner"? ZNW 72 (1981) 178–194
–: Zum Vorwurf der Kollaboration des Zöllners mit Rom: ZNW 78 (1987) 186–199
HERTZSCH, KLAUS-PETER: Predigt als Rede und Anrede: ThLZ 99 (1974) 881–890.
HESZER, CATHERINE: Lohnmetaphorik und Arbeitswelt in Mt 20,1–16. Das Gleichnis von den Arbeitern im Weinberg im Rahmen rabbinischer Lohngleichnisse (NTOA 15) Freiburg/Göttingen 1990

HIRSCH, EMANUEL: Frühgeschichte des Evangeliums. Tübingen I ^{2}1951, II 1941
HOFFMANN, PAUL: Studien zur Theologie der Logienquelle (NTA.NF 8) Münster ^{2}1972
HOFFMANN, RICHARD ADOLF: Das Gottesbild Jesu. Hamburg 1934
HONECKER, MARTIN: Art. Geld II: TRE XII 278–298
HÖRMANN, HANS: Psychologie der Sprache. Berlin 1970 ^{2}1977
–: Semantische Anomalie, Metapher und Witz: Folia Linguistica 5 (1971) 310–330
HORN, WILHELM: Gebet und Gebetsparodie in den Komödien des Aristophanes (Erlang. Beitr. z. Sprach- u. Kunstwiss. 38) Nürnberg 1970
HOSSFELD, FRANK-LOTHAR: Der Dekalog. Seine späten Fassungen, die originale Komposition und seine Vorstufen (OBO 45) Göttingen 1982
INGENDAHL, WERNER: Die Metaphorik und die sprachliche Objektivität. Brauchen wir noch den Begriff „Metapher"?: Wirkendes Wort 22 (1972) 268–274
ISER, WOLFGANG: Der Akt des Lesens. Theorie ästhetischer Wirkung (UTB 636) München ^{3}1990
JACOBSON, H. F./E. SEHLING: Art. Wucher, kirchliche Gesetze darüber: RE XXI 551–528
JEREMIAS, JOACHIM: Die Gleichnisse Jesu. Zürich 1947, Göttingen ^{9}1977
–: Die Sprache des Lukasevangeliums (KEK Sonderbd.) Göttingen 1980
JÖRNS, KLAUS-PETER: Die Gleichnisverkündigung Jesu. Reden von Gott als Wort Gottes: Der Ruf Jesu und die Antwort der Gemeinde. FS Joachim Jeremias, Göttingen 1970, 157–178
JOSUTTIS, MANFRED: Der Pfarrer und das Wort: Ds., Der Pfarrer ist anders. Aspekte einer zeitgenössischen Pastoraltheologie. München 1982 ^{2}1983, 89–106
JÜCHEN, AUREL VON: Die Kampfgleichnisse Jesu. München 1981
JÜLICHER, ADOLF: Die Gleichnisreden Jesu I/II, Tübingen ^{2}1910
JÜNGEL, EBERHARD: Metaphorische Wahrheit. Erwägungen zur theologischen Relevanz der Metapher als Beitrag zu einer Hermeneutik einer narrativen Theologie: EvTh Sonderh. 1974, 71–122 = Ders., Entsprechungen (BEvTh 88) München 1980, 103–157
–: Paulus und Jesus. Eine Untersuchung zur Präzisierung der Frage nach dem Ursprung der Christologie (HUTh 2) Tübingen 1962 ^{5}1979
–: Gott als Geheimnis der Welt. Zur Begründung der Theologie des Gekreuzigten im Streit zwischen Theismus und Atheismus. Tübingen 1977 ^{3}1978
KÄCHELE, HORST: Pflanzen als Metaphern für Selbst- und Objektrepräsentanzen: Schempp, D./Krampen, M.(Hg.) Mensch und Pflanze. Karlsruhe 1982, 26–28
KÄGE, OTMAR: Motivation: Probleme des persuasiven Sprachgebrauchs der Metapher und des Wortspiels (Göppinger Arb. zur Germanistik 308) Göppingen 1980
KÄHLER, CHRISTOPH: Kirchenleitung und Kirchenzucht nach Matthäus 18: Kertelge, Karl/Holtz, Traugott/März, Claus-Peter: Christus bezeugen (FS Wolfgang Trilling) Leipzig 1989, 136–145
–: Studien zur Form- und Traditionsgeschichte der biblischen Makarismen. Diss.masch. Jena 1974
KÄHLER, MARTIN: Die Wissenschaft der christlichen Lehre von dem evangelischen Grundartikel aus im Abrisse dargestellt. Neukirchen 1966 (Nachdruck)
KAHL, BRIGITTE: Armenevangelium und Heidenevangelium. Berlin (Ost) 1987
KAHLEFELD, HEINRICH: Gleichnisse und Lehrstücke I/II (BoGo II/16.17) Leipzig 1965
KAMLAH, ERNST: Die Parabel vom ungerechten Verwalter (Luk 16, 1ff.) im Rahmen der Knechtsgleichnisse: O.Betz/M.Hengel/P.Schmidt, Abraham unser Vater. Juden und Christen im Gespräch über die Bibel, FS O.Michel (AGSU 5) Leiden/Köln 1963, 276–294
–: Kritik und Interpretation der Parabel von den anvertrauten Talenten: KuD 14(1968) 28–38
KELLER-BAUER, FRIEDRICH: Metaphorisches Verstehen. Eine linguistische Rekonstruktion metaphorischer Kommunikation. (Linguistische Arbeiten 142) Tübingen 1984
KEMMER, ALFONS: Die Gleichnisse Jesu. Wie man sie lesen und verstehen soll (HerBü 875) Freiburg 1981
KERTELGE, KARL (Hg.): Rückfrage nach Jesus. Zur Methodik und Bedeutung der Frage nach dem historischen Jesus (QD 63) Freiburg 1974
– (Hg.): Metaphorik und Mythos im Neuen Testament (QD 126) Freiburg 1990

KISSINGER, WARREN: The Parables of Jesus. A History of Interpretation and Bibliography (ATLA Bibliographical Series 4) New York/London 1979

KJÄRGAARD, MOGENS STILLER: Metaphor and Parable. A Systematic Analysis of the Specific Structure and Cognitive Function of the Synoptic Similes and Parables qua Metaphor (AThD 29) Leiden 1986

KLAUCK, HANS-JOSEF: Allegorie und Allegorese in synoptischen Gleichnistexten (NTA N.F. 13) Münster 1978

KLEINKNECHT, HERMANN: Die Gebetsparodie in der Antike (TBAW 28) Stuttgart 1937 = Hildesheim 1967

KLEMM, HANS G.: Das Gleichnis vom Barmherzigen Samariter. Grundzüge der Auslegung im 16./17. Jahrhundert (BWANT VI,3 = 103) Stuttgart 1973

–: Die Gleichnisauslegung Ad. Jülichers im Bannkreis der Fabeltheorie Lessings: ZNW 60 (1969) 153–174

KLEMPERER, VICTOR: LTI. Notizbuch eines Philologen (RUB 278) Leipzig [2]1968

–: Zur gegenwärtigen Sprachsituation in Deutschland (Vorträge z. Verbreit. wiss. Kenntnisse 17) Berlin (Ost) 1953

KLINGENBERG, EBERHARD: Das israelitische Zinsverbot in Torah, Misnah und Talmud (AAWLM 7) Mainz 1977

KLOSTERMANN, ERICH: Das Lukas-Evangelium (HNT 5) Tübingen [2]1929

–: Das Markus-Evangelium (HNT 3) Tübingen [5]1971

–: Das Matthäus-Evangelium (HNT 4) Tübingen [2]1927

KÖHLER, WOLF-DIETRICH: Die Rezeption des Matthäusevangeliums in der Zeit vor Irenäus (WUNT 2.24) Tübingen 1987

KÖLLER, WILHELM: Dimensionen des Metpahernproblems: Zeitschr. f. Semiotik 8 (1986) 379–410

–: Semiotik und Metapher. Untersuchungen zur grammatischen Struktur und kommunikativen Funktion von Metaphern (Studien z. Allgemeinen u. Vergleichenden Literaturwissenschaft 10) Stuttgart 1975

KÖNIG, KARL: Kleine psychoanalytische Charakterkunde. Göttingen 1992

KOFFMAHN, ELISABETH: Die Doppelurkunden aus der Wüste Juda. Recht und Praxis der jüdischen Papyri des 1. und 2. Jahrhunderts n. Chr. samt Übertragung der Texte und deutscher Übersetzung (STDJ 5) Leiden 1968

KOGLER, FRANZ: Das Doppelgleichnis vom Senfkorn und vom Sauerteig in seiner traditionsgeschichtlichen Entwicklung (fzb 59) Würzburg 1988

KRÄMER, MICHAEL: Das Rätsel der Parabel vom ungerechten Verwalter Lk 16,1–13 (BSRel 5) Zürich/Rom 1972

KRAUSS, SAMUEL: Talmudische Archäologie I–III (GGJ) Leipzig 1910–12

KRIZ, JÜRGEN: Grundkonzepte der Psychotherapie. Eine Einführung. Weinheim [3]1991

KUBCZAK, HARTMUT: Die Metapher. Beiträge zur Interpretation und semantischen Struktur der Metapher auf der Basis einer referentialen Bedeutungsdefinition. Heidelberg 1978

KÜCHLER, MAX: Frühjüdische Weisheitstraditionen. Zum Fortgang weisheitlichen Denkens im Bereich des frühjüdischen Jahweglaubens (OBO 26) Freiburg/Göttingen 1979

KÜGLER, WERNER: Zur Pragmatik der Metapher. Metaphernmodelle und historische Paradigmen (EHS XIII, 89) Frankfurt/Bern 1984

KÜHNERT, HANNO: Zum Kreditgeschäft in den hellenistischen Papyri Ägyptens bis Diokletian. Diss.iur. Freiburg 1965

KUHN, HEINZ-WOLFGANG: Ältere Sammlungen im Markusevangelium (StUNT 8) Göttingen 1971

KURZ, GERHARD: Metapher, Allegorie, Symbol (KVR 1486) Göttingen 1982 [2]1988 (= Metapher)

–: Metapher. Theorie und Unterricht (Fach: Deutsch) Düsseldorf 1976 (= Theorie)

KUSS, OTTO: Zum Sinngehalt des Doppelgleichnisses vom Senfkorn und Sauerteig: Auslegung und Verkündigung I. Aufsätze zur Exegese des Neuen Testamentes. Regensburg 1963, 85–97

–: Zur Senfkornparabel: Auslegung und Verkündigung I. Aufsätze zur Exegese des Neuen Testamentes. Regensburg 1963, 78–84

LABOV, WILLIAM/WALETZKY JOSHUA: Erzählanalyse: mündliche Versionen persönlicher Erfahrung: Ihwe, Jens (Hg.): Literaturwissenschaft und Linguistik II, Frankfurt 1973, 78–126

LAMBRECHT, JAN: Out of the Treasure. The Parables in the Gospel of Matthew (LouvTheolPastMon 10) Louvain 1992

LANG, EWALD: Über einige Schwierigkeiten beim Postulieren einer „Textgrammatik": Ihwe, Jens (Hg.): Literaturwissenschaft und Linguistik II, Frankfurt 1973, 17–50

LANGE, ERNST: Chancen des Alltags. Überlegungen zur Funktion des christlichen Gottesdienstes in der Gegenwart. (Hg. von Peter Cornehl) München 1984

–: Predigen als Beruf. Aufsätze (Hg. von Rüdiger Schloz) Stuttgart/Berlin 1976

LANGE-EICHBAUM, WILHELM/KURTH, WOLFRAM: Genie, Irrsinn und Ruhm. Eine Pathographie des Geistes. München 1927 [6]1967

LARMANN, HANS: Christliche Wirtschaftsethik in der spätrömischen Antike (FurSt 13) Berlin 1935

LAUSBERG, HEINRICH: Elemente der literarischen Rhetorik. Eine Einführung für Studierende der klassischen, romanischen, englischen und deutschen Philologie. München 1963 [8]1984

–: Handbuch der literarischen Rhetorik. Eine Grundlegung der Literaturwissenschaft. München [2]1973

LENTZEN-DEIS, FRITZ-LEO: Kriterien für die historische Beurteilung der Jesusüberlieferung in den Evangelien: Kertelge, Karl (Hg.): Rückfrage nach Jesus. Zur Methodik und Bedeutung der Frage nach dem historischen Jesus (QD 63) Freiburg 1974, 78–117

LIEDE, ALFRED: Art. Parodie: RDL [2]III, 12–72

LINDEMANN, ANDREAS: Zur Gleichnisinterpretation im Thomas-Evangelium: ZNW 71 (1980) 214–243

LINNEMANN, ETA: Gleichnisse Jesu. Eine Einführung und Auslegung, Göttingen 1978

–: Überlegungen zur Parabel vom großen Abendmahl Lc 14,15–24/Mt 22,1–14: ZNW 51 (1960) 246–255

LOADER, WILLIAM: Jesus and the Rogue in Luke 16, 1–8A. The Parable of the Injust Steward: RB 96 (1989) 518–532

LOHMEYER, ERNST: Vom Sinn der Gleichnisse Jesu: Ders., Urchristliche Mystik. Neutestamentliche Studien. Darmstadt 1955, 123–157

LÖW, IMMANUEL: Die Flora der Juden, I–IV. Leipzig/Wien 1924–1934 (= Hildesheim 1967)

LÜHRMANN, DIETER: Die Redaktion der Logienquelle (WMANT 33) Neukirchen 1969

–: Glaube im frühen Christentum. Gütersloh 1976

LUZ, ULRICH: Das Evangelium nach Matthäus (EKK I) I Neukirchen 1985; II Neukirchen 1990

–: Die Kirche und ihr Geld im Neuen Testament: Wolfgang Lienemann (Hg.): Die Finanzen der Kirche. München 1989, 525–554

–: Vom Taumellolch im Weizenfeld: Vom Urchristentum zu Jesus. FS Joachim Gnilka (Hgg. Frankemölle, Hubert/Kertelge, Karl) Freiburg 1989, 154–171

MAASS, FRITZ: Das Gleichnis vom ungerechten Haushalter Lukas 16,1–8: ThViat 8 (1961/62) 173–184

MACHOLZ, CHRISTIAN: Das „Passivum divinum", seine Anfänge im Alten Testament und der „Hofstil": ZNW 81 (1990) 247–253

MADSEN, IVER K.: Die Parabeln der Evangelien und die heutige Psychologie. Kopenhagen/Leipzig 1936

MAGASS, WALTER: Die magistralen Schlußsignale der Gleichnisse Jesu: LingBibl 36 (1975) 1–20

–: Zur Semiotik der erzählten Indezenz: LingBibl 2 (1970) 3–7

–: Zur Semiotik der Hausfrömmigkeit (Lk 12,16–21: Die Beispielerzählung „Vom reichen Kornbauer"): LingBibl 4/5 (1971) 2–5

–: Zur Semiotik der signifikanten Orte in den Gleichnissen Jesu: LingBibl 15/16 (1972) 3–21

MAHNKE, HERMANN: Die Versuchungsgeschichte im Rahmen der synoptischen Evangelien. Ein Beitrag zur frühen Christologie (BET 9) Frankfurt 1978
MARGUERAT, DANIEL: Le Jugement dans l'Evangile de Matthieu. Genf 1981
–: Parabole (CEv 75) Paris 1991
MCGAUGHY, LANE C.: The Fear of Yahweh and the Mission of Judaism. A Postexilic Maxim and Its Early Christian Expansion in the Parable of the Talents. JBL 94 (1975) 235–245
MERKEL, HELMUT: Jesus und die Pharisäer: NTS 14 (1967/68) 194–208
MERKLEIN, HELMUT: „Dieser ging als Gerechter nach Hause ...". Das Gottesbild Jesu und die Haltung des Menschen nach Lk. 18,9–14: BiKi 32 (1977) 34–42
–: Jesu Botschaft von der Gottesherrschaft (SBS 111) Stuttgart [2]1984 = (BoGo II 36) Leipzig [3]1989
–: Jesu Botschaft von der Gottesherrschaft. Eine Skizze (SBS 111) Stuttgart [2]1984
MÜNCHOW, CHRISTOPH: Eschatologie und Ehik. Ein Beitrag zum Verständnis der frühjüdischen Apokalyptik mit einem Ausblick auf das Neue Testament. Berlin (Ost) 1981
MUSCHG, ADOLF: Literatur als Therapie? Ein Exkurs über das Heilsame und das Unheilbare (edition suhrkamp 1065) Frankfurt 1981
MUSSNER, FRANZ: Die Botschaft der Gleichnisse. München [2]1964
– (und Mitarbeiter): Methodologie der Frage nach dem historischen Jesus: Kertelge, Karl (Hg.): Rückfrage nach Jesus. Zur Methodik und Bedeutung der Frage nach dem historischen Jesus (QD 63) Freiburg 1974, 118–147
NEBE, GOTTFRIED: Prophetische Züge im Bilde Jesu bei Lukas (BWANT 127= VII/7) Stuttgart 1989
NEUSNER, JACOB: Die Verwendung des späteren rabbinischen Materials für die Erforschung des Pharisäismus im 1. Jahrhundert n. Chr.: ZThK 76 (1979) 292–309
–: Das pharisäische und talmudische Judentum. Neue Wege zu seinem Verständnis (TSAJ 4) Tübingen 1984
NIEBUHR, KARL-WILHELM: Gesetz und Paränese. Katechismusartige Weisungsreihen in der frühjüdischen Literatur (WUNT 2.28) Tübingen 1987
–: Kommunikationsebenen im Gleichnis vom verlorenen Sohn: ThLZ 116 (1991) 481–494
NIERAAD, JÜRGEN: „Bildgesegnet" und „Bildverflucht" (EdF 63) Darmstadt 1977
NISSEN, ANDREAS: Gott und der Nächste im antiken Judentum. Untersuchungen zum Doppelgebot der Liebe (WUNT 15) Tübingen 1974
NOPPEN, JEAN PIERRE VAN (Hg.): Erinnern, um Neues zu sagen. Die Bedeutung der Metapher für die religiöse Sprache. 1988
NORTH, DOUGLASS C.: Theorie des institutionellen Wandels (EG 56) Tübingen 1988
OTT, WILHELM: Gebet und Heil. Die Bedeutung der Gebetsparänese in der lukanischen Theologie (StANT 12) München 1965
PALMER, HUMPHREY: Just Married, Cannot Come: NT 18 (1976) 241–257
PAULSEN, HENNING: Die Witwe und der Richter (Lk 18,1–8): ThGl 74 (1984) 13–38
PAUSCH, HOLGER A. (Hg.): Kommunikative Metaphorik. Die Funktion des literarischen Bildes in der deutschen Literatur von ihren Anfängen bis zur Gegenwart (Stud. zur Germ., Angl. u. Komparatistik 20) Bonn 1976
PEKARY, THOMAS: Die Wirtschaft der griechisch-römischen Antike. Wiesbaden 1979
PESCH, RUDOLF/KRATZ, REINHARD: So liest man synoptisch IV–V: Gleichnisse und Bildreden. Frankfurt 1978
PESCH, RUDOLF: Das Markusevangelium (HThK II/1,2) Freiburg/Basel/Wien I = [2]1977, II = 1977
PETERSON, ERIK: Der Gottesfreund. Beiträge zur Geschichte eines religiösen Terminus: ZKG 42 (1923) 161–202
PETZOLD, HILARION/ORTH, ILSE: Poesie und Therapie. Über die Heilkraft der Sprache. Poesietherapie, Bibliotherapie, Literarische Werkstätten (Kunst, Therapie, Kreativität 2) Paderborn 1985
PETZOLD, HILARION: Poesie und Bibliotherapie mit alten Menschen und Sterbenden: Integrative Therapie 8 (1982) 286–324 = Petzold/Orth: Poesie und Therapie, 249–292

PETZOLDT, MARTIN: Gleichnisse Jesu und christliche Dogmatik. Berlin (Ost) 1984
PEUKERT, HELMUT: Wissenschaftstheorie – Handlungstheorie – Fundamentale Theorie. Analysen zu Ansatz und Status theologischer Theoriebildung. Düsseldorf 1976
PÖHLMANN, WOLFGANG: Die Abschichtung des Verlorenen Sohnes (Lk 15,12f.) und die erzählte Welt der Parabel: ZNW 70 (1979) 194–213
POLAG, ATHANASIUS: Die Christologie der Logienquelle (WMANT 45) Neukirchen 1977
PREISKER, HERBERT: Lukas 16,1–7: ThLZ74 (1949) 85–92
PROFT, MATTHIAS: Wider metaphorische Bedeutung: Synthesis Philosophica 6 (1991) 98–118
–: Metapher. Eine Kritik semantischer Metapherntheorien und eine pragmatische Analyse metaphorischer Rede. Diss. Masch. Leipzig 1993
RAD, GERHARD VON: „Gerechtigkeit" und „Leben" in der Kultsprache der Psalmen: FS Alfred Bertholet, Tübingen 1950. 418–437 = Ders. Gesammelte Studien zum Alten Testament (ThB 8) München 1958, 225–247
RAGAZ, LEONHARD: Die Gleichnisse Jesu. Seine soziale Botschaft. Gütersloh [2]1979
RAPPAPORT, JOSEF: Das Darlehen nach talmudischem Recht: ZVRW 47 (1933) 256–378
RAU, ECKHARD: Reden in Vollmacht. Hintergrund, Form und Anliegen der Gleichnisse Jesu (FRLANT 149) Göttingen 1990
RAUH, WERNER: Unsere Unkräuter. Heidelberg [4]1967
REBELL, WALTER: Psychologisches Grundwissen für Theologen. Ein Handbuch. München 1988
REINMUTH, ECKART: Geist und Gesetz. Studien zu Voraussetzungen und Inhalt der paulinischen Paränese (ThA 44). Berlin 1985
RESE, MARTIN: Das Lukas-Evangelium. Ein Forschungsbericht (ANRW II 25.3) Berlin/New York 1984, 2258–2328
RESENHÖFT, WILHELM: Jesu Gleichnis von den Talenten, ergänzt durch die Lukas-Fassung: NTS 26 (1979/80) 318–331
RICOEUR, PAUL: Biblische Hermeneutik: Wolfgang Harnisch (Hg.): Die neutestamentliche Gleichnisforschung ... Darmstadt 1982, 248–339
–: Die lebendige Metapher (Übergänge 12) München 1986
–: Die Metapher und das Hauptproblem der Sprache: Haverkamp, Anselm (Hg.): Theorie der Metapher (WdF 389) Darmstadt 1983, 356–375 (= Hauptproblem)
–: Stellung und Funktion der Metapher in der biblischen Sprache: Paul Ricoeur/Eberhard Jüngel: Metapher. Zur Hermeneutik religiöser Sprache. EvTh-Sonderheft München 1974
RIEMANN, FRITZ: Grundformen der Angst. Eine tiefenpsychologische Studie. München/Basel [12]1977
RIESS, RICHARD: Seelsorge. Orientierung, Analysen, Alternativen. Göttingen 1973
RIGGENBACH, EDUARD: Zur Exegese und Textkritik zweier Gleichnisse Jesu: Aus Schrift und Geschichte. FS Adolf Schlatter, Stuttgart 1922, 17–34
ROLOFF, JÜRGEN: Das Kirchenverständnis des Matthäus im Spiegel seiner Gleichnisse: NTSt 38 (1992) 337–356
RÜGER, HANS-PETER: Μαμωνᾶς: ZNW 64 (1973) 127–131
RUSCHE, HELGA: Abraham, der „Freund Gottes" bei Juden, Christen und Moslems: BiLe 14 (1973) 282–287
SAND, ALEXANDER: Das Evangelium nach Matthäus (RNT 1) Regensburg 1986
SATAKE, AKIRA: Zwei Typen von Menschenbildern in den Gleichnissen Jesu: AJBI 4 (1978) 45–84
SATO, MIGAKU: Q und Prophetie. Studien zur Gattungs- und Traditionsgeschichte der Quelle Q (WUNT 2.29) Tübingen 1988
SAVIGNY, EIKE VON: Zum Begriff der Sprache. Konvention, Bedeutung, Zeichen. Stuttgart 1983
SCHENK, WOLFGANG: Die Sprache des Matthäus. Die Text-Konstituenten in ihren makro- und mikrostrukturellen Relationen. Göttingen 1987
SCHLATTER, ADOLF: Der Evangelist Matthäus. Seine Sprache, sein Ziel, seine Selbstständigkeit. Stuttgart [3]1948

–: Das Evangelium des Lukas. Aus seinen Quellen erklärt. Stuttgart 1931

SCHLOSSER, HORST DIETER: Die deutsche Sprache in der DDR zwischen Stalinismus und Demokratie. Historische, politische und kommunikative Bedingungen. Köln 1990

SCHMID, HANS-HEINRICH: Gerechtigkeit als Weltordnung. Hintergrund und Geschichte des alttestamentlichen Gerechtigkeitsbegriffes (BHTh 40) Tübingen 1968

–: Wesen und Geschichte der Weisheit (BZAW 101) Berlin 1966

SCHMID, JOSEF: Das Evangelium nach Matthäus (RNT 1) Leipzig 1963

SCHMIDT, TORSTEN: Der Einfluß der Metapher auf die Sprache des Hörers. Diss.med. Berlin (FU) 1984

SCHNEIDER, GERHARD: Parusiegleichnisse im Lukasevangelium (SBS 74) Stuttgart 1975

–: Das Evangelium nach Lukas (ÖTBK 3,1.2) Gütersloh 1977

SCHNEIDER, HELMUTH (Hg.): Sozial- und Wirtschaftsgeschichte der römischen Kaiserzeit (WdF 552) Darmstadt 1981

SCHNIEWIND, JULIUS: Das Evangelium nach Matthäus (NTD 2) Göttingen 1954

SCHNIDER, FRANZ: Ausschließen und ausgeschlossen werden. Beobachtungen zur Struktur des Gleichnisses vom Pharisäer und Zöllner Lk 18,10–14a: BZ 24 (1980) 42–56

–: Die verlorenen Söhne (OBO 17) Freiburg/Göttingen 1977

SCHÖFFEL, GEORG: Denken in Metaphern. Zur Logik sprachlicher Bilder. Opladen 1987

SCHOLZ, GÜNTER: Gleichnisaussage und Existenzstruktur (EHS.T 214) Frankfurt 1983

SCHOTTROFF, LUISE: Die Erzählung vom Pharisäer und Zöllner als Beispiel für die theologische Kunst des Überredens: H.D.Betz/L.Schottroff (Hg.): Neues Testament und christliche Existenz. FS Herbert Braun, Tübingen 1973, 439–461

–: Das Gleichnis vom großen Abendmahl in der Logienquelle: EvTh 47 (1987) 192–211

SCHOTTROFF, LUISE/STEGEMANN, WOLFGANG: Jesus von Nazareth – Hoffnung der Armen (UB 639) Stuttgart ^{2}1980

SCHRAMM, TIMM/LÖWENSTEIN, KATHRIN: Unmoralische Helden. Anstößige Gleichnisse Jesu, Göttingen 1986

SCHRÖDER, HEINZ: Jesus und das Geld. Wirtschaftskommentar zum Neuen Testament. Karlsruhe 1979

SCHRÖDER, RICHARD: Was ist Apokalyptik? Ein Beitrag zum Fragen: ThV 10 (1979) 45–52

SCHULZ VON THUN, FRIEDEMANN: Miteinander reden 1. Störungen und Klärungen. Allgemeine Psychologie der Kommunikation. Hamburg 1981

SCHULZ, SIEGFRIED: Q. Die Spruchquelle der Evangelisten. Zürich 1972

SCHÜRER, EMIL: Geschichte des Jüdischen Volkes im Zeitalter Jesu Christi. Leipzig I ^{4}1901, II ^{4}1907, III ^{4}1909

SCHÜTZ, WERNER: Probleme der Predigt. Göttingen 1981

SCHWARZ, GÜNTHER: „'... und lobte den betrügerischen Verwalter'? (Lukas 16, 8a)": BZ 18 (1974) 94f.

SCHWEIZER, EDUARD: Das Evangelium nach Lukas (NTD 3) Göttingen 1982

–: Das Evangelium nach Markus (NTD 1) Göttingen 1973 ^{5}1978

–: Das Evangelium nach Matthäus (NTD 2) Göttingen 1973

SCOTT, BERNARD B.: Hear Then the Parable: A Commentary on the Parables of Jesus. Minneapolis 1989

SEARLE, JOHN R.: Sprechakte. Ein sprachphilosophischer Essay (stw 458) Frankfurt 1971

SEIDEL, HANS: Auf den Spuren der Beter. Einführung in die Psalmen. Berlin (Ost) 1980

SEITZ, GOTTFRIED: Redaktionsgeschichtliche Studien zum Deuteronomium (BWANT 93) Stuttgart 1971

SELLIN, GERHARD: Allegorie und „Gleichnis". Zur Formenlehre der synoptischen Gleichnisse: ZThK 75 (1978) 281–335 = Harnisch, Gleichnisforschung, 367–429

–: Lukas als Gleichniserzähler: die Erzählung vom barmherzigen Samariter (Lk 10,25–37): ZNW 65 (1974) 166–189; 66 (1975) 19–6

–: Studien zu den großen Gleichniserzählungen des Lukas-Sonderguts. Die ἄνθρωπός-τις-Erzählungen des Lukas-Sonderguts – besonders am Beispiel von Lk 10,25–37 und 16,14–31 untersucht. Diss. Münster 1974

SHELLENS, MAX SALOMON: Die Beurteilung des Geldgeschäftes durch Aristoteles: ARSP 40 (1952) 426–435

SÖHNGEN, GOTTLIEB: Analogie und Metapher. Kleine Philosophie und Theologie der Sprache. Freiburg 1962

STAATS, REINHART: Deposita pietatis – Die Alte Kirche und ihr Geld: ZThK 76 (1979) 1–29

STÄHLIN, GUSTAV: Das Bild der Witwe. Ein Beitrag zur Bildersprache der Bibel und zum Phänomen der Personifikation in der Antike: JAC 17 (1974) 5–20

STÄHLIN, WILHELM: Zur Psychologie und Statistik der Metaphern: Arch.f.d. gesamte Psychologie 31 (1924) 297–425

STECK, ODIL HANNES: Israel und das gewaltsame Geschick der Propheten. Untersuchungen zur Überlieferung des deuteronomistischen Geschichtsbildes im Alten Testament, Spätjudentum und Urchristentum (WMANT 23) Neukirchen 1967

STEGEMANN, EKKEHARD: Zur Tempelreinigung im Johannesevangelium: Blum, Erhard /Macholz, Christian/Stegemann, Ekkehard W. (Hgg.): Die Hebräische Bibel und ihre zweifache Nachgeschichte (FS Rolf Rendtorff) Neukirchen 1990, 503–516

STEINHAUSER, MICHAEL G.: Doppelbildworte in den synoptischen Evangelien. Eine form- und traditionskritische Studie (fzb 44) Würzburg 1981

TAEGER, JENS: Der Mensch und sein Heil. Studien zum Bild des Menschen und zur Sicht der Bekehrung bei Lukas (StNT 14) Gütersloh 1982

THAMM, ANGELA: Poesie und integrative Therapie: Integrative Therapie 8 (1982) 267–285 = Petzold/Orth (Hg.): Poesie und Therapie 135–157

THEISSEN, GERD/VIELHAUER, PHILIPP: Ergänzungsheft zu Rudolf Bultmann, Die Geschichte der synoptischen Tradition. Göttingen [4]1971

THEISSEN, GERD: Soziologie der Jesusbewegung (TEH 194) München [2]1978

–: Psychologische Aspekte paulinischer Theologie (FRLANT 131) Göttingen 1983

–: Studien zur Soziologie des Urchristentums (WUNT 19) Tübingen [3]1983

THIELEN, HILMAR: Modellierung und Metaphorik in der Psychotherapie. Diss. Regensburg 1976

THOMA, CLEMENS: Die gegenwärtige und kommende Herrschaft Gottes als fundamentales jüdisches Anliegen im Zeitalter Jesu: Ders. Zukunft in der Gegenwart (JudChr 1) Bern/Frankfurt 1976, 57–77

THOMÄ, HELMUT/KÄCHELE, HORST: Lehrbuch der psychoanalytischen Therapie. I Grundlagen, Berlin 1986; II Praxis, Berlin 1988

THOMA, CLEMENS/LAUER, SIMON: Die Gleichnisse der Rabbinen. Teil 1. Pesiqta deRav Kahana (PesK). Einleitung, Übersetzung, Parallelen, Kommentar, Texte (JudChr 10) Bern 1986

THORION-VARDI, TALIA: Das Kontrastgleichnis in der rabbinischen Literatur (JudUm 16) Frankfurt 1986

TREU, KURT: Art. Freundschaft: RAC VIII, 418–434

TRIER, JOST: Deutsche Bedeutungsforschung: Götze, A. u.a.(Hg.): FS für Otto Behaghel, Heidelberg 1934

TRILLING, WOLFGANG: Das wahre Israel. Studien zur Theologie des Matthäus-Evangeliums (EThSt 7 = StANT 10) Leipzig [3]1975 (= München [3]1964

–: Zur Überlieferungsgeschichte des Gleichnisses vom Hochzeitsmahl. Mt 22,1–14: BZ 4 (1960) 251–265 = Bauer, J.B. (Hg.): Evangelienforschung, Graz 1968, 221–240

TROELTSCH, ERNST: Ueber historische und dogmatische Methode in der Theologie: Ds.: Gesammelte Schriften II. Zur religiösen Lage, Religionsphilosophie und Ethik. Tübingen 1913, 729–753

UNGEHEUER, GEROLD: Sprache und Kommunikation. (Forschungsber. des Inst. für Kommunikationsforschung und Phonetik der Uni Bonn 13) Hamburg [2]1972

VANHOOZER, KEVIN J.: Biblical narrative in the philosophy of Paul Ricœur. A study in hermeneutics and theology. Cambridge 1990

VAUX, ROLAND DE: Das Alte Testament und seine Lebensordnungen. Freiburg I [2]1964, II [2]1966

VIA, DAN OTTO: Die Gleichnisse Jesu. Ihre literarische und existentiale Dimension (BevTh 57) München 1970

VÖGTLE, ANTON: Die Einladung zum großen Gastmahl und zum königlichen Hochzeitsmahl. Ein Paradigma für den Wandel des geschichtlichen Verständnishorizonts: Ds.: Das Evangelium und die Evangelien, Düsseldorf 1971, 171–218

VÖLKEL, MARTIN: „Freund der Zöllner und der Sünder": ZNW 69 (1978) 1–10

VOLLENWEIDER, SAMUEL: „Ich sah Satan wie einen Blitz vom Himmel fallen" (Lk 10,18): ZNW 79 (1988) 187–203

VOLZ, PAUL: Die Eschatologie der jüdischen Gemeinde im neutestamentlichen Zeitalter. Tübingen [2]1934

WALTER, NIKOLAUS: Zur theologischen Relevanz apokalyptischer Aussagen: ThV 6 (1975) 47–72

WANKE, JOACHIM: „Bezugs- und Kommentarworte" in den synoptischen Evangelien (EThSt 44) Leipzig 1981

–: Beobachtungen zum Eucharistieverständnis des Lukas auf Grund der lukanischen Mahlberichte (EThS 8) Leipzig 1973

WATZLAWICK, PAUL u.a.: Lösungen. Zur Theorie und Praxis menschlichen Wandels. Bern 1984

–: Die Möglichkeit des Andersseins. Zur Technik der therapeutischen Kommunikation. Bern 1977 [3]1986

–: Menschliche Kommunikation. Bern 1969 [6]1982

WEBER, FERDINAND: System der altsynagogalen palästinischen Theologie aus Targum, Midrasch und Talmud hg. von Franz Delitzsch und Georg Schnedermann. Leipzig 1880 [2]1897

WEDER, HANS: Die Gleichnisse Jesu als Metaphern (FRLANT 120) Göttingen 1978 [3]1984

–: Die Sprache der Bilder: Gleichnis und Metapher in Literatur und Theologie, Gütersloh 1989

WEINRICH, HARALD: Sprache in Texten. Stuttgart 1976

–: Tempus. Besprochene und erzählte Welt (Sprache und Literatur 16) Stuttgart 1964 [4]1985

WEISER, ALFONS: Die Knechtsgleichnisse der synoptischen Evangelien (StANT 29) München 1971

WENGST, KLAUS: „Ein wirkliches Gleichnis ...". Zur Rede von der Auferweckung Jesu Christi im Neuen Testament: ZDT 4 (1988) 149–183

–: Ostern – Ein wirkliches Gleichnis, eine wahre Geschichte. Zum neutestamentlichen Zeugnis von der Auferweckung Jesu (KT 97) München 1991

WESTERMANN, CLAUS: Genesis (BK I) Neuenkirchen [2]1976ff

–: Vergleiche und Gleichnisse im Alten und Neuen Testament (CThM A14) Stuttgart 1984

WIEFEL, WOLFGANG: Das Evangelium nach Lukas (ThHK 3) Berlin (Ost) 1988

WILLIAMS, FRANCIS E.: Is Almsgiving the Point of the „Unjust Steward"?: JBL 83 (1964) 293–297

WOLFF, HANNA: Jesus als Psychotherapeut. Jesu Menschenbehandlung als Modell moderner Psychotherapie. Stuttgart 1978 [6]1985

–: Jesus der Mann. Die Gestalt Jesu in tiefenpsychologischer Sicht. Stuttgart 1975

ZELLER, DIETER: Kommentar zur Logienquelle (SKK.NT. 21) Stuttgart [2]1986

ZERWICK, M.: Die Parabel vom Thronanwärter (Lc 19,11–27): SBO II (1959) 86–106 = Bib. 40 (1959) 654–674

ZIEGLER, IGNAZ: Die Königsgleichnisse des Midrasch beleuchtet durch die römische Kaiserzeit. Breslau 1903

ZIEGLER, JÜRGEN: Kommunikation als paradoxer Mythos. Analyse und Kritik der Kommunikationstheorie Watzlawicks und ihrer didaktischen Verwertung. Weinheim/Basel 1977

ZIEMER, JÜRGEN: Der Text: Handbuch der Predigt. Berlin (Ost) 1990, 207–247

ZIMMERMANN, HEINRICH: Das Gleichnis vom Richter und der Witwe: Schnackenburg, Rudolf u.a.(Hgg.): Die Kirche des Anfangs. FS Heinz Schürmann. Leipzig 1977, 79–95

ZOHARY, MICHAEL: Pflanzen der Bibel. Vollständiges Handbuch. Stuttgart 1983 [2]1986

Autorenregister

Stellenregister

Die hochgestellten Zahlen beziehen sich auf die Fußnotenzählung

Altes Testament

Außerkanonische Schriften neben dem Alten Testament

Rabbinisches Schrifttum

Antike Schriftsteller

Neues Testament

Außerkanonische Schriften neben dem Neuen Testament

Christliche Autoren

Sachregister

Ein Stern (*) nach der Seitenzahl verweist auf Anmerkungstexte. Um die Untersuchungen nicht durch eine starre Begriffssprache zu belasten, wurden verschiedene Termini für einen Sachverhalt gewählt. Für das Sachregister mußten darum z.T. verschiedene Vokabeln, die für einen Begriff stehen, zusammengefaßt werden (vgl. poetische Provokation/Regelverstoß).

Wissenschaftliche Untersuchungen zum Neuen Testament

Alphabetisches Verzeichnis der ersten und zweiten Reihe

Appold, Mark L.: The Oneness Motif in the Fourth Gospel. 1976. *Volume II/1.*
Bachmann, Michael: Sünder oder Übertreter. 1991. *Volume 59.*
Baker, William R.: Personal Speech-Ethics. 1995. *Volume II/68.*
Bammel, Ernst: Judaica. 1986. *Volume 37.*
Bauernfeind, Otto: Kommentar und Studien zur Apostelgeschichte. 1980. *Volume 22.*
Bayer, Hans Friedrich: Jesus' Predictions of Vindication and Resurrection. 1986. *Volume II/20.*
Betz, Otto: Jesus, der Messias Israels. 1987. *Volume 42.*
– Jesus, der Herr der Kirche. 1990. *Volume 52.*
Beyschlag, Karlmann: Simon Magnus und die christliche Gnosis. 1974. *Volume 16.*
Bittner, Wolfgang J.: Jesu Zeichen im Johannesevangelium. 1987. *Volume II/26.*
Bjerkelund, Carl J.: Tauta Egeneto. 1987. *Volume 40.*
Blackburn, Barry Lee: 'Theios Anēr' and the Markan Miracle Traditions. 1991. *Volume II/40.*
Bockmuehl, Markus N. A.: Revelation and Mystery in Ancient Judaism and Pauline Christianity. 1990. *Volume II/36.*
Böhlig, Alexander: Gnosis und Synkretismus. Part 1 1989. *Volume 47* – Part 2 1989. *Volume 48.*
Böttrich, Christfried: Weltweisheit – Menschheitsethik – Urkult. 1992. *Volume II/50.*
Büchli, Jörg: Der Poimandres – ein paganisiertes Evangelium. 1987. *Volume II/27.*
Bühner, Jan A.: Der Gesandte und sein Weg im 4. Evangelium. 1977. *Volume II/2.*
Burchard, Christoph: Untersuchungen zu Joseph und Aseneth. 1965. *Volume 8.*
Cancik, Hubert (Ed.): Markus-Philologie. 1984. *Volume 33.*
Capes, David B.: Old Testament Yaweh Texts in Paul's Christology. 1992. *Volume II/47.*
Caragounis, Chrys C.: The Son of Man. 1986. *Volume 38.*
– see Fridrichsen.
Carleton Paget, James: The Epistle of Barnabas. 1994. *Volume II/64.*
Crump, David: Jesus the Intercessor. 1992. *Volume II/49.*
Deines, Roland: Jüdische Steingefäße und pharisäische Frömmigkeit. 1993. *Volume II/52.*
Dobbeler, Axel von: Glaube als Teilhabe. 1987. *Volume II/22.*
Dunn, James D. G. (Ed.): Jews and Christians. 1992. *Volume 66.*
Ebertz, Michael N.: Das Charisma des Gekreuzigten. 1987. *Volume 45.*
Eckstein, Hans-Joachim: Der Begriff der Syneidesis bei Paulus. 1983. *Volume II/10.*
Ego, Beate: Im Himmel wie auf Erden. 1989. *Volume II/34.*
Ellis, E. Earle: Prophecy and Hermeneutic in Early Christianity. 1978. *Volume 18.*
– The Old Testament in Early Christianity. 1991. *Volume 54.*
Ennulat, Andreas: Die ›Minor Agreements‹. 1994. *Volume II/62.*
Feldmeier, Reinhard: Die Krisis des Gottessohnes. 1987. *Volume II/21.*
– Die Christen als Fremde. 1992. *Volume 64.*
Feldmeier, Reinhard und Ulrich Heckel (Ed.): Die Heiden. 1994. *Volume 70.*
Fornberg, Tord: see Fridrichsen.
Fossum, Jarl E.: The Name of God and the Angel of the Lord. 1985. *Volume 36.*
Frey, Jörg: Eugen Drewermann und die biblische Exegese. 1995. *Volume II/71.*
Fridrichsen, Anton: Exegetical Writings. Ed. von C. C. Caragounis und T. Fornberg. 1994. *Volume 76.*
Garlington, Don B.: The Obedience of Faith. 1991. *Volume II/38.*
– Faith, Obedience, and Perseverance. 1994. *Volume 79.*
Garnet, Paul: Salvation and Atonement in the Qumran Scrolls. 1977. *Volume II/3.*
Grässer, Erich: Der Alte Bund im Neuen. 1985. *Volume 35.*
Green, Joel B.: The Death of Jesus. 1988. *Volume II/33.*
Gundry Volf, Judith M.: Paul and Perseverance. 1990. *Volume II/37.*
Hafemann, Scott J.: Suffering and the Spirit. 1986. *Volume II/19.*
Heckel, Theo K.: Der Innere Mensch. 1993. *Volume II/53.*

HECKEL, ULRICH: Kraft in Schwachheit. 1993. *Volume II/56.*
– see FELDMEIER.
– see HENGEL.
HEILIGENTHAL, ROMAN: Werke als Zeichen. 1983. *Volume II/9.*
HEMER, COLIN J.: The Book of Acts in the Setting of Hellenistic History. 1989. *Volume 49.*
HENGEL, MARTIN: Judentum und Hellenismus. 1969, ^{3}1988. *Volume 10.*
– Die johanneische Frage. 1993. *Volume 67.*
HENGEL, MARTIN und ULRICH HECKEL (Ed.): Paulus und das antike Judentum. 1991. *Volume 58.*
HENGEL, MARTIN und HERMUT LÖHR (Ed.): Schriftauslegung. 1994. *Volume 73.*
HENGEL, MARTIN und ANNA MARIA SCHWEMER (Ed.): Königsherrschaft Gottes und himmlischer Kult. 1991. *Volume 55.*
– Die Septuaginta. 1994. *Volume 72.*
HERRENBRÜCK, FRITZ: Jesus und die Zöllner. 1990. *Volume II/41.*
HOFIUS, OTFRIED: Katapausis. 1970. *Volume 11.*
– Der Vorhang vor dem Thron Gottes. 1972. *Volume 14.*
– Der Christushymnus Philipper 2,6–11. 1976, ^{2}1991. *Volume 17.*
– Paulusstudien. 1989, ^{2}1994. *Volume 51.*
HOLTZ, TRAUGOTT: Geschichte und Theologie des Urchristentums. Ed. by Eckart Reinmuth und Christian Wolff. 1991. *Volume 57.*
HOMMEL, HILDEBRECHT: Sebasmata. Volume 1. 1983. *Volume 31.* – Volume 2. 1984. *Volume 32.*
KÄHLER, CHRISTOPH: Jesu Gleichnisse als Poesie und Therapie. 1995. *Volume 78.*
KAMLAH, EHRHARD: Die Form der katalogischen Paränese im Neuen Testament. 1964. *Volume 7.*
KIM, SEYOON: The Origin of Paul's Gospel. 1981, ^{2}1984. *Volume II/4.*
– »The ›Son of Man‹« as the Son of God. 1983. *Volume 30.*
KLEINKNECHT, KARL TH.: Der leidende Gerechtfertigte. 1984, ^{2}1988. *Volume II/13.*
KLINGHARDT, MATTHIAS: Gesetz und Volk Gottes. 1988. *Volume II/32.*
KÖHLER, WOLF-DIETRICH: Rezeption des Matthäusevangeliums in der Zeit vor Irenäus. 1987. *Volume II/24.*
KORN, MANFRED: Die Geschichte Jesu in veränderter Zeit. 1993. *Volume II/51.*
KOSKENNIEMI, ERKKI: Apollonios von Tyana in der neutestamentlichen Exegese. 1994. *Volume II/61.*
KUHN, KARL G.: Achtzehngebet und Vaterunser und der Reim. 1950. *Volume 1.*
LAMPE, PETER: Die stadtrömischen Christen in den ersten beiden Jahrhunderten. 1987, ^{2}1989. *Volume II/18.*
LIEU, SAMUEL N. C.: Manichaeism in the Later Roman Empire and Medieval China. 1992. *volume 63.*
LÖHR, HERMUT: see HENGEL.
MAIER, GERHARD: Mensch und freier Wille. 1971. *Volume 12.*
– Die Johannesoffenbarung und die Kirche. 1981. *Volume 25.*
MARKSCHIES, CHRISTOPH: Valentinus Gnosticus? 1992. *Volume 65.*
MARSHALL, PETER: Enmity in Corinth: Social Conventions in Paul's Relations with the Corinthians. 1987. *Volume II/23.*
MEADE, DAVID G.: Pseudonymity and Canon. 1986. *Volume 39.*
MELL, ULRICH: Die »anderen« Winzer. 1994. *Volume 77.*
MENGEL, BERTHOLD: Studien zum Philipperbrief. 1982. *Volume II/8.*
MERKEL, HELMUT: Die Widersprüche zwischen den Evangelien. 1971. *Volume 13.*
MERKLEIN, HELMUT: Studien zu Jesus und Paulus. 1987. *Volume 43.*
METZLER, KARIN: Der griechische Begriff des Verzeihens. 1991. *Volume II/44.*
NIEBUHR, KARL-WILHELM: Gesetz und Paränese. 1987. *Volume II/28.*
– Heidenapostel aus Israel. 1992. *Volume 63.*
NISSEN, ANDREAS: Gott und der Nächste im antiken Judentum. 1974. *Volume 15.*
NOORMANN, ROLF: Irenäus als Paulusinterpret. 1994. *Volume II/66.*
OKURE, TERESA: The Johannine Approach to Mission. 1988. *Volume II/31.*
PHILONENKO, MARC (Ed.): Le Trône de Dieu. 1993. *Volume 69.*
PILHOFER, PETER: Presbyteron Kreitton. 1990. *Volume II/39.*
PÖHLMANN, WOLFGANG: Der Verlorene Sohn und das Haus. 1993. *Volume 68.*
PROBST, HERMANN: Paulus und der Brief. 1991. *Volume II/45.*
RÄISÄNEN, HEIKKI: Paul and the Law. 1983, ^{2}1987. *Volume 29.*

REHKOPF, FRIEDRICH: Die lukanische Sonderquelle. 1959. *Volume 5.*
REINMUTH, ECKART: Pseudo-Philo und Lukas. 1994. *Volume 74.*
– see HOLTZ.
REISER, MARIUS: Syntax und Stil des Markusevangeliums. 1984. *Volume II/11.*
RICHARDS, E. RANDOLPH: The Secretary in the Letters of Paul. 1991. *Volume II/42.*
RIESNER, RAINER: Jesus als Lehrer. 1981, [3]1988. *Volume II/7.*
– Die Frühzeit des Apostels Paulus. 1994. *Volume 71.*
RISSI, MATHIAS: Die Theologie des Hebräerbriefs. 1987. *Volume 41.*
RÖHSER, GÜNTER: Metaphorik und Personifikation der Sünde. 1987. *Volume II/25.*
ROSE, CHRISTIAN: Die Wolke der Zeugen. 1994. *Volume II/60.*
RÜGER, HANS PETER: Die Weisheitsschrift aus der Kairoer Geniza. 1991. *Volume 53.*
SALZMANN, JORG CHRISTIAN: Lehren und Ermahnen. 1994. *Volume II/59.*
SÄNGER, DIETER: Antikes Judentum und die Mysterien. 1980. *Volume II/5.*
– Die Verkündigung des Gekreuzigten und Israel. 1994. *Volume 75.*
SANDNES, KARL OLAV: Paul – One of the Prophets? 1991. *Volume II/43.*
SATO, MIGAKU: Q und Prophetie. 1988. *Volume II/29.*
SCHIMANOWSKI, GOTTFRIED: Weisheit und Messias. 1985. *Volume II/17.*
SCHLICHTING, GÜNTER: Ein jüdisches Leben Jesu. 1982. *Volume 24.*
SCHNABEL, ECKHARD J.: Law and Wisdom from Ben Sira to Paul. 1985. *Volume II/16.*
SCHUTTER, WILLIAM L.: Hermeneutic and Composition in I Peter. 1989. *Volume II/30.*
SCHWARTZ, DANIEL R.: Studies in the Jewish Background of Christianity. 1992. *Volume 60.*
SCHWEMER, A. M.: see HENGEL.
SCOTT, JAMES M.: Adoption as Sons of God. 1992. *Volume II/48.*
SIEGERT, FOLKER: Drei hellenistisch-jüdische Predigten. Part 1 1980. *Volume 20.* – Part 2 1992. *Volume 61.*
– Nag-Hammadi-Register. 1982. *Volume 26.*
– Argumentation bei Paulus. 1985. *Volume 34.*
– Philon von Alexandrien. 1988. *Volume 46.*
SIMON, MARCEL: Le christianisme antique et son contexte religieux I/II. 1981. *Volume 23.*
SNODGRASS, KLYNE: The Parable of the Wicked Tenants. 1983. *Volume 27.*
SOMMER, URS: Die Passionsgeschichte des Markusevangeliums. 1993. *Volume II/58.*
SPANGENBERG, VOLKER: Herrlichkeit des Neuen Bundes. 1993. *Volume II/55.*
SPEYER, WOLFGANG: Frühes Christentum im antiken Strahlungsfeld. 1989. *Volume 50.*
STADELMANN, HELGE: Ben Sira als Schriftgelehrter. 1980. *Volume II/6.*
STROBEL, AUGUST: Die Stunde der Wahrheit. 1980. *Volume 21.*
STUCKENBRUCK, LOREN: Angel Veneration and Christology. 1995. *Volume II/70.*
STUHLMACHER, PETER (Ed.): Das Evangelium und die Evangelien. 1983. *Volume 28.*
SUNG, CHONG-HYON: Vergebung der Sünden. 1993. *Volume II/57.*
TAJRA, HARRY W.: The Trial of St. Paul. 1989. *Volume II/35.*
– The Martyrdom of St. Paul. 1994. *Volume II/67.*
THEISSEN, GERD: Studien zur Soziologie des Urchristentums. 1979, [3]1989. *Volume 19.*
THORNTON, CLAUS-JÜRGEN: Der Zeuge des Zeugen. 1991. *Volume 56.*
TWELFTREE, GRAHAM: Jesus the Exorcist. 1993. *Volume II/54.*
VISOTZKY, BURTON L.: Fathers of the World. 1995. *Volume 80.*
WAGENER, ULRIKE: Die Ordnung des ›Hauses Gottes‹. 1994. *Volume II/65.*
WEDDERBURN, A. J. M.: Baptism and Resurrection. 1987. *Volume 44.*
WEGNER, UWE: Der Hauptmann von Kafarnaum. 1985. *Volume II/14.*
WELCK, CHRISTIAN: Erzählte ›Zeichen‹. 1994. *Volume II/69.*
WILSON, WALTER T.: Love without Pretense. 1991. *Volume II/46.*
WOLFF, CHRISTIAN: see HOLTZ.
ZIMMERMANN, ALFRED E.: Die urchristlichen Lehrer. 1984, [2]1988. *Volume II/12.*

Einen Gesamtkatalog erhalten Sie gern vom Verlag
J. C. B. Mohr (Paul Siebeck), Postfach 2040, D-72010 Tübingen.